The Formation of the Multicultural Urban City of Shinjuku:
Supporting Life and Intimacy throughout the Human Lifecycle

多文化都市・新宿の創造

ライフサイクルと生の保障

Chizuko KAWAMURA
川村千鶴子

慶應義塾大学出版会

まえがき

グローバルな人の移動が脈動し、多元価値が交錯する「多文化都市」の扉を開けてくださってありがとうございます。

あなたは、国境を越えたことがありますか。国境を越える時、どんな気持ちでしたか。新天地に向かう希望にあふれた人もいれば、祖国を追われて避難する難民もいます。国際移住機関（ＩＯＭ）の報告によれば、国内移住人口と海外移住人口の総和が二〇一〇年には一〇億人を超えました。

そして、二〇一五年、脆弱国家や紛争地域から迫害を恐れて着の身着のまま国境を越えねばならない難民と国内避難民の数が約六〇〇〇万人に急増しています。

欧州には二〇一五年上半期だけでも約一三万人の移民・難民がギリシャやイタリアなどに上陸しました。経済協力開発機構（ＯＥＣＤ）は、二〇一四年に加盟国三四か国に対して約八〇万件の難民申請が行われたと発表しています（『読売新聞』二〇一五年九月二三日）。ドイツに流入する難民は二〇一五年中に一〇〇万人に達すると見込まれています。

トランス（trans）とは、さまざまな敷居や境界を超えることですが、国境だけでなく、異なる文化、馴染みのない宗教や生活習慣、全く理解できない言語の壁を越えていくことでもあります。

人口減少社会と言われても、異なる宗教や文化をもつ外国籍住民の増加は、政治的・社会的リスクが大きく、日本人の雇用が奪われると心配されたことはありませんか。領土問題などに揺れる日本社会で、エスニック・マイノリティへの配慮や権利保障を念頭におくことは困難と思っておられますか。さらに過激なテロや人身売買などの犯罪に絡む外国人の増加を懸念される方はいませんか。多文化主義の限界、危機を感じていたら、ぜひ、日本の内実を探究した本書を繙いていただけると幸いです。

本書は、日本で先駆的に亡命者・宣教師・留学生・移民・難民・無国籍者など多様な人びとを受容し、軋轢や葛藤を繰り返しながらも、知恵と活力を獲得して発展してきた「多文化都市・新宿」のナラティブ（物語）です。人びとの生の声に耳を傾け、記憶に残る語りにくいことを聴取するオーラル・ヒストリーから多文化共生の歴史を探究してきました。

ライフサイクルに沿ったオーラル・ヒストリーは、日本における移民・難民の包摂がいかなる内実を伴うのか、人間の安全保障とは何か、市民権とは何か、多文化都市の諸条件とは何かを教えてくれます。

路地裏は、異質な人びとの人生を先駆的・包括的に受け入れて、親密圏を守ってきました。それは地域の誇りでもあり、街の由緒となっています。多文化都市は、日本に根差した平和と社会統合の発信拠点となりうるのです。

どうぞ、巻末にある年表を見てください。地域のキーパーソンとなる魅力あるリーダーや多数の市民グループが、生まれたことを俯瞰してください。多文化化・多国籍化の歴史的変遷の中で、外国籍を含む地域住民や民間ボランティアが中心となり、親身になって新たな移民・難民の人生に寄り添ってきたことが分かります。努力の集積と歴史の練磨が、多文化意識と日本人性を高め、グローバルなリーダーシップを生み出しているのです。

本書は、排除されがちな他者を受容し、多文化意識が「生の保障」につながる親密圏に光をあてました。多言語対応の医療施設、異なる宗教施設の共存、学習権を守る教育機関、多文化共生を推進する自治体行政、憩いと遊びの場を創造する民間団体、平等な雇用を実現する企業と起業の進展……このように多機能化する都市のメカニズムと蓄積される専門性を検証すると、都市にもライフサイクルがあることが分かります。都市も生きているのです。

新宿は、一年間で外国人の四割が入れ替わるという高流動性地域です。家族移住者のネットワークが構築され、越境と移住のトランスナショナルな回路に合わせ、多様な人びとが織り成す社会の様相は、刻々と深化・変化しています。トランスナショナルな多文化都市は、固定化されたモデルではありません。そこに生きる人びとの不断の営為と価値の創造によって絶えず変容しつつ形成されています。排除されがちな人びとへの気づきの集積が、「多文化都市」を創造していくのです。

新宿区は、一九四七年三月に三つの区（四谷・淀橋・牛込）が合併して誕生しました。筆者も同年三月に新宿区に生まれました。その年の五月二日、日本初の外国人登録令が公布施行されました。外国人とみなされた旧植民地出身の日本国籍者も含めて、全国の外国人登録数は五六万六六四七人でした。あらゆる子どもの命を守ろうとした「児童福祉法」が制定されたのも、「教育基本法」ができたのも同じ年です。

翌一九四八年の国際連合第三回総会において、すべての人と国が守るべき基準としての「世界人権宣言」が採択されました。世界人権宣言は、それ自体が法的な拘束力をもつものではないのですが、その主旨は、世界の多くの国の憲法のもとになり、人びとに生きる希望と勇気を与えました。

その三年後、日本初の「出入国管理及び難民認定法（昭和二六年政令第三一九号）」が公布されます。詳細は、本文中にありますが、ＧＨＱが米国移民法の専門家を呼んで草案を作成したもので、日本人の内発的な発想のもとにつくられた法令ではなかったと言われています。

戦後七〇年が経過し、日本人自らの内発的な「社会統合政策」をどうしたら生み出すことができるでしょうか。日本では、二〇〇九年に一八年振りに出入国管理及び難民認定法（入管法）が改正され、これを契機にさまざまな論議が湧き上がりました。人口減少時代に突入しており、いかなる道筋をもって多文化共生社会を実現するかという議論が活発になりました。しかし、日本にはいまだにその司令塔となる政府の専門機関が設立されず、明確なビジョンも示されていません。

出入国管理行政、移民・難民政策、社会統合政策は、一握りの政治家や専門家が決めることではありません。これはあらゆる人のテーマです。他人事ではないのです。

多文化都市に住むことは、絶えず鋭い難問を突き付けられることを覚悟せねばなりません。超過滞在、非正規就労、難民とブローカー、不就学と不登校、ヘイトスピーチ、実質的市民権、国家の安全保障と人間の安全保障の乖離、複数の国籍をもつ人びとと無国籍者、国際法と国内法の隔たり、アイデンティティの危機など、みな世界を読み解くグローバル・イシューです。日本が経済成長を維持し、平和な観光立国として輝くためにも、世界を読み解く底力を蓄えておく必要があるのです。

多文化都市は、世界を読み解くヒントと一歩踏み出す勇気を与えてくれます。日本が、ライフサイクルの視座に目覚め、人びとの「間」に幸福度の高い社会保障を生み出す理念を発信し、歴史から未来をつなぐ都市の役割と活力を学び取ることができます。それが格差の是正と社会統合政策につながる学びなのです。

本書は、多文化都市の生成と展開を探究し、ライフサイクルを主軸におく分析視角（lifecycles approach）の有効性を実証しました。人間の生育老病死のライフサイクル論は、「生」と「死」という普遍性を包摂し、人生観、死生観、信仰、老年学、ターミナルケアなど濃厚な文化を表出します。

二〇一五年六月の時点で、日本に住む外国人の数は二〇八万六六〇三人となりました。毎年一万人以上の外国人が、帰化により日本国籍を取得しており、日本が主権を回復して以来、五〇万人以上の外国人が日本人になりました。また国際結婚の増加により永住者が増加し外国にルーツをもつ日本国籍の子どもも増えています。海外で幼少期を過ごした帰国子女の数も増加しています。私は「日本人」のなかに吸収される外国にルーツをもつ見えにくい人びとの多文化意識の胚胎に着目し、多文化共生能力を評価してきました。日本人の多様性を浮き彫りにし、国際機関、国、自治体、企業、医療・教育・研究機関と地域コミュニティがいかに連携し協働できるかという不断の実践を通して、内発的移民政策の発想を生み出そうとしています。

ライフサイクルに沿っていくと、出入国管理政策だけでなく、社会統合政策の基本理念を打ち立て、社会インフラや生活基盤の維持のための制度的枠組みと法制度を整えることが、人口減少を続ける日本の未来にとって無駄なコストではなく、重要な投資であることが理解できます。

異なる人びとの間に共感を呼び起こし、内発的な発想をもって問題解決の道を探り、平和な未来を創造しようではありませんか。

移民・難民の包摂とは、移民・難民の人生を理解し受け入れることです。

川村　千鶴子

大地を逆さに覗くと、新しい発想が生まれる。
朝のラジオ体操は、
国籍・在留資格・年齢・性別・言語・宗教・経済力など
一切を問わない。
地球を逆さに覗いてみよう。
多文化世界の新しい発想が生まれる。

スケッチ：筆者の父（明治四五年生まれ、「新宿の
街を描く会」会員）の作品。
新宿区のある公園にて

目次

第1章　新宿の原風景と人間の誕生——妊娠と出産のエスノスケープ　25

第2章　幼児期と学童期のアイデンティティ　*61*

第4章　ともに遊び憩う時空の創造　123

第8章　ともに祈り弔う――誰をも見捨てない街　249

終章　307

序章

Introduction: The Formation of the Multicultural Urban City of Shinjuku: Supporting Life and Intimacy throughout the Human Lifecycle

1　本書の目的

グローバル化に連動する形で外国籍住民の定住化が進展し、永住資格取得者が増加した結果、日本は移民政策の理念に基づく基本法と専門部署が長期に求められてきた。日本政府は、入管政策上、「移民」という言葉を意識的に避けてきたが、定住外国人の増加は顕著であり、世代が次々に変わり、移民・難民の受け入れ指針を明確に示すことが緊要である。日本は、なぜ、グローバルな視野に立ち、政治・経済の変化を踏まえ、人びとの多文化意識の醸成を捉えつつ、長期的な移民政策を展望する方法論を提示できないのか。

移民政策の理念を曖昧にしたまま、高度人材受け入れと非正規滞在者の排除に主力を注いできた。二〇一二年の出入国管理及び難民認定法（以後、入管法）の改正により合法の外国籍住民が住民基本台帳に記載され、自治体にはよりきめ細やかなサービスが求められている。人口減少社会と労働力不足が顕在化し、経済界、ＮＰＯ／ＮＧＯ関係者や各自治体、外国人集住都市会議[1]は、その解決の糸口として移民政策の法整備と包括的「社会統合政策」を喫緊の課題として求めてきた。しかしその後も、対症療法的に技能実習制度の範囲や時期を拡大する方針で、制度の枠を介護や家事支援にも広げる意向が示されている。

本書は、多文化社会のダイナミズムを読み解くために、国内で最も早期に外国人居住者を受容してきた東京都新宿を対象に、多文化化・多民族化・多国籍化していく歴史的変遷と多様な移民・難民を内包する都市の生成過程とその展開を明らかにする。

住民基本台帳によれば一年間に外国人住民の約四割が移動する高流動性と、一二〇を超える多国籍化と三三項目（二〇一五年七月）の在留資格をもつ外国人がともに暮らす街である。その表層は絶えずメディアに注目されるが、都市の内実は見えにくく、複雑さゆえにほとんど分析されていない。本書は移動する人びとの接触領域に光を当て、新宿を空間軸として、多文化都市という語が、本源的に抱えている含意を分析し、多文化都市の諸条件を明らかにする。

着目すべきは、一万一〇〇〇人を超える留学生の磁場であり専門学校・日本語学校の林立が有名だが、キリスト教、仏教、イスラム教などの宗教施設も多言語対応の医療機関も、規模と機能が多様であるという地域特性である。さらに底力となっているのが新宿に拠点をおく外国人の支援団体であり、その総数は首都圏で群を抜いている（二五九団体のうち任意団体一二一、その他の法人二八、NPO法人一一〇）ほか大小さまざまな市民グループが外国人の流動性・重層性・多様性に機能し、課題が噴出するたびに絶えず生成され増殖する。新宿は市民団体が共存する極めて多義的な協働地域空間となっている。その集積過程とその過程で生じた多文化意識と創造性を検討する必要がある。

こうした問題関心のもと、「多文化都市」の普遍的諸条件を析出するための分析視角として、「ライフサイクルの視座」という新しい枠組みを構築してきた。その枠組みに基づき、日本における移民の人生周期を多面的に探究するために移民との接触と葛藤や軋轢を問い直し、周辺化され、排除されがちな人びとの「生の保障」を誰がどのように支えてきたか、参与観察を継続しつつ、その親密圏に着目した。斉藤純一（二〇〇三：五）は親密圏を「具体的な他者の生への配慮／関心をメディアとするある程度持続的な関係性」と定義し、「生の保障」にもかかわっていると説いている。

新宿は歴史的に留学・政治・宗教のグローバル・エリートを受容してきており、学位の取得に始まり、高学歴エリートや教育熱心な外国人と彼らの起業による自己実現の街・商業都市としても世界に知られている。滞在の長期化により永住権の取得や帰化する人びとの増加、国際結婚の増加によるハイブリディティ化と二世・三世の増加などによる社会問題が顕在化した。「隣の外国人」から「身内の外国人」へと親密性が日常化すると、家庭内が異文化の接触領域（contact zone）に変容する。国際結婚の増加は、その破綻の増加をも誘引し、その後に発生する問題も多岐にわたっている。こうした千差万別・紆余曲折の移民の人生に寄り添いながら、本書は地域コミュニティの形成過程を論じていくのである。

2　時代的背景と今日的意義

本書のねらいは、大別して四つある。第一は、日本の国家としての社会統合政策の理念の構築にヒントを見い出すことである。統合政策とは移民の平等な社会参加をすすめる政策（近藤敦、二〇〇九）である。日本の社会統合政策の理念は、いまだに明確にされておらず、国内外に発信することができない。東日本大震災後、世界各地そして国内に居住する多数の外国籍住民の支援を受けたように、日本社会の内部は、グローバルな相互依存関係にあるにもかかわらず、日本政府は移民政策にいまだに及び腰である。人口減少社会に連動して移民政策の理念を打ち出すことの重要性を感じつつも、迷いの中にある。一つは、国民のコンセンサスがどこにあるのかを計り兼ねていることにも起因している。そのため合意が形成されない。次に、労働力の補填といった視点や外交上の難民受け入れ対策に終始していることで、移民・難民の人生と次世代の世代間サイクルという視座が欠落している。移民・難民の親密圏は不可視となり、それゆえに、マスメディアの報道の影響を強く受け、そうしたことが政策決定を遅らせる一因ともなっている。人口減少と在留資格別の統計資料のみをもとに論じる移民是非論は、議論に一貫性がなく、国家の長期的展望を見出すことができないからである。

第二の意義は、自治体が、地域の実態を見守りながら、どのような多文化共生施策を行ってきたのかを検証することである。移民・難民の増加は、治安の悪化、非正規滞在者の増加、失業率など経済的社会的問題を引き起こすといった地域住民の不安を伴う。迫害を恐れて着の身着のまま入国した難民の多くが、どのようにして新宿で逞しく人生を生き抜いているか。そのために新宿区はどのような手助けをしてきたのだろうか。

地域社会が柔軟性をもって移民・難民を包摂してきた歴史的背景を明らかにしたい。本書は、いかにして社会の分断を防いできたのかを明らかにするが、これは多文化共生政策の理念と体系的な枠組みを構築する上で不可欠な視点である。これまで不可視な状態にある多文化家族の課題を明らかにすることは、効果的な支援やきめ細やかな施策に結びつくからである。

第三の意義は、ライフサイクルの視座を導入することで、移民研究だけでなく都市空間の学問的視座を広げることにある。移民研究は、近年、人口減少社会と経済発展、高度人材と在留資格、国際人口移動の分析が蓄積されてきたが、「移民の人生」に立脚する長期的視点、つまりライフサイクルの視座による人類学的分析は行われてこなかった。この欠落を埋めるために、文化人類学、異文化間教育学、多文化間精神医学、社会老年学、都市社会学、ディアスポラ学（Diaspology）、社会心理学などの理論を援用し、ライフサイクルを多面的に論述する。多文化社会を切り拓いた人びとや差別と人権侵害などに苦しむ移民の人生、民間ボランティアや現場にいるさまざまな立場の人びとのライフサイクルを分析し報告する。

第四は、日本における多文化共生教育と地球市民教育に資することである。人の移動と多文化化に連動して多文化都市の形成過程が次第に明らかになる。そこに生まれる都市のアイデンティティとライフサイクルについてアクティブラーニングをベースにした教育が展開できる。

このような論証法を構築し、採用するのは、さまざまな人びとの営みによって多文化意識が形成され、その集積こそが都市のアイデンティティを生み出すとの筆者の仮説ゆえである。

では、ライフサイクル論の定義と、それを可視化するためのオーラル・ヒストリーの手法を提示しよう。

3　分析視角

(1)　ライフサイクルの視座

本書は、都市の住民とエスニック・マイノリティのライフサイクルに主眼をおく。アイデンティティを学術用語として定着させた発達心理学者で臨床医のＥ・Ｈ・エリクソン（Eric H. Erikson, 1902–1994）は、アイデンティティを生から死への生涯を通した心理社会的な発達として捉えた。乳児期、幼児期、児童前期、児童後期、青年期、初期成人期、成人期、老年期というように個人の人生に時間軸をおき、生涯発達を分析した。

第Ⅰ期　乳児期：基本的信頼　対　不信感
第Ⅱ期　幼児期：自律性　対　羞恥・疑惑
第Ⅲ期　児童前期（遊戯期）：積極性　対　罪悪感
第Ⅳ期　児童後期（学童期）：勤勉性　対　劣等感
第Ⅴ期　青年期：同一性　対　同一性の混乱（拡散）
第Ⅵ期　初期成人期：親密性　対　孤立
第Ⅶ期　成人期：生産性　対　自己停滞性
第Ⅷ期　老年期：統合　対　絶望

出典：エリクソン(2)（一九七七）

エリクソンは、フロイトの発達論に影響を受けながらも、独自の人間発達論を構築して「心理社会的発達論」を完成させ、「人間は生まれてから死ぬまで、生涯にわたって発達する」と考え、人間の一生を八つの段階に分け、それぞれの段階で獲得すべき課題を設定した(3)。

各段階には「肯定的側面　対　否定的側面」が対概念となって設定されているが、どちらか一方しか身につけられないということではない。否定的な部分を抱えながらもそれを克服し、肯定的な部分を身につけるという人間発達の可能性もエリクソンは設定している。

また、ある段階で肯定的部分を身につけることができなかったとしても、後に獲得し直すことも可能である。人間がキャリア形成を始めるのは、前記の第Ⅴ期辺りとなる。第Ⅴ期で獲得すべき発達課題は、「同一性」つまり自我同一性（アイデンティティ）と呼ばれる「これが自分である」という確信のことを意味する。自己の価値観、将来の夢、希望の職業、自分らしさなどを見つけ、「自分」を確立していく時期と捉えている。この同一性が獲得されないと混乱し、「自分が何者か、何をすべきか、何をしたいのか、分からない」といった状態に陥ってしまう。エリクソンは、この第Ⅴ期が人間にとって最も重要な時期と規定している。その後、「初期成人期」に至って仲間を作り、多様な人びととのコミュニケーションを行いながら、「成人期」を迎え、次世代を育むこととなる。キャリア形成が重視され、やがて人生を統合する「成熟期」から、叡智を獲得すべく老年期、超老年期を迎えることになる。

アイデンティティとは、自分は何者であるかについて、その人自身が抱いているイメージ、信念、感情、評価などの総体で、「わたし」を「わたし」以外から区別するすべての特徴を含んでいる（箕浦、一九九五：一九）。特に、異文化適応とアイデンティティの獲得はその後の人生での重要な起点となる。越境者とその家族は、いかにしてアイデンティティを獲得していくのだろうか。

本論は、越境の日常化が、家族の内面にさまざまな影響を与え、アイデンティティとライフサイクルに変化を及ぼしていることに着目した。転地が順調で自己実現に向けて上昇するライフステージもあるが、移動先で円満な人間関係を構築できず、家族の破綻など生活困難に陥るなどさまざまな壁にぶつかることもある。越境に伴う学齢期の延長やキャリア形成支援が必要であったり、老後の生活での特別な文化的ケアを必要とするといった変化もある。ゆえに、ともに学び、住まい、働き、子どもを育て、地域を創る多様な接触領域に主眼を置いて、アイデンティティの多重性を再検討する必要があると考えた。

社会を分断しているのは、文化の違いだけではない。貧富の格差、学歴格差、障がいの有無、国籍の有無など移民・難民のライフサイクルの関係性を問い直すことで、構造的な経済的社会的格差が次世代に及ぼす影響を考察することができる。

（2）オーラル・ヒストリーにおける多文化意識

都市の多文化化を測る手法として、統計資料を読み解くことの重要性は言うまでもない。しかし、統計資料の数値は、多文化家族の意識変化を映し出せない。アンケート調査や統計資料に加え、分析視角としてオーラル・ヒストリーの聴取とその記述、アーカイブズ化の意義に焦点をあてた。人びとの意識の変容と本音を引き出し、そこで生じる「対話」が多文化意識を形成させる源泉ではないかと考えるからである。

オーラル・ヒストリーとは、「生の声」を聴取し、文化の存続とアイデンティティにとって不可欠な記憶を辿り、それを記述し、将来の使用に備え保存するための面接方法である。歴史資料から排除されがちであった人びとの思いに触れ、次世代に何を伝承したいのかを発見することができる。オーラル・ヒストリーは地域の歴史を蘇えらせる手助けをするだけでなく、多文化意識の形成にも与するものであり、さらに未来を展望する示唆をもっている。以下は、教育学者グラントの指摘である。

「歴史上、世界中の人々は重要な情報を口承によって次世代に伝えてきた。祖先や土地との関係を一貫して忘れないよう心に留めておくことによって、文化の存続を確かなものにするための道具として話し言葉が用いられた。このような伝承は、歌、詠唱、スピーチ、物語、あるいはライフストーリーなどの形態をとってきたとも考えられる。これらの諸形態は、人々が互いに助け合いながら、伝統に含まれる情報を記憶し、伝えてきた文化に関する知識や生活様式の主な源泉であった」（グラント、二〇〇〇：二七九）。

筆者は、真の対話に始まるオーラル・ヒストリーの聴取から、人の差異を明らかにし、地域の生の声に耳を傾けてきた。語り継ぎが街の由緒を生成し、地域社会を内面から支えて都市を形成するのではないだろうか。本書

では個人のナラティブの力と限界をも認識しつつ、大都市インナーエリアの語りのコンテクストや歴史性を重視する。(4)

(3) 多文化家族の実態とマルチエスニック・コミュニティ

東京の中心に位置する新宿に空間軸をおき、親密圏 (intimate sphere) の中核をなす多文化家族の内実に着目する。親密性 (intimacy) は、愛情やケアの持続的な関係性である。親密圏 (intimate sphere) とは、一般に愛情や心遣いの流れる親密な関係性の領域を意味しており、絶えず変容している。家族の変容は、他者のケアや情報の共有を求めている。それゆえ、移民との共生には、まず効果的な視角を示す多文化家族を多面的に捉えていく必要がある。外国人同士の家族移民は別にして、戦後、日本人との国際結婚の比率は年ごとに増加したが、二〇〇五年をピークに減少している。国際結婚やそうした家庭内に誕生する子どもは、日本名と日本国籍をもっている場合も多い。また中国帰国者や帰化した家族も多く、異文化を内在化する家庭をいかに把握すべきなのか。公共圏の概念も、外国人対日本人の二項対立から抜けきらず、親密圏の多文化化を見過ごしがちである。

そこで本書ではこうした課題を論じるために、「多文化家族」を、日本人との国際結婚家庭に限定せず、国際結婚の破綻による母子家庭・父子家庭や外国籍の養子をもつ家族や、日本国籍を保持し海外にルーツをもつ多文化家族などのように、広義に「多文化家族」と定義する。これには、さらに日本に居住する家族移民をも包含する。

日本でもすでに二〇〇九年五月には、多文化家族を支援するNPO法人「多文化家庭支援センター (NPO-Multicultural Families Support Center)」が創設された。東京都を拠点に、神奈川県川崎市と町田市にもセンターを設置し、支援の輪を広げている。(5) 同法人はその目的を、日本の国際結婚家庭に対する情報提供・相談、子育て支援と相互交流に関する事業の展開、日本国籍の人びとに対する多文化共生事業の実施と規定している。こうしたセンターのホームページによる情報発信や多様な活動は、多文化家庭支援に寄与するだけでなく、日本社会に多文化家族の存在と実態を知らせる役割も担っている。

韓国では二〇〇八年「多文化家族支援法」[6]を制定したが、当初、韓国人との結婚家庭のみを対象とした。その後、多文化家族支援事業を進める過程で多文化家族を広義に捉えて同法を制度的に支えようとしている。韓国における多文化家族とは、国際結婚家庭（韓国人男性と移住女性のカップル、韓国人女性と移住男性のカップル）だけでなく、移住民家庭（たとえば移住労働者、留学生、北朝鮮離脱住民など）を含めるようになった。多文化家族支援法の第四条一項で、「保健福祉家族部長官は、多文化家族支援のための政策策定に活用するために、三年ごとに多文化家族の実態調査を実施し、その結果を公表しなければならない」と明記した。二〇一二年、ソウル市は一一か所の多文化家族支援センターを開設し、四〇〇人近い指導者が活躍する。実態調査を義務づける理由は、家族が抱える深刻な悩みを発見し、対処するためである。

本書は、新宿のＮＰＯ・ＮＧＯなどボランタリー・アソシエーション（ＶＡ）を参与観察し、現実に多文化家族を支援している実態を分析する。そうした日常的な努力が、多文化コミュニティを支えており、大きな可能性をもっていると考えるからである。

4　先行研究の考察

（1）新宿を舞台としたトランスディシプリナリー・アプローチ

一九八〇年代以降、新宿は東京二三区内で最多数の外国人が居住し、多文化化・多言語化の社会現象はさまざまな領域の研究対象となった。教育学、言語学、人類学、法学、歴史学、社会学、政治経済学、都市工学、地理学、看護学、精神医学など、さまざまなディシプリンの研究者が集まり、フィールドワークが繰り返された。大都市インナーエリアの衰退と再生といった文脈に基づき、深夜のフィールドワークのために大久保地区に居住する研究者も多い。二〇一一年までの主な研究成果には、麦倉（一九八九～二〇〇八）、稲葉（二〇〇六～二〇一〇）、稲葉・塩路・松井・小管（一九九四）、奥田（一九九八、二〇〇六）、江淵（二〇〇三）、鈴木（二〇〇二）、山下・工藤（二〇〇三～二〇〇八）、田嶋（二〇〇五）、渡戸（一九九三～二〇一〇）、宣（二〇〇五）、堀内（二〇〇〇～二〇〇七）、李節子（二〇〇八～二〇一一）、藤田（二〇〇七）、藤原（二〇〇六～二〇〇七）、李垀鉉（二〇〇三～二〇〇八）、李錦純（二〇〇六～二〇〇九）、李承珉（二〇〇六）、河合（二〇〇八）、陳（二〇〇八）、渡辺（二〇〇八～二〇〇九）、原（二〇〇九）、川村（一九八二～二〇一一）などがある。現在も多数の研究者が継続的調査を実施している。[7] 外国人の生活拠点の形成、言語景観、居住と混住の実態、学校内部の諸相、日本語教育と母語保持教育、エスニック・ビジネスの起業、自治体施策やＮＧＯ活動、共生コスト、送出国の実態などの地域の社会現象を析出した。次いで、新宿を多文化都市（multicultural city）と位置づけている渡戸、稲葉の先行研究を中心に論点を整理してみよう。

渡戸（二〇〇三：一〇）は、新宿を外国人比率が最も高い地区と捉え、小中学校の外国籍児童・生徒の集中する現象や、エスニック・ビジネス・エリアの拡大を指摘した。地元日本人コミュニティとの軋轢も顕在化したが、多文化のエスノスケープが日常化し、外国人経営者も地元社会との融和に気を遣うようになった点を論ずる。入国管理の取締りを厳格化することで地元社会とのコンフリクトは一時期に比べ沈静化している。

トランスナショナリズム（transnationalism）にはさまざまな議論があるが、国家の枠組みの拘束はあっても、一人ひとりの生活意識のなかに多文化意識が芽生え、事実上、日常生活では国境や国籍の意識が消失するかのような社会空間（江渕、一九九八）となっているとの指摘もある。移民先国と出身国との間を頻繁に往復し、双方の国に対して帰属意識をもち、国境を越えた社会的ネットワークを構築する社会現象であると言われている。

こうした論点をうけて、ライフサイクルを基軸として多文化意識が芽生え、就学や就労を通して頻繁に国境を越え、エスニック・コミュニティの形成とともにトランスナショナルなシチズンシップが生まれてくるそのプロセスに着目する。

稲葉（二〇〇六：二一三）は、大久保地区が新たな都市モデルとなる理由として、外国人居住と住宅の側面から、都市空間の混在、交錯、曖昧化という三つの現象に着目した。住まいと営みが重なる都市空間は、細路地が特徴的な街の空間を作り、アジア的な活力を醸し出した。大久保地区は、他の外国人集住地区と比べて、地域住民間で一定の関係性が保たれている。一九九〇年代から二〇年が経過し、特に韓国人ビジネスマンが超高層住宅、超高層オフィスに入っており、新たな都市文化創造の可能性を孕む街であり、歴史的連続性という固有性を受け継ぐ街として街の空間構造と精神構造が引き継がれていると指摘している。

また、多言語な言語景観を分析する社会言語学の調査研究も行われた。公共空間で目にする書き言葉を「言語景観（linguistic landscape）」という概念をもって研究したカナダの社会言語学者 R. Landry と R. Y. Bourhis（一九九七：二五）は、「言語景観」を「特定の領域あるいは地域の公共的・商業的表示における言語の可視性と顕著性」と定義している（庄司、バックハウス・クルマス、二〇〇九：九）。言語学者の庄司博史らによれば、街の表示に関する研究の原点は、一九六二年に地理学者の正井泰夫が実施した「新宿の都市言語景観」を巡る調査である（正井、一九七二：一五三～一五八）。正井は、店の看板に見る言語、文字、そして業種により分析し、新宿区の多文化性の深化を論じている。

二〇一〇年、藤田ラウンド幸世は、言語景観とグローバリゼーションをキーワードに大久保地区に厚く焦点を当てた論考を発表した。グローバリゼーションが国内の民族間、歴史上の多言語性などの歴史的要素と近年の経済的要素による移民言語の力関係にどのような影響を与えたのか、こうした複雑な状況を言語の側面から読み解く。ここで藤田ラウンド（二〇一一）は、言語景観が文字表記や新語のような形で、多言語が融合した「言語的創造性」を通して多文化・多民族・多言語が共存する環境が生まれていることを示唆する。言語景観は、過去と未来に連なる「現在」を切り取る一つのアプローチとして、そこに内在する可能性を可視化する研究手法・概念を提供するのである。多民族がただ集まったという事実だけではなく、そうした環境下で情報を交換し、二一世紀の現在、多様な社会を映し出す研究手法として、言語景観が機能しうると藤田ラウンドは提起する。

かくして、地域住民は、インタビューの対象となり、研究者やマスコミの質問攻めにあう。多面的な問いかけが、常に移民の時代とその問題意識につながるという副次的効果をもたらした。住民・研究者・マスメディアによる「新宿観察学」[(8)]をめざす研究会が継続している。

これらの研究が非常に有益であることは疑いないものの、それぞれの移民家族の変化と都市のダイナミズムを十分に表しきることはできていない。本書では多文化化する都市のライフサイクルと移動する人のライフサイクルとを重ね合わせながら新しいアプローチを構築していきたい。

（2）文化人類学的アプローチ

多文化化が先鋭して進む街の研究枠組みとして、インド出身のアメリカの文化人類学者アルジュン・アパデュライによるグローバル・エスノスケープは示唆的である。彼は、グローバルな文化経済は、中心と周縁を説明する既存の「中心ー周縁モデル」に依存することはできないが、複合的で重層的、かつ乖離的な（disjunctive）秩序であると指摘した。また、貿易収支を巡る伝統的なモデルに見られる人口移動理論によるプッシュ要因とプル要因、ネオマルクス主義的な発達理論で見られる余剰と不足、消費者と生産者などの単純なモデルによっても、丁寧な検証には限界があるとした（アパデュライ、一九九六、二〇〇四：六八～七〇）。アパデュライは、人の移動の景観をグローバル・エスノスケープと表現し、「グローバルな文化のフロー」を五つの次元のランドスケープ（landscape）で表象した。グローバル経済が複合的なのは、経済、文化、政治の間に存在している根源的な乖離構造（disjuncture）とかかわっている。その理論化はまだ始まったばかりであるが、乖離構造を探究する基本的な枠組みとしてグローバルな文化フローの五つの類型に割り当て、それらの関係性を視野に入れるべきだと提案し、次のように名づけた。

① エスノスケープ（民族の地景）：民族の情景、移動・移住によるコミュニティの情景（人びとの移動）

② メディアスケープ（メディアの地景）：新聞・雑誌、テレビ、映画、インターネットなど電子技術を介する情報の流動化の状況（メディアの越境と共有）

③ テクノスケープ（技術の地景）：多国籍企業の増加がもたらす技術移転・技術情報の流動化状況（技術の移転と収斂）

④　ファイナンススケープ〔資本の地景〕：通貨市場・株式相場への多国籍資本の流入、金融市場管理のボーダレス化の状況（国際金融の流れ）

⑤　イデオスケープ〔観念の地景〕：自由、福祉、人権、民主主義、主権国家などの思想の普及や、異なる価値観、ライフスタイルなどの流入の状況（自由、人権、主権といったイデオロギーの伝播）

接尾語のスケープ（scape）が言い表しているのは、五つのランドスケープがもつ流動的で不規則的な形状であり、ランドスケープの関係が、客観的に与えられるものではなく、どの視角から見ても同じように映るわけではない（アパデュライ、二〇〇四：六八～七〇）。

アパデュライ（二〇〇四：七七）は、日本人は移民に対する閉鎖性において、世界に悪名をとどろかせていると記述したが、はたして日本の地域の内面は閉鎖的であるだろうか。筆者が新宿に着目するのは、その内面に「多文化に開かれた歴史性と開放的社会」を蓄積してきたと思われるからである。越境は流動的で都市と都市が呼応する回路を発見する。エスノスケープにまつわる接触領域とホスト社会のケアの実践から、筆者はエスノスケープを「民族の情景」と訳し、異文化間ケアのケア・スケープを発見した。「民族の情景」とは、留学生、旅行者、移民、難民、亡命者、外国人労働者といった個人や集団が、他者との関係性や家族の紐帯を世界に広げてネットワークを構築し、国家の壁を超えているグローバルな情景である。

外国籍住民の割合は年ごとに膨らみ、大都市インナーエリアにおける表層の変化も目まぐるしいが、深層において移民の文化変容や世代交代、祖国とのトランスナショナルなネットワーク化と重層的に絡み合いながら脈動しているのである。人びとは、日々さまざまな接触（contact）を経験し、「トランスナショナリズム」の現象として“transnational migrants”を地域に受け入れることを体感している。他者との接触から得た学びをいかにしてまちづくりに活かし、多文化が共生する公正な社会空間を創造するかという新しい課題に直面している。新自由主義がもたらした格差社会を背景に、移民の流動性、重層性、多様性の複合化は、人びとの生活意識・生活体系・生活構造に変化をもたらしている。

このように、移民国家アメリカやドイツ、オーストラリアなどを基盤とした政策論ではなく、日本の土壌に育成された多文化意識と、生身の人間との共生において先鋭的な都市の文化フローとしてのエスノスケープを基軸に、日本社会のローカルな力と特質を把握する。

(3) 個人心理学的アプローチ

個人の人間発達とキャリア形成、家族移民と自己実現に着目すると、心理学者アドラー (Adler, 1975: 12-23) の「カルチャーショックと適応モデル」が示唆的である。なぜならば、同モデルの採用によって留学生や移民・難民の適応過程と親密圏の形成との関連が浮き彫りになるからである。人が越境を果たし、新奇性に満ちた時期を通過し、新しい社会に適応し、困難にぶつかる時期が越境後二〜三年目の頃といわれている。アドラーは自らの異文化適用モデルで「位相」(phase) という言葉を使い、その心理的側面を分析した。国境を越えて異なる文化圏に入って最初に体験するのが第一段階の「接触の位相」であり、人は初めて異文化に接触し好奇心をそそられ、興奮を覚え感動したりする。しかしながら、やがて生活にも困難を覚える時期に到達する。留学生によく見られることだが、周囲からの特別扱いもなくなり、ホームシックや自信喪失、無気力、うつ状態になる。これが第二段階で「崩壊の位相」と呼ぶ。悩みを打ち明ける親密な関係性をもてない場合が多い。

第三段階は主体性を取り戻そうとする「再統合の位相」で、移住者は新たなエネルギーを獲得して支えあう。第四段階は、自文化と異文化の差異と共通点に気づき、両者の間の異同を正当と認め、落ち着きを取り戻す「自律の位相」である。ここでは彼らは心理的に安定しており、意欲的に暮らすことができるかどうかは、ここまでの到達にかかっている。

アドラー（1975: 13–23）は「人は第二の文化について適切な理解、それを操作する技能を感じ取り、自分の能力として身につけることができる」と規定する。周囲との円滑な人間関係を保ち、異文化に自分なりの理解ができ自信をもつようになると、心理的安定感が出てくる。つまり、環境に対する柔軟な対応力と適切な対応技術やサバイバル・ストラテジーを獲得できると説いているのである。

こうした視点に基づいて考えると、移民と難民の人びとは、どのようにして自律の位相に到達し、さらなる困難を克服してサバイバルできる能力を獲得できるのか。自律の段階に到達すれば、より豊かな自己実現に向かうことが可能とされるアドラーの第五段階「独立の位相」は夢ではない。「独立の位相」が得られた人は文化の差異や共通点の評価に新たな意味づけもできるようになるが、彼らはいかなるリーダーシップを発揮しているのだろうか。実際に新宿で指導力のある先輩格の移住者に出会うことが多い。移住の長期化と先輩格の移住者が次世代に与えている影響力をオーラル・ヒストリーから分析しうるのである。

本書の特徴は、地域のダイナミックスを移民の異文化適応モデルとしてのみ捉えるだけでなく、ホスト住民の意識変化にも併用して移住者を受容するプロセスも析出する。ホスト住民と移住者との遭遇を契機に新しい関係性が生まれ、多文化意識が育まれ、共生社会を創造しようとする能力が培われていく。移住者とホスト社会の双方に生まれるこの創造力を、筆者は「多文化共生能力」（multicultural intelligence）と規定している（二〇〇一a：九六～九八）。多文化共生能力は、人の移動と家族の多文化化の過程で培われ、それらを経験した人びとのキャリア形成とコミュニティ形成の鍵を握るのである。

5　調査の動機と概要

筆者の当事者性は、戦後、新宿区百人町に生まれ、在日コリアンや他の外国人との近所付き合いを日常としたことから始まる。七人の子どもをもつアメリカ人宣教師とも家族ぐるみの付き合いがあった。公立小学校から出されたその子どもたちへの通信簿が、オール1という低い評価で、多様な能力を無視した画一的な学力の評価に疑問を感じたのは一七歳の時だった。一九六七年に交換留学先のオハイオ州立大学を起点として、アメリカ各地をホームステイさせてもらいながら、一人旅を体験した。自家用飛行機をもつ家庭、政界・財界・学界の家庭、黒人の家庭など多様な家庭生活を体験し、ホノルルでは、日系人家庭で一週間を過ごした。卒業後、イギリスの国営会社に雇用され、冷戦下、モスクワと欧米の都市など海外体験を繰り返し、世界の各都市を比較しながら新宿を見つめ直してきた[9]。子育ての時期が過ぎ、七〇年代、定住外国人や留学生を家庭に招き、地域に根差す開発教育実践研究会を主宰した。当時は、日本語力に乏しい留学生が多く、英語が主言語だったことが日本人会員数を伸ばすことになる。日本各地の国際理解教育の講師や自治体の国際交流アドバイザーとなった。一九八〇年代からNGO: Society for Multicultural Community Studies/Global Awareness（多文化社会研究会）と改名し、多文化教育を展開した[10]。九〇年代、外国人が急増し混乱期であったが、アジア・太平洋地域を旅してみると、「新宿」を第二の故郷と感じている人びとが、日本との関連企業や政府の要人として活躍している。「新宿」をキーワードとして親切が親切を生むというトランスナショナルな善意の連鎖を実感した。二三歳の時、カラチの砂漠地帯で大勢の難民と遭遇し、なすすべもなくジープで去った自分の無力に失望した思い出がある。自らの青年期・成人期の衝撃が、歳月を隔てて自然に前に踏み出す行動に影響を与え、二〇〇〇年代、難民の方々を自宅に招く。それは家庭にこそ文化があり、「共に生きたい」という願望が働くからである。

人のライフサイクルと「多文化都市」とは、どのような関係があるのだろう。多文化教育の実践活動と長期的な交流を蓄積してきた。一二〇か国の多国籍の人びととの出会いあり、多文化な情景が織りなす日常生活には多文化意識の形成がある。移民政策に興味をもち、自治体の外国人政策への調査を重ねた。三〇を超える多言語の生活情報誌など豊富なエスニックメディア、生活関連施設やサービス、多国籍企業の影響をうけた技術移転や銀行・郵便局などの送金や資本の流れも感じるようになる。九〇年代からは、保育園や小学校の参与調査のほか、混乱する地域の問題を住民の当事者として取り組んできた。多数の市民団体、医療機関[11]、行政、NPO／NGO、町会・商店街での聞き取り調査を行った[12]。在日外国人との長期的な交流が糸口となって、「ライフサイクル」という時間軸と「新宿」という空間軸が、多文化都市のダイナミズムを読み解く力を与えてくれた。さらに社会統合政策とは何か、いかにして自治体の多文化共生を推進するかが焦点となる。

6　本書の構成

ライフサイクルを重視し、人間の誕生から幼児期・学童期、キャリア形成期、社会参加とまちづくり、壮年期、老年期、死の看取り、祈り弔う、といった人生周期を模して章立てを行った。多文化都市のルーツと次世代への連続性に着目し、未来を展望できるだろうか。各章の論旨は次の流れをもっている。

第1章「新宿の原風景と人間の誕生――妊娠と出産のエスノスケープ」では、絨毯爆撃を受け極限の状況におかれた新宿の人びととGHQの接触領域に、新宿の原点を見出す。妊産婦手帳から母子手帳、そして親子健康手帳と変遷する母子手帳の歴史からジェンダーの変容を探り、またトランスカルチュラル・ナーシングの新宿での様態を示す。

第2章では「幼児期と学童期のアイデンティティ」について考察する。移民・難民の子どもたちが、アイデンティティの基底となる幼児期から学童期を、新宿の保育園やNPOや夜間保育園などで、どのように過ごしているのか。地域社会が、移民や難民の子育てと生活支援の中心的役割を担ってきた経緯を分析する。

第3章は「学歴格差と基礎教育の保障——不登校・不就学の子ども」の問題を考える。海外にルーツをもつあらゆる子どもたちが、基礎教育を確実に受けなければならない。しかしながら、家に閉じこもる「見えない」子どもたちが実在し、今後の配慮と施策の実行が期待されている。ここでは民間ボランティアの取り組みとマスメディアが追及した不就学の実態にさらに焦点を当て、受け皿となっている公立夜間中学の取り組みを分析する。

第4章では「遊び憩う時空の創造」について考察する。　越境者にとって遊びや憩いの時間は格別な意味をもつ。とりわけ迫害を逃れてきた難民が憩いの時間をどこで見出していたのか。急増するネパール人やミャンマー人、そしてフランス人などがどのようにして生活領域の中で遊びを創造しているのだろうか。この検証のため、遊びの空間としてアートプロジェクトを立ち上げた民間ボランティアの活動を追う。

第5章では、外国にツールをもつ人々の「キャリア形成と自己実現」を考える。バブル経済の崩壊、リーマン・ショック、東日本大震災など不景気や不安定な状況下にあっても新宿の外国人登録者数が減少しなかった理由は何か。難民申請者は、なぜ新宿で生き抜くことができたのか。難民の自己実現に加え、地域の支援を検証する。

第6章で取り上げるのは「社会参加と多文化型まちづくり」である。戦後の在日韓国・朝鮮の人びととのディアスポラ接触を検証し、新宿区役所で指紋押捺拒否が始まり、その後、顔の見えるまちづくりはどのように展開されたのか。新宿におけるエスニック・コミュニティの形成過程を論じる。新宿区多文化共生まちづくり会議が、外国人の区政参加への発端となり、自治体レベルでは解決しきれない国の責務が明らかになる。

第7章では「人生の統合と加齢の価値——ジェロントロジーと幸福な老い」を考える。日本人と同様に、外国籍住民の高齢化が進んでいることは明らかである。夜間中学では、七〇代、八〇代になってから、読み書きに挑戦する高齢者が数多く存在する。それは、戦後の日本の教育が外国籍の子どもへの教育を怠った結果である。外国人の高齢化に関して、文化的な配慮のある介護体制への実践を検証する。

第8章では「ともに祈り弔う——誰をも見捨てない街」に向けた取り組みを考察する。新宿では、外国籍受刑者に本を贈る運動が展開されるなど、難民申請者のセイフティネットとなっているＮＰＯ団体や宗教施設が多数存在する。多様な宗教と多機能な宗教施設の実態を検証する。これらの実践が社会統合政策の試金石となり、移民政策への理念を発信する源泉となりうる。

第9章「多文化都市のルーツと多文化博物館」では、都市の歴史とその継承について考える。都市の生命力は、どこから生まれてくるのか。明治期の国際結婚や孫文に代表される亡命者や中国人留学生のエピソード等が、いかに伝承されているかを検証する。懐の深い地域特性と、地域での語り継ぎの意味を問い直す。多文化博物館が、歴史の風化を防ぎ、多文化意識の醸成する意義と可能性を考察する。

終章では、本書の結論をまとめている。

本書の構成は、時系列に沿って都市が、移民・難民を受容し多文化化していく経緯を「生の保障」に光を当てて探るだけではなく、都市のライフサイクルの発展段階での特殊性を引き出そうとした。そうした「生」から「死」への広範な情景が次の世代に重なりあっていくのであり、その重層性に多文化都市の普遍的なアクターを発見しうるのである。多文化都市は、そこに生きる人びとの営みと寛容性によって成立し、排除されがちな人びとへの支援の実践力・連携力とアイデンティティの集積から創造されるであろうという筆者の結論に帰結する。
巻末には参考資料として、無数の市民グループが、ライフサイクルのステージごとに生成され、公共性を帯びていく多文化化の歴史を年表として表した。

注

(1) 外国人集住都市会議は、浜松市の呼びかけで二〇〇一年に始まり、二〇一一年時点で二九都市が参加している。新宿区はこれに参加していない。
(2) エリクソンの青年期（V）の構成要素が同一性拡散の下位カテゴリーであり、移動する人びとのアイデンティティの考察に示唆的である（鑪、二〇〇二：二六四）。
(3) 最終的には超老年期を加えて九段階とし、妻であるJoan M. Erikson（1902-1997、画家、工芸家）が、ライフサイクル理論の深化につとめた。
(4) 日本オーラル・ヒストリー学会での成果発表などにおいても主観性は論議されている。「語り手のライフストーリーや語り手の自己概念といえども、もとからそこにあった固定した不変のものではなく、インタビューによって作り出されるものである」（桜井、二〇〇三a：七）と考えるのである。
(5) 多文化家族支援センターではなく、多文化家庭支援センターとした理由は、韓国の「多文化家族支援法」との差別化を図るためであった。
(6) しかし、これらはその経過とともに、改善されてきている。
(7) 出版年の「～」表記は、その期間に多数の論稿がある場合に用いている。参考文献を参照のこと。
(8) たとえば「新宿観察学会」「まち居住研究会」「共住懇」「多文化社会研究会」「多文化共生センター」など。
(9) 一九六七年にオハイオ州立大学で経営学を学び、卒業後、ロンドンで多民族の出産・育児に関する医学的、文化人類学的分野の講義を受講した。
(10) 国際理解教育、開発教育、異文化間教育、多文化教育など異なる視座でそれぞれの研究を進めた。
(11) 二〇〇〇年以降、インタビュー調査の主な対象は、韓国人ニューカマー、中国人留学生、ビルマ難民、トンガ人、インド人、ネパール人、フランス人など。一一八か国の人びとが活動する多国籍な街の様相を日々調査してきた。

(12)　二〇一一年三月一一日の東日本大震災以降、移民・難民の多文化家族の生活実態と心理社会的変容をオーラル・ヒストリーの手法によって捉えた。

【付記】

①　「移民」という呼称

日本には、「移民」という在留資格はなく、「移民」は存在しないことになるが、本書では、実質的に定住している外国人を可能な限り「移民」と呼称する。「外国人」という呼称は、日本国籍を取得した海外にルーツをもつ人びとを自動的に除外してしまうし、逆に日本国籍保持者にも日本語や日本文化に馴染まない人びとがいることを深く理解するためである。

②　移民政策とは

移民政策は、出入国管理政策と社会統合政策とを合わせもつ。社会統合政策は、自治体では多文化共生策などと呼ばれている。

③　住所や匿名性の個人情報保護のための配慮

調査対象者となった人びとの個人情報に配慮した。祖国にいる難民の家族への配慮や在日韓国・朝鮮人の人びとの匿名性にも倫理的に注意をしている。主としてイニシャル表記をしている。

④　在日コリアンの多様な呼称について

在日韓国・朝鮮人を、研究者は、在日、在日コリアン、在日一世、コリアン・ディアスポラなどと呼称する。地域での呼び方は「外人」「朝鮮人」「韓国人」といったように多様であり、本論においては、それぞれのオーラリティを重視するためにそのままになっている。「ハングル」「韓国語」「朝鮮語」の呼称についても資料の表記に従っている。

⑤　韓国人名、中国人名の読み方

実践者・研究者の韓国人名、中国人名の読み方は、原音読み、日本語音読みがあり異なるが、本論では本人の主張と希望に従って、読み方をルビで表記し、参考文献においてもその読み方の順序に従う。

⑥　「ミャンマー」とよばれる国名について

軍事政権が定めた国名で、民主化運動に賛同する人びとは従来の「ビルマ」という名称を用いている。本書では、オーラル・ヒストリーの語り手の使用した名称および資料に従っている。

⑦　「新宿」の範囲

「新宿」「新宿区」「Shinjuku」「しんじゅく」のイメージは、多様であり、その地理的範囲は曖昧であるが、多文化共生政策にかかわる事項に関しては、「新宿区」をその範囲とする。

⑧　母語、母国語、公用語について

「母語」とは生後数年間のうち、話者が生活環境の中で自然に身につけた第一言語をいう。「母国語」とは話者が国籍をもつ国で、「公用語」または「国語」とされている言語をいう。

第1章　新宿の原風景と人間の誕生
――妊娠と出産のエスノスケープ

The Original Landscape of Shinjuku and the Birth of Human Beings: The Ethnoscape of Pregnancy and Birth

問題の所在

人間にライフサイクルがあるように都市にもライフサイクルがあると考える。第二次世界大戦での空襲による生活空間の崩壊と廃墟の中で絶望の淵に立ちすくんだ瞬間は、生老病死の「死」に近い。しかし、やがて焦土に太陽の光が射しこむようになると、瓦礫の中から新たな産声が聞こえはじめた。産声は人びとに復興への「生きる力」を与えたのである。

新宿は軍需施設が多く、戸山ヶ原には射撃場や陸軍科学研究所などが存在した。一九四五年三月一〇日、三〇〇機のＢ29大型爆撃機が猛烈な空襲を行い、東京は火の海と化した。『ニューヨークタイムズ』の記者は、アメリカ側の大戦果を伝えた。「記録的な空襲、Ｂ29は一〇〇〇トン以上の焼夷弾を首都に投下す」とある。(1) 終戦に際して、「新宿駅」は「Shinjuku Station」と標示され、伊勢丹は General Headquarters（連合国軍総司令部、以後ＧＨＱ）に接収された。新宿の原風景は、勝者と敗者との「接触領域（contact zone）」となる。新宿駅南口

図 1-1　新宿駅南口改札（1945 年）

「SHINJUKU STATION」の表示が見える。
写真提供：Gaetano Faillace / PPS 通信社。

の焼け跡の写真は、まさにSHINJUKU　STATIONがコンタクト・ゾーンを表象している。

コンタクト・ゾーンに「生きる力」を与えたのが、「生の保障」（security of life）を基底とするライフサイクルの出発点である人間の誕生である。人は身ごもるとき、新しい命との出会いを待ちわびる。妊娠は神秘的で、出産は命がけだが、悦びと生きる力を与える。それゆえに妊娠・出産のエスノスケープは、アイデンティティの目覚めであり起点でもある。

第1章では、多文化・多言語環境の創出と、それ以降の培われた生の保障を可能にする新宿区の社会的脈絡が構築されてきたことを、ライフサイクル論を基軸に、出生と出産、看護と文化ケア、国籍取得と母子手帳の交付を通して論じていく。

1　コンタクト・ゾーン

コンタクト・ゾーンとは「権力の根本的な非対称的関係が存在するなかでの共在、相互作用、絡み合う理解や実践」(Pratt, 1992: 7) であり、文学者プラットは、コンタクト・ゾーンを「植民地支配の辺境」と呼んでいる。アメリカと日本は遠い存在であったのが、「コンタクト・ゾーン」によって、空間的かつ時間的な共在（プレゼンス）を想起させる。歴史的な分離や敵意が、その軌道を交差させることで、いきなり親密性を帯びた空間に変貌しうる。「Shinjuku Station」という駅の改札口の一枚看板は、「コンタクト・ゾーン」という重い概念を表象した。以下は、アメリカ側に伝えられたメッセージである。

「三月一〇日――きょうの早朝、三〇〇機のB29による、これまでに見られない最大にして猛烈な空襲が東京に対して行なわれた。その中心部の一五平方マイルの地区は、全く火の海と化した。この空襲は一〇平方マイルの地区を攻撃するように計画されたが、天候に恵まれて爆撃が容易であったので、五〇パーセントだけ多く炎上させることができた。搭乗員の報告によれば、火焔は非常に高くたち昇り、空はきわめて明るかったので、煙が一万八〇〇〇フィートの高さまでたちこめたが、二万フィートの高度で時計の文字盤を読むことができた」(『ニューヨークタイムズ』(一九四五年三月一〇日) のブルース・レイ記者)（早乙女、一九九〇：二四二）

カーチス・E・ルメイ少将の回想記[2]によれば、「木と紙でできた家屋の一軒一軒が、すべてわれわれを攻撃する武器の工場になっていたのである。これをやっつけてなにが悪いことがあろう」(同前書：二五三) とある。しかしながら、新宿一帯の黒こげの死体の山の写真は、無言の抵抗を表象する。三月一〇日の二時間ばかりの爆撃が約一〇万人を死に追いやった。アメリカ人兵士一人が平均三〇〇人強の住人を殺戮したことになる。犠牲者は、何ら武器を持たない一般住民だった。(3) 逃げ惑う恐怖の記憶は、七〇年を経過した今日に至っても消去できない。

「新大久保から見上げた空は真っ赤だった。二階から遠く下谷方面が火の海になったのを見たのよ。もうすぐここも火の海になると思った。すごく怖かった。」(主婦、九二歳、二〇一二年)

「道路の放置自転車に乗って、四ツ谷の防空壕まで走ったのです。もしあの放置自転車がなかったら、死んでいたと思います。幸運だった。」(三番町主婦、八五歳、二〇一二年)

「大久保通りから文化通りを海城高校まで逃げるとき、リュックサックに火がついて背中が燃えながら走った。恐ろしかった。新大久保一帯は焼け野原となり、南方には伊勢丹と三越、西には、キリスト教会のある聖母病院、高田馬場の水子地蔵の神社だけが、なぜか残った。みんな、命からがら防空壕に隠れていた。道端に黒こげになった死体の山を見ました。」(文房具屋店主、八一歳、二〇一二年)

地域の高齢者が空襲にあった日付や時刻をしっかりと記憶している。住まいから追い出された人びとは強烈な日差しを受け、焼け野原となった新宿を彷徨った。虚脱状態の中で、人びとは一九四五年八月一五日、天皇陛下の玉音放送で敗戦を知らされた。

八月三〇日には、厚木飛行場に降り立ったコーンパイプ姿のマッカーサー元帥(Gen. Douglas MacArthur)を見ることになる。九月八日、連合国軍は東京に進駐し、都内の建物六〇〇か所以上を接収した。伊勢丹デパートの屋上には遊園地があり、庶民の憩いの場所であった。新宿の住民は、家族の憩いの場である伊勢丹の接収によって連合国の占領を実感したという。伊勢丹が焼け残り、ＧＨＱの接収があったという記憶は風化されていない。(4)

空腹を抱えながら、人びとは焼け跡に残った伊勢丹と三越を見上げていた。伊勢丹は一九四六年から七年間接収され、連合軍の支配下におかれた。伊勢丹の二代目社長が「父祖の像に手を合わすことすら叶わない」と失意のうちを語ったことが社史に残されている。社史によれば、伊勢丹が帰還した従業員を収容するとともに、営業面では公定価格を守り、統制を遵守し、世相の混乱の中で苦しい立場にあっても常に誠実なあゆみを続けたとある。終戦を機に伊勢丹は、社長以下全社員一致協力して復興再建への誓いを新たにしていたが、突然、進駐軍による接収が言い渡された。立ち退き期間を一週間と限定明記された接収命令書（新宿本館 P.P. JPNR-3673、事務館 JPNR-1701）は、正に寝耳に水の驚きであった。主力店舗の大半を接収されることは経営者にとって物心両面ともに、筆舌に尽くしがたい負担損失であったとある。

米軍は接収した伊勢丹の施設を十全に活用した。一階のみデパートとして営業していたが、二階はダンスホール、三階から七階までは第六四工兵大隊が使用した。三階は印刷機械室、四階は米軍の医務室、五階大食堂は米軍下士官兵食堂、六階は米軍将校食堂と、米軍の劇場と庭園などに変貌した。これだけの設備が整っていたビルは他にはなく、まさに打って付けの接収施設だったと社史は推測している。(5)老舗の三越デパートでは、マッカーサー元帥の胸像除幕式が、一九四五年一一月二八日に行われている。(6)こうした連合軍による占領は、一九五一年九月サンフランシスコで開かれた対日講和会議で締結され、翌年四月に発効される平和条約によって終結するまでに、七年間にわたって続いていた。(7)

コンタクト・ゾーンは、「権力の根本的な非対称的関係が存在するなかでの共在、相互作用、絡み合う理解や実践」(Pratt, 1992: 7) の場であった。歴史的な分離や敵意が、交錯する中で、新宿は勝者と敗者が共存する空間へといきなり変貌したのである。

2　「妊産婦手帳」の誕生

一九三一(昭和六)年の満州事変に始まり、新宿が戦火に焼き尽くされるまでの約一五年間、人びとは戦争の恐怖のなかで必死に生きた。大久保は戸山ヶ原の射撃場や陸軍科学研究所など軍事施設が多く、一九四四年一一月二九日、B29が約八〇機も侵攻し、二時間ほどの空襲があった。人びとは空腹、恐怖、不衛生を耐え忍んだ。一九四五年三月一〇日、東京大空襲では死者八万人(行方不明者を含めると一〇万人以上)、焼失家屋約二六万戸であった。B29が三〇〇機以上出撃し、東京に到達したのはそのうち二七九機と伝えられている。

かつて新大久保駅の駅員をしていた落語家の三遊亭円歌は、次のように回想している。

「一九四五年八月一五日、駅長の指示で乗降客をホームに集めた。昭和天皇が終戦を国民に告げる玉音放送を聴くため、掃除用具を収める箱を白い布で覆いその上にラジオを置いた。雑音がひどくだジオの上部をポンポンとたたくと、『かしこきあたりに何をするか!』と兵隊に張り倒された。」(『これが圓歌の道標』東京新聞出版局、一九九八年)

戦争終結の日、すべての教会が鐘を鳴らした。もう「赤紙」を恐れることはないという安堵感と、若者の無事の帰還への祈り、二度と戦争を起こすまいとする決意を込めた鐘の音であった。

混乱・貧窮・不衛生の中で女性が身ごもるアクチュアリティは過酷であった。新宿区落合地区も焼け野原となるが、カトリック教会を囲む聖母病院は、焼夷弾の標的にならなかった。戦前の混迷期にカトリック精神の下、弱者救済を掲げて創立し、多言語に対応して七五年が経った。英語とポルトガル語の堪能なシスターが通訳をして、患者の国籍にかかわらず治療を続けてきた聖母病院は、パンフレットに次のように振り返る。

「病院はその時々の社会観、人びとの人生観を映す鏡であり続けました。病院史は、とりもなおさず、戦前から今日に至る日本史でもあります。七五年以上に亘り変わらぬものは、全ての人に愛と癒しをもたらそうと志向してきた病院の理念です。貧困、対立、多様化、格差の時代変遷の中で、一貫して求め続けてきた愛の精神は多くの人に支持され今日の病院の姿をなしていると考えます。人は生老病死といった究極のときにあって、はじめて身体の事情のみならず、人の心を知ります。」（院長、二〇一二年）(8)

一九四〇（昭和一五）年当時、日本における妊産婦死亡率は、出生一〇万対二三九・六であり、年間の妊婦死亡数は、五〇七〇人となっている。(9) 現代に比較すると約六五倍も高率であった。死産を防ぐためにも妊娠早期届出、施設分娩の徹底が必要であったと認識されていた。一九四二年七月、厚生省令をもって「妊産婦手帳規定」が交付され、世界で初めて妊産婦登録制度が発足した。焼け野原でも人口を増やすことが国策となり、次第にベビーブームにつながっていく。戦時中は乳児死亡率や妊婦死亡率を少しでも下げて、人口を増やすことが国策であり、厚生省は一九四二年から「妊産婦手帳」を交付し、精米の配給券に加えて出産申告書を提出するとミルクがもらえる仕組みにした。七〇％の妊産婦が手帳を受け取り、定期健康診断を受けるような効果が出た。

一九四三（昭和一八）年秋、新大久保駅は高架駅で、線路の周りには土筆が一面に顔をのぞかせ、周辺は緑が多く閑静な住宅街だった。学童疎開が半強制的に始まると、新宿の国民学校の児童は、福島、茨城、栃木、群馬、山梨などのお寺や旅館で疎開生活を送った。疎開生活、家族の離散、戦争体験は、その後の人生に大きく関わっている。広島・長崎の原爆投下、東京は廃墟と化し、敗戦の宣告を聴くことになる。

「戸山国民学校の疎開児童は、群馬県遍照寺近くの川原で朝の乾布摩擦をした。ほんとにひもじかった。いじめもありホームシックにかかった。」（町会のLさん、男性、七五歳、二〇一二年）

「見合結婚の決意をしたものの、焼夷弾がいつまた降り注ぐかも分からず、式を挙げるのは自粛すべきかと迷っていました。昭和一九年秋、巻紙に毛筆で招待状を出し、両親に別れの挨拶をして大隈講堂で式を挙げたのです。早朝、高田馬場で買った弁当には赤飯があり歓声が上がりました。線路周辺の家々はすべて建物強制疎開で、自宅を自ら破壊する苦渋の作業に海城高校の生徒も動員されました。結局、男は戦地に駆り出され、残ったのは女ばかり。連日、防空演習や消火訓練で、新大久保一帯の班長に指名され、鉄兜に長靴姿で防空壕を掘ったのです。日本は神の国だから戦争に勝つと信じるしかなかったのです。」（主婦、九四歳、二〇一〇年）

主婦の箪笥の奥には「へその緒」が隠されていた。誕生の時刻が記入され、戦時下も肌身離さずもっていた。新宿区の九〇%が焼失し、人口は五分の一に減少し、バラックの仮住まいに人があふれ、人びとは闇市に殺到した。国民学校は四〇校のうち二三校が全焼したため、青空教室を始めた。山手線の周辺は、ガムや缶詰欲しさに

図 1-2　妊産婦の心得が書かれた妊産婦手帳

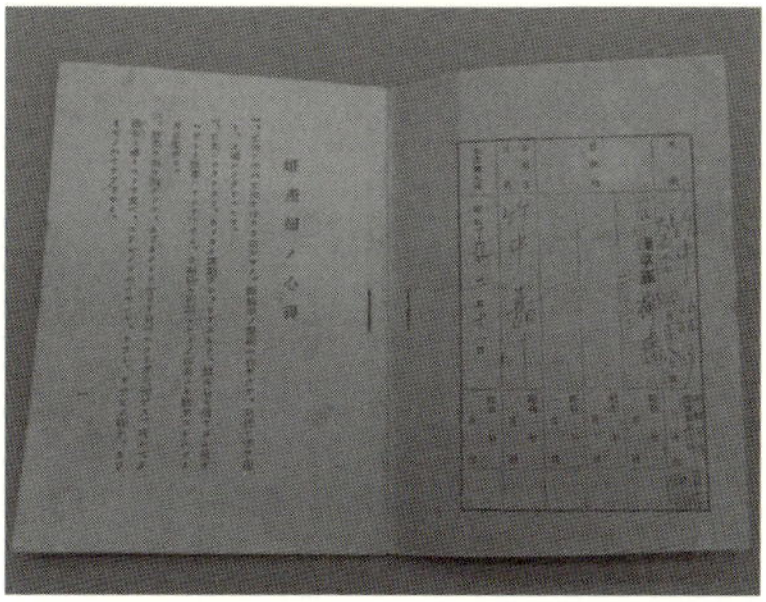

図 1-3　石鹸やタオルの配給印がある妊産婦手帳

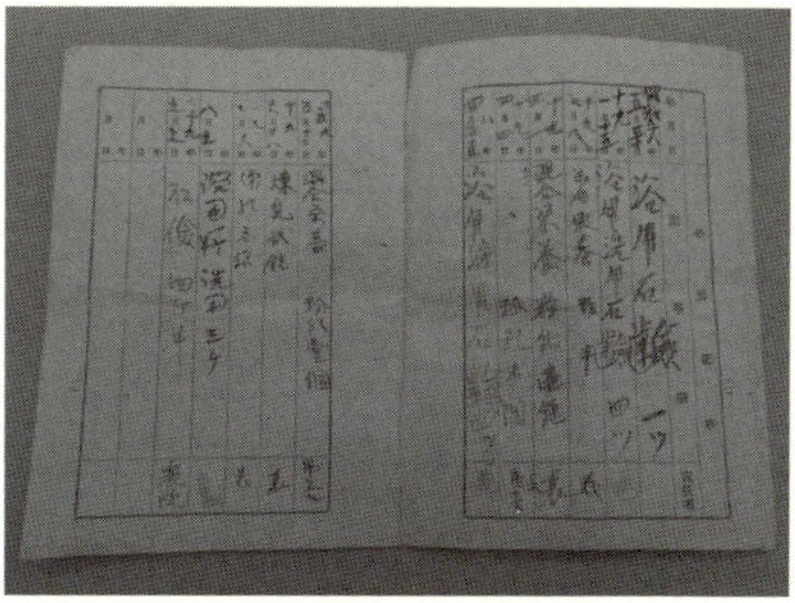

妊産婦死亡率を減少させるために妊産婦手帳が創設された（1942 年）。世界で初めてのことであり、日本の先見性が感じられる。

出典：図 1-2、図 1-3 ともに国立歴史民俗博物館所蔵。

空腹な子どもが群がった。

「ガムは美味しかった！　最初に覚えた英語はギブミーチョコレートだ。かわいい女の子はすぐもらえるけど、ボロをまとった僕には投げてもらえない。浮浪者がいっぱいいて靴磨きなんかもやった。花園神社街には昼間からパンパンガールと呼ばれる女性がＧＩに群がった。みんな生きるのに必死だったよ。」

（八〇代男性、二〇一〇年）

当時の妊産婦手帳には、妊産婦の心得というページがある。「丈夫ナ子ドモハ、丈夫ナ母カラ生マレマス。立派ナ子ドモヲ産ンデ、オ国ノタメニ尽クシマショウ」と当時のナショナリズムが妊産婦手帳にも反映されている。

この手帳は妊産婦・新生児健康状態欄、分娩記事欄、出産申告書の四つ折り一枚で構成され、リーフレットに近いものであった。

戦時下でも、手帳を持参すれば、米、出産用脱脂綿、腹帯さらし、砂糖などの配給を受けることができた。出産申告書は、現在の出生証明書に類似し、これを提示することでミルクを入手することができるため、届出が軌道にのった。当時の妊産婦の約七〇％が妊産婦手帳の交付を受けていたと推定される（森田、二〇〇〇：二）。

3 在日韓国・朝鮮人の子どもと「母子手帳」

妊産婦手帳が、在日韓国・朝鮮人や中国人・台湾人にも分け隔てなく配布されたのかどうかを区役所に尋ねてみたが、定かではない。筆者の聞き取りでは、新宿区の在日二世・三世は、母子手帳を保持している。「立派ナ子ドモヲ産ンデ、オ国ノタメニ尽クシマショウ」という文言は、外国籍妊婦にどんな戸惑いと疎外感を与えたのだろう。

敗戦時、日本国内の朝鮮出身者は二二〇万人に達していたが多くが故国に戻り、一九四六年に行われた帰国希望者調査では六四万七〇〇六人が登録し、一三万二九四六人（田中、一九八七：二六〜二七）が日本在留を希望した。[10]

妊産婦手帳は一九四七（昭和二二年）で廃止となり、同年「児童福祉法」が制定されると、一九四八（昭和二三）年にはじめて「母子手帳」が配布された。この手帳には乳幼児の健康チェックや予防接種の記録を記入でき、また精米や砂糖の配給が受けられるように工夫されている。一九五〇年でも国内の施設内分娩は四・六％に過ぎなかった。[11]その後、妊娠・出産の安全性は飛躍的に向上した。母子健康手帳（一九六六年名称変更）は、母子の健康を守り親子の絆を強める身分証明と映った。

一九四七年、最後の勅令として外国人登録法が出され、戦後の外国人の管理が始まった。この勅令によってそれまで日本国民（帝国臣民）とされていた朝鮮人が、突然、「外国人」としての登録を義務づけられた。[12]日本語に習熟し、日本文化への理解がある「外国籍住民」が新宿に多数居住していた。彼らは現在、特別永住者として

図 1-4　砂糖と精米券がついた母子手帳（1951 年）

東京都淀橋保健所で砂糖の配給を受領した印鑑が押されている。1947 年児童福祉法が公布され、保健所を中心に母子衛生行政が推進された。1948 年、誕生後の記録もできる「母子手帳」に変わった。

出典：筆者所蔵。

生きる一世、二世である。このとき、母子保健の理念は、日本国籍をもたない妊婦、在留資格のない妊婦にも分け隔てなく適応され、砂糖や精米の配給や健康管理が行われたのであろうか。

一九四七年[13]は、昭和期最高のベビーブームの年である。四谷、牛込、淀橋の三区を統合して、新宿区が誕生[14]したのが、同年三月一五日であった。大久保駅から新宿駅への線路下には、在日コリアンの粗末な家が並んでいた。当時の出産の九割以上が家庭内出産で、在日韓国・朝鮮の人びとの出産が、安全であったとは到底想定できない。

政治学者の寺島（一九九五：一九）は、「日本政府は、戦前の皇民化政策に対する深い反省をせず、すでに指摘されているように、日本国憲法制定においてマッカーサー草案に当初あった『外国人の人権』規定を削り、旧体制の温存、とりわけ天皇制の存続に力を注いだ。旧植民地民については、解放された国に所属するとみなし、日本への帰属を断ち切ろうとした。ここに見られるのは、国家を民族的に構成していこうとする意識である。戦後は日本民族ということばこそ表立って使われなくなったが、日本人と外国人を内と外に分ける発想は何ら変わっていない。（中略）一方、教育の面では一九四七年一〇月頃からG

ＨＱの干渉が始まり、朝鮮人も日本の学校への就学義務があるとして、一九四八年一月から民族学校は認めないという文部行政がとられ、『外国人登録令』では外国人とみなされながら、文部行政では日本国民とみなされるという使い分けが行われた」と指摘した。

一九四七年に制定された児童福祉法はその理念を、①すべて国民は、児童が心身ともに健やかに生まれ、かつ、育成されるよう努めなければならない。②すべて児童は、ひとしくその生活を保障され、愛護されなければならない、と記載した。戦後の混乱期、妊娠・出産の風景はそれぞれに悲惨であり、配給は命綱であった。『民団六〇年史』によれば、在日韓国・朝鮮の子どもたちの半数が、不登校・不就学とある。貧困と差別による不登校・不就学の実態は、この時点にさかのぼって探究せねばならない。児童憲章の制定は一九五一（昭和二六）年（五月五日こどもの日）であった。

4　親密圏の労働

（1）母子家庭の性労働

戦争孤児は道端で靴磨きをしていた。戦争の災禍は女性と子どもに深く覆いかぶさっていた。

「警察署で、新宿の地図を広げて、遊女がいる場所を、赤色鉛筆で囲んだ。公認されていない場所は、青色鉛筆で囲んだ。それが赤線、青線と呼ばれるようになった。」（住民、男性、八〇歳代、二〇一一年）

赤線・青線の背景には、地方の貧困による人身売買と都市への移動がある。戦後、占領軍による公娼制度の廃止を受けて、一九五〇（昭和二五）年から「特殊喫茶店」となる。一九〇七（明治四〇）年の統計では、東京における娼妓は六七〇九人で、うち新潟出身者が一四四九人と四二・四％を占める。昭和七～八年の新宿における娼妓七二七名の出身地はほとんどが東北地方であった。年齢的には二二歳から二五歳が多く（一瀬、一九八三：九七）、「新宿病院」という医療機関がたった一つの命綱であった。

江戸時代初期には、遊郭は娯楽の場でもあり、富裕な町民や武家を客として、上級の遊女は、芸事に秀でるだけでなく文学の教養も必要であったという。一八七二（明治五）年から娼妓居住指定地と貸座敷指定地とを一致させ、娼妓は指定地以外に居住することが禁止された。この指定された公娼街が「遊廓」である。宿場町「内藤新宿」として栄えた今の新宿通りの両側に、元禄年間からの歴史をもつ遊女屋が連なっていた。[15]一九一八（大正七）年、警視庁は、「都市の対面上、表通りに遊女屋は好ましくない」と遊女屋をすべて新宿二丁目に移転するように命令した（野村、一九八二：二九九）。一九二三（大正一二）年の関東大震災後、新宿駅を中心に盛り場が昼夜賑わい、建物を洋風化して「モダン遊郭」[16]に変貌した。一九四五（昭和二〇）年五月の空襲で、遊郭も被災したが、復興は早く、売春防止法施行以前には、赤線業者は七〇軒、従業婦三七六人のうち二一一人は住み込みで働いていた（兼松、一九八七：九八）。一九四六（昭和二一）年、GHQは公娼廃止令を出した。

一九五六（昭和三一）年五月二一日、売春防止法が公布され、遊女屋はすべて、新宿二丁目の紅灯で囲まれた赤線地帯に移転するよう命じられ、一般社会と隔てられた別世界が形成され、想像を絶する人権侵害によって多くの乳幼児の命が犠牲になった。一九五八（昭和三三）年の売春防止法が施行されるまで、売買春が行われていた。赤線とは、吉原、玉の井、鳩の街、そして新宿二丁目において特殊飲食店の許可を得て公然と売春が行われた地域のことを指す。公娼の集まりである新宿二丁目以外に、八か所の「青線」があった。青線とは、無許可で売春をする地域を指している。規模が東京一大きいといわれた新宿の青線エリアとは、歌舞伎町、花園歓楽街などで、一五〇〇坪ほどに密集し、店舗二四八軒、従業員六〇三人を数えた（兼松、一九八七：九九）。その一部が現在の新宿ゴールデン街である。当時の子どもたちは、無邪気に遊びながらも、地域の猥雑さを敏感に観察している。新宿の女性史を繙くと、廃娼運動に身を投じた女性が多く、ジェンダー規範への闘いは、「生の保障」を支える運動でもあった。

(2) 新宿区婦人相談員の人生

兼松左知子は、犠牲になる女性たちに寄り添い、三〇年間、保護と救済、更正と人権擁護に尽力した一人である。一九五三（昭和二八）年に旧満州から帰国、一九五七年、東京都社会事業学校を卒業し、同年、東京都婦人相談員、新宿区婦人相談員、麻薬中毒者相談員を勤めてきた。彼女が仕事に就いたころ、明治以来のキリスト教婦人矯風会や、救世軍、各種婦人団体などによる廃娼運動が大詰めを迎えた嵐の時期だった。仕事場の従業婦一二四〇人に、廃業後にアンケート調査を行った。そこには前借金、医療費の問題、性病罹患、妊娠中絶経験（三年に一〇回程度）などが記載されていた。一九五八年一月二八日、赤線解散式から兼松の相談業務が始まる。乳幼児を抱えながらの従業婦もいたが、水子地蔵には女性たちが絶えることなく訪れるような状況であった。

戦後三〇年間にわたって新宿区婦人相談員を勤めた兼松氏は、男女差別が存在する以上、現行法をより平等な視点から運用されるよう見守り、訴え続ける必要性のあることを一冊の本にまとめた。兼松左知子（一九八七）『閉じられた履歴書 ――新宿・性を売る女たちの三〇年』（朝日新聞社）である。二七〇頁の著書のページをめくるごとに、衝撃的で悲惨な接触体験が綴られている。そこには乳児を抱えて、夫が客引きをする従業婦も含まれていた。妊娠・出産には常に危険が伴っていた。

「彼女たちは、抑圧された怒りをそとにぶつけるすべを知らず、その矛先を自分自身に向け、自棄的な居直りによって、自らを葬り去ろうと、次第に自己破壊の道を歩み始める。性を商品化することは、女性たちが法や搾取の対象になるだけではない。それは、実にゆっくりとした自己破壊の形式なのである。」（兼松、一九八七：二六四）

売春する女性が処罰され、買春側は見逃される。一九五六（昭和三一）年五月二四日の売春防止法によれば、二条（売春の定義）で、売春の当事者を女性に限らず、男性も含ませている。三条（売春の禁止）では「何人も売春をし、またその相手方となってはならない」と男女平等を謳っているが、現実は、売春側を処罰し、買春側を見逃す欠陥が指摘されてきた。買春側は、勧誘の相手側、管理売春や助長売春事犯の相手側として、売春の事実を証明する参考人として警察で調書をとられるが、それ以上に表面化することはなく、そのまま闇に葬られるため、買春側の資料はほとんどないに等しいのが実情である（兼松、一九八七：二六六）。売春防止法成立当時、売春の相手側を検挙するのは立証する上で困難が伴い、国民の私生活に国家権力が介入する恐れがあるとの議論があり、それに基づいて人権への配慮から売春禁止法でなく、売春防止法に変えられた。性の問題は、国家や社会に管理されるものではなく個人の自由を根底においた自己選択の問題である（兼松、一九八七：二〇七）[17]。兼松は、ライフワークとしてこの仕事に就いた理由を以下に述べている。

「昭和二〇年八月一五日、二〇歳だった私は、両親と妹とともに、ソ連と朝鮮の国境に近い旧満州・間島省朝陽川で敗戦を迎えた。無法地帯となったその地に攻めてきたソ連軍戦車隊の兵士たちが、女を求め、私たちは逃げ回り、何ヶ月も天井裏に潜んで生活した。その時、外から、連れていかれる女たちの慟哭が聞こえ、その声はなかなか耳から離れなかった。その体験が、帰国後、私に人間の性と社会福祉を学ばせ、弱い立場の女性の側に立つ、この仕事を選ばせた最大の理由である。」（兼松、一九八七：二六九）

「新宿街娼地区廃業従業婦調査」の調査員、「新宿区婦人相談員」としての人生は、単に女性たちを救っただけでなく、都市の根底に人間の尊厳と生の保障を息づかせた。妊娠・出産の背景は多様であり、命を大切にする善意の地域住民や相談員、医療機関がある。こうした地域の寛容性と包容力の事例は、ポジティブな力強さを発揮し、「生の保障」（security of life）と捉えることができる。

一九五一（昭和二六）年五月五日、子どもの日に児童憲章が制定された。児童憲章制定会議は、厚生省中央児童福祉審議会の提案に基づき日本国民各層・各界の代表で構成され、三つの基本綱領、一二条の本文からなり、母子健康手帳にも記載されてきた。「国民全体の総意に基づく約束」「国民の総意による申し合わせ」として上記制定会議が作成・宣言したものである。後に「人権教育・啓発に関する基本計画」（二〇〇二年三月一五日閣議決定）および一部の地方自治体の条例の条文において引用されるなど、一定の公的規範としての性格を有している。

5 「お産の博物館」の創設

こうした歴史を持つ新宿で「お産の博物館」を開設した女性がいる。地域の祈りが反映された歴史的展開である。同博物館館長であった杉山次子氏[(18)]は、市川房枝とともにウーマンリブの運動に関わり、一九七七年新宿区に「医療一一〇番」を開設した。当時、絶対的権力を感じさせる医療に対して、口を閉ざされてきた被害患者の声を集め、医療改善を図った。この時に殺到した不安と苦情の多くが妊娠と出産に関するものであり、助産婦が実施してきた自然分娩を取り戻そうと活動を始めたのである。まず、一九八〇年三月、高田馬場の自宅に自然分娩のラマーズ法を普及する「お産の学校」を開設した。自立した妊娠・出産と人権尊重のお産を目的にかかげ、夫婦で分娩準備教育・夫参加型の「妊娠と出産」を普及させた。杉山は助産婦の経験があったことから、お産に際して医者や医療に「産ませてもらう」受け身での出産ではなく、夫婦自らが主体的に「産む」意識をもって出産に臨む意識改革を目指した。彼女の活動は日本にラマーズ法を広め、七五〇〇人以上もの受講者を送り出した。

「かつて出産は、女性の地位の低さや偏見により、汚れたものとして考えられてきた。今の衛生的な状況からは想像もできないほど危険を伴うものでした。お産は、一〇㎞を走り続ける時と同様に体力を消耗します。余計なエネルギーを使わない無痛分娩が理想で呼吸を整えるのは基本です。ラマーズ法（呼吸法）は痛みをやわらげる効果があります。緊張して力んではだめ。口を閉じて歯をくいしばると、子宮口が閉まってしまう。収縮で痛む時には口を開けてゆっくり『ハァー、ハァー』と息を吐くようにするのです。呼吸法と楽な姿勢や補助動作もお産には有効です。」（杉山氏、一九九〇年）

「お産の博物館」のガラス棚には昭和二〇年代に助産婦が使用していた七つ道具や往診鞄、消毒用具などが展示された。テーブルを囲みサロン風の博物館で、壁一面には七百冊もの出産に関する本とビデオが並んでいる。絶版になった古い書籍や専門雑誌のバックナンバーやコピーもある。[19]江戸時代のお産を学ぼうと月一回の読書会も開かれ、マタニティ・クラスやマタニティ・ヨーガなどの勉強会、母乳マッサージや育児相談など活動は幅広く、学生のサークル活動にも貢献した。国籍にかかわらず、思春期の男性にも性と妊娠・出産の正しい知識を広めたことは意義深い。「お産の博物館」はあらゆる子どもの尊さを伝えた。博物館長は、出産の大切さを訴え続けて、二〇一〇年に人生の幕を閉じたが、「お産の博物館」は、家族がその精神を受け継いで存続した。

「無事のお産は、いつの時代も妊婦と家族と地域の祈りです。命を世の中に産み出すことはすばらしいこと、そして大きな喜びです。」（杉山氏、一九九〇年）

6 異国で身ごもるとき

(1) 在留資格のない女性の妊娠と出産

一九八〇年代になると、新宿区内の産科では、多国籍の新生児の誕生は日常となった。筆者は、アジア・太平洋地域出身の妊婦が医師とのコミュニケーションに不安に感じている状況を知り協力した。裕福な妊婦は、母国から親を呼んで母国の伝統的な出産準備をすることができる。母子健康手帳[20]を受け取ると、「日本にはこんなすばらしいものがある」と喜んだ。母子健康手帳は、妊娠、出産、子どもの発達成長、予防接種の記録が一冊の手帳に収まっている利点がある。母子健康手帳は、英語、中国語、ハングル、タイ語、スペイン語、ポルトガル語、インドネシア語の七言語に翻訳されるようになった。新宿区には、ミャンマー人も多く、ビルマ語の母子健康手帳の希望が多い。母子健康手帳[21]は、外国語と同時に日本語も併記されており、海外で出産する日本人妊婦にとっても海外の医療機関の受診時に有効である。

一九九〇年代、新宿区のある総合病院では、分娩数の二割近くが外国籍女性であった。産科の待合室は、夢、不安、緊張が交錯し複雑な空間となる。パートナーを伴う妊婦もおり、顔馴染みになると打ち解けた対話空間を創造し、相互に勇気づけが始まる。周囲の祝福に包まれ、新たな命の誕生を迎える。しかし、地域には男女間の破綻、後悔の妊娠のほかに、妊婦検診も受けず、胎児の成長に恐怖を感じる女性もいた。固い殻に閉ざされ言葉を喪失し、産後の育児指導でも意思疎通の点で思うにまかせない。住居の有無、在留資格、夫の家族との不和、言葉の不自由、孤独、費用、育児の不安など、累積される困難にパートナーの誠実さと社会保障を見据える必要に迫られる。にもかかわらず、妊娠・出産・育児・就学へと子どもの成長はあまりにも速い。

一九九〇年の入管法改正によって失職した非正規滞在の女性が、地方から新宿に流入した。当初、超過滞在外国人は約三〇万人といわれ、その三分の一は女性である。「ここはオバステヤマだ」。姨捨山ではなく、オーバーステイの山という意味だった。一九九一年から九四年までの三年間、大久保通りから歌舞伎町にかけて、タイ、フィリピン、コロンビアなどの「街娼」が、三〇〇人も四〇〇人も立ち並ぶ日々が続いた。暴力団組織、悪質ブローカーの存在、「不法」という脆弱性につけこむ悪徳業者、高利貸しなど重層的な人権侵害と「留学資金を貯めるための仕事」といった当人たちの開き直りもあった。

大久保地区に居住し、二四時間体制で「外国人問題」を探る研究者やジャーナリストが増えていく。歌舞伎町のホステスになり参与観察を行うという研究者も珍しくない。ヒヤリングによれば、一九九〇年代、街娼の在留資格は「興行」が多く、悪質なブローカーの人身取引により多額の借金を背負っていた。日本人男性だけでなく、外国人男性も顧客として現れ、国籍や年齢によって料金が異なっているという。

衝撃的な事実と混乱や不安に対して、日本政府は何の政策も立てなかった[22]。毎晩、地域住民は話し合い、当時の世相を反映した苦肉の策で、「お父さん、家庭にエイズを持って帰らないで！」という立て看板も立てられた。

「新宿だから起きるのよ。あの地域は別世界、特殊な地域だから起こる。」
「外国人の問題であって日本人の問題ではない。」（新宿区の日本人住民、一九九三年）
「私たちは、常に合法的にルールを守って暮らしてきたのです。税金も払い地域ボランティアもして、子どもの学校の役員も引き受けてきた。非合法の外国人は、排除すべきですよ。一緒にされたら困る。」（新宿に居住する外国籍住民、三〇代、一九九五年）

さまざまな思いが錯綜していたが、筆者は、毎週、新宿区の小中学校や大学、生涯教育の場で、国際理解教育の講師を依頼され、ゲストの留学生や外国籍住民の悩みを聴取する機会に恵まれた。あるタイ出身の博士課程の留学生は、「私はタイ人だと言えば、風俗店で働いていると思われて、料金はいくら?と問われるの。いつの間にか、頭髪が抜け落ちて、はげてしまった」と語った。品位や尊厳を傷つけられ、アイデンティティに苦しむことで病気になる留学生が多い。

（2）無国籍児を守る

筆者は一九九四年からは新宿区の依頼で主任保母研修会の連続講座を担当した。多言語対応するために主任保母の献身的な努力があったが、保育士たちは保護者とのコミュニケーション不足や、通知もなくいきなり強制送還される家族の存在を心配していた。国内法では「児童福祉法」（一九四七年）、「母子保健法」（一九六五年）が外国人妊産婦および児童に適用され、医療・福祉制度が利用可能であった。日本は一九七四年に「国際人権規約」を批准しているが、この国際法の根幹には「世界人権宣言」（一九四八年）があり、その理念に基づくものであった。筆者が連続講座を担当していた一九九六年当時、日本には約二六万人の超過滞在者がいた。うち約一四万人が女性であり、在留資格のない女性から生まれた新生児は約一万人と推定された[23]。そうした新生児は、予防接種や定期健診などの医療サービスを受けられずにいた。在留資格のない母親は、入管法違反による強制退去を恐れて、子どもに一連の医療サービスを受けさせずにすます場合が多かったのである。この結果、母子保健の医療を受診しないオーバーステイ妊産婦の乳児死亡率が高くなっていたことを[24]、東京女子医科大学の李節子助教授が公表した。

非正規滞在でさらに無国籍である女性が出産した場合、生まれた子も「無国籍」となっていく可能性が高い。しかし、こうした「無国籍者」は、日本社会では不可視な存在でもあった[25]。一九四八年の世界人権宣言の第一五条は次のように宣言している。「すべての者は、国籍をもつ権利を有する。何人も、ほしいままにその国籍を奪われ、又はその国籍を変更する権利を否認されることはない」。日本は一九九四年「子どもの権利条約」を批准し、国際社会における基本的人権の尊重と保障を基本理念にしており、医療・福祉の分野において内外人平等の原則が適用される。主任保母研修会によるアンケート調査では、新宿の助産師、看護師、保育士、幼稚園の教諭が、「児童福祉」の理念を尊重し、親の在留資格にかかわらず乳幼児を平等に受容したことが明らかであった。合法・非合法にかかわらず外国人児童を差別なく受け入れるとする方針は現在まで貫かれてきた。しかし、突然連絡なく消えてしまう親子がいることを保育士は仕方なく受け止めている。

「子どもの権利条約」は、差別の禁止、子ども最善の利益、生きる・発達する・育つ権利、子どもの意見の尊重の四つの柱をもつ。批准した各国は、条約の各条項が規定する子どもたちの権利を実現するために、国内法の整備など具体的な施策を進めている。日本国内では、「子どもの権利条例」を制定する自治体が増えており[26]、新宿区では自治基本条例（二〇一〇年）の第九章第二二条で子どもの権利を定めている（第2章参照）。

7　トランスカルチュラル・ナーシング

文化的多様性が培われている環境下では、親は赤ん坊を抱いた瞬間、国籍取得を考え、いずれの言語を使用すべきか、またいかような方針で子を育てるべきか、教育の指針を問われる。母語（mother tongue）[27]とは、人が生まれて初めて接し、使用することばである。言語はこころの拠り所であり、特定のアイデンティティや独自の思考の基本となって継承されていくものであり、一番心地よく表現できる言語で語り、子守唄を唄い、文化の営みを伝えていくのが望ましい。

外国人母が、母語で子守歌を歌い、語りかける自由は保障されているだろうか。比較的日本語ができる母親の場合、周囲がその母語よりも日本語で赤ん坊に語りかけることを希望することで、意図的あるいは無意図的な「同化（assimilation）圧力」が母親に負荷されることも起こりうる。

母国で培われた自文化と結婚相手の他文化との相互関係性（interrelatedness）について、家族は子どもの最善の利益（the best interest）について話し合うことで、文化的感受性を育むきっかけを掴む。言語も文化もライフスタイルも誰かに規定されるものではなく、押し付けられず、自発的に選択し創造するものであるという子どもへの気遣いが多文化意識の形成につながる（川村、一九八九）。日本人同士のカップルもこうした子育ての意思決定プロセスを身近に知ることができれば、より柔軟な生き方をすることが可能になろう。多文化・多言語社会を生きる資質や能力を身につけるために、多様な選択肢の中で子どもと共に成長することが、より創造性と対話力を育むに違いないと考える親もいた。このように、子どもの誕生を通して、多文化社会をいかに生き抜くか、異文化間の相互依存性（interdependency）についての認識がコミュニティに広がる。まさに子どもの数が一人増えたという量的な変化ではなく、地域社会に質的な変化と多文化意識の形成をもたらすのである。

九〇年代から二〇年間、地域の病院内での出産の現場は、多文化・多言語空間に様変わりしていた。文化的通念と、病院側の外国人妊婦への理解と受容は、うまく重なり合う場合と葛藤を引き起こす場合とさまざまである。新宿の病院は、試行錯誤ではあるが文化的配慮に先駆的役割を担ってきた。医療現場は異文化接触の領域[28]であり、個々人の価値観を尊重しつつ、病院の体制整備を行い、かつ外国人妊婦の受容の姿勢をもつことが問われてきた。以下の事例は、妊娠・出産の医療現場の多様性を物語っている。

（1）新宿区の病院で出産した韓国人女性

「日本での出産は、産後、汗まみれの体をタオルでこまめに拭いてくれたことに感動し、看護師の親切と温もりは忘れられない。難産で息子が泣き声をあげず、待機していた小児科の先生の応急処置ですぐにインキュベーターで治療してくださった。産後の食事がパンでしたが、韓国では母乳のためわかめスープを飲みます。母がわかめスープを持ってきてくれた。韓国では産後最低三日間はシャワーを浴びず、体を拭いて我慢するが、日本では、一日経つと親切に看護師がシャワー室の予約を取ってくれました。母は駄目だと言い、温かいタオルで体を拭いてくれた。看護師にシャワーを浴びないと返事をするとがっかりした顔をされた。そんな小さな違いはありますが、日本語が話せるので出産で困ることはありません。妊婦はデリケートで、涙もろく、小さな心遣いにも感動します。逆にひどく悲しいこともあるので、検診時から医師や看護師さんと気楽に出産相談する機会があるといいと思います。」（韓国女性、三五歳、二〇〇〇年）

（2）日本語ができないインド女性の出産

「インドでは、夫が妻に誠実で正直であれば、陣痛が短く安産になると信じられています。夫（インド人）

は耳もとで愛を語り、分娩室に付き添い、励ましてくれたので、陣痛は三五分だった。三人目の子どもで、初産が一八分、二番目が九分で、今回が最長記録でした。母子健康手帳は、日本語と英語の対訳つきで、入院中、英語版の"Mather and Child Health Handbook"に成長記録を記入してくれたので本当に嬉しい。ヒンドゥー教徒への配慮でベジタリアンフードが調理され、ボンベイからかけつけた姉は時々インドのスープを差し入れてくれた。インドでは産後三か月は灰色の栄養価の高い小麦粉（bajari）で作ったパンを食べるため、姉が日本までもってきてくれたのです。赤ん坊には、まず、インドの母語での語りかけ、ヒンドゥー語、英語、日本語と歳を重ねるごとに複数の言語で語りかけていくつもりです。インドでは生後三か月間、手足を真直ぐに伸ばす形で赤ん坊をマントにしっかり包んで寝かしつけるのです。手で顔を引っ掻き、指しゃぶりを防ぐようにし、足も真直ぐにのびるようにするためです。」（インド女性、三〇歳、一九九八年）

（3）大久保地区のトンガ女性の事例

「トンガでは、子どもが宝です。妊婦や新生児の死亡率が高いので、事故があれば、養子縁組をして助産師がその子を育てたりします。貧しい家庭の子どもを預かることも多く、子育ては、地域全体でするのが当たり前です。男親は、出産の際、水を運び助産をします。日本では安心して病院で出産できるので助かりました。」（トンガ女性、四〇歳、一九九四年）

子どもが生まれたら一四日以内に出生届を区役所の戸籍住民課に提出し、出生後三〇日以内に東京入国管理局で在留資格・在留期間の取得許可申請する。前出のトンガ女性は、旅券の申請など本国関係の手続きを大使館で行うが、当時はトンガ大使館がなかったため（同大使館は二〇〇九年設置）、フィジー大使館での出産後の手続き(29)

が大変だったと語った。

異文化出産に対応する新宿の産科空間から、この二〇年間に多数の多文化間医療の専門家を輩出している。五十嵐（藤原）ゆかりは、社会保険中央総合病院（百人町）で助産師を経験し、多文化間医療のパイオニアとなった。助産師・看護師が対象者の文化的背景を考慮してケアを提供することは、専門職として必須のことと提案した。

International Confederation of Midwives（ICM）の助産師の国際倫理綱領に「文化的多様性を尊重すること」（社団法人日本看護協会、二〇〇三）とあり、International Council of Nurses（ICN）の看護師の倫理綱領には「人権や価値観、習慣、精神信念が尊重されるような環境の実現を促す」[30]とある。藤原（二〇〇六）は、異文化を内在化する女性とその家族に文化的背景を考慮したケアを提供することは、助産師・看護師の必要な責務であり、専門的ケアの提供に、妊婦の文化的背景や伝統・伝承という視点と、医療・看護の専門性の両面の視点をもつことの重要性を指摘してきた。

「新宿区の病院で多民族の出産に立ち合い、精神的肉体的にもケアをしてきました。出産と文化とは切り離すことはできないという経験知から、助産師として勤務した後、シドニー大学で異文化看護を学び、教員経験を経て現在は聖路加看護大学の博士課程在籍中です。在日外国人支援のNPOやサポートグループに参加し、在日外国人母子への出産に関連するケアを医療側から考える『多文化医療サービス研究会』（RASC）という団体を立ち上げました。九言語で『ママと赤ちゃんのサポートシリーズ』を作成・無料配布していきます。対訳になっており、外国人も医療者も使用できます。異国での出産で精神的な満足を得ることが重要です。自文化で培った価値観に基づく出産を行い、家族的にも文化社会的にもその達成が重要視され、満足を得ることにつながってほしいのです。その満足感や達成感がその後の育児に反映される場合もあり、女性と家族が満足できる医療・助産ケアの要因のひとつとして、出産の文化的儀礼や慣習に対する配慮が必要であると考えます。」（藤原、二〇〇六）

外国人への看護には、文化を超えた看護（transcultural nursing）の概念が肝要であり、看護学と文化人類学を融合させた「文化ケア」[31]が提唱されたことにより、これを基底に外国人へのケアが確立されつつある。文化ごとのケアの価値観、信念、表現、意味、過程、パターンを探求し、多様な看護ケアや普遍的で共通な看護ケアの実践を目的としている（Leininger 1992/1995, 1996, 2001; Welch, 2002/2004）[32]。医学的な知識や技能を提供するばかりでなく、各文化特有の「民間的ケア」をも受け継ぎ、それを行うことで安心し満足を得られるような、看護対象者の心身が安定するケア方法[33]が大事だという。

多文化医療サービス研究会（ＲＡＳＣ）では、日本語のサポートを必要とする外国人への医療サービス向上のために情報交換、啓蒙・研究活動を行っている。外国人住民の医療サービスを向上させ、病院から地域へ帰ったときのコミュニティーでのサポート体制を整え、医療サービスの言語・文化的サポートを充実させる活動を目指している。

このように新宿での文化ケアの蓄積は、医療、社会福祉、行政、通訳、ボランティアグループの参画をもたらした。ＲＡＳＣは、外国人妊産婦向けの冊子「ママと赤ちゃんのサポートシリーズ」（英語版、中国語版、韓国語版、タガログ語版、ポルトガル語版。すべて日本語対訳）を作成配布し、文化ケア情報のネットワークを広げている。さらに二〇一五年からは、医療通訳者や医療通訳コーディネーターの養成を行い、外国人医療におけるケア向上に活動の幅を広げている。

8　人の移動と多文化間医療

新宿区の助産師[34]から医療通訳の必要性が指摘されたことから、現在同区の病院は通訳方法として対面通訳[35]による同行型と、電話通訳による遠隔型を採用している。公的機関が外国人集住地区の病院で独自に通訳者を雇用したり、ＮＰＯなどの民間団体がこれらのサービスを提供したりしている場合もある。外国人の出産ケアに対する医療スタッフへの講座も増加しており、異文化間出産への理解が深まっている。

二〇〇七年の日本の出生数は、一〇八万九八一八件である（厚生労働省、二〇〇八）[36]が、出生数の減少は一九九〇年ごろから徐々に顕著になりはじめた。近年では出産施設が減少していることもあり、出産場所の確保が厳しい状況が出生数低下の一因にもなっている。産科を取り巻く状況が困難な局面を迎えているが、外国人出生数[37]は増加している。新宿区の〇歳から四歳までの外国籍乳幼児数は、八三六名（男四二三名、女四一三名、二〇一二年四月一日）である。

自治体は多言語パンフレット無料配布やインターネットを介した多言語の健康情報の提供、通訳の派遣や電話通訳サービスにも力を注いできた。外国籍居住者からは信頼と感謝の気持ちが寄せられている。新宿に暮らして一〇年になる韓国人男性は、「まさか四二万円もの補助金が外国人にももらえるとは夢にも考えていなかった。安心して妻は出産でき、日本は、世界中で最もありがたい国だね、と話したことがある」と語った。

人は「移動の自由」を獲得し、身ごもる女性は、生まれてくる赤ん坊にとって「最良の出産場所」を求めて移動する。人は、どこで、どんな親からいつ生まれるのか、選択することはできず、非自発的関係に誕生するが、産声を上げる子と親との対面ほど、悦びと神秘性に満ちる領域はない。戦中・戦後の混乱期、新宿の妊娠・出産の現場には、貧困・売春・偏見など重層的差別に苦しむ女性を助ける女性たちがいた。リスクを負いながらも救

図 1-6 「新宿生活スタートブック」（4 言語併記）

住民票・在留カード・健康保険・妊娠・育児・住居・災害時・仕事・病気など生活ルールと手続きなどがイラスト入りで説明してあるガイドブック。新宿区が外国籍住民全員に無料配布。

編集発行：新宿区地域文化部多文化共生推進課（初版 2009 ～ 2014）。

図 1-5 7 言語および日本語の母子健康手帳

新宿区は区内に在住している妊婦に対して無料で配布。子どもの医療費助成や子どもの手当、予防接種を受けることができる。

発行：母子保健事業団。

図 1-7 母子健康手帳の広がり

妊婦・胎児・乳幼児の命を守るための母子健康手帳は、日本から世界に発信され、広まっている（「第 6 回母子手帳国際会議」）。母子保健法の成立（1965 年）に伴い「母子健康手帳」と改名。自治体独自でも多言語のガイドブックが開発されている。写真は、東京都発行の「母子健康手帳」（中国語版）、沖縄県発行の「親子健康手帳」、北九州市発行の「母子手帳ガイドブック」、「母子健康手帳」。

いの手を差し伸べる勇敢な女性たちの人生もあった。一九九〇年代の新宿には、不法就労・超過滞在という脆弱性のなかで身ごもる女性たちがおり、医療現場は対応してきた。かくして新宿にはいくつかの「駆け込み寺」が生まれ、保護のためのネットワークを構築している。

現在の母子健康手帳には、胎児の超音波（エコー撮影）の写真を貼る欄がある。人生の終盤期を迎える時、自身の胎児の姿を眺めることができる。「胎内にいたころ何を思っていたのだろう。長い人生をよく生きてきたものだ」と感慨にふけることもあるだろう。

また、母子健康手帳には、妊娠時から二五歳までの健康記録を保護者が管理でき、医療機関を変更する際にも利用できるものもある。多文化医療のコミュニケーションの改善に役立つだけでなく、母親と父親の態度や行動の変容を促すなどさまざまな側面をもっている。日本が開発した健康重視の「ライフサイクル手帳」ともいえよう。正規滞在者は、母子保健医療、多額の補助金、通訳、異文化間医療、多言語の母子手帳、多文化間医療といったサービスを享受している。厚生労働省の「母子保健法の概要」によれば、同法第一五条には、妊娠した者は、速やかに市長村長に妊娠の届けをしなければならないとある。そして第一六条では、市町村は、妊娠の届出をした者に対して、母子健康手帳を交付しなければならないとある。あらゆる子どもの命を守るうえでも、人道上の見地からも、「母子健康手帳」は在留資格にかかわらず交付されねばならないと筆者は考える。

9　生きる力

第1章では、戦後の焼け野原で生きる人びとの接触領域として、現代にいたるまでの妊娠・出産のエスノスケープを素描した。異国での出産と人間の誕生は、「生の保障」を基底とする都市の胎動を想起させた。人権尊重を柱とする理念が息づいていても、駆け込み出産、異常分娩、医療費未払い、新生児の置き去りが後を絶たない。長期に放置されれば、助産を拒否せざるをえない病院も出てくる。「子どもの権利条約」の第三条にあるように、「児童に関するすべての措置をとるに当たっては、公的若しくは私的な社会福祉施設、裁判所、行政当局又は立法機関のいずれによって行われるものであっても、児童の最善の利益が主として考慮されるもの」が名実ともに実現されなければならない(38)。

子の命名には、親の夢や希望、理念が反映される。赤ん坊の性別が妊娠中に分かる時代となり、出産に先駆けて名前が考案されるようになった。出生届けに関して、外国人の場合は、日本人よりも公的な登録手順が多く、その一つひとつが生涯の身分証明とつながる重要な手続きである。移民・難民の親は子が生まれた後、医師の出生届書、母子健康手帳、旅券と外国人登録証明書を役所に届けなければならない（二〇一二年以前）。さらには、六〇日以内に外国人登録をし、大使館に出向いて旅券申請をする。同時に、出生後三〇日以内に入国管理局で在留資格、在留期間の取得許可申請をするが、これだけでは終わらない。これらの許可取得後、一四日以内に外国人登録証明書と子どもの旅券をもって区民課外国人登録係でその取得許可の届け出を済まさなければならない。

乳児を抱えて煩雑な手続きをこなすには、夫の協力が必要不可欠である。手続きに限らず、子育ては父親と母親の双方の責任と役割であり、子育てに関する夫婦のコミュニケーションの重要性が認識されるようになった。母子健康手帳という名称が、「親子健康手帳」に改名されたのも、父親と母親の双方の責任を再認識するためで

図 1-8　父親の役割を積極的に捉える「父子健康手帳」

発行：練馬区。

ある。

　また自治体によっては、「父子健康手帳」を発行しているところもある（図1-8）。これは父親向けの育児啓発冊子であり、育児の基礎知識が幅広く掲載されている。異文化間恋愛、国際結婚が増加する中で、胎児の認知はもとより、妊娠から出産までの母体の変化や文化的多様性に配慮した妻への接し方、出生の手続きなど、父親の役割と責任はきわめて大きい。

　親のどちらかが日本国籍者であれば、子どもは日本国籍を取得できる[39]。国籍と民族とは別の概念であり、日本国籍を取得しても、双方の文化を尊重する態度が必要であることを父母の双方が確認する必要が認識されるようになった。家族も地域も、日本国籍を取得しても母国の文化・言語を伝承できることを認識するようになる。

　妊娠・出産において、「日本人」という固定的概念から解放され、文化的多様性重視の子育てが行われるとすれば、それは画期的なことであろう。国籍から解放された子育ての理念と同時に「日本人」の多様性を受容する家庭環境が、人間発達を通して大きな意味をもつ。

　親の出身国の文化と日本文化をもつ子どもの増加は、日本人の多様性をも示唆しているのである。一九八〇年代後半に、国際結婚による子どもが増え、九〇年代の半ばには、保育園や小学校に通う年代になり、複数の文化的背景をもった子どもたちをハーフではなく、肯定的に「ダブル」あるいは「国際児」などと呼び、海外にルーツをもつ子どもがいじめの対象にならないように配慮している。複数の文化的背景をもつ日本国籍の子ども達の増加は、家庭内文化と学校文化を変え、地域文化の変容を促してきた。

新宿は多文化社会を構築するにあたって、それにまつわる妊娠・出産を先駆的に体験し、「生の保障」を蓄積してきた都市である。こうした経緯が多文化都市への胎動となり、新宿の活力としての「生きる力」を生み出していると捉えることができる。

注

（1）トルーマン大統領（Harry S. Truman　在任一九四五〜一九五三）の指示による、『米国戦略爆撃調査団報告書』の作成に八五〇人の米国人士官と三〇〇人の日本人が動員され、彼らは東京を中心に精力的な調査活動を展開した。太平洋戦争下の空襲・戦災の実態調査に関して、日本側の資料は乏しいが、他方でアメリカ側の資料は膨大な量が現存している。

（2）『丸』一九七一年六月一日号、潮書房。

（3）広島原爆で二〇万余人が死に、相手方の死傷者は〇人である。現代戦争の宿命と言える（同前書、二五三）。

（4）『新宿伊勢丹百年史』によると、一九二五（大正一四）年当時の新宿における百貨店の進出が分かる。三越が新宿駅舎の大改造完了を睨み、駅前に支店を開設したのが、新宿のはじめての百貨店だった。同年、追分付近に「ほてい屋百貨店」が進出。一九二七（昭和二）年には京王電鉄の新しいターミナルビルに「新宿松屋」が開業、三越が店舗拡張のため、一九二九年には現在地に移転開業した。伊勢丹は大激戦の中、新宿に乗り込む決心をした。

（5）『新宿伊勢丹百年史』は、接収の様子を伝えている。「わずか一二日間の猶予しかなかった！　なぜ伊勢丹デパートが接収対象の建物になったのか、なぜ地図作成部隊がこの建物を選んだのかと疑問が湧いた。この答に関する完璧な資料はなかったのですが、残されている資料から推測をしてみました」とある。

(6) マッカーサーによる日本の民主化政策は国民に歓迎され、日本の最高権力者を称える像だけでなく、「マッカーサー道路」(広島市)までできた。

(7) 都内において接収された建物が六〇〇か所以上にのぼったが、そのおよそ半数がUSハウスと呼ばれる個人住宅(洋館)である(菱山辰一他『伊勢丹百年史』新宿区歴史資料館所蔵)。

(8) 聖母病院は、英語・スペイン語といった多言語で出生から終末まで包括して便宜を図り、周産期、小児医療から高齢介護にいたるまで踏み込んだ医療相談、健康管理などを厚く提供することで沢山の外国籍患者を受け入れてきた。

(9) 森田せつ子(二〇〇〇)「母子健康手帳 ――今昔」『健康文化二六号』によれば、妊産婦手帳の生みの親は瀬木三雄博士(一九四七年厚生省に新設された母子衛生課の初代課長)である。母子手帳が入院分娩の普及に貢献した。

(10) 京大日本史辞典編纂会編『新編日本字辞典』(東京創元社、一九九〇:四一〇)によれば、敗戦時の在日朝鮮人の人口は二三六万人とされている。

(11) 一九六五年に母子保健法が成立し、翌年より「母子健康手帳」と改名された。一九五五年には施設内分娩は一七・六%に過ぎなかったが、六〇年は五〇・一%、六五年には八四%と急増した。二〇一五年では九九・九%となる。

(12) 日本に三か月以上滞在する人には外国人登録が課せられるようになり、一九五二年四月二八日の外国人登録法施行規則(外務省令第一一号)は、その登録書をCERTIFICATE OF ALIEN REGISTRAION と名づけた。なお、生活保護制度においても、一九四六(昭和二一)年に施行された(旧)生活保護法では国籍条項がなく、外国人も対象となっていた。しかし、一九五〇年に施行された(新)生活保護法では国民が対象とされたため、外国人は対象外となった(南野、二〇一五:八六)。

(13) 当時の出産は助産師の介助で出産した。妊娠中の腹帯、へその緒の保管など伝統的な文化的儀礼や慣習の多くは、母体と胎児の健康と幸福の祈願であり、出産後の祝事も伝承されてきた。不自由な時代でも文化的儀礼や慣習が成就することは、心の拠り所であり精神的支援でもあった。

(14) 新宿区選挙管理委員会も発足して、岡田昇三が初代の区長に当選した。

(15) 内藤新宿は、飯売旅籠屋として発展し、遊里の宿場として成長していった経緯が、洒落本『契国策』(安政五年刊)、『四宿の食売女』(明治二三年刊)などに詳述されている。

(16) 一瀬幸三編（一九八三）『新宿遊郭史』。新宿郷土会には、当時の人身売買の様子が記録されている。
(17) 兼松左知子は婦人相談員として女性の人権問題に取り組み、献身的努力を重ねた。その保護、救済、更生に尽くし、人間の尊厳を広く問いかけた功績を讃えられ、一九八六年にエイボン女性年度賞功績賞を受賞した。
(18) 館長の杉山次子氏はGLOBAL AWARENESSの会員でもあり二〇一〇年に逝去。その活動は、家族が引き継いでいる。
(19) 一八五〇年に発行の「産育全書（コピー）」や「産科指南」、文政年間に書かれた産科指導書「産科指南（コピー）」、安永六年に著された「産家やしなひ草」など江戸時代の古い産科書籍が展示してある。
(20) 母子健康手帳には、産婦人科医、助産婦、小児科医、保健婦、歯科医、栄養士などの関与の歴史が刻まれている。
(21) 母子手帳を普及させる事業は、ＪＩＣＡ（国際協力事業団）によりインドネシア、メキシコでも実施された。
(22) 地域の人びとの共生への葛藤や闘いは、川村編（一九九八）に記録した。地域のネガティブな歴史と捉えがちだが、九〇年代の混乱期こそが、多文化都市の陣痛であった。
(23) 法務省（一九九六）「在留外国人統計」参照。
(24) 李節子（東京女子医科大学教員）は「超過滞在の妊産婦とその子どもが、母子保健上の最もハイリスクグループであり、劣悪な生活・労働環境に伴う人権侵害が考えられる」と指摘した（『朝日新聞』一九九九年一〇月八日夕刊）。
(25) 日本看護協会は一九九三年六月、スペインでの各国看護協会代表者会議（ＣＮＲ）において、「非合法な滞在のために基本的人権を与えられていない外国人の母親と子どもの健康と福祉を守ろう」という決議案を提出し、議場全員一致で採択された。
(26) 多数の自治体が子どもの権利条例を制定しており、都内では、目黒区、中野区、豊島区などである。
(27) 継承語と呼ぶ場合もある。
(28) たとえば、へその緒の保管は、日本の出産にまつわる文化的儀礼として深意をもっている。海外で出産した日本女性は、希望してもかなえられず、へその緒の保管を諦めたというが、日本の病院では外国系妊婦にどのように対応するかが話し合われるようになった。
(29) 実際にはこうした手続きを忘れる親も多く、その後のトラブルを誘発することもある。区役所では保育、就学、就職、結婚、離婚、税金の手続きから死亡届に至るまで、手続き上の業務を多言語で行っている。
(30) 社団法人日本看護協会、二〇〇六

（31）文化ケアとは「安寧や健康を維持し、人間の条件や生活様式を高めたり、病気や障害や死に対処しようとする個人または集団に援助し、支持し、能力を与えるような主観的および客観的に学習され伝承された価値観、信念、パターン化された生活様式を意味する」（Leininger, 1992/1995）。

（32）Leininger, M. M.（1992）. *Culture care diversity and universality: A theory of nursing.* 稲岡文昭（監）（一九九五）「レイニンガー看護論：文化ケアの多様性と普遍性」医学書院。Welch, Alice Z（2002）／近藤順子（二〇〇四）. Chapter 28 Madeleine M Leininger: Cultural care,Diversity and Universality、マドレン M. レイニンガー「文化的ケア：多様性と普遍性理論」、In Tomey, A. M. & Alligood, M. R.（2002）／都留伸子、監訳. Nursing Theories and their work. 看護理論家とその業績、医学書院。

（33）レイニンガーは「民間的ケア」と医療の知識を根底とした実践技能（ケア）、すなわち「専門的ケア」を融合させ、提供するケアを「culturally congruent care（文化を考慮したケア）」とした。

（34）社会保険中央病院に勤務した五十嵐ゆかり氏の提言である。

（35）対面通訳でも、病院雇用、患者自身による雇用、ボランティア、病院スタッフや家族・知人が行う場合がある。電話通訳では、通常の受話器を受け渡して行う方法や、携帯電話にスピーカーをつなげる方法などさまざまであるが、通訳者が介入する点では共通している。同行型、遠隔型の両者ともに通訳者の通訳経験や医療通訳に対する知識などにおいて、ヒューマンリソースの能力に差が出るという。

（36）厚生労働省（二〇〇八）「平成一九年人口動態調査」、父母の国籍別にみた年次別出生数及び百分率。

（37）外国人出生数は年々増加し、父母の一方が外国人の場合の出生数は、一九九〇年から一九九五年の間に急増。一九九五年に二万件を超えた（厚生労働省、二〇〇八）。特に母が外国人の場合を一九九〇年と二〇〇七年で比較すると、一七年間で出生数が約二倍となる。現在、外国人の出生数は日本の総出生数の約二・一％である。多文化都市・新宿の医療機関が、外国人妊婦に対して言語文化の障壁を超えるケアの事例が多数確認できた。

（38）新宿区『新宿区生活便利帳』二〇〇〇年。

（39）なお、一九八四年以前は国籍法が父系血統主義を採っていた。

第2章 幼児期と学童期のアイデンティティ

Identity in Toddlers and School-Aged Children

問題の所在

幼児期における他者との接触は社会における多様な人びととの共存環境への親和性を生み、その後の生活の基盤を形成する重要な時期である。しかし、多文化家族でそうした安定的環境を維持するためには、子どものみならず、親同士や教育に携わる現場と行政の三者が連携し、相互に十全なコミュニケーションを取り、相互にストレスのない社会空間を構築することが求められる。

エリクソンは、ライフサイクルの乳幼児期が、自己意識の発生の原点であり、アイデンティティの基底になる「中核的自己感覚」が形成されるか否かに着目した（鑪、二〇〇二：一六二、一八七）。幼児期の教育方針や躾が重要であるが、越境する親は、生活に追われ確たる教育方針をもてずにいることが多い（川村、一九八九）。また、哲学者ルドルフ・シュタイナー(1)は、話す能力が幼児期に最も重要であると次のように主張する。

「話すことができることが幼児を外界へと関係づけるようになる。話すことを開始すると、幼児が適応する生活圏はより大きなものとなる。この生活圏の拡大は、単に言語というコミュニケーションの手段の習得による対人関係の拡大を意味するのではなく、さらに幼児が母国語を話すことによって『民族性という生活圏』の中に入り込んでいくことを意味する。さらに話すことによって幼児は思考力を発達させることができる。言語が思考をもたらすのだ。」（広瀬、一九八八）

シュタイナーは、感謝の基礎が築かれるのは誕生から歯の生え変わりまでの幼児期であり、愛の基礎が確立するのは一四歳頃までの児童期であるとした。感謝の基礎の確立は、道徳的な善の形成につながる。態度の育成にも力点をおき、幼児に道徳的にみて「善い」行為を示し、善い思いに触れさせることで、それを自然と体得させる過程を重視した（広瀬、一九八八）。

そうであるならば、幼児期・学童期に受けた重圧的抑圧的体験は、その後の生涯にどのような影響を与えることになるのだろう。移民の家庭内部や心の深層を鮮明に映し出す保育園に照射し、多言語多文化空間における子どもの成長と実態に迫ってみたい。世界人権宣言第一五条は、「すべての人は国籍への権利を有する」と謳っているが、無国籍の子どもたちはいずれの国によっても国民と認められていない。地域において、無国籍の子どもの存在にいち早く気づいていたのは、無認可保育園の保育士であった。国籍の有無を心配する子どもの気持ちに寄り添う視点をもつことで、生きる力の安定的な育成環境を考える。

日本政府は、一九九四年「児童の権利に関する条約」に署名している。児童とは、一八歳未満のすべての者である。第七条には、「児童が出生後直ちに登録され、氏名を有し及び国籍を取得する権利の実現を確保する」とある。

新宿区は二〇一〇年に施行した新宿区自治基本条例の第九章に子どもの権利等を掲げた。その第二二条は「子どもは社会の一員として自らの意見を表明する権利を有するとともに、健やかに育つ環境を保障される」としている。そのことを念頭に実態を検証してみたい。

1　非正規滞在者の子どもたち

(1) 女性のシェルターの誕生

一九八〇年代、新宿ではアジア地域出身の女性たちの増加が顕在化したが、その中でも日本人男性との間に生まれた子どもを育てるシングルマザーの存在が浮き彫りになった。パートナーとの関係性が悪くなると、移住女性の滞在資格に関する法的地位の脆弱性があらわになる。一九八五（昭和六〇）年の一年間に、資格外活動と不法残留で検挙された外国人女性は計四九四二人であり、その四年前に比べて四倍に急増した。うちフィリピン女性が七〇％を占める。いわゆる「じゃぱゆきさん」が新宿に出現し、東南アジアの出稼ぎ女性が売春を強いられて逃げ出すようなトラブルが多発した。それまで日本キリスト教婦人矯風会は行き場のない日本人女性の一時宿泊所であったが、一九八六年から「女性の家ＨＥＬＰ」（House in Emergency of Love and Peace）[2]と改名し、外国人女性の救護施設を併設した。開設から一年間で駆け込んだ日本人女性は一五二人であり、フィリピン、台湾、タイ、韓国、アメリカ、オーストラリア、香港など外国人女性は一一七人である。雇い主から脅迫、暴力、給料不払い、売春強要をうけ、離婚、妊娠・出産などの問題を抱えていた。シェルターの閉鎖性をなくすために、月一程度の説明会を設けてヒヤリングに応じている。

「ある日、道路に置いてあった大きなゴミ箱を開けたら、中に女性がうずくまっていた。この仕事に就く理由は、目前にうずくまる弱者がいたので助けたかった。特に人権を意識していなかった。抑圧され犠牲になる女性に何か手助けがしたかったのです。」（NPOスタッフ）

女性の家HELPのスタッフは語学力と法的知識を駆使し、ローカルな問題だけでなくアジアの貧困に目を向け、人権侵害の犠牲者に寄り添いながら、ジェンダーの視点から日本社会のエンパワーメントを訴えた。一九八〇年代、新宿には地域のグローバル化に対応する数多くのボランタリー・アソシエーション（VA）が次々に誕生した。一人が数か所のVAに所属している場合もある。各VAは民間ネットワークを広げ、数々の出版物を刊行することで問題を明らかにし、社会に発信してきた。

（2）乳幼児と女性のホームレス

HELPは、外国女性の駆け込み寺として、三回の食事とプライバシーを確保し、宿泊施設を提供している。入所する女性や乳幼児の状況に応じ相談にのり、旅券やビザの滞在資格取得、離婚、アパート探しなどを支援する。所持金も在留資格もない女性に対し、福祉事務所に相談し、原則として二週間は滞在できる。子どもの場合、男児は一〇歳までとし、病気の女性は宿泊できないとの規定を定めた。[3]

通常、乳幼児は何がおかしいのか、よく笑うものだが、そこにいた滞在間もない乳幼児の表情は固く硬直していた。HELPに滞在中、乳幼児の表情が日に日に和らいで次第に笑うようになる。この表情の変化は、シェルターが母子家庭の安心・安全の居場所であることを証明していた。

外国籍女性が居所を失う理由には、長期の入院生活や定期収入がなく、家や職場を追われたなどの事例がある。

帰国までの居場所を探しながら夫の協力なしには在留資格の更新ができない外国籍女性の中には「夫からの暴力が絶えない家庭」に戻らざるをえない厳しい状況に直面する者もいた[4]。

二〇〇八年、HELPには三六か国一三四八件の電話相談があった。HELPの入所利用者は、外国籍女性二六名、日本国籍女性六一名、同伴児二六名の合計一一三名であった[5]。当時の特徴は、妊娠女性の入所はなかったものの、手続きに時間がかかる長期滞在の母子の受け入れが相次いだ。日ごろ母子の利用が目立つHELPで、利用者が中高年の日本人単身者のみの状態が一週間以上続く利用事例がしばしば見られた。経済不況の波を受け、失職後、右往左往してホームレス状態になったケースや長年にわたってさまざまな施設と路上とを行き来して最後に辿り着いたケースなど、外国籍の女性はもとより、日本人女性のおかれた厳しい現実がある。二〇〇九年になると、「女性の家HELP」はそうしたニーズに対応し、国籍や在留資格を問わないシェルター活動として多言語の電話相談活動（日本語、英語、タイ語、タガログ語）や入所者へのサポート体制の充実と退所者へのプログラムを充実させた。「シェルターにおける被虐待児への継続的支援プログラム事業」（独立行政法人福祉医療機構助成事業）の実施と同時に「配偶者からの暴力の防止及び被害者の保護等に関する法律」の運用面の働きかけと人身取引対策行動計画運用への働きかけを実施した。

同施設は、繰り返し避難をせざるをえない母子の入所者を複数受け入れている。学齢前の幼児は、父親からの虐待等被害状況が深刻で、状況把握や回復のため、入所中に臨床心理士など専門家が対応している。子どもたちに「自由」と「安心」を体験してもらえるよう心の回復に重点をおき、遊びやセラピーなども展開している。たとえば、海外育ちの「日系」ティーンエージャーへの対応として、彼女たちが日常生活で自分の気持ちを話せる場所が少ないなか、共通言語を使って彼女たちの気持ちを即興劇にした。すると「私も同じ思い」と皆が涙を浮かべ、同じ経験をしている人びとが集まり、悲しみや痛みを分かち合うことができた。こうした実態に、国も地方行政もそして地域社会も気づかずに過ごしている。

2　文化的多様性に富んだ保育空間(6)

一九九〇年代「新宿は子育てに相応しくない」と転出する世帯があったが、その後、「多言語・多文化環境こそが子どもの多文化意識を育てグローバルな成長を期待できる」として転入してくる家族もある。(7)「新宿は、乳幼児にも善い環境」という価値観や教育観が生まれた。多言語・多文化の保育園の取り組みと支援を考察してみたい。

新宿区内の保育園三〇園の規模はさまざまだが、外国系幼児の国籍も三〇か国を上回る多様性をもっている。一九七〇年代には新宿区立保育園に約六〇名の外国籍幼児が通園していた（新宿区保育課の調査）。八〇年代になると一六〇人程度に、九〇年代にいたっては二三八名に増加した。二〇一一年、在籍数の七〇％が外国系幼児という保育園も少なくない。(8)「外国系幼児」とは、両親ともに、あるいはどちらかが外国人といった海外にルーツをもつ幼児を指す。在日コリアンの四世、五世や中国残留日本人の孫などもいる。幼保一体化となり、認定こども園と形態は変わっても、多文化化はさらに進んでいる。

多文化保育空間は、主に幼児・保護者・保育士によって構成される空間である。三者の連携が、安心の居場所を創造し、多様な子どもの地域コミュニティを形成していく。

筆者は一九九二年に新宿区厚生部児童課より全主任保育士を対象に「異文化理解と保育」の講演を依頼されたことを契機に、新宿区の公立保育園（三〇園）の参与観察と保育士へのアンケート調査を実施した。幼児の異文

化間リテラシーの獲得および保育士と保護者の関係性など、保育園と地域のつながりを主眼とした調査であった。(9)

一九八〇年代から外国系幼児が毎年増加し、日本人幼児が減少する過程でも、新宿の保育園は多様な家庭環境の乳幼児を長年にわたって受け入れてきた経験があり、同区の保育士はそれまでの異文化間保育の蓄積を生かして、これに混乱なく対応してきた。文化や言語を異にする家族と幼児との間に境界をつくらず、対人スキルを学習する態度を引き継いできたのだ。一九九二年の公立保育園三〇園の主任保育士のアンケート調査からは、言葉・宗教・保育の違い・医療や保健衛生の面で戸惑いはあるが、保育士は外国系児童を温かく受容し、保育園内部ではトラブルが起きていないという結果が出た。

当時、新宿の保育園は「居住の実態」および「保育に欠ける」状況下にいることを条件に、国籍、在留資格、外国人登録証の有無などを問わず、幼児を受け入れていた。子どもの適応能力を熟知した経験豊富な保育士たちは一九九〇年代以降、異文化理解をテーマにして自主的に勉強会を開き、意見交換を重ねている。保育士は、休日を返上し、韓国語、中国語、英語の「保育の会話集」を手作りで編集・作成した。これは厚生省の外郭団体・日本保育協会の「保育園ガイドブック」（ポルトガル語、スペイン語、中国語、一九九四年三月発行）に先駆けて作成された。先駆的地域の保育士の熱意と保護者との協働活動は高く評価できる。一九九六年六月になって、厚生省は全国調査の結果、外国人園児が全国で一万人を超えたと発表した。

次に、新宿での五か所の保育園のヒヤリング調査（一九九四年、一九九五年）の結果から、保育士と外国人保護者と日本人保護者の三者の連携は、相互依存性の認識を深め、それぞれ発見や学びのプロセスを厚く体験していることが明らかになった。保育園では国籍や言語の違いを超えて相互に学び合い、助け合うことが多く、三者間の相互の信頼の積み重ねは、それぞれのストレスの解消に効果的であり、結果として住民意識・多文化意識を生み出してきている。(10)保育士は外国系幼児の受容により、集団的一斉保育から、個性を尊重する保育へと柔軟に変化しなければならないことを認識している。この結果、多様性をプラスに受けとめる保育空間や、細かな規則に縛られない保育システムを実現した。たとえば、夜間に働く親の事情を考慮して、登園時間の遅れを認めた。多様な服装、言葉遣い、しつけ、マナーにも寛容性がでてきた。

多様な家庭環境の子どもの保育の蓄積と経験を生かし、保育士は柔軟な姿勢で保育を心がけ、外国人保護者の相談相手にもなった。編入直後の幼児も歯磨きや昼寝に適応し、個性を褒め合い、無事に一日を過ごすことに力点がおかれる。

3　多文化保育のメリット

一九九二年に新宿区厚生部児童課が作成した幼児の親の国籍別統計表[11]（表2-1）は、新宿区の家庭内の多文化化の様態を明確に示すものであった。一九九二年の新宿区公立保育園に通う外国系園児は、二三二名で、多様な両親をもつ幼児が通園していた。[12]その人びとを総称して「外国人」という言葉にまとめ上げることは不適切である。子どもたちの家庭環境はそれぞれが特徴をもっているのである。さらに表2-1は「日本人」の多様性を表している。一九九二年の統計資料であるので、現在これらの子どもは二〇代後半に成長し、日本社会を支え、あるいは日本と海外をつなぐ架け橋になっている。

その後、一九九九年になると、新宿区の公立保育園三〇園に通う全園児数は二〇二一名で、そのうち外国系園児は三七六名であった。外国系三七六名のうち、外国籍幼児は一七五名で、残り約二〇一名は日本国籍を保持している。両親がともに外国人が一七九名で、父親が外国人で母親が日本人である幼児は六三名、逆に母親が外国

表 2-1　保護者が外国人の保育園児調査

園名	園児数合計（A+B+C）	両親が共に外国人の園児 A							父親が外国人の園児 B							母親が外国人の園児 C						
		中国	韓国	台湾	北朝鮮	フィリピン	フランス	その他	中国	韓国	台湾	北朝鮮	フィリピン	フランス	その他	中国	韓国	台湾	北朝鮮	フィリピン	フランス	その他
戸山第一	18	2	8	1				1								1		2		2		1
弁天町	5	1	2											1			1					
大久保第一	13	2	8							1							2					
高田馬場第一	13	1	4		1				2						1	2		2				
下落合	3		1												1		1					
三栄町	8		2											1	1	2	2					
中井	3										1				1			1				
東五軒町	9		1							1						1				4		2
北新宿第一	5	1		2				1										1				
長延	5		2	1			1										1					
西新宿	3																	2		1		
大久保第二	18	1	4	3	1			2									1	6				
富久町	2		1																	1		
中落合第一	3							1 2														
北山伏	9	2	2				1							1	3							
薬王寺	10			7													1				2	
西早稲田	8		1					1							1	1	1			2		1
信濃町	6	2	1				1	1														1
高田馬場第二	4		4																			
戸山第二	9	2	1		1										1			2		2		
早稲田南町	8		2							4										1		1
西落合	5	1						1							1 1					1		
戸山第三	5	1	2				1															1
新宿第一	7	1	1	1												1	2			1		
百人町	14	1	1	3	2												3	4				
新宿第二	6		2	1			1											2				
中落合第二	6	2			1										2			1				
四谷	13	3						1		1							3	1		3		1
北新宿第二	11		4	3	1											1	1			1		
中町	3		1			2																
計	232	23	55	22	7	2	5	11	2	7	1			3	13	9	19	24		19	2	8

出典：新宿区厚生部児童課、1992 年 11 月 1 日時点の資料をもとに作成。

人で父親が日本人のケースは倍以上で一三四名であった。職業形態、在留資格、滞在期間、日本語の能力はまちまちで、統計上は、多国籍であることが顕著だが、保育園内部では、一つの国籍でグループが編成されず、国籍を意識していない。日本人の幼児も「外国人」意識はなく自然に交流している。

一つの民族が一つの文化を内在するとの意識づけによって「多国籍だから多様性」とするステレオタイプの見方があるが、これから解放されることで個人の差異を注目する視座に立脚できるようになる。幼児にとっての相互の多様性とは、国籍（nationality）やエスニシティ（ethnicity）の違いではなく、それぞれの幼児がもつ本質的な違いである。すなわち、性別、肌の色、髪の毛の質、体格、それぞれの特技、才能、性格、ことばの癖などである。そうして送迎する親の顔と言語を認識し、大人の会話を耳にしながら、子どもは民族性の違いを次第に認識できるようになっていくのである。

国際理解教育は、外在化された異文化を一方的に教え込むような傾向があったが、保育園では出会いと生活の中で共感を伴いながら無意識に異文化間接触が行われている。エスニシティを感じる名前を抵抗なく呼び合っている。多様な名前や顔に親しみ、体つきや肌の色、目の色、言語や家庭環境の差異を生活の中で発見できる。心の共振が助け合いを呼び起こし、国籍によるいじめはない。児童間で喧嘩はあるが、差異は摩擦や葛藤を生じさせ、多文化共生に向ける対話力が育成される。日本語の不自由な外国人幼児に対し、周囲の幼児が気を配り、協調性を育んでいる。無理のない日本語の習得のために外国籍幼児を年下のクラスに入れるなど発達段階に即した柔軟な保育ができるという。卒園式は各々民族衣装で集い、「元気な表現力」「仲良し力」「リーダーシップ」などの指標で幼児の成長を褒めている。

4 異文化間リテラシーの獲得

移民の受容によって新宿の保育園での文化的多様性が促進されると、「異文化間リテラシー」（intercultural literacy）を育てる空間の必要性が認識されるようになった。「異文化間リテラシー」を育てる都市空間とは、多元的な視座をもち、カルチュラル・アウェアネスを通して言語的にも文化的にも異質な要素をもつ人びとが、相互に違いを尊重しながらも同じ人間として共感し、共同生活を可能にする環境空間を指す。新宿区の保育園は多文化意識を育む空間であり、「アンニョンハセヨ」「ニーハオ」「ボンジュール」といった挨拶が自然に飛び交う。ナチュラル・アプローチが生活圏で展開し、遊びが多言語の習得をおのずと促す。従来の教育にはない自然な第二言語習得の過程を幼児期に体験しているのである。一九九〇年代前半の筆者の参与観察においても、子ども同士の会話で韓国語・中国語・フランス語・英語の単語が常態として飛び交っているのを目の当たりにした。

幼児は小人数に分散され、部屋ごとにその時々に流行する言葉があり、フランス語が得意な部屋では、日本人の幼児も韓国人の幼児も「ボンジュール、マダム」と声をかけてきた。幼児は次第に適応能力を伸ばし、保護者と保育士の通訳を果たすなど、保護者と保育士がその成長ぶりに逆に励まされるという。しかし、外国人保護者はわが子の日本語習得能力の速さに驚いて、つい日本語に熟達していると過信してしまう。子どもが小学校高学年となってはじめて、教科に全くついていけない状況を発見することもあるという。保育士は言語習得過程を丹念に連絡帳に記録していた。さまざまな保育記録が保護者と保育士との連携過程を表していたが、そこには記録されない認識の齟齬や、コミュニケーションの不通があり、それを埋めるためのさらなるリテラシーの充実を進めなければならない。

5　無国籍の子ども

(1) 眠らない街の夜間保育園

同じ保育園でも、夜間営業の保育園は別の多文化化の現実を映し出していた。一九八三（昭和五八）年、職安通りにＡＢＣ乳児保育園が開設された。通称「眠らない保育園」で有名になる。園長は、眠らない街の保育園運営に生涯をかけた。一九八〇年代、いずれの国によっても国民と認められない無国籍児[13]の存在をいち早く知っていた一人である。無国籍者とは「いずれの国家によってもその法の運用において、国民とみなされない者」（一九五四年「無国籍者の地位に関する条約」第一条）を言う。

「国籍がないと、国民健康保険にも入れない。保険証なければ、医療費を実費で払わなくてはならない。（中略）保育料とは別途に入園時に一〇万円を預かる規定にし、退園時に返金するシステムにしたのです。入国管理局から電話がかかってきて、不法滞在のお母さんが泣いている事もあった。そんな時は、お子さんの写真をいっぱい撮って、それをお土産にして収容所に会いに行った。ガラス板が立てられていて、係りの人がお母さんのそばにピッタリと座っていた。四回程面会に行った後、連絡が来なくなり、問い合わせると強制送還された後だった。結局、三歳まで預かった。おじさん（本当は父親）が来て引き取ってくれた。国籍のない子は他にもいました。タイ人の母親と認知しない父親だが、三年間ほど保育園に通園していました。」（片野、一九九七：一二六〜一二八から抜粋）

無認可だったＡＢＣ乳児保育園がようやく認可を受けられる気配があったという。行政から補助金が支出されるようになるが、国籍のない子どもの分の補助金は捻出されないことになった。ほかの子と同じ保育料では保育園の経営が行き詰まってしまう。それらの親は超過滞在の発覚を恐れて、子どもが病気になっても病院に行かず、小学校にも通学させなかった。そうした状況から、母親は入国管理局に出頭し、子どもと母国に帰国したという。このような事例を考えれば、保育園の経営が単に善意だけではできないことが明らかである。二〇一四年、同保育園は二四時間対応の認可保育園として稼働している。

(2) 無国籍児　ミャンマーのチン族の出産

二一世紀、都庁舎・超高層ビル群の足元の公園で、産声をあげた乳児がいる。無国籍の女性から生まれた乳児は、無国籍のまま成長している。新宿には多くのビルマ難民が暮らしているが、彼らの妊娠と出産は文化面に加えて、制度面においても重大な課題を抱えている。難民の認定を待つビルマ人の家族に産まれた子どもが無国籍のまま成長しているのである。日本には一二三四人（二〇一〇年）の無国籍者が登録されており、登録されていない人を含めると二〇〇〇人程度いると推定されている。無国籍者が安心して相談できる窓口はいまだに用意されておらず、法整備も進んでいない。

「私は、一九九三年に新宿区内の病院で出産しました。言葉が分からないため、出生届など出産にかかわる手続きが分からず苦労しました。区役所から受け取った母子手帳の内容もはじめは全く分からなかった。現在、ビルマ難民は二〇〇〇人以上、チン族は一〇〇人以上暮らしています。自分の民族の多くの女性が日本語を話せないため、なるべく同行して通訳をしています。現在、母子手帳は、私の知る限り英語版、中国語版、韓国版しかない。ビルマ語をはじめとして、より多くの言語に翻訳してほしい。日本語が理解できず、学校からの配布書類や提出書類を理解できない。尿検査をどのようにすればいいか分からないなど戸惑いの経験が数多くあります。そのたびに、周りの方がたに助けられました。国や自治体には、外国人のために振り仮名を振るなどの対処をしていただきたい。一番の問題は、制度上の問題として、政治難民であるがゆえに、ビルマ国籍を認められず、事実上の無国籍となっていることです。生まれた息子も無国籍です。無国籍と書かれた外国人登録証以外の身分証明はなく、成長するにつれ将来が心配です。」（ミャンマーのチン族、二〇一〇年、戸塚地区）

二〇一二年七月九日の行政処置による外国人登録の在留カードの切り替えと厳格化によって、日本国内で身分を証明するものを失った人びとがいる。新宿区のミャンマー人の登録数は、一か月で一五〇名も減少している。しかし、彼らは転出したのではなく、書類上不可視の存在になった者が多い。身分証明を失ったまま新宿に住んでいる可能性が高い。二〇一五年、ミャンマー国籍の住民は一四九九名、新宿区に居住している外国人の四％にあたる。公的な統計には非正規滞在者の数は反映されていない。

(3) 超過滞在中のミャンマーのカチン族の出産

一九九二年に来日し、オーバーステイ状態で初産を経験したカチン族Mと会った。

「初産は一九九九年、難民申請中でグループ内でも初産であり強制送還の危険性を感じびくびくしながらの出産でした。第二子は、二〇〇〇年、第三子は二〇〇二年　妊娠五か月の時、夫は不法滞在で一年九か月間も入国管理の収容所に収監されました。病院費用の問題、出産に対する肉体的・精神的不安、育児知識の不足などに不安だらけでした。特に育児によって働けなくなることが最大の恐怖でした。難民認定がおりて、第四子は、どうにか明るい気持ちで出産しました。難民認定後の初の出産でした。しかし、家族全員が無国籍です。国民健康保険をもち、学区内公立学校に通っていますが、いじめ問題で苦しみました。長女は、ミャンマー風の名前がきっかけでいじめられました。自力で来日し、日本に一定期間生活し、難民として定住している私たちのような人間に、帰化の機会を与えて欲しいのです。日本で生まれ育った四人の子どもの将来が心配です。」（ミャンマーのカチン族、二〇一一年、西早稲田在住）

全世界の無国籍者は一二〇〇万人から一五〇〇万人といわれる（UNHCR、二〇〇九）。無国籍が生じる理由は、①国籍法の不備や抵触、②出生による国籍取得における「出生地主義」と「血統主義」の抵触、③国家の継承、領土の所有権や主権、外交関係の変更による国籍の変更・喪失、④国家の意図的な行為による「国籍の剥奪」、⑤婚姻に伴う国籍の変更に関する法律の不備などさまざまである。

日本は、一九八五年改正国籍法施行により「父母両系血統主義」になったが、無国籍の両親から生まれた前出のMの子ども四人は、無国籍のまま成長している。

「世界人権宣言」第一五条は、「すべての人は国籍への権利を有する」ことを保障してきた。何人も恣意的に国籍を奪われたり、国籍を変更する権利を奪われない。国籍をもつことは基本的人権のひとつであり、日本は「市民的及び政治的権利に関する国際規約（自由権規約）」（一九七九年）「人種差別撤廃条約（一九九五年）」「児童の権利に関する条約（一九九四年）」をそれぞれ批准・加入している。個人と国家との法的な絆である国籍をもつ権利を付与しているのだ。市民権、または国籍は、人のアイデンティティにつながり、国家による保護と市民的権利を与えている。しかし、現実には日本で生まれる難民の子どもたちが事実上無国籍になっている場合が多いという。現ミャンマー政府は血統主義を採用している。

6　外国籍保護者に芽生える多文化意識

外国籍保護者は、遠足、運動会、学芸会などの行事の際、母国の文化を披露することが多い。外国籍保護者は誕生会で児童全員に母国の菓子を披露し、積極的に保育園の手伝いを申し出ている。ボランタリーな活動は外国籍住民にとって住民意識を育てる出発点になる。外国人居住者には地域活動に参加する主体性があってもきっかけがないが、保育空間のイベントは、無理なく地域に溶け込める契機となっている。

筆者が参与観察したオーストラリア・シドニーとメルボルンの保育園とアメリカのカンザス州の保育園は湾岸戦争の最中、子どもたちに戦争の影響がないように、いじめが起こらないように、配慮した絵本の読み聞かせなどを行っていた。幼児の親同士が敵国になる場合もあり、保育士任せではなく、保護者もさまざまな関わりをもって運営している。日本の保育園との違いは、保育士の大半が移民であることだ。移民を受容して発展する国のポリシーと柔軟な規則が感じられた。保育園の基本理念は地域の親たちが参加して話し合って確認することにあり、多様性を認める中で、創意工夫と相互理解に基づく規則がつくられている。

保育園は、地域の現実を映し出す鏡であり、連携の大切さ、外国籍住民との対話を創出し、地域社会の改善点を提言する空間になりうる。第2節で述べたようにストレスや育児ノイローゼで閉じこもってしまう親を救うことにもなる。

新宿では、一九八〇年代より外国人園児のいない保育園や幼稚園は存在していない。ライフサイクルにおいて多様な人びととの接触領域である保育園での人間形成は、将来、多文化都市を支える能力の基礎となる。多民族化・多文化化した保育園が、力強くさまざまなアイデアを発信する機会をつくりたいものである。

園児たちは、幼児期に、韓国、中国、台湾、フィリピン、タイ、ベトナム、ミャンマー、ネパールといったアジアの国々とフランス、アメリカといった欧米系の幼児と生活を共にして、偏りのない世界観を日常生活を通して身につけている。乳幼児期は、自己意識の発生の原点であり、アイデンティティの基底になる「中核的自己感覚」を形成する時期である。そして話す能力が幼児期に最も重要であることを考慮すれば、多文化・多言語保育園は、コミュニケーション力を培う空間とも言えよう。

こうした事態に対応し新宿区は日本語教育を展開し、母語保持の教育もいち早く配慮した。大久保地区では、家庭内言語が、学習言語と異なる子どもたちが増加しており、母語保持の重要性を認識し、八〇年代から実際に母語保持のためのサービスをしてきた。

子どもが自分自身の言語を選択し、習得し、自己を表現する権利は子ども自身にあり、自文化や自言語の選択権を国連が「子どもの権利条約」を通して規定している。しかし、現実には、親の都合で経済力の獲得や生活に便利な言語の役割がより大きな価値をもってしまうのは、今や地球上どこでも同じような様相となっている。そして、民族間の政治力が拮抗するとき、しばしば民族的少数言語の保持が強調される。「子どもの権利条約」の二九条では「教育の目的」が規定され、「子ども自身のもつ文化的アイデンティティ・言語・価値」の尊重があげられており、そうした認識の共有が保育空間での多文化意識を深めていくことになる。

7　新宿区の教育への取り組み

ニューカマーの増加とその子弟の増加に伴い、新宿区の母語保持教育の独自の取り組みは一九八〇年代から行われていた。日本語が不自由な外国籍の子どもや帰国子女のために一九八八年から新宿区教育センターでは「フレンズ教室」と呼称し、外国人児童の母語保持や帰国児童の言語能力保持に努めてきた。難点は、この教室の受講には親の送迎が必要であり、そのため通学者は少数であった。後に支援団体が生まれると、企業や大学の社会貢献とのネットワークも広がりはじめている。カリキュラム改革とともに多文化教育が重要視され、日本政府に対しては多文化共生施策が繰り返し要望されてきた。その後、母語保持教育は二〇〇〇年に経費削減のために中止となった。グローバル化と日本独自の伝統文化と、その双方の視野から教育システムを改革するとともに、基本となるべき教育基本法の再考が必要であるとの論説も出た(14)。「日本人」とは、多様な文化を内在化する日本人と、外国にルーツをもつ児童・生徒が含まれている。新宿区の教育現場では、多様な児童・生徒が学校文化の構成員であると認識し、同化要請のない教育のあり方の重要性に気づいていた。新宿区教育長は、次のように語った。

「新宿は多様な外国人を惹きつける魅力的な要素を多数もっています。外国人は、地域にとって必要な人びとと認識してきました。外国籍児童・生徒の教育に関しては、国民でない場合は義務教育ではないわけですが、新宿区は昔から長年にわたってできる限りの教育を実践してきました。特に日本語サポート指導などは、編入する外国籍児童・生徒や帰国児童・生徒に対して、短時間に集中して教育センターや学校で、日本語及び学校生活に関するサポート指導を行っています。それでも学校教育についていかれず不就学のケースもあるでしょう。新宿区は、二〇一二年、外国籍の児童生徒の大掛かりな実態調査を実施しきめ細やかな教育を実現するようにしたいと考えています。」(新宿区教育長、二〇一一年)

表2-2は、『新宿区の教育』(新宿区教育委員会編、二〇一一)に掲載されている二〇〇九年度の幼稚園から

表 2-2　新宿区の 2009 年度の日本語適応指導対象者

言語	幼稚園	小学校	中学校	合計
韓国語	16	22	0	38
中国語	4	21	10	35
英語	2	8	2	12
タガログ語	2	7	1	10
タイ語	1	2	0	3
ミャンマー語	0	1	2	3
モンゴル語	0	1	0	1
ベトナム語	0	0	1	1
トルコ語	0	1	0	1
合計	25	63	16	104

出典：新宿区教育委員会編『新宿の教育』2011 年。

小・中学校の日本語適応指導を必要とする母語とその児童数である。

新宿区教育委員会は、多文化共生担当の担当官を置き、中国語や韓国語、英語、ルビ付き日本語の四か国語で生活習慣やマナーなどの情報を提供してきた。母語が話せる指導員を小学校や中学校に派遣し、日本語の初期指導も進めている。しかし、親が自主的に新宿区に登録し、届け出ない限り受け入れてもらえない。場所が児童館であれば気楽に参加できるが、現実に困っている人には、システムが周知されておらず、活かされていないことも想定できる。このため、表に挙げたデータはあくまで登録された人数であり、実態に即しているとは言いにくい。

新宿区はネット時代を生きる子どもに情報モラルの指導を適切に行う研修会や、パソコンの知識・技能を学ぶ研修会を実施し、教育の指導力の向上に努めている[15]。

区の教育センターでの集中指導は三〇時間程度であり、学校・園におけるサポート指導は幼児四〇時間、小学生五〇時間、中学生六〇時間で、必要に応じて二〇時間を限度に追加の指導を実施している。教育センターや分室における初期個別補充指導は、六〇時間程度という。しかし、教育センターを訪問してみると、親の付き添いなしに通える環境にはなっておらず、親の手続きが必須で敷居が高く、利用する児童は極めて少ない。そこに通っている児童にとっては最も恵まれた学習環境であるが、大部分の外国籍住民はアクセスしにくい状況にある。

8 新宿区教育センターの歴史的経緯

新宿区国際理解教育室長に[16]「国際理解教室」の運営状況に関するインタビューをした（二〇一二年四月一一日）。ハロー教室は、国際理解教室の一つとして「英会話教室」を一九八七（昭和六二）年に開設した。総合的な学習の時間がスタートするのに伴い、学校教育の中に英会話教育を取り入れる学校が増えたことから、二〇〇二年に閉室している。

フレンズ教室は、一九八八年から小中学校に通学する外国人児童を対象に、母語保持教育を行った「子ども談話室」からスタートした。一九八九年からは、小中学校に編入して間もない外国人の子どもたちの適応支援をする「日本語適用指導」も開始された（フレンズ教室とは別の事業）。また、同年には外国人児童の保護者たちへ電話による編入学時の不安等の相談サービスも始まった（中国語・韓国語）。その後、一九九九年に「フレンズ教室」と「日本語適用指導」が併合して「国際理解教室」として再スタートし、「フレンズ教室」は閉室した。

一九九九年、国際理解教室は、当初、日本語の指導員はボランティアとして区で採用を行っていた。二〇〇三年より「日本語サポート指導員」の採用は、外部の企業へ業務委託している。日本人指導員の資格基準は、母語対応のため語学留学経験者、国交省・通訳ガイド合格者、各国語の検定上級合格者が担っている。日本語教師資格には日本語教師検定合格者か日本語養成講座四二〇時間研修修了者となっている。外国人指導員の資格基準は、日本語能力検定一級合格者または、日本の大学、または、大学院の経験者で、講義のデモンストレーションにより採用を決めている。

国際理解教室の利用は、各学校による連絡をもってサービスを受けられる。各学校の対応にもよるが、保護者からの要望をもって、学校側がセンターに連絡をするシステムが原則となっている。二〇〇八年より、国際理解教室での短期集中講義に加え、各学校における日本語のサポート指導も並行して行うことを開始した。利用者はどちらのサポートを受けるか選択でき、希望すれば両方の受講も可能である。短期集中講義では、母語で日本語を指導（一日三時間×一〇日＝三〇時間）している。ただし、小学生は保護者の送り迎えが必須である。日本語強化支援として短期集中講義後のサポート（教科別・週二回×七〇時間＝一四〇時間）が受けられ、指導には、教職経験者のシニアボランティアがあたる。二〇一二年度からの新しい取り組みとして小中学生共通の一日三時間×一〇日＝三〇時間の日本語指導があり、終了後テストを行い、達成状況により、延長が可能となる。

幼稚園児には園内での日本語指導が五〇時間となる。小学生には学内日本語指導五〇時間が、中学生には学内日本語指導七〇時間が用意され、いずれも終了後にテストを行い、達成度によって最大三〇時間の延長が可能である。

新宿区教育センターは手厚い日本語指導を用意していると自負するが、広報が十分ではなく、送迎できない親が多いことから利用者は少ない。

教育熱心で時間的余裕のある親の子どもが利用し、経済的に困窮し孤独に陥っている子どもは、区教育センターのプログラムの存在さえ知らないという矛盾が浮き彫りになる。

9　新宿区の公立小学校の取り組み

文化的多様性の中で新宿の学校文化はどのように変容してきたのか。新宿区公立小学校三校の参与観察と地域の状況の聞き取り調査を行ってきた。

(1) 通訳をかって出る外国籍児童

少子化現象の中で外国系児童の割合が年ごとに増加した小学校では、外国人児童を対象に日本語授業の展開が定着した。学力の差が児童のストレスにならないように、早朝サッカーをするなど精神面にも配慮した。児童館や学童クラブ、図書館には外国語の児童書が用意され、英語、韓国語、朝鮮語、中国語、仏語などの書籍と新聞・雑誌も利用できる。

日本人名を使用している児童、親が帰化している児童、両親ともに外国籍の児童、片親が外国籍の児童などが混籍している。父親が日本人で母親は韓国、中国、台湾、マレーシアなどアジア地域出身が多い。保育園・幼稚園時代から多文化・多言語環境に慣れた子どもが多い[17]。中には通訳を申し出る子どももおり、積極性と連帯感は、従来の日本人だけの小学校にはない学校文化を創造している。

(2) 自ら判断し、生きる力を育む教育の実施

新宿区立C小学校校長は、地域に開かれた学校としてオープンスクールを実施し、事前に申し出れば授業参観ができた。

「子どもがストレスを溜めないように配慮し、ボランティア活動やスポーツが盛んです。給食の試食会では、栄養士の説明があり、食文化の違いから問題が起こることはないが、衛生面での苦労は多い。また韓国と中国の児童が自分の国の言葉で戦争の歴史に関するスピーチをするなど学芸会、音楽会、展覧会に多文化的な色彩が出る。日本語適応の教室に向かうとき日常的に全く違和感がないというのが、教員全員の感想です。教育目標を日本語・中国語・ハングルで表記しています。また、この小学校はチャイムを鳴らさず時間の管理を自分でするのです。一九九〇年代後半からずっと、「生きる力を育む教育」が実施され、自らが判断し、課題に取り組むのです。総合的な学習の研究、異文化理解教育が日常的に行われている。家庭科では母国の料理をするなど食文化の違いを学習する。言葉の問題では、連絡網や通知文が読めない点がありますが区の職員の協力と外国人保護者の協力を得て、韓国語、中国語で作成しています。PTA役員には外国人保護者も参加し、連絡事項の翻訳だけでなく、多文化型学校づくりやコミュニケーションのためにも工夫しています。家庭訪問では言語で苦労することはほとんどない。困るのは、いきなり帰国する場合で流動性が激しい。放任、離婚、経済的困難など家庭事情はさまざまです。子どもの精神的安定のため、全員で取り組むチームティーチングで勤務時間外も働いています。

学力に関しては、高学年で編入してくるニューカマーの子どもにとって中学進学は厳しい。一年生から入学した子どもたちにはほとんど問題はない。概ね、韓国の保護者が教育熱心で、子どもは学習意欲があり、のんびりしている日本人の子どもたちに刺激を与えています。韓国人の特徴は、日本が最終目的地ではなく、さらに国境を越え移住する将来のために、子どもの基礎学力の獲得こそが最重要課題と捉えています。他校から赴任した教師が驚くことは、子ども同士の喧嘩はあるが、国籍や民族の違いによる喧嘩はなく、学校全体で児童の仲がいいことです。医療面では、健康保険に未加入で治療費が払えない場合もある。学校では投

薬はできないので、養護の職員が容態を説明して努力しています。」（新宿区立C小学校校長、一九九八年）

また、韓国人の母親は、将来、母国の大学進学を期待しており、自宅で韓国語を教えている場合が多く、次のように語る。

「学校行事への参加は、家族全員のレクリエーションです。日本文化と多様な文化に触れる利点があります。大久保地区が大好きなのは、地域が安全で、周りの人が親切だからです。日本語教室での生活面での助言にも感謝しています。二人の子どもが自分の意志で韓国語と日本語のバイリンガルを目指し、公立中学で上位の成績をとっています。家では韓国語の本に接するように指導し、将来は韓国の大学に進学させたい。家庭内では韓国語を教えています。日本の生活に慣れるため、日本の公立小学校に通うのが一番いいと思います。」（在日一〇年の韓国人保護者、二〇一一年）

10　ともに悩む新宿区外国人相談窓口

新宿区は、昭和六〇年代の初頭から外国人の増加に伴い、外国人を地域の一員として受け止め、日常生活での悩みに対応してきた。一九九一年四月、区民相談コーナーに併設して「外国人相談窓口」が設置された。二〇〇五年には、「しんじゅく多文化共生プラザ」[18]が開設されると、併せて「相談コーナー」が設置され、多言語の相談窓口となった。インタビューした結果、一九九〇年代後半からアジアや南米のニューカマーと日本人と

表 2-3　外国人相談窓口

	2006年度	2007年度	2008年度
日本語教室問合せ	119	132	215
健康	35	28	9
学校・保育園	85	68	34
広報・出版物	54	225	254
在留資格	83	81	67
結婚・離婚	45	19	33
生活・身の上	102	90	52
その他	135	152	126
合計	658	795	790

出典：新宿文化・国際交流財団『相談窓口レポート』2010年

の間でベビーブームが起き、海外にルーツをもつ子どもの増加し、産声をあげた子どもがすでに学齢期に達しており、家庭内での保育・教育などを中心に情報や手続きについての質問が多い。また、子どもを伴って来日する外国人も増加し、在留資格の中で「家族滞在」も増えており、日本語教育、母語教育などの相談も多い（表2-3）。

「日本人の配偶者等」という在留資格は、日本での活動に制限がなく定住化をより確実なものにするが、他方でDVや離婚も増えており、子どもは翻弄され深刻な悩みを抱えているケースが多い⒆。

新宿区の福祉サービスも母子健康手帳の交付、入院助産制度、乳幼児健康診査、予防接種、乳幼児医療費助成、子どもショートステイ、児童手当、児童育成手当、女性・母子の緊急一時保護など医療や福祉サービスを行っている⒇。

11　一元化された住民基本台帳制度

新宿区役所の外国人登録窓口では、非正規滞在者に「在留資格なし」の外国人登録証を発行し、保育園や小学校でも親の在留資格を問わず受け入れてきた。表2-4にあるように二〇〇〇年に新宿区は八四一人の非正規滞在者を登録した。二〇〇五年には一六三四人が在留資格なしという登録証を保持

表 2-4　在留資格なしに注目（上位 5 位＋在留の資格なし）

	1995年	2000年	2005年	2010年
一般永住者	755	1,033	2,488	4,724
特別永住者	1,738	1,699	1,560	1,519
留学	2,954	2,774	4,805	5,615
家族滞在	2,208	2,798	3,452	4,512
就学	2,910	2,899	3,389	4,138
興行	573	450	398	284
在留資格なし		841	1,634	757
総数	18,815	21,780	28,272	35,211

出典：『相談窓口レポート』2010 年、新宿文化・国際交流財団より作成。

したが、二〇一〇年には七五七人へと半減している。新宿区役所の外国人登録窓口が、在留資格のない外国人に登録窓口を用意し「在留資格なし」の外国人登録証を長年出していたことによって、銀行口座、賃貸借契約書など作成の際、身分証明として機能した。

いくつかのＮＧＯは、外国籍住民への支援として超過滞在者が、在留特別許可を得て暮らしていける社会を目指していた。その後、法務省は、在留特別許可の新しいガイドラインを二〇〇九年七月一〇日に発表した。超過滞在などで退去強制処分となった外国人の在留を法務大臣が特別に認める在留特別許可について、許可を積極的に考慮する事情として、学校に通う子をもつ親や日本への定着性のほか、自ら入管に出頭した場合も盛り込み、超過滞在者へ出頭を促した。許可の積極要素として、「日本の小中高校に在学し、一〇年以上の相当期間日本に在住する実子と同居がある」「滞在が二〇年程度の長期間に及び定着性が認められる」「不法滞在を申告するため自ら入管に出頭」と列記した。その一方で、旅券の不正受交付や偽造旅券、在留資格偽装による入国は消極要素とした[21]。日本全国で二〇〇八年、在留特別許可を受けた外国人は八五二二人。申し立ての七割強が許可されている。法務省はガイドライン見直しで不法滞在者の出頭が増え、許可数も増えると見込んでいる。可否は法相の裁量に委ねられるが、日本人と結婚したケースが大半を占める。

第１章で触れたように、二〇一二年からの住民基本台帳制度の住民基本台帳法改定法案第三九条では、何らかの事情でオーバーステイとなり、難民申請中でありながら一時庇護上陸許可や仮滞在許可が受けられず仮放免で在留している者について、住民基本台帳制度の適用を除外する。

しかし、社団法人自由人権協会は早期に「住民基本台帳法改定案第三九条は、削除した方がいい」という意見を表明していた。その理由は、適用除外される外国籍者も地方自治法上の「住所」を有して地域で生活する「住民」であり、これらの人びとも労働法規の適用を受け、学校教育を受け、母子保健や精神保健に関わる行政サービスを受けてきた。したがって、在留資格がないことのみをもって、住基台帳制度の対象＝行政サービスから除外することは適切ではないと主張していた。おそらく自分の存在によって家族の全員が、強制退去になると恐れる子どもは、できるだけ自宅にこもって存在を知られないようにするだろう。これも不就学を生み出す原因の一つとなると思われる。幼児期に自分の存在の発覚を恐れてビクビクしながら暮らした経験は、その後の精神発達に影響を与えるだろう。

無国籍者は、拠り所となる「国家」をもてないでいる。行政側に無国籍者に対する専門窓口がない、受け皿もないという状況を改善し、無国籍者への理解を広め、法整備を進めるために、二〇〇九年一月「無国籍ネットワーク」が創設された。現在、ＮＰＯ法人無国籍ネットワークは、その連携を世界に広げようと活動している。

無国籍者の存在は周知され、二〇一三〜二〇一五年新宿区多文化共生まちづくり会議でも調査と相談窓口の必要性が言及された。さらに、いかにして無国籍を防止するか、難民研究フォーラム研究会、多文化社会研究会などで議論された。無国籍である難民や難民認定申請者が、「子どもの権利条約」および「市民的及び政治的権利に関する国際規約（自由権規約）」を根拠として国籍を取得することが可能かという研究報告（二〇一五）がなされた。[22]

子育てには連携が必要であり、親密圏で発見された問題の解決のために新たな支援グループが生まれる。そのグループの力に限界があれば、さらに別の市民団体が創造され、受け皿の受け皿ができ、市民団体が誕生する。その集積が、多文化都市の土壌を固めていくのである。

自治体が「子どもの権利条約」の精神をビジョンとして掲げても、国際法と国内法の整備は、自治体レベルで解決できることではない。

国は、現行の法制度や国際法と国内法の隔たりにより、難民や無国籍の問題など、制度の狭間におかれ、弱い立場となっている人びとと子どもたちがいることを認識してほしい。早急な法制度の整備や専門機関の設置による取り組みを期待してやまない。そして、多文化都市・新宿の現状を重視して、国は社会統合政策にかかわる法制度の整備・専門機関の設置に着手してほしい。なぜならば、子どもの成長は速く、待ったなしの課題であるからである。

注

(1) シュタイナーは、幼児教育の重要性を説き、シュタイナー幼稚園を設立する意向であったが、存命中には叶わなかった。亡くなった翌年の一九二六年に、グルネリウスらによって、シュタイナー教育の理念に基づく幼稚園が始まった。

(2) HELPは、国籍・在留資格を問わず、女性と子どもの緊急一時保護施設(シェルター)であり、矯風会創立一〇〇周年を契機に一九八六年に設立した。一九九〇年第四回「東京弁護士会人権賞」を、二〇〇二年「朝日社会福祉賞」を受賞。日本語、英語、タガログ語、タイ語、スペイン語の電話相談を行う。

(3) HELPには看護医療施設がない。宿泊費(一泊、三食付)は大人三五〇〇円、子ども二五〇〇円。月～土曜日、日本語・英語、月・木・金曜日、タイ語、水・金曜日、タガログ語(以上、いずれも一〇～一七時)で、随時スペイン語にも対応し、匿名性を担保している。

(4) 女性の家HELP(二〇〇九年五月一日)ネットワークニュース №65などを参照。

(5) 外国人女性利用者の詳細な内訳は、二六名の入所者のうち、一二名が子ども連れで、同伴児は二〇名、その七割が五歳未満であった。入所理由は、DVが約七割（六九・六％）で例年同様最も多かった。五人に一人（二一・七％）は居所なしで、次いで人身売買二・二％、その他六・五％であった。
(6) 本章第2節は川村（一九九二b）を基に加筆修正したものである。
(7) 一九九五年、多言語の公立小学校に入学するため、八王子から大久保地区に移住する家族がいた。
(8) 大久保保育園、大久保第二保育園では、七割を超える園児が外国系である。
(9) 保育所と幼稚園は、二〇一二年時点では、統合される傾向にある。
(10) 一年中、Tシャツと裸足で過ごす幼児も、真夏にジャンパーを着込む厚着好きの幼児もいる。小学校入学前に教科学習を希望する熱心な親もいる。離乳食、食事や栄養面でも文化的慣習があり、シャンプーや歯磨きの衛生観念のずれも多々あるという。
(11) 近年は、個人情報保護の点で園児の親の国籍は公表していないので分析しにくい点もあるが、雰囲気は全く変わっていない。
(12) 以後、個人情報保護のため、統計資料は公表されていない。
(13) 世界には、およそ一二〇〇万人の無国籍者がいると言われる。「『無国籍者』とは、その国の法律の適用により、いずれの国によっても国民と認められないものをいう」と規定している（UNHCR、二〇〇五：一七頁）。日本は一九五四年の「無国籍者の地位に関する条約」と一九六一年の「無国籍の削減に関する条約」に未加入である。
(14) 『毎日新聞』二〇〇〇年一二月二一日朝刊。
(15) 新宿区教育委員会編（二〇一一）三六頁。
(16) 同室長は、一九八二年に四谷第二中学校で英語教師をはじめ、その後、淀橋中学校教頭、西新宿中学校教頭、西戸山中学校長、牛込第三中学校校長を歴任したベテランであった。
(17) 学校側では、個人情報保護により国籍別外国系の児童数は公表していない。
(18) 二〇一一年、六月、七月、八月、一二月に、新宿区役所の相談窓口の相談員を対象にインタビューを行った。
(19) 筆者が訪れたときは、子どもを抱えて離婚をしたいという相談だったが、調べてみると、正式には結婚していなかったということが判明していた。
(20) 在日コリアンの高齢者介護と葬送儀礼や祭祀の在り方に悩む人びとがいることや葬儀礼や墓についての相談窓口がない。

イスラム教徒の埋葬問題も理解できる相談窓口が望まれている。

(21) 二〇年以上在住しても、旅券の不正受交付を受けた場合は退去の方向で検討するとした。

(22) 二〇一五年八月一日、多文化社会研究会において秋山肇氏が報告し、無国籍者を交えて討論した。

◆◆◆
第3章 学歴格差と基礎教育の保障
——不登校・不就学の子ども

Educational Inequality and Securing a Basic Education: Children Who Drop Out or Don't Attend School

問題の所在[1]

人間にとって学習権は生存権である。

ユネスコの学習権宣言[2]は、学習権とは「読み書きの権利であり、問い続け、深く考える権利でもあり、想像し、創造する権利」であると謳った。そして読み書きなどの基礎教育を享受できないことは、人間の生存をも脅かす結果になるとの警告を発した。確かに外国系児童・生徒の不就学・不登校は、キャリア形成を困難にし、心身の健全な成長を妨げ、結果的に経済的困窮と格差社会を形成する可能性を高める。それが次世代にも影響すれば、貧困のサイクルを生み出すことになってしまうだろう。

こうした危機感は、一九九〇年代以降、日系人を多数受容した地域で顕在化し、新宿区の教育現場でも問題視されてきた。しかし新宿では、エスニックビジネスの進展や「韓流ブーム」が話題になり、「外国籍保護者は、総じて教育熱心」との認識もあった。新宿区では、韓国学校や隣接する千代田区にあるフランス人学校、中華学校、インド人学校、インターナショナルスクールなどへ子どもを通学させる富裕層の外国人[3]が目立っていた。また外国籍保護者は、子どもが公立小学校や日本の私立学校に通っている場合でも教育熱心なことで知られる。こうした認識を覆す不登校・不就学の子どもの問題が浮上したのは、二〇〇〇年代になってからであった。

本章では、外国にルーツをもつ子どもが通う小中学校の取り組みを考察する。とりわけ外国籍が生徒の八割と言われる夜間中学では、どのような教育を展開してきたのだろう。またNPO／NGO[4]の取り組みから、多数の子どもたちが不登校になっている実態や、学校に一度も通ったことがない不就学が明らかになった。学齢期を超えている子どもの教育の問題や、不就学・不登校の子どもたちがいることをまず認識し、どのような取り組みが可能なのか、さらに基礎教育の保障と学歴格差の実態を考察する。外国系の子どもはいじめにあい、不就学へと追い込まれることが多々あるが、これはその子どもと親の自己責任ではなく、教育や法律を含む制度的欠陥から余儀なくされている事例がある。こうした課題に精力的に取り組んでいる教育現場や、NPO／NGOなどのボランティアの生の声を聴取し、その解決策を考察する。またライフワークとして外国人の子どもの教育に携わっているボランティアの専門性を正当に評価せず、「ボランティア」と呼称することに、改革が進まない一因があるのではないだろうか。学習権は生存権であり、家にこもってしまう子どもたちに、いかにしてアクセスするか、手を差しのべるかを強く念頭において論を進めたい。

1　グローバル化する公立小学校

一九九〇年代、すでに新宿区の小学校では日本語教室と日本語適応指導を進め、試行錯誤しながらもクラスの協力体制や保護者の協力と、ベテラン教師の活躍があり、学校全体で取り組む姿勢があった。また卒業生の支援の循環が、外国人児童・生徒の増加に対応していた。公立小学校の日本語適応指導担当のＤ教諭は、自身が国際結婚経験者で中国語が堪能である。Ｄ教諭は次のように語っている。

「日本人・母と外国人・父の場合は、両親の教育観が一致していないケースが多いのです。逆に、日本人父で外国人母の場合は、日本語中心の生活を送っており、母語の習得は遅れがちです。ところが、夫婦間が破綻し、離婚に至る場合、習得すべき言語が変わることもあります。」（大久保小学校教諭、一九九四年）

このように夫婦間が破綻した後、母国への帰国を考慮する母親は子どもの帰国後の将来と母国語の習得を考え始める。ときに子どもは親の意向に振り回されることになる。現場の教師は、移住した子どもが抱える不安や孤独に苦慮していた。親の離婚・再婚・再再婚などによる子どものアイデンティティの揺らぎや屈折を察知し、それが不登校のきっかけにならないように配慮していた。日本語で上手く表現できない生徒にクラス全体が向き合うことで、その外国系児童や生徒の日本語が徐々に上達し、また積極性が出てくると、結果としてクラスの雰囲気が明るくなる。そんな前向きな学校文化を保持していても、高学年になると学力の差は歴然としてくる。母語保持の教育目的も家庭によって多様である。また校長や教員が異動するとそれまで培ってきた指針や信頼関係が変容してしまうこともある。

2　いじめに直面する子ども

不登校の原因の一つに、学校内外でのいじめがあげられる。次のいじめの事例から不登校になる経過を考察してみよう。

まず、二〇一〇年から翌年にかけて東京韓国学校（新宿区若松町）に通う小学生が地下鉄で暴行を受けた。学校に近い地下鉄駅で、登校中の同校初等部の男子児童が会社員の日本人男性に蹴られる事件が起きた。同校には初等部、中等部、高等部があり、初等部には約六二〇人が通い、うち一〇〇人ほどが地下鉄を利用する。児童は男性とは面識がなかったが、男性は改札口で突然、児童に駆け寄り脚を蹴った。周囲にいた乗客が男性を取り押さえ警察に引き渡したが、男性は捕まる際に「韓国の子たちが電車の中で韓国語をしゃべるのが嫌で、韓国学校の制服を着た子を蹴った」と話した。学校側が他の児童にも確認した結果、類似の事件が七件発生していた。学校側は登下校時に駅周辺に教師を配置する一方、警察と地下鉄駅に安全対策の強化を要請した。嫌がらせやいじめは弱い立場にある子どもに向けられ、発覚しないケースが多い。沈黙する子どもの心の傷は癒されていない。

中学校内でもいじめが起きた。

「新宿区立の中学校に通うEさん（一三歳）とMさん（一四歳）は、日本生まれで、Eさんの父は中国人、母は中国人と日本人の親を持つ。Mさんは、父が日本人で母が中国人の親を持つ。二人が小学生だった時、中国製冷凍ギョーザの中毒事件を、教師が総合学習の授業で取り上げた。ある男子がEさんの前でわざと『ほんと俺、中国嫌いだ』と言った。すると、ほかの子も同調して『俺も、俺も』となった。誰かが中国を悪く言い始めると、火がついたように盛り上がる。

二人の通う中学校には中国やフィリピン、韓国などにルーツのある子がクラスに数人ずついる。Mさんは、中国の悪口を言われて落ち込んだ時は、そうした外国系の生徒に不満を聞いてもらう。それぞれ似たような経験をしているから、『それ、わかるよ』と言ってくれる。『共感してくれる人がいるから救われる。日本の友人も普通にいるけど、外国ルーツの子の方が多いかな』。Eさんも『仲良くなるのは外国ルーツの子が多い気がする』。歴史の授業で中国が出てきたらどうなるか。想像はついていると二人はため息をついた。」（『朝日新聞』二〇一二年七月一八日朝刊より筆者抜粋）

このように国同士の軋轢や緊張が高まると、地域社会でいじめは子どもに向けられるのである。また、いじめを受けている時は、人に話すことができない場合が多い。

「東京都立の単位制高校一年生のFさんは、外国人の子どもの学習支援をするNGO『世界の子どもと手をつなぐ学生の会（CCS）』の新宿教室で学校のことを楽しそうに話した。しかし、小学校ではいじめられ、低学年の頃、担任の女性教諭に『かけ算がわからない』と言うと『ガイジンだからできない』と、教えてもらえなかった。体育で二重跳びができないと、級友から『ガイジンだから』とばかにされた。そして、いじめがイヤで不登校になった。今通う単位制高校[5]には、中学校でつまずいた経験を持つ子が少なくない。同級生たちは自分もつらい経験をしてきたせいか、Fさんをありのまま受け入れてくれた。Fさんは美術系の大学に進学してデザイナーになる夢をもっている。」（『朝日新聞』二〇一二年七月一四日朝刊より筆者抜粋）

外国系の子どもへのいじめは、言葉による陰湿ないじめが多く、引きこもってしまうとさらに不可視な状況に

図3-1　日本語教育が必要な外国人児童・生徒の数

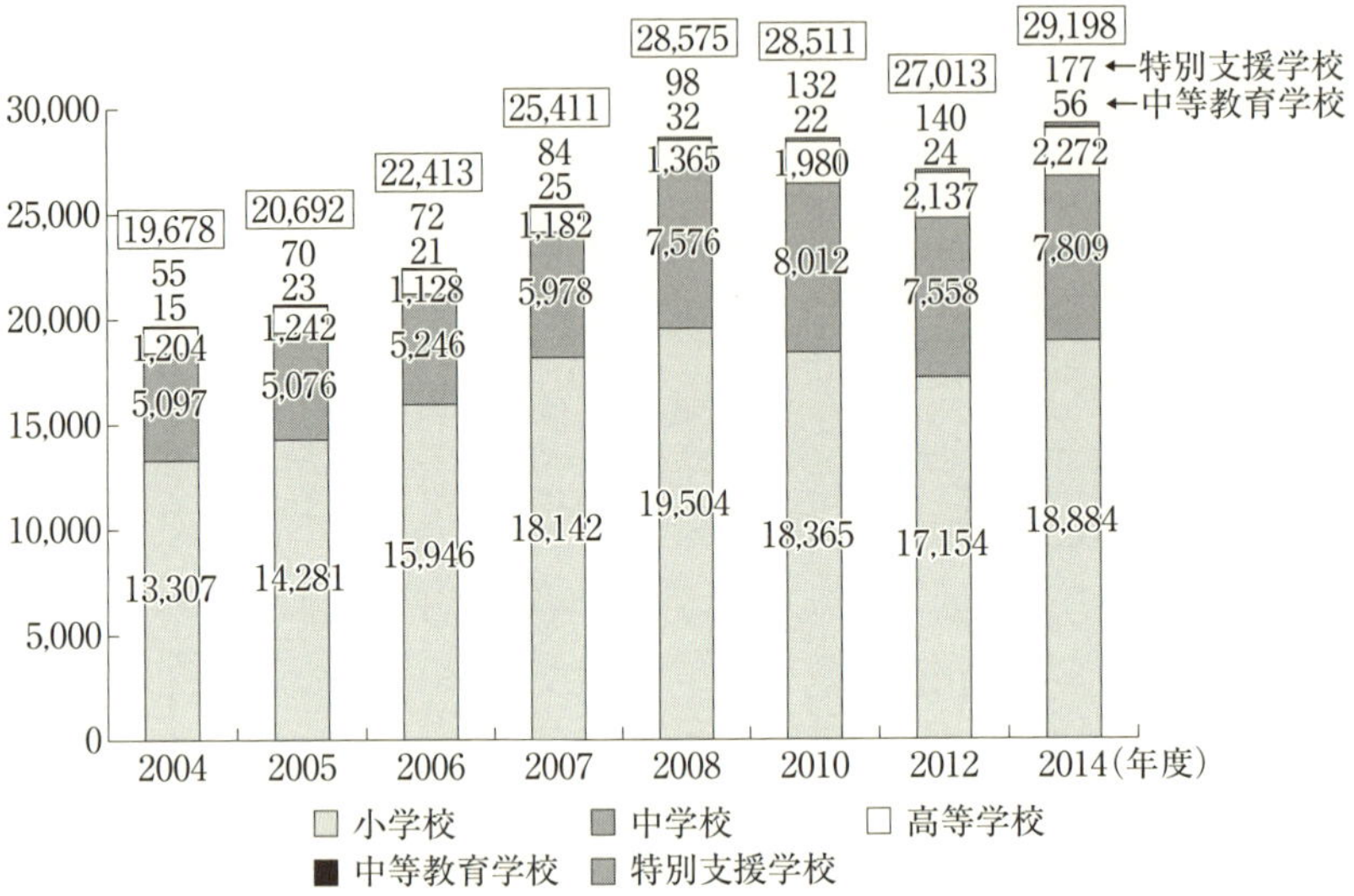

出典：文部科学省。

なる。自治体は、いじめの実態、不登校・不就学児童生徒の実態、夜間に地域を徘徊する若者の増加を把握しきれていない。

3　見えない子どもの不就学

一九九七年「日本語教育が必要な外国人児童・生徒の実態調査」によると、小学生一万二三〇二人、中学生四五三三人、高校生四六一人で合計一万七二九六人（文部科学省、一九七七）に達していた。母語別ではポルトガル語、中国語、スペイン語の順だ。しかし、国際結婚による「ダブル」と言われる子どもや中国帰国者の子ども、海外帰国子女など、日本国籍でも日本語に不自由を感じている子どもは、文部科学省の調査よりもはるかに多いと推察される。図3-1に示すように、一〇年後の二〇〇八年、日本語教育が必要な児童・生徒の数は三万人弱と把握された。小中学校で、日本語に不自由を感じている児童・生徒の増加が、明らかになった。

日本語の授業についていけないことが、不登校になる誘因でもある。文部科学省の不就学児童の調査では、①義務教育の就学年齢にある子どものリストを作成し、②国公立私立義務教育や外国人学校に在籍している者など、何らかの方法で学習を受けている者を除き、就学状況が不明である者を抽出し、③外国人登録上の居住地に戸別訪問やアンケート調査票を郵送するなどして就学状況を調査している。浜松市や可児市では推定不就学を抽出して家庭訪問調査を実施し、未就学児童に対策を行うなどきめ細やかな支援を行っている。

新宿区では、日本語が不自由で地域や学校から孤立する子どもと保護者の実態と不就学児童の把握と学習支援、生活支援などトータルなサポートの充実を検討するための基礎資料として、二〇一一年から二〇一二年実態調査を行った[6]。調査対象は、外国人登録世帯のうち、六〜一五歳の子どものいる家庭（一一五五世帯）および混合世帯（日本人と外国人が結婚した世帯など、一つの世帯に日本人と外国人が含まれる世帯）のうち、日本国籍の子どもを養育している世帯（三二二世帯）、合計一四七七世帯を全数調査した[7]。六割が東京韓国学校やフランス系の学校などエスニック・スクールに通学している比較的裕福な家庭であった。質問票は、日本語（ルビ付き）、韓国語、中国語、フランス語、英語、タガログ語、ネパール語、ミャンマー語、タイ語の八か国語の翻訳版を郵送し回収した。

調査の結果、家庭内言語は主に母国語が多く、韓国八四％、中国八一％、フランス一〇〇％、フィリピン五〇％、ミャンマー六六・七％、タイ八〇％、ネパール五〇％、アメリカ二五％となっている。家庭内で日本語と母国語を使用している場合、児童・生徒が母国語を十分習得できていない傾向が見られる。保護者の半数以上が、日本語で子どもの勉強を見ることができない。

滞在年数が五年以上になると日本語の悩みよりも進学・就職の悩みが深刻になり、キャリア形成の不安も始まる。子どもの教育に関する相談相手は家族、同国の友人や学校の先生がほとんどである。相談相手と知りあう場所は国籍ごとに異なるが、ミャンマー（ビルマ）人は、在日カチン族コミュニティほか「家の近所」や「飲食店」が多い。フランス人は、ウェブサイトを通じて情報を共有し、在日日仏家族の会、在日フランス人協会などを活用する。アメリカ人家庭は東京アメリカンクラブなどを教育相談場所としている。

このように比較的裕福な家庭を対象とした調査結果では、子どもたちの九六・四％が就学しており文部科学省の全国的な集住都市の調査結果に比べると高い割合となる。しかしながら、私立のエスニック・スクールに通学する家庭を調査対象にしても、「不就学・不登校の実態」を調べたことにはならないとNPO団体や区議会でも指摘された。

また、富裕層の保護者でも、①時間的な制約から集中して日本語を学べる環境が整っていない、②教科学習をサポートする入り込み指導へのニーズが高く、放課後や夜間での日本語サポート指導への期待が大きい、③新宿区が実施する保護者向けの日本語サポート施策への認知度は極めて低く、「利用したことがない」、「知らなかった」がほとんどであった。今後の課題は、教科学習の強化の観点から各学校の実態に応じた日本語指導体制、日本語を習得していない保護者への十分なケアの確保にある。保護者向けの施策に関する認知度の向上が望まれている。たとえ情報を入手しやすい保護者でも不就学児童生徒の支援を検討する有効な情報を得ていない実態もある。日本語サポートや「しんじゅく多文化共生プラザ」の認知度を高めることは喫緊の課題である。

不就学児の問題は日本語の課題だけでなく、授業料の負担、入学準備など経済的課題もあると想定されるが、同報告書は経済的な困窮者を分析対象にしていなかった。難民申請者の子どもの実態などは把握できておらず、きめ細かい対応策を練ることは不可能であると市民団体の批判を呼んだ[8]。不登校・不就学の実態を把握するためには、実際に夜間街を巡回し、教会や相談窓口、カウンセラーのインタビュー調査が欠かせない。移住する親と子どもの悩みに寄り添って、アイデンティティの揺れや不安な気持ちの変化を把握することが重要であろう。

不就学児の数は転出が多いため、正確な数値を得にくいが、学齢期にある外国籍の子どもの数一六四八人から、公立小中学校に通っている児童生徒数四七六人（二〇一二年九月）[9]を引き、さらにエスニック・スクールに通学する児童・生徒数を引けば、概算はできる。エスニック・スクールや朝鮮学校、第一東京中華学校、東京韓国学校など、私立の小中学校に通う外国籍の子ども数から推定できることになる。（一六四八人の国籍別の内訳は、韓国、中国、フランス、フィリピン、ネパール、ミャンマー、タイ、アメリカ、インド、北朝鮮、ブラジル、その他となっている。韓国籍児童・生徒九九九人のうち、二六四人は公立学校に在籍している）。

さらに外国籍の子どもだけでなく、日本国籍と日本名をもっていながら日本語に不自由な子どもたちがいることを忘れてはならない。オールドカマーの子どもは日本語に不自由はないが、異なる民族性をルーツにもつことなども考慮しなければならない。しかし、教育の現場ではオールドカマーの子どもは見分けがつかない場合が多い。つまり、アイデンティティの揺らぎと関連する繊細な対応は、学校全体、地域全体で取り組む姿勢が必要になってくる。

佐久間（二〇〇六：一八二）は、オールドカマーへの教育施策が戦後、一時的な例外的存在としかみなされなかった点を指摘する[10]。憲法二六条二項は「義務教育は、これを無償にする」としているが、外国人には適用されなかった。さらにオールドカマーの子弟の教育を怠ってきたことが、現在のニューカマーへの教育の貧困に通じると論じている。

学校現場では、就学を議論するとき、「憲法」や「教育基本法」が既述の解釈で運用されてきた特殊な歴史的経緯をどれほど意識しているだろうか。外国人児童・生徒が不就学になるのは自己責任ではなく、そこに追い込んでいる制度や構造の問題である。

こうした事情に加え、難民の子どもは事実上無国籍となっていることで、優秀な成績を収めていても将来のキャリア形成が困難と思い悩むことが多い。親はしばしば別の第三国への移住を考えて悩んでいるが、こうした状況は区の調査では視野の外におかれている。国民健康保険に加入していない世帯や超過滞在になっているリスクの高い子どもたちは調査の対象から外され不可視の状態が続いている。日本語教育を重視するあまり、同化要請にならないような多文化教育の視点が配慮されていないなど、多くの課題が残されている。

筆者のヒヤリング調査から、新宿区の小中学校は、一九九〇年代から国籍や在留資格にかかわらず、年齢に達している児童・生徒を差別なく受け入れ就学の機会を付与してきた。しかし、現実には途中で不登校になり不良化する子どもも、衝動的にリストカットする子どももいる。親の離婚に翻弄される子どもも増加し、カウンセリングを行う際、家族の事情に寄り添って相談に乗ることが、相互理解に必要不可欠である。

4　民間ボランティアの取り組み

(1) 安心な居場所の創造

新宿に住むKさんは、新宿区の子育て支援を始め、日本語が分からず子育て情報が全くないという外国籍居住者の存在を知り、日本語教授法を学んだ。大久保地区に日本語が不自由な外国人のための子育て支援として「NGO新宿虹の会」を立ち上げた。そんな折に、高田馬場で女子中学生が五歳の男の子をマンションから投げ落とす事件があった。落とした側の女子は、フィリピン人の母親とコミュニケーションが上手く取れなくなっていた状況にあった。これを問題視した会議にKさんが出席した折、文化庁から「親子日本語教室」を新宿区でやらないかと打診があり、講座の委託依頼があった。二〇〇六年一〇月、子育て・家庭療育をサポートするＮＰＯ法人「みんなのおうち」[11]を設立し、大久保小学校を借り、月二回乳幼児を連れた母親に日本語を教え始めた。日本語が不十分なために日常会話はできても授業についていけない子どもが多く、結果として高校進学ができないと指摘する。

「日本に働きに来た外国人女性と日本人男性との間に子どもができると大抵の男性は逃げてしまう。不就学や子どもの不良化の本質的な原因は、私は日本人男性の無責任と思っています。地域の子どもの実態に気づくようになり、家族に近い立場で子育てや介護の不安や悩みを解消したい、という思いから二〇〇六年『みんなのおうち』を設立しました。信頼できる質の高いサービスを提供するために二〇〇八年からＮＰＯ法人化し、いまでは近くに頼れる人がいない親、子育てを心配する親、子どもに障がいがあるなど、あらゆる子育ての不安に応えています。一人で抱え込むことはない。辛いとき・悲しいときは声に出してみて、それを応援する、子育て・家族支援事業です。家族皆が笑顔で過ごすことができる環境づくりを進めています。普通に日本語を話せても読み書きができない事情を周囲が理解してほしい。」（Ｋ氏、二〇一一年）

順応性が高い子どもは、日本の学校に編入後、次第に会話ができるようになる。しかし日本語の語彙レベルは低く、教科書の難度は高く、教師の板書は速すぎる。こうした子どものほとんどは中学校で挫折する。意味の分からない授業への出席は、苦行以外の何ものでもない。しかも、日本語で会話ができるだけに、教師からは本人の努力不足に映る。結果的に学校内で孤立し、授業を欠席しがちになり、社会からドロップアウトしていく。大学全入時代に、新宿では中卒の子が珍しくない。そこに大きな学歴格差が生じるのは、必然であろう。「みんなのおうち」のスタッフ間で、子どもの自己責任ではなく、社会全体の問題という認識が生まれたという。

「子どもを本国に残して来日し、ある程度の収入を稼げるようになって日本に呼び寄せるケースが多い。小学校高学年から中学生が多く、日本語習得が高校受験までに間に合わない。そのような子どもたちも支援しています。NPO法人『みんなのおうち』[12]は、リスクを抱えた家庭、母子家庭、子育てに不安のある親子と一緒に自然体験を通して楽しんで子育てをする。新潟にログハウスを持ち、共同生活と自然体験をしています。」(「みんなのおうち」スタッフ、二〇一一年)

子育てには、女性にも男性にも責任があり、国籍や出自にかかわらず、地域のみんなで子どもを育てる意識とシステムがあれば、不就学も防げるのではないだろうか。難民支援も同様であるが、無理のない支援を長く続けることが大切である。震災による孤児、中学・高校への進学が難しい子ども、難民や無国籍の子ども、障がいをもつ子どもなど、困難を抱えている子どもを育てるには、地域の連携が欠かせない。

不就学・不登校の子どもをどのように見つけ、どのように対応すべきなのか。社会からこぼれ落ちる子どもは後を絶たない。「みんなのおうち」に来る児童や生徒は小中学校に通っている子がほとんどで、就学意欲もそれなりに高い。だが、学校に通わずに、街の中を徘徊し、公園で時間を潰している子どもが大久保には存在している。不就学の児童や生徒の日本語学習を支援する大久保小学校の教諭[13]によれば、把握しているだけで五〇人近い不就学の子どもがいるという。学校に行かない子どもの中には、地域のキリスト教関連の施設に通っているケースも少なくない。

（2） 母親の抱える悩み

親子でさえも、相互理解が難しく、親子のコミュニケーションの断絶がある。特に母親が外国人で養父が日本人男性であることがほとんどで、母親は日本社会を理解しきれないでいる。経済的に困窮する母子家庭も多く、思春期を迎えていながら語彙が少なく、日本国籍を保持しており、日本語の中で育っている多文化家族の悩みはさらに見えてこない。

「語彙の少ない母親が子どもを叱ったのです。子どもは傷つき、学校に呼ばれ、さらに大きく傷つく。学校の先生は、お宅のお子さんはしようがないという。母親が日本人の場合は、問題にならない。母親の母国語が何であるかによって違ってくるのです。日本人の友達はなく、セイフティネットがない日本生まれの子どもに多い。日本名をもち、コミュニティが出来上がっており、日本語ができないが、中国語ができる子がいる。高校生の学力差が大きい。子どもは自分が問題児と見られることを恐れているのです。脱出することができず、一つの家に皆集まっている。親が働いている場合が多いのですが、やがて非行につながるのです。真剣な親もいれば、放任状態で、父親が次々変わっていく場合もある。給食費は引き落としになっているが、栄養バランスが悪く、家庭環境がひどく悪い。でも一方で日本人の同世代の子どもたちよりも逞しいと言えるかもしれない。」（K氏、二〇一一年一二月）

教科学習についていけない児童生徒に対して、創造的な活動を通して能力を伸ばす方法をKさんは考えた。それが「しんじゅくアートプロジェクト」で、二〇一二年五月にスタートした[14]。その詳細は、第4章に記述するが、写生や写真撮影した景色を使用して本を創るなど、遊びを通して子どもの心に安らぎを与えようと工夫している。

5 「コリアNGOセンター」と関係者の取り組み

「学校に通えなくて、教会で勉強している韓国の子どもが、小中学生に該当する年齢だけで、少なくとも四〇名います。外国にルーツや国籍を持つ子どもたちにおいても同様のケースがあるのです。事態がどれだけ深刻なのかが明白になっていない状況にあります。主に言語の問題といじめにより公立学校に通えなくなった児童が行き場がなく、深夜に公園など屋外で過ごしたり、歌舞伎町の店に出入りしたり、犯罪に加担してしまうケースなどがあるのです。日本の公立学校に通えなくなる理由の第一は、日本語理解が不十分であることです。ところが、新宿区で、日本語を学ぶことのできる教室は、大久保小学校一校で、中学校は全くないという状況です。」（元小学校教員、二〇一一年）

以上のような不就学児童の問題を重視し、コリアNGOセンター[15]と関係者は二〇一〇年に署名を集め、外国籍者が最も多い新宿区で不就学の問題が深刻な状況となっていることを指摘する要望書を区長へ提出した。新宿区で活動する複数の市民団体が「新宿区ニュー・カマーズ　チルドレンの日本語学級とトータル・ケアーの確立を目指す会議」を構成し、不就学の問題を解決するために要望書を作成したのである[16]。以下の引用は長文だが、文化的多様性を教育に取り入れたいとする市民団体の人びとの熱意が伝わってくるので、紹介したい。

新宿区長様　新宿区区議会

二〇一〇年一一月一〇日

新宿区ニュー・カマーズ　チルドレンの
日本語学級とトータル・ケアーの確立を求める要望書

（前略）私たちは、本区での日本語を母語としない子どもたちの教育のよりよい充実化のために新宿区立中学校に「日本語学級」の来年度設置を強く要望すると共に、学校管理外の生活にも区の手厚い支援を受けられるようにご配慮をお願いします。

１　設置に向けた子どもたちの現状報告

私たちは、近年新宿区に増加を続けている新しい外国人の子どもたちのために、彼らが通学する小学校、中学校に日本語学級を作ることと、彼らが学校外生活でも健全な社会教育、社会環境の中で成長できるためのトータル・ケアーの確立を目指しています。

新宿区には、近年ミャンマー、ネパール、ベトナム、タイ、カンボジア、韓国、中国など多くの国々から移住してきている人々がおり、その傾向は増加の一途をたどっています。その結果、新宿区で育っている子どもたちも多くなっています。その子どもたちは、本国で小・中学校に就学している途中で日本に来た子もあれば、日本語の良くわからない両親のもとに新宿に来てから生まれた子もいます。この子たちは、年齢や本国で受けた教育の段階に応じて新宿区の学校に通うことになります。

ところが、その子どもたちの多くが、学校に通っても日本語が判らないから先生の授業が理解できずに勉強に参加できない状態になり、その子自身も辛く無意味な通学を続けなければならないことになるうえに、子ども達の中で「異質」と見られる子はしばしば「いじめ」の対象にされています。そのために、学校に通うことに耐えられなくなって、欠席を続け、公園で時間を費やしたり、そうした機会に誘われて飲酒、万引きなどの非行に陥る子どもたちも増えています。その実情は、別紙に紹介しますが、こうした現状のままでは外国から来た子どもたちの大切な命と人生を害うと共に、新宿区の将来にとっても極めて憂うべき事態を招くことは必須でしょう。

2 緊急の必要性――「日本語学級」設置

私たちは、この問題に直面し、その対策として、まず子どもたちの生活の基盤として、日本語を教えることから始めてそれぞれの学科の勉強ができる教育を行い、子どもたちの心の拠りどころともなるように、彼らが通学する学校には等しく「日本語学級」を作ることと、学校外生活の健全な援助と指導ができるトータル・ケアーのシステムの緊急の必要性に迫られています。

日本語の判らない児童・生徒が、それぞれの学年の日本の子と同じ授業を受けることは根本的に無理を強いていることで、教諭としてもこれらの子にも理解できる授業をすることは不可能です。その結果が、無意味な通学をさせるだけではなく、学校・クラスの中での孤立という苦痛を受けさせ、また意思の疎通ができないところから「いじめ」の対象になったり、不和とトラブルを生むことになっています。

さらに、そうした無理な学校生活に耐えられない子どもたちが長期欠席状態になって、街の中を徘徊したり公園で時間を過ごし、非行に誘われることになっています。こうした状態は、新宿では誰でも繁華街や公園を歩いてみれば目にすることで、既に区民だけではなく新宿を訪れた人たちが見ていることです。

新宿区民も新宿を訪れた人も、この状態を好ましく思うはずがありません。ところが、何の対策も採られない現状ではこうした子どもたちは増加の一途をたどっています。この子どもたちは、日本の子どもたちと同じように、尊く、純真な命を持っています。若しも祖国が平和で自由と平等が尊重されていたら、故郷の美しい山河に抱かれて育っているでしょう。みんな祖国や家庭の事情で日本に来て新宿で暮らしているのです。（中略）

全ての原因の発端は、「日本語の判らない子に通常の授業を受けさせる」ことに始まっているといって過言ではありません。ところが、新宿区では、これらの子どもたちが増え続けているにもかかわらず、トータル・ケアーの発想のないことはもとより、小学校の日本語学級も大久保小学校にあるだけで、多くの子どもたちが日本語学級のない小学校に通学させられるのです。もっと大きな問題は、中学校に至っては区立の中学校に日本語学級が一箇所もないという実情です。中学生の年代は、将来の進路を見定める大切な時期であると共に、思春期に入って精神的な人格を形成する重要な岐路に立つときです。それはまた同時に非行の誘惑に陥りやすい最も危険な時期でもあります。小学校の高学年や中学校の年代で移住してきた子どもたちは、この大切な年代を「知的な空白時間」として暗中模索しなければならない状態になっているのです。この子どもたちも、それぞれかけがえのない尊い命を受け継いで、それぞれが才能を育てて生きていかなければならないのに、高校進学についても全く何の対策も採られていません。子どもが健全に育ち、人が希望を育てて困難を乗り越えて進むには、心の拠りどころとしての故郷が必要です。この子たちの母国は余りにも遠く、新宿が新しい故郷となるのです。心の故郷になれる学校が必要であり、日本語学級はその拠点としての役割を果せるでしょう。

3　トータル・ケアー　システムの必要性

学校教育だけでは、彼らが日本の、新宿の社会で健全に育つには足りないものが多多あります。これまでにも、日本語学級を作ってその先生たちが彼らに日本の生活になじめるように努力を重ねても、放課後に一歩学校を出ると「見知らぬ世界」の中に迷い出て、非行の仲間に入れられたり、命を失った例もあります。
（中略）

これらのことは、それぞれの文化・スポーツ活動を行っている団体と協力すれば決して困難なことではありません。この子等もそうした才能を伸ばす機会が得られるし、また優れた才能を発揮する人が生まれてくることもあります。更に、彼らは何時祖国に帰る日が来るかは判りませんが、苦しい中でも親子の絆を強く保ち、親しい同胞を失わないことは、それぞれ人として自信と誇りを持って進むことに欠かすことのできない大切な必要条件です。そのために、母国と母国の文化、同胞との絆を育てる教育や機会が必要です。これまでの日本の外来者に対しての教育は、無理やりに「日本人化する」という過ちを重ねてきましたが、これを繰り返しては進歩がありません。

4　要望内容（中略）国連が作った「子どもの権利条約（政府訳—児童の権利に関する条約）は、「全ての子どもが、健全に育つことができる」ように保障することを、保護者だけではなく、この条約に参加したその子どもが育っている国とその自治体、地域のみんなに責任を持たせています。日本もこの条約に参加して、国会も批准しています。日本の首都は東京であり、東京の都心は都庁のある新宿です。その新宿区に、日本語学級のある中学校が一校もなく、この子たちの生活をケアするシステムが全くありません。むしろ私たちの新宿区こそ、この子等の生活と勉学に名誉ある地位を築きたいものです。別紙に実情の概要をご報告致しますから、これを読んでいただいて、是非新しく新宿区に仲間入りした子どもたちの通う小中学校に、日本語学級を設置することと、学校教育だけでは彼らが健全に育つことに足りない対策を確立することを要望いたします。

外国にルーツのある子どもが安心して通える環境をつくり、学校外での生活も視野に入れ安心して生活ができるトータル・ケアーを要望したこの要望書は二〇一〇年に提出されている。新宿区議会で取り上げられ、新宿区長が実態調査を表明し、二〇一二年度に日本語学級を設置することが決定した。新宿区の公立中学校に日本語教育のクラスが設置されたのは二〇一三年であった。こうした一連の手続きと政策決定者との対話に要する時間は果てしなく長い。

筆者は、民間ボランティアの粘り強い活動と熱意に触れ、自治体への働きかけと情報の発信が、地域コミュニティの形成の基礎になっていることを知り、そして子どもの成長が、対応の遅れを待っていられないほど速いことを痛感した。行政の担当職員は、二年ごとに異動し、遅々として進まない教育改革がようやく実施されるころ、子どもたちは、すでに成人を迎えているといったことが起こりかねない。

6　教員の異動による限界

子どもは、多元価値社会の多くの選択肢から自己実現の道を選択する力を養い、キャリアを形成し、社会に貢献することを夢見ている。学校は文部科学省の指導要領に則って教育を展開し、その枠内で独自の多様性に対応する教育を実践してきた。学校文化や言語に相応しい独自の教材開発や多様なカリキュラムの必要性を考える教師もいるが、教員の異動があり、長期的に取り組むことができない。

熱意ある教員は、地域特性を生かす教育の実践を報告する機会をつくり、ベテラン教師の経験が生かされるシステムを構築したいという。根強い教科学習観と教科書中心の授業観を見直し、新宿区は外国人児童のための母語維持の教育や帰国子女教育にも力を入れ、子どもの多様性に応える学びの可能性を引き出そうとしてきた。新宿区の学校は、一九九〇年代にマスコミから注目され、同様の質問に応えてきた。「しかし悩みのすべてを公表できない。学校内部で意見の一致をみるのが難しい」という。教員にとって、児童生徒の言語を理解できない現実など、教員がオープンに悩みを語る場を必要としている。

多文化共生を標榜し、多言語の情報発信に努めてきたが、結局、アクセスできる子どもには手厚く支援し、アクセスできない見えない子どもには支援の手が届かない矛盾を抱えてきた。これが格差を生み出す原因の一つである。家族の離散、離婚、保護者の教育方針の揺らぎなど、家族の変容は把握しにくいが、区役所の相談窓口では、不登校・不就学の児童生徒は確実に増えている[17]。

7　受け皿となる夜間中学校

夜間中学には中国帰国者、在日コリアン、難民が必死に学ぶ姿がある。ある第三国定住難民も高田馬場から千葉県に移動し、さらに江戸川区に移住して結局、墨田区の文花中学校夜間部で現在学んでいる。夜間中学へのアクセスは大変なものであった。新宿区には夜間中学がない。現在、東京都には八校の夜間学級があるが、夜間学級には中国帰国者、在日コリアン、難民の人びとが学び、国家としての良心の最後の受け皿となっている。全国には義務教育未修了者がいると言われながら、公立夜間中学校は八都府県に三五校しかない。各地から東京や大阪に転居したり、年間二〇万円以上の通学定期代を払い往復4時間かけて夜間中学校に通ったりする生徒もいる。それもできず、高学歴社会日本の中で大変な苦痛と不便さ、職業選択の自由もない中での生活を強いられている。

全国夜間中学校研究会では、関係者の協力を得て、「義務教育に相当する学校教育等の環境の整備の推進による学習機会の充実に関する法律案」の成立を目指してきた。二〇一二年八月三日国会議員会館にて超党派の国会議員を招き、義務教育未修了者の生の声を聞き、前記法案成立を目指す集いを開催した[18]。公立夜間中学校は、北海道・東北・中部・四国・九州には一校もない。全国各地への夜間中学校開設を始め、基礎教育としての義務教育の拡充を目指した「義務教育等学習機会充実法案（仮称）」成立に向け、超党派の国会議員の協力を得た国会院内集会を開催した。夜間中学校とは終戦後、仕事などで学校に通えない学齢の子どもたちのために開設されたが、現在は、さまざまな事情で学習する機会を奪われた日本人の高齢者、障がい者、不登校やひきこもりの若者、中国残留孤児、在日韓国朝鮮人、国際結婚や仕事などで来日した方やその家族、難民などに、基礎教育としての義務教育を行っている。

実態調査の結果、文科省は二〇一四年、全国の都道府県に少なくとも一校の公立夜間中学を設置すると発表した。

8　マスメディアが公表した不就学の実態

インド人調理師Pさんは七、八年前に来日し、二〇一一年夏に息子S君を呼び寄せた。その時S君は中学二年生だったが、一年半近くずっと学校に通っていなかった。S君は、靖国通りに面したアパートに住み、インド映画のDVDを見たり、公園を散歩したりする毎日で、父の帰宅はいつも深夜だ。「日本語の勉強はしているか」と父もつい口うるさく言ってしまうが、S君はインドで買った日本語のテキストを時々開く程度だ。「早く学校に行かせなければ」と父も焦っていたが、日本の教育の仕組みがよく分からなかった。民間の日本語教室に通わせたこともあったが、学費が高く、三か月で親の方が音を上げてしまった。

そんな父子が初めて新宿区教育委員会を訪れたのは二〇一二年五月だった。学校運営課の窓口の担当者が中学校の地図をくれたが、それは区立中学ではなく、世田谷にある夜間中学の案内図だった。義務教育年齢を過ぎないと、夜間中学には入学できないという事情もよく分からないまま、父子は夜間中学に出向いた。夜間中学の教諭は「学校に通わせたい」という父親の希望を聞き、外国人支援NPO「みんなのおうち」のKさん（六四歳）に連絡した。六月中旬、父子はKさんとともに再び区教委に向かった。

一連のやりとりについて、当時の区教委学校運営課長は「担当者は夜間中学という選択肢もあることを示したつもりだったが、対応が十分ではなかった」と話す。同課と話し合い、S君は七月から、自宅に近い区立中学校への入学が決まった。父に「学校に行けるぞ」と言われ、S君は「緊張するなー」と言いつつほほえんだ（『朝日新聞』二〇一二年七月一一日朝刊、より抜粋）。

これまで学校における日本語教育が問題視されてきたが、家族内部の多文化化には光が当てられてこなかった。家庭内部が、一人ひとり人間発達を見守る場所であることを改めて教えられる。ファミリー・ライフサイクル（家族周期）を視野に入れ、不登校・不就学児童生徒の実態を親身になって調査し、きめ細かい施策を展開する必要がある。外国籍の子どもは就学の権利をもっており、あらゆる子どもの学習権を保障する義務が保護者と地域そして国家にある。

9　グローバル人材を生み出す公立夜間中学

夜間中学では、外国籍の人びとが、基礎教育と日本語教育を受けている。二〇一五年現在、東京都内の中学校夜間学級に通学している生徒の約八割以上が在日外国人となった。特に、一九九〇年以降外国籍の若者たちが増加し、不登校経験者や障がい者など、多様な人びとを受け入れる学級となっている。そのため、教育課題も複雑化し、教育ニーズの多様化に夜間学級の教員は「義務教育未修了者の学習権保障」という言葉を使用している。つまり基礎教育は、「基本的人権保障」につながるという認識が教員間で表明されている。

表3-1は東京の中学校夜間学級に学ぶ外国人および帰国者などに関する母語調査結果である。二〇一一年一〇月には、一五歳以上で二〇言語に及ぶ多言語な外国籍の人びと四一三人が通学しているのが分かる。公立夜間中学では、月曜日から土曜日まで開校し、学習時間は午後四時から九時までで、六時の給食が憩いの時間である。給食費は三〇五円（東京都が半額負担）、授業料は無料であり、修了すれば中学の卒業証書を取得できる。自主夜間中学は、ボランティアで運営され、週に二日といったところも多く、卒業証書は取得できないというのが実態である。[19]

では、外国籍生徒は、来日してからどのくらい経って夜間中学に辿りついたのだろう。表3-2によれば、在日年数三年未満が全体の七割を占め、特に在日年数一年以上二年未満の生徒が最も多い。一方、在日年数が一〇年以上のニューカマーが一五%もいる。日本での生活が定着した後、読み書きなどの必要に迫られて入学していることが分かる。表3-2の在留資格別では、難民が一三名も含まれている。

表 3-1　東京都内の夜間中学の外国籍生徒の母語調査（2011 年度）

		1 中国語	2 フィリピン語	3 韓国・朝鮮語	4 ベトナム語	5 ネパール語	6 タイ語	7 スペイン語	8 ヒンディー語	9 日本語	10 ビルマ語・ミャンマー語	11 パキスタン語	12 モンゴル語	13 英語	14 ポルトガル語	15 トルコ語	16 ペルシア語	17 マレーシア語	18 インドネシア語	19 リトアニア語	20 パシュトゥー語	合計
日本語指導が必要な	若年	2	13				2			1		1		1								20
	青中高	2	2																			4
引揚・帰国者	本人	2		1																		3
	配偶者	7																				7
	二世	18											1									19
	二世の配偶者	21																				21
	三世	8																				8
	三世の配偶者	9																				9
	四世	3																				3
難民					10	1					1				1							13
在日韓国・朝鮮				1						1												2
移民																						0
新渡日		145	62	26	12	19	17	8	4	1	1	1	1			1	1	1	1	1	1	303
その他				1																		1
人数		217	77	29	22	20	19	8	4	3	2	2	2	1	1	1	1	1	1	1	1	413
割合（%）		52.5	18.6	7.0	5.3	4.8	4.6	1.9	1.0	0.7	0.5	0.5	0.5	0.2	0.2	0.2	0.2	0.2	0.2	0.2	0.2	100

中国語はもとより多様な言語への通訳配置や語学研修が求められている。

出典：東京都夜間中学校研究会　引揚者教育研究部・在日外国人教育専門部「東京の中学校夜間学級に学ぶ外国人および帰国者等に関する調査」(2011 年 10 月 1 日)。

表3-2　東京都内の夜間中学の外国籍生徒の在日年数（2011年度）

		1年未満	1年以上	2年以上	3年以上	4年以上	5年〜10年未満	10年以上	不明	合計
日本語指導が必要な	若年	6	6	3	2		2	1		20
	青中高			1			2	1		4
引揚・帰国者	本人				1			2		3
	配偶者			1	1	1		4		7
	二世	1	2	3		1	3	9		19
	二世の配偶者	2	2	3	1	3	2	8		21
	三世	2	3	2	1					8
	三世の配偶者		3	6						9
	四世	2		1						3
難民			4	3	4		1	1		13
在日韓国・朝鮮								2		2
移民										0
新渡日		81	80	50	25	13	20	34		303
その他		1								1
人数		95	100	73	35	18	30	62	0	413
割合（%）		23.0	24.2	17.7	8.5	4.4	7.3	15.0	0.0	100

出典：東京都夜間中学校研究会　引揚者教育研究部・在日外国人教育専門部「東京の中学校夜間学級に学ぶ外国人および帰国者等に関する調査」（2011年10月1日）。

10　広がる学歴格差

新宿区の市民団体は、今後、夜間中学を設置することを新宿区に要望していくという。なぜならば、新宿区は二〇一三年から公立中学校に日本語教育のクラスを設置することを決定したが、一五歳以上の非識字者が日本語を学ぶ場所は得られないからである。全国の三五校の夜間中学では、戦後から在日コリアン一世、中国帰国者をはじめとして、国籍にかかわらず日本語教育と教科学習に取り組んできた。その結果、日本語能力だけでなく、生活指導や多岐にわたる相談に乗ることができ、精神的な安定と将来へのキャリア形成の道筋を本人が自主的に模索する時間と場所を提供してきた。地域住民の中には「日本語のできない外国人に手厚くすれば、他地域から多くの不就学児童を地域に呼び寄せる結果となり、コスト面でも計り知れない」と言う人もいる。しかしながら、それを放置した場合、彼らが不良化するリスクは極めて高く、待ったなしの問題である。

夜間中学への投資は、より適応能力のある住民を増やしていくことになり、重要な初期投資と考える。現在の教育センターでの母語教育や帰国子女教育の取り組みのシステムの広報や改善によってその延長上に夜間中学の重要性を地域全体が認識する道が拓けている。子どもにとり、知的発達、人格形成、そしてキャリア形成のために国籍や文化的背景の違いや、在留資格を問わない学校教育の姿勢が重要である。

宮島（二〇一二：四七）は、「日本の義務教育学校（学校教育法第一条の定める小学校および中学校）に在籍する外国人の児童生徒の数は、二〇〇九年の『学校基本調査』によれば約七万名である（文部科学省、二〇〇九）が、それに対して日本の義務教育年齢にある外国人登録者の数は、二〇〇八年末で約一二万一〇〇〇人に達していると推定される。この二つの数字の差はただちに『学校に行かない』外国人の子どもの存在を意味するものではなく、いくつかの角度から慎重に考察しなければならないが、それでも義務教育年齢にある外国人の子どものどれほどが日本国内で就学の行動をとっているのか懸念を抱かせる数字である」と指摘した。

現在、外国籍の子どもたちの基礎教育は義務化されていない。日本語での学習言語を獲得できず、授業についていけずに不登校になっても咎められることはない。いじめや親の都合で不就学になるケースも多い。子どもの学歴は、家庭の収入や親の学歴、職業に影響され、学歴格差は広がるばかりである。親は長時間労働に耐え、経済的に厳しい状況にあり、さらに滞在予定が不確定な状況下で、彼らの子どもたちは、自分の将来に希望を持てないでいる。青少年期の教育とキャリア形成はアイデンティティの確立と密接な関係にある。読み書きができなくては思考能力を伸ばすことができず、キャリア形成は到底困難である。教育委員会が責任をもって就学を促し、フォローする体制をもっていれば不就学を未然に防ぐことができるだろう。その際に、外国人の基礎教育の義務化は、大きな後押しとなるはずである。

オルタナティブな教育や夜間中学やＮＰＯの学習支援が、受け皿になっていることが明らかになった。日本政府の責任の一端を担っているのだという認識がなければ、あまりにも負担が大きい。日本政府は、このような事態に、就学を条件に在留期間の「最長五年」を認める条件を出した。

「二〇一二年七月施行された改正出入国管理及び難民認定法に関し、法務省がまとめた新たな審査要領の概要が三〇日、明らかになった。日本の義務教育年齢にありながら、学校に通っていない在留外国人の子弟が増えているため、『最長五年間』の在留期間を認める条件に、小中学校（インターナショナルスクールなどを含む）への「子弟の通学」を加える。これまで最長三年間だったが、最長五年に拡大された。改正前の要領には、子弟の教育に関する規定はなかった。見直しの背景には、二〇〇八年のリーマン・ショック以降、日系人を中心に多くの在留外国人が失職し、経済的理由で通学できない子弟が増えている事情がある。外国人には就学義務はないが、少年らの非行の増加も懸念されており、政府は就学率の底上げに乗り出した。」（『読売新聞』二〇一二年七月三一日）

こうしたＮＰＯの実践が、ほんの一歩ではあるが、国の姿勢を動かしている証である。しかし、この記事でも、リーマン・ショックからくる失職と日系人の不就学の文脈で語られており、都心の子どもたちの実態はますます不可視となっている。

11　夜間中学の拡充・増設と学齢超過の子どもたち

ついに二〇一五年六月四日、夜間中学等義務教育拡充議員連盟（二〇一四年発足）と全国夜間中学校研究会（一九五四年結成）が共催して国会院内の集いを開催した。二〇一五年五月一日、文科省は、「中学校夜間学級等に関する実態調査の結果」により、全国に夜間中学のニーズがあるとして全県に夜間中学の設置を目指すと発言した。新聞各社も社説などで夜間中学設置を支持している。集いのテーマは「6・4今国会での義務教育未修了者のための法成立を期す」とある。九月一五日の「法律案」では、夜間中学関連部分に関係者の意見が反映されている。第一条（目的）には教育基本法の他、児童の権利に関する条約等の教育に関する条約の趣旨にのっとり、多様な教育機会の確保に関する施策を総合的に推進することを目的とするとある。[20]

関係者の粘り強い努力によって、ようやく少し山が動いた。夜間中学の新設は、日本の多様な学びに主眼をおいた新しい時代を切り拓くに違いない。

東京には四〇万人近い外国人と海外につながる人びとが暮らしている。二〇一四年四月から日本語指導が必要な児童生徒に対して「特別の教育課程」が始まっているが、充分とは言えない。都立高校入試の在京外国人枠は少ない。

「学齢超過の子どもたち、とりわけ母国で中学校を卒業した、つまり九年間の学校教育を修了した子どもたちは、行政の教育調査データにもカウントされていません。学校教育の狭間におかれた子どもたちです。学齢超過の子どもの数は増加しており、学ぶ場を求めての相談件数も増えています。」（二〇一五年五月二四日、

於：「東京の日本語教育を考える会」での発言）

新宿に拠点を置く多文化共生センター東京では、外国につながる子どもへの学習支援について、次の三点を指摘した。まずは学びの場につながるまでの情報の取得が困難であることを改善せねばならない。相談者の数は年間一四〇件を超えている。次に高校入試の出願書類の複雑さをあげて資格確認方法の簡素化を提言している。三つ目には入試の方法があげられた。行政の支援が必要であるにもかかわらず、教育委員会の中に担当部署がないために公的支援を受けられない状況になっている。

ライフサイクルの視点が重要なのは、学齢超過の子どもたちも含めて外国にルーツをもつ子どもたちの教育について考える専門家と専門部署が求められているからである。筆者は、グローバル市民を生み出す新しいポジティヴな教育ビジョンが必要と考える。日本語教育を必要とする児童・生徒は、手のかかる困った子どもたちではない。彼女・彼らは別の言語を母語としており、日本語ともう一つの言語とのバイリンガルになる可能性を秘めたグローバル人材の卵である。子どもたちの人生をトータルに考え、学齢超過の子どもを含めた専門部署が欠かせない。

注

（1）本章は、川村（二〇一三）を基に加筆修正したものである。
（2）一九八五年のこの宣言はまた、「学習権が人類の一部のものに限定されてはならない」と規定した。
（3）エスニック・スクールの学費は月額六万円から二〇万円もするところまである。
（4）新宿区にはあけぼの会日本語教室、あとむ日本語教室、日本語グループWAIWAI、ひまわり日本語ボランティア、四ツ谷日本語サークル、CCS新宿教室、新宿虹の会親と子の日本語教室、東京YMCA、わかば会、早稲田奉仕園日本語ボランティアの会、NPO法人みんなのおうち、NGOしんじゅくアートプロジェクトほか多数のNGO／NPOがある。

(5) 単位制高等学校（一九八八（昭和六三）年度から定時制・通信制課程において導入され、二〇〇三年度からは全日制課程でも設置可能）では、学年による教育課程の区分を設けず、決められた単位を修得すれば卒業が認められる。自分のペースで学習が進められる。

(6) 調査委託：三菱UFJリサーチ&コンサルティング株式会社（新宿区、二〇一二年五月）。

(7) 調査票は、保護者向けと子ども向けの二つの調査票で構成し、回答者数は三九六名（有効回収率：保護者票二九％、子ども票二九・一％）である。他に新宿区立小学校（二九校）・中学校（一〇校）および養護学校（一校）の計四〇校の管理職・一般教職員に向けてのアンケート調査を行った。合わせて、保護者への一時間程度のインタビュー調査、関係団体へのインタビュー調査を行った。

(8) 本章第7節参照。朝日新聞は二〇一二年七月、一五歳のインド人の青年が公立中学校に編入できるまでの苦難の経過の全容と区職員の対応を公表した。

(9) 学齢期は六歳から一五歳までを指す。二〇一二年四月一日新宿区の外国籍児童は、五歳から九歳までが八五三名、一〇歳から一四歳の生徒が八九一名、一五歳から一九歳までが一二六八名。外国籍の学齢期の生徒数は一七三四人で、一九歳までの合計は三〇一二名となる。男女比はほぼ同数である。

(10) 一九五二年サンフランシスコ平和条約により、在日朝鮮人は「日本国籍から離脱する者」に変わり、文部省は一九五三年二月に「朝鮮人の義務教育諸学校への就学について」を提示し、「外国人を好意的に公立の義務教育学校に入学させ」ても「義務教育無償の原則は適応されない」とした。

(11) 二〇〇六年に発足、二〇〇八年法人化した。途中で来日した移民一・五世は参加するが、日本生まれの二世は参加しないという。NPOの教室には、二〇一三年現在、約三八人が来所している。

(12) リスクが高い家庭向けに提案した事業案が採択され、予算を獲得して事業を立ち上げることができた。

(13) 現在は日韓合同授業研究会代表（新宿区新宿）を務める。

(14) 開会式には、区長、助役および多文化共生推進課の関係者が参列して祝辞を述べた。

(15) コリアNGOセンター東京事務局（在日コリアン団体）。

(16) 提出者の個人名は省略した。この文書では、ケアはケアーと表記されている。

(17) 夜間中学校関係者の推計では、非識字者を含む義務教育未修了者は日本国内に百数十万人いる。義務教育未修了者は、高学歴社会でキャリア形成ができず、過酷な状況にある。日本弁護士連合会は、国に改善を求める意見書を提出し、抜本的な改善策を求めている。

(18) 「『義務教育等学習機会充実法案（仮称）』成立に向けた超党派参加・国会院内の集い：人間らしく生きるため、すべての人に義務教育を！」二〇一二年八月三日、衆議院第二議員会館多目的会議室にて公立夜間中学・自主夜間中学の生徒・卒業生・関係者、識者、市民、国会議員が参加し、意見を交換する集会が行われた。

(19) 二〇一五年五月現在、超党派による「夜間中学等義務教育拡充議員連盟」が結成され、公立夜間中学の増設や支援拡充のための法案を議員立法で提出しようとしている（『読売新聞』二〇一五年五月二二日）。

(20) 二〇二〇年の国勢調査において、「小中学校卒業」の項目を「小学校卒業」と「中学校卒業」とに分離し、すでにある「未就学者数」と「小学校卒業者」を合わせて義務教育未修了者の総数が把握できるように要望している。

第4章　ともに遊び憩う時空の創造

Creating a Time and Place for Play and Imagination

問題の所在

遊ぶことは学ぶことと同様に、よりよい多文化社会の構築の可能性を広げる。

多元価値社会において「遊び」は異文化間の潤滑油として、社会の分断の防止に寄与してくれるのではないだろうか。前章で論じたように、多文化社会において不就学・不登校の児童・生徒の実態は認知されにくく、ゆえに対策が立てづらい難題であるが、これをいかにして解決していけばよいのだろう。筆者は、オランダの文化史学者であり哲学者のホイジンガ（Johan Huizinga, 1872-1945）が説いた「遊び」にヒントを得た。「遊び」には緊張と喜びと楽しさが同居し、人間の創造力の本質があるとする。彼の著書『ホモ・ルーデンス（*Homo ludens*）』の冒頭は「遊びは文化より古い」に始まる。

彼は遊びを概念化し、人間が普通の生活や仕事から乖離すればするほど、本質的な「遊び」を創出することから、人間の本質が「遊び」にあると主張して、文化の諸側面に見られる遊びの要素を探究した。

ホイジンガは世界中の民族の遊びや遊具について文化人類学的調査を重ねた結果、遊びという一見非合理的な行動から人間の創造力が生まれる過程を述べている。何もないところから創造した「遊び」は意外な効果をもたらすのではないだろうか。

不就学・不登校の問題は、子どもだけの責任ではない。悩みを抱えている家族とともに遊び憩う時間を共有してみてはどうだろう。また「遊び憩う時空」の共有は、不安を抱え孤立しがちな難民認定申請者にも重要な意味をもつのではないだろうか。

本章では、「遊び憩う時空」の共有と遊びのもつ文化的創造力の可能性を考察する。入国管理センターの収容所には、「遊び憩う空間」があるのだろうか。筆者は茨城県牛久市にある法務省東日本入国管理センター（定員約七〇〇人）で収監されている人びとにインタビュー調査をして、「遊び憩う」時空の共感の大切さを痛感した。異国にあってともに遊んだ共感は、心に刻まれ、きっと次世代に語り継がれるに違いない。

1　外国にルーツをもつ人びととアートで遊ぶ

団塊の世代が子どものころは、野原を駆け巡り思いっきり遊んだものだ。ゴム弾、かくれんぼ、鬼ごっこ、達磨さんが転んだ、缶けりなど、五感を使って身体全体で遊んで「ガキ大将」もいた。かたや現代の子どもは、スマホでチャットやゲームをする。フェイスブックは母国語で楽しむことができるため、寂しい時には心が和むという。母国の親戚や友人とスカイプで会話を楽しんだりもする。都心で公園があっても、サッカーや野球に夢中になる子どもや遊びの「ガキ大将」の姿も見かけなくなった。

「来日した子どもたちは、スマホやパソコンでゲームをしていることが多いですね。ゲームや本国の友達とチャットをして過ごす時間が長いようです。学校の部活をしている子どもは少なく、帰宅後はほとんどが家庭内で、スマートホンで連絡を取り合っています。アートプロジェクトでは遊びというよりも、映像制作や写真、ダンスをする機会をつくっています。」（ボランティア団体のスタッフ、二〇一一年）

第3章で触れたように、新宿区とＮＰＯ法人「みんなのおうち」は二〇一二年四月から「しんじゅくアートプロジェクト」を開始した。アートワークショップを通じて、マイノリティの子どものエンパワーメントを活性化する狙いだ。子どもたちをはじめ地域住民や保護者が集うことのできる地域に根差した居場所スペースの運営と国際交流の人材育成を目的としている。一三名の指導者のもと、この団体に通う約六〇〇名が一七クラスに分かれて取り組んでいる。二〇〇九年に映像制作ワークショップ「中高生による共同制作事業」を実施し、二〇一〇年には大久保地域センターでの作品発表、映像上映会などのアートワークショップを開催した(1)（共催：ＮＰＯ法人「みんなのおうち」、独立行政法人国際交流基金）。

アートを媒介にすることは、従来の多文化共生事業では成しえなかった子ども同士の共感や意思疎通が可能になる。また、外国系児童や生徒（およびその親・家族）を一方的に支援する存在として捉えるのではなく、日本人の児童や生徒と対等な関係性を構築したうえで、文化的多様性を表現できるメリットがある。

確かに従来の多文化共生事業は、日本語支援や相談対応など、マジョリティ側がマイノリティである外国籍の人びとを支援する一方向型構造が強かった。アートワークショップは、創作活動を通じてマジョリティとマイノリティといった意識から解放され、対等な立場で参加することができる。地域の多様な背景をもつ子どもが、ともに一つの作品を創ることは、共同体験や作品を通じた交流を可能にし、同じ地域に生きる住民としての多文化意識を形成しうる機会を提供している。筆者は、この活動を目の当たりにし、「遊び」が子どもたちの健全な自尊感情を育て多文化共生型コミュニティを形成する可能性を感じた。

アート活動は、マジョリティ対マイノリティという固定された関係性から、相互に共感し、学び合う関係性の構築に寄与し、同時に多文化家族への支援活動を広げる自然なプロセスを評価できる。新宿区大久保に、子どもの居場所を確保・運営し、学力保障のための学習補助指導を行うだけでなく、継続的な創作活動ができるように計画されている。担当者は、創作活動が、自尊感情を高め、自己肯定感の育成を図り、精神面でのケアになると説明する。子どものもつ空間能力や芸術的天性に着目し、多重知能を評価することができる。音楽、ファッション、写真、映像、演劇、ダンスなど言語以外の表現力や芸術性を媒介にすることで、人間の自由な自己表現の可能性を開拓したのである。

アートワークショップをきっかけに地域住民と海外につながる子どもの接点が増え、子どもの抱える問題を地域の問題として考える住民が増えた。ホスト住民と多文化家族の関わり合いによって、子どもが信頼できる地域のキーパーソンを獲得できるようになる。これが、地域に根ざしたネットワークの拡充へとつながる。

スタッフは、関東近県から参加しており、広く海外につながる子どもの教育支援に貢献し、ワークショップの実施は、地域間交流を活発にしている。子どもの教育の問題は、新宿区だけでなく、都内では大田区、福生市などで、他県では群馬県、静岡県、愛知県などで類似の問題が課題とされていた。二〇一一年度の事業では、大田区や福生市の学習支援教室にこれまでのワークショップで制作した映像を上映し、体験ワークショップを実施した。これらの活動に参画しているスタッフは、協働の輪を広げていくつもりである。

「神戸で海外につながる青少年の自己表現活動を行っている団体と高校生交流合宿を行うなど、相互交流の芽が生まれています。映像や写真という展開がしやすいメディアを用いることで、当事業をモデルケースとして、新宿・大久保地域のみならず他の地域の取り組みを共有しています。国内外で活躍するアーティストや団体との交流を促進しフィリピンやブラジルなどの子どもたちのつながりのある国出身の芸術家を迎えた音楽や現代アートの会を実施しています。ロールモデルとなる芸術家と接することで、子どもたちが自分の文化背景に対して誇りをもつようになり、自らを二国間の架け橋と認識するようになったのです。[2]」（ボランティアのKさん、二〇一二年）

二〇一二年より自治体はこれらの実績を評価し、予算を助成し、開設式には、区長はじめ区議会議員、区の職員、マスコミ関係者、ボランティアと子どもたちが参加した。アートワークショップが公共性を帯びていく瞬間であり、公共圏における多文化共生への歩みである。

2　遊びがとりもつ縁

遊び憩う時空は難民との出会いの場を創出することを、筆者はオーストラリア・ニューサウスウェールズ州のシドニー大学で体験したことがある。キャンパスの一教室を難民への英語学習と適応指導に使用し、地域住民との交流会を開催していた。料理を持ち寄り、歌や余興がある会合に出席し、筆者はピアノを弾いた。同席したアフガニスタン難民は、難民認定を受けてから援助がなくなり、自立への厳しい現実を話してくれた。日本に帰国した筆者に、アフガニスタン難民から何度か手紙が届いた。「日本は、難民を大事にしてくれる国に違いないと思う。いつか日本に行きたい」と書かれていた。

日本の難民受け入れは、うまく機能しているのだろうか。筆者は「ＮＰＯ法人難民支援協会」（新宿区四谷）を通じて難民との遊び憩う交流を継続している。

難民（refugee、もしくは条約難民：convention refugee）とは、一九五一年、国連の「難民の地位に関する条約」により、「人種、宗教、国籍、特定の社会集団の構成員、もしくは政治的意見を理由とする政治的迫害の恐れがあるという十分に理由のある恐怖」のために、国籍国の外にいるのであり、その国籍国に帰国できないか、帰国を望まない人と定義されている。つまり、庇護希望者は、経済的な利益を求めて自発的な意思で越境した自発的移住者ではない。迫害や紛争を避けるために出身国から逃れてきたいわば「強制移民」である。ただし、地域住民にとってこのような定義が語られても、見分けることは極めて困難である。

申請者一〇〇〇人突破と再定住の受け入れが始まり、二〇〇八年一二月、日本へ保護を求めた難民申請者数は一年間の累計で一五〇〇人を超えた。その後、難民認定申請者数は、図4-1のような推移を示している。母国の戦争や病気を理由に人道配慮を受けることがあるが、申請が長期にわたる人びとがいかに多いかが統計資料から推定できる。

二〇一〇年九月、日本初の第三国定住難民(3)を受け入れたのは新宿区であった。タイのメラキャンプで暮らすミャンマーのカレン族が、区内で六か月間の統合プログラムを受けることになった。第三国定住（resettlement）とは、難民が最初に庇護を求めた国から、長期的に庇護と支援を提供できる国に移ることを許可されることを意味する。

庇護希望者（asylum seekers）とは、保護を求めて国境を越えたが、難民の地位を求める申請の審査結果が確定していない人びとのことである。一時的な保護や人道的な保護など不安定な法的地位のままにとどまっている

図4-1　難民認定申請者数

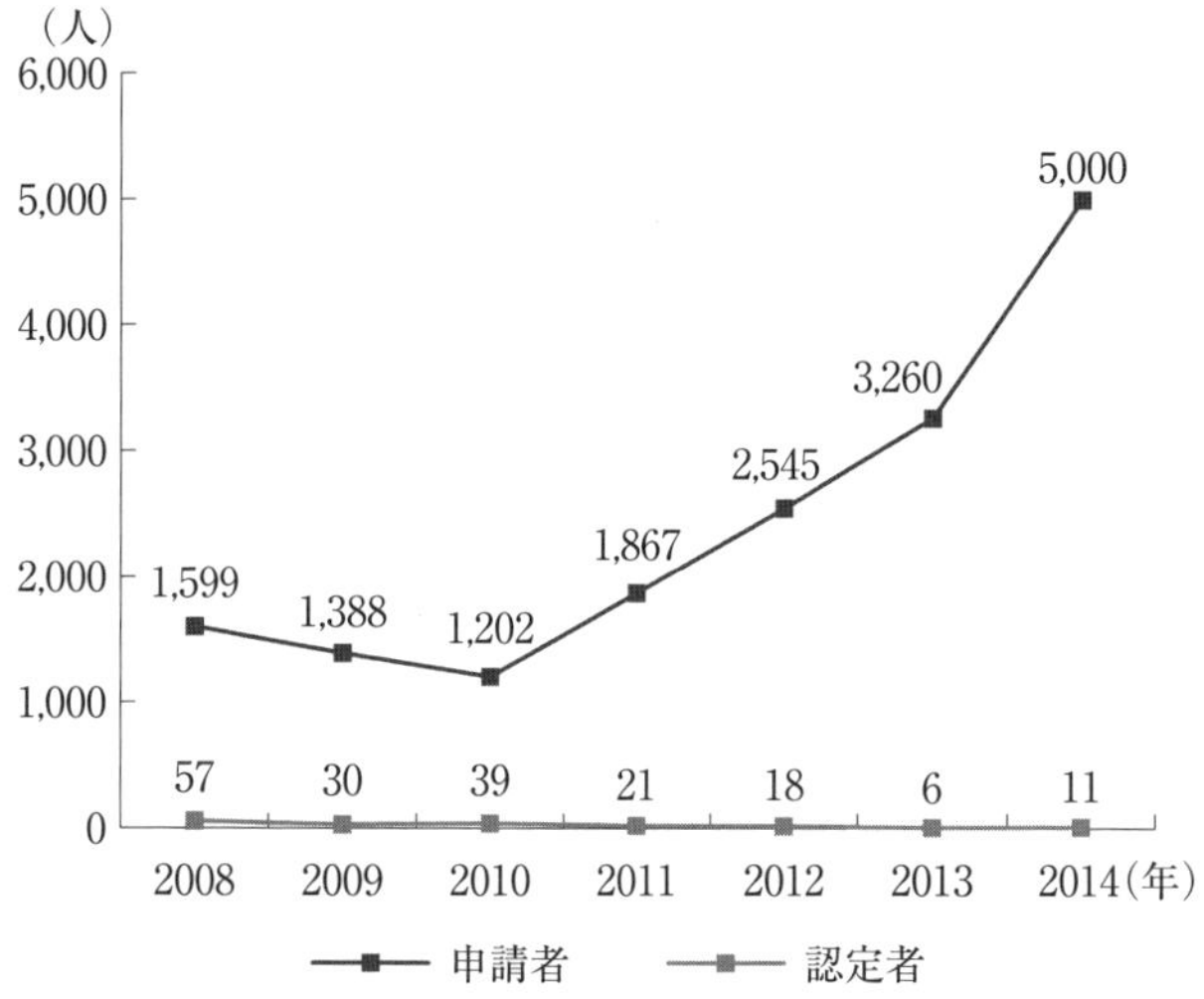

出典：法務省入国管理局 2015

者も多い（カースルズ&ミラー、二〇一一：二四三）。

新宿区には、軍事政権下のミャンマーからの迫害を恐れた難民申請者や難民たちと、同政権の大使館職員らも多数居住している。その意味で新宿区は、同国人同士の接触領域（コンタクト・ゾーン）であり、難民申請者、入管収容所、難民認定者の実態と彼らを受け入れてきたボランティアの人びとの内実を映し出す地域でもある。

3　庇護申請者のナラティブ

筆者は二〇〇〇年から難民の人びとと交流する機会にめぐまれ、彼ら・彼女らを自宅に招いている。大久保に居住するビルマ難民のSさんは、二〇年間の日本での生活を振り返り、東日本入国管理センター（牛久入管収容所）の処遇を次のように語った。

「難民認定を受けるのに、六年ほどかかりました。収容所での一番大きな苦しみは、本が読めないし、何もしない無駄な時間を過ごすことでした。自分は若いのに、何もしない日々を送ることがどんなに辛いことか。日本語の勉強がしたかったです。同室の人とは、言葉が通じない。しかたなく、トイレット・ペーパーをちぎって、同室の人とトランプをしている気分になる遊びを考案したのです。そんなどうしようもない遊びですが、何もすることがない収容所での日々を支えてくれました。」（ビルマ難民、二〇一〇年）

Sさんは、軍事政権の迫害を逃れて命がけで出国したが、難民申請中に収容され、頭髪が抜け落ちてしまった。それでもいつかは祖国の民主化のために帰還したいという。

在日ミャンマー人（ビルマ人）の登録者は八三六六人（二〇〇九年）だが、実際には一万二〇〇〇人ほどと推定される。未登録のビルマ人も多い。定住先は東京が六割を占め、愛知、千葉、神奈川、埼玉、静岡、群馬、茨城、三重、大分と続いている。出身地によって民族も宗教も違い、在留資格も多様であり、決して「在日ビルマ人」と一言では括れない。

区内には一四三三人（二〇一五年六月一日）のミャンマー人が登録しており、戸塚地域に集住している。ビルマは大別すれば八つの民族、八つの言語が存在しているという。細分化すれば一三〇ほどの民族に分かれるが、そういったカテゴリーは毎年変容している。地域では、服装などから、ビルマ人同士が相互に識別できるという。

「新宿に暮らすビルマ人の約八〇％が仏教徒であり、キリスト教徒、ヒンドゥー教徒、イスラム教徒の人もいます。みな仲がいいのですが、ロヒンギャ族だけは、ミャンマーの民族とは認められておらず、交流することはありません。」（四〇代ビルマ難民女性、二〇一四年）

一九八〇年代、新宿大久保地区にロヒンギャ族が住んでいた様相は、第8章で述べる。

4　収容所の「憩う」時空への渇望

（1）収容所の日々から大学院で学ぶ

自分がいつどこで生まれたのか定かではないという難民もいる。一方、ある難民は収容所に収監され、難民認定されてから、猛勉強の末に日本の大学院の修士課程に入学した。来日二〇年を経過してからの大学のキャンパスは、最高の「憩い」の場という。

「僕は六人兄弟の末っ子で、父は実業家で、ミャンマー軍政府によって全財産を国家所有として没収されました。幼少より柔道を習い、ヤンゴン大学で物理学を専攻しました。八八年のデモで、学友たちと軍政府への批判活動を行いました。家業の工場が国に没収され軍政府に対して不満をもっていたのです。戦場で見た残虐な光景から、精神不安に陥りました。マラリアと精神不安の症状が悪化して戦場での生活が不可能になり、退院を機に、母親がお金を工面してくれて、一九九一年に来日しました。当時二六歳で、最初の三年間は、難民認定を受けられず、オーバーステイとなり、収容所に収監されました。そこで半年間過ごし、その後別の収容所へ移動しました。そこでも半年間収容されましたが、難民申請をしても受理されませんでした。

三年間の裁判の結果、勝訴し、難民認定を受けて新宿区に暮らしています。魚の加工のアルバイトに従事し、マグロ解体技術を活用した専門職に就くことを考えました。本屋さんも図書館もあるので、休日は本に

図 4-2　難民旅行証明書

出典：2010年、筆者撮影。

触れてこころを癒してきました。大学院を受験し、合格しました。将来は英語の教師になりたい。大学のキャンパスは天国のように感じています。」（ビルマ難民、二〇一一年）

母国の迫害を恐れて来日した難民申請者は収容所に収監されることを恐れて暮らしているという。大久保・高田馬場・椎名町を中心に暮らすビルマ人難民申請者にとって、日本は本当に安心できる避難所なのだろうか。筆者は、難民のアパートを訪問した。

「このアパートの家賃は七万二〇〇〇円もします。安い地域に移ればと思いますが、連帯保証人の近くである必要があるのです。それに大久保には、ミャンマーの食材店が多く、香辛料など好きなものが安く手に入るし、多様な民族の人の笑い声が聞こえます。疲れ果てて帰宅する時、新大久保駅から家まで人の笑顔を見ることができるのです。みんな大変だけど、笑っている。貧乏だけど、ここには笑いがあるので、ここに住むのです。」（同前、二〇一一年）

(2) アフガニスタンから来た難民

アフガニスタンは、筆者にとって未知の土地であり、映画やドキュメンタリー映画を通してしか知らない世界である。アフガニスタンから来た難民Rさんは夜間中学に通うようになって心の安定を得たという。全国夜間中学校研究大会記念誌（二〇〇四年）によれば、アフガニスタン民族は、ハザラ・タジク・パシュトゥン・ウズベクの四つがあり、Rさんはハザラ人である。ダリ語を話し、イスラム教（スンニ派）を信仰する。Rさんは一九八一年にアフガニスタンのバーミヤンで生まれ、家族構成は父と母と妹四人、弟四人の計一一人である。生まれてから、アフガニスタンが平和だったことがない。Rさんが一〇歳で小学校四年生の時、爆弾が家の横に落ち、家族みんなで防空壕に入っていた。学校もその時の爆弾で破壊され、クラスメイトの誰とも会えなくなった。Rさんが一五歳の一九九六年からタリバンがアフガニスタンを支配し、二〇〇二年までの六年間はタリバン政権だった。この六年の間は貧しい人が苦しみ、自由もなかった。たとえば、男はひげをそってはいけない、女は顔・手・足を見せてはいけない、男と女が一緒に歩いてはいけない、子どもは学校へ行ってはいけない、子どもは遊んではいけなかったのだという。

仮放免の間は、毎月一回入管に行って次の一か月間の日本滞在許可を得なければならない。Rさんがこのような過去の話をできるようになったのは、夜間中学校で心の余裕を取り戻してからである。夜間中学には自由があるので気持ちが楽になるとある。第五〇回全国夜間中学校研究大会記念誌（二〇〇四年）には、Sさんが夜間中学で初めて憩う時間をもてた経緯が書いてあった。

「みなさんにお願いします。いま日本には、難民なのに『あなたたちは難民じゃありません。国に帰りなさい』と言われて苦しんでいる人がいることを知ってください。そして難民として安心して日本で生活したり、

勉強したりできるように、みなさんの力を貸してください。よろしくお願いします。」（二〇〇三年、当時二二歳）

筆者は夜間中学を訪問してチェチェン人と会った。「でもまだ寂しい」と心境を語ってくれた。

5　難民受け入れの経緯

（1）インドシナ難民の受け入れ

難民を保護する国連機関である国連難民高等弁務官事務所（UNHCR）の統計によれば、二〇〇八年時点で、世界に約三〇〇〇万人の支援対象者がいる。最も難民が流出しているのはイラク、アフガニスタン、スーダンなどである。二〇〇七年の一年間で難民として認定されたのは、アメリカで一万七九七九人、次いでフランス八一〇八人、イギリス七八六五人とある。

一九八〇年代に、北新宿には難民家族が経営するベトナムレストランがあった。歴史を振り返ってみよう。

一九七五年四月三〇日のベトナム・サイゴン陥落の前後からインドシナ難民の本格的な流出が始まり、ラオス、カンボジアにおいてもほぼ時を同じくして旧政権が倒れ、難民が大量に出た。ボートに乗り正規の出国手続きをとらずに他国へと避難する「ボート・ピープル」の流出は跡を絶たず、一九七五年に最初のボート・ピープルが千葉港に上陸したのである。

日本政府はアメリカなど第三国への再定住先が確定していることを条件として一時滞在を認めたに過ぎなかった。しかし、来日するボート・ピープルはその後も増え続け、日本は一九七九年七月にインドシナ難民の定住受け入れ制度を創設することを閣議了解すると、最終的には一万人を超える人を日本に受け入れた。当時の映像を大学の授業で見せると平成生まれの学生たちは、「そんなことが日本にもあったのだ。」と驚きの声をあげる。

一九八一年、日本政府は難民条約に、一九八二年には難民議定書に加入した。それまでの出入国管理令を改め、政府は出入国管理及び難民認定法を施行し、制度として難民からの申請を受け付け、審査を経て受け入れる制度ができた。

難民認定申請者と認定数などの推移を見ると、二〇一四年末までに、五七〇一人が難民としての保護を求める申請を日本政府へ対して行い、四〇三人が難民の認定を受けた。五二二人が人道配慮による在留許可を受けた。制度開始当初はインドシナ難民として既に日本へ受け入れられた人たちの申請が中心であったが、一九九六年から申請者数、認定される人がともに増加し、出身国も多様化したのである。

二〇〇〇年以降は難民の受け入れについて変化がある。まず、裁判で難民性が認められる、もしくは、保護の必要性が認められて退去強制令書が取り消されることが増えた。二〇〇一年にはエチオピア出身の難民が東京地方裁判所にて難民性を認められたのを皮切りに、多くの原告勝訴判決が出されるようになった。

大久保地区で出会った難民も同様の裁判を勝ち抜いてきた過程を語ってくれた。立法府も動き出し、二〇〇二年五月八日、中国の瀋陽にある日本総領事館にて、朝鮮民主主義人民共和国出身とみられる子どもを含む五人が中国当局に拘束された事件を契機に、国会において自民党、公明党、民主党の各政党で対応協議についての会合が設立され、提言がなされた。二〇〇四年には一九八二年以来初めての難民認定に関する入管法改正が国会にて成立し、二〇〇五年から施行されたのである。

閣議決定により政府は内閣官房に従来の「インドシナ難民対策連絡調整会議」を拡大発展させる形で「難民対策連絡調整会議」を設立した。

（2）第三国定住の受け入れ

二〇〇八年日本政府が、アジアで初めて「第三国定住」による難民受け入れを閣議了解し、二〇一〇年から三年間にわたり一年に三〇人程度の試験的受け入れを開始した。初年度の半年間の研修期間を受け入れたのは、新宿区であった。

二〇〇八年一二月一六日、日本政府はタイに避難しているミャンマーからの難民を第三国定住として三〇人程度受け入れることになり、研修先が新宿区であった。健康診断後、第三国定住難民が定住支援施設で約半年間の日本語教育、社会生活適応指導、職業紹介といった総合的な定住支援を受けることが、住民への説明会で説明された。

その説明会で、筆者が感動したことは、地域住民の中に、すでにカレン語の勉強会を主宰して、交流の準備をした日本人住民グループがあったことだ。このように「難民とともに生き、ともに憩う」という人間本来の平和的な営みを実現すべく、ホスト社会は期待をもって待ち受けていたのである。しかし、外務省関係者は住民との接触の機会を設けなかった。その意図はどこにあるのだろう。住民説明会では説明がなかった。筆者は、たまたま戸山公園でグループ行動する彼らと出会ったが、市民が交流する機会は全くなく、交流したくてもできない状況であった。

パイロット期間として二〇一〇年度から三年間の受け入れが実現すると、日本はアジアで初めての第三国定住の受け入れ国として恒常的に第三国定住を実施していくこと、さらに日本へ自力で辿り着いた難民へのよりよい保護の環境を提供することを期待された。二〇一一年四月、二七名が新宿区内の某所で研修期間を終了し、二家族一二名が千葉県八街市、三家族一五名が三重県鈴鹿市の農業法人で「職場適応訓練」を受けることになり、転居した。ここでは厚生労働省の就職援助事業を受けた後に、雇用が可能になる。しかしながら、その後、彼らが適応に苦労し、第三国定住難民の受け入れには多くの問題があったことがメディアから指摘されている。なんみんフォーラム（Forum for Refugees Japan: FRJ）によれば、保育園の送迎や夜間学校への通学など子どもの問題が家族を悩ませているとの報告がある。手厚い統合プログラムから環境が激変し、適応に苦しんだ結果、二家族は訓練先での就労を断念したという。第三国定住難民に関する情報については、丁寧に地域住民の理解を促す説明会が開かれた方がよいとする意見が多い。情報の共有が、難民とともに生きる意識を高め、ともに生きる喜びの土台となる。

6　東日本入国管理センターでのオーラル・ヒストリー

茨城県牛久市にある法務省東日本入国管理センターは、成田空港に近いとの理由で横浜収容所から一九九三年に移設された。一九九〇年から一九九二年の間はビザなしで来日したイラン人が収容された。一九七九年からのイラン・イスラム革命による難民が多く、彼らは代々木公園や上野公園で摘発された。一九八〇年代からフィリピン人女性とタイ人女性など人身売買の被害者たちが増えた。一時期はミャンマーのビルマ難民が九〇名も収容されていた。二〇一三年時点、定員七〇〇名の収容所に三〇八名が収容されている。窓は紙で塞がれ、六畳部屋に五人が収容されている。洗剤を水に混ぜて飲んだりといった自死行為があるという。筆者は、NPOの紹介で、被収容者とアクリルの遮蔽板越しに面会することができた（二〇一一年六月）。スリランカ、トルコ、イラン、インド、フィリピン、ガーナの人びとが畳の一部屋に収容されている様子や、入管が誘導尋問する語り口など収容の実態を語ってくれた。

彼ら・彼女らは母国や日本に家族があり、望郷の念に駆られながら生きている。実際に面会したのは、クルド人が四名、イラン人一名、バングラデシュ人一名、タイ人一名（女性）だった。対面はアクリル板で仕切られていたが声はよく通り、相互に表情を確かめながら次第に信頼関係をつくることができた。ここには「遊びの場」があるだろうか。入管法六十一条の七第一項には、「入国者収容所等の保安上支障のない範囲内においてできる限りの自由が与えられなければならない」とある。

〈事例4-1：イラン人男性〉

「イラン人にとって、食事に出る魚が臭くて食べられない。部屋の中に同じ国籍の人が一人もいない。収容所全体では、イラン人はいっぱいいるのに固まらせないようにしている。僕の隣に寝ているタイ人はいま死にそうだ。何も食べていないから、多分もうすぐ死ぬだろう。隣にいる人が死んだら嫌だ。最近、部屋には、スリランカ人、フィリピン人、タイ人の三人の新人が入ってきた。いつまでこんな日々が続くのだろうか。不安で眠れない。」

〈事例4-2：クルド人男性〉

「入管の誘導尋問はひどい。お前はいくら稼いだ？　どこで働いた？　なぜ、すぐに申請を出さなかったのか？　というように、最初から難民ではないということが前提になった質問ばかりする。これは皆、共通している。トルコから来たが独立戦争が契機となった。最初は大村収容所に入れられて、その後、大阪収容所に入れられて、現在、この牛久に入っているが最悪の扱いだ。デモに参加したという写真でクルドから追われてきた。トルコ人の妻は妊娠しているが、会うことができず心配だ。毎日妻のことを考えている。」

〈事例4-3：バングラデシュ男性〉

「日本の歯医者に週一回行くが、その際、手錠と腰ひもをはめられた姿で行かねばならない。それで行くのが嫌になった。十二指腸潰瘍に罹患した人がいて、腹痛を訴え、歩けない状態であったが、その人にも同様の措置がとられていた。僕たちは犯罪者ではないのだから、手錠と腰ひもをやめてほしい。」

〈事例4-4：クルド人男性〉

「ここの規則は刑務所のようです。いつまで私はここにいるのだろう？　なぜ、ここに入れられたのだろう？　助ける人いないのに、どうすればいいんだろう？　昔のことや家族の問題とかいろいろね。母国での迫害が理由で日本にいるのだけど、収容されて嫌なことが頭に入ってきた。ああ、日本から強制送還されたら、たぶん命はない。家族に再び会うチャンスがないと考えたら、自然と身体が痛くなる。拷問というのは、殴った後なら多分一、二週間すれば治るでしょう。でも、心の拷問はなかなか治らないのです。」

これらのナラティブは、真実なのだろうか。もし真実であれば、日本での処遇は、彼ら・彼女らが老年期を迎えるころ、世界が認識することになるだろう。法務省はどのように考えているのだろうか。

入管施設の抱える問題点として、弁護士の児玉晃一（二〇〇三：四七）は以下の四点をあげた。第一に、現行の入管行政は原則として、収容に適するか適さないかの判断を基本的に行わないで全件収容主義をとっている点である。自ら出頭して帰国を求める者や、最初の難民申請の結論が出る間の者などは除かれるものの、基本的な原則は維持されている。その中には、労災治療中、高齢者、妊婦、心身の障がい者・病人、未成年者、裁判係争中の者も含まれている。第二に、収容が無期限で長期にわたっている点である。特に、強制退去命令が出た場合、上限の規定がないため、被収容者は送還に同意して帰国するか、収容を甘んじて受けるかの選択を迫られてしまう。そこに個々の難民の事情は勘案されてはいない。第三に、未成年者の強制収容や収容による家族の分離が発生している点である。未成年者に対する収容は「子どもの権利条約」に反している。また、家族の中で主たる稼ぎ手である父親のみを収容し家族の生活の糧を奪うことは、家族の財政的・精神的な「体力」を奪い、強制送還を選択せざるをえない状況に家族をおく方針といえる。第四に、入管職員による被収容者への虐待があげられる。確かに、収容者の処遇に関しては規則があるが、運用や処遇の実態についてはほとんど公開されておらず、収容所の密室性は維持されている。以上のような指摘が、弁護士や研究者・支援者からなされてきた。

筆者は、その後、外務省領事局外国人課の入管担当者とこの様子を話し合い、改善を求めた。現在では改善され、シャワーやテレビを自由に使用できる状況になっているという。難民は自由を求め、他国に保護を求めて脱出している。その受け入れ国で、自由を奪われる恐怖に怯えて生きることがないように社会が見守りたい(4)。

児玉弁護士は二〇一二年一一月と二〇一四年三月の二度にわたり、イギリスの収容施設を視察し、日本の施設と比較検討し収容施設のあるべき姿を提言している（二〇一五：七二〜七三）。児玉（二〇一五）によれば、イギリスの入国管理センターには、レクリエーションセンターやビリヤードなどの遊戯施設もある。

難民の人びとは、日本の入国管理センターにも図書館や美術室など、「ともに学び、ともに憩う」施設をつくってほしいという要望を語っている。そして嬉しいことに、こうした点についても徐々に改善が見られるようだ。二〇一五年五月、筆者は、ビルマ難民から牛久の入国管理センターにサッカー場があったという話を聞いた。

「収容所に入れられた時、三度のおいしい食事ができるので、嬉しかったです。夜は、外を散歩できるし、交流もできるのです。僕はサッカーのルールを知らなかったので、教えてもらいながらサッカーに興じました。私たちは、犯罪者ではないですから手錠をはめて医師のところに行くのは、止めてほしいです。次回、収容所にいる友人に、ビルマ語の本を届けたいと思っています。」（五〇代男性、二〇一五年）

7　ネパール人の遊びの空間と学校の創造

新宿におけるネパール人の人口は、一九八〇年代には一〇人前後であったのが、二〇〇〇年代に増勢を示し、二〇一二年には一〇二二人となり、二〇一二年八月以降は中国、韓国に続き三位となる。年齢層は二〇〜三〇代に集中しており、男性人口は女性の二倍になる。在留資格は、就労資格の「技能」および「留学」「家族滞在」が八割を占め、料理人とその家族、および留学生が急増している。二〇一五年七月には二六三六人となり、ベトナムに次いで外国籍住民の七・一％を占める。

新宿区のヒヤリングによると、ネパール政府・反対派の間で続いていた内戦が二〇〇六年に和平交渉入りしたが、不安定な状態が続き、国内情勢が安定しないため、海外（主に中東、他にアメリカ、イギリスなど）に拡散しているという。留学生の増加に関しては、国費留学生でエンジニアなど理系の大学に留学し、帰国後は、将来の官僚候補となる裕福な家庭の子弟が多い。新宿区内の日本語学校から専門学校に進み、仕事があれば卒業後も日本で就職するタイプもいる。ネパールには、日本語学校のエージェントがあり、学生は先に来日した友人などを頼って来日する場合が多い。レストランで働くとビザがとりやすく、自分の店を出せば、従業員や親族を呼べる機会が増えるという。ネパールは踊りや祭りが盛んで、高田馬場に在住するネパール人家庭で、ネパール料理を楽しみ歌や踊りを披露してもらった。

「故郷であるカトマンズでは、ヒンドゥー教徒と仏教徒を中心に多宗教の人びとが一緒にお祭りをするのです。新宿では、一緒にお花見をしたり、食べ物の持ち寄りパーティをしたり、踊りを披露して家族が一緒に憩うことが多文化共生のつながりを強くすると思うのです。私の子どもは、インターナショナル・スクールに入れました。多言語・多文化の環境で成長してほしいと思っています。」（ネパール女性、四〇代、二〇一〇年）

ネパール料理店の増加は、ネパールの料理人の増加を促した。ネパール料理店の会社を設立すれば、本人は「投資・経営」ビザを取得でき、さらに母国から親族や知人を「技能」ビザで料理人としての呼び寄せが可能となる。働き先は、ネパール料理店以外にインド料理店も多い。通常、ネパール料理店が一軒できれば、料理人を二人雇う。夫が「技能」で来日し厨房で働き、さらに妻が「家族滞在」で来日して洗い場やホールで働くので、単純計算でネパール人が四人増えることになる。他国に比べて、「夫婦のみ」の世帯が多い。その理由は、出稼ぎが目的なので、子どもを出産したら母子だけ帰国し、その後、子どもをネパールにおいて妻だけ日本へ戻って来る事例もある。ネパールでは日本語学校が増加し、新宿移住を目指して、事前にネパールで日本語を習得する人も多い。ネパール人は約五〇〇人が百人町一・二丁目のアパートに集住している。日本語学校が多いため、まず学校の近くに住み、近くのインド・ネパール料理店で働く。レストラン・オーナーが店の近くに従業員の住居を用意するためだという。インド料理店で、ネパール人が料理をしている場合も多い。

ネパール料理店では、ネパール語と日本語の会話集を配り、ネパールダンスを披露している。夜は、店の客全員と従業員全員が、手を叩いてダンスを楽しんでいる。香辛料の効いた料理を食しながら「遊び憩う空間」を演出している。

新大久保駅周辺にある居酒屋と食材店を経営しているGさん（四六歳）は本国でジャーナリストだったこともあり、二〇〇二年の来日以降、一年間にわたり日本語の勉強をした後で、日本の大学院で新聞学を専攻した。現在は、ネパール語紙の編集をしている。

「新宿でネパール人のための教室をつくりたいのですが、力を貸してくれませんか。子どもの教育が一番の問題なのです。区立の小学校では、なかなか授業についていかれない。ネパール語やネパールの歴史・文化を教える学校をつくりたいのです。場所さえ確保できれば、私たちが先生になって教えることができます。」

（ネパール人Gさん、二〇一二年）

ネパール人の中にはインド人学校に子どもを通わせている人もいるが、英語は上手になってもネパール語は教えてもらえない。学校ができれば、離ればなれで暮らしている子どもを本国から呼び寄せることができる。ネパール人学校設立は日本でコミュニティを築き始めたネパール人たちの悲願なのである[5]。

二〇一二年区内に在住するネパールの児童・生徒数は二九人（新宿区教育委員会）である。そのうち区立の学校に就学しているのは五人。高額な月謝が必要となるインターナショナル・スクールや遠くのインド人学校に通う子どもがいるかもしれないが、残りの二五人が不就学になっている可能性もある。二四人の年齢は六歳が二人、七歳が二人、八歳が二人、九歳が二人、一〇歳が三人、一一歳が一人、一二歳が四人、一三歳が四人、一四歳が五人であり、中学生の学齢期の子どもが多い。子どもたちに遊ぶ場所と学ぶ場所を確保するのは大人の義務ではないだろうか。都内に住むネパール人五七人が会合を重ね、学校の設立に向けて話し合った。

資金を出し合い、二〇一二年一二月にNPO法人ネパール教育支援センター（Nepal Education Center, Japan）

を設立した。そして、二〇一三年四月からネパール人の学校「エベレストインターナショナルスクール」を開校したのである。施設については、閉校した学校を貸してほしいと新宿区、目黒区、豊島区と掛け合ったが、結局阿佐ヶ谷駅近くの新聞販売所跡を借りて生徒一五人からのスタートを切った。

二〇一五年五月、生徒数は一〇〇人（うち一二名が日本人児童）に増加し、多くの待機児童が入学を待っている。教師一二人のうち、日本人は二人、アメリカ人一名ほかボランティアがいる。ネパールでの小学校から高校までの教育カリキュラムを取り入れ、二〇一五年にはネパール政府によって、海外にある小学校としては初めて、正式の卒業証書を授与することのできる学校として認定された。

一条校には認定されなくとも各種学校に認められれば学校法人となる。そうすれば、高校段階まで頑張りたいという。

二〇一五年四月二五日、母国カトマンズでは、マグニチュード七・七の大地震に見舞われ、ブパール・マン・シュレスタ理事長のゴルカの実家も崩壊してしまった。こうした惨状の中、この学校の児童・生徒が中心となって募金活動に活躍した姿は、日本の各新聞やＴＶで報道されている。

8　フランス人の集住する箪笥町

新宿区にはもともとフランス人（二〇一二年時点で、一〇三四人）が多い。フランス人は、就労資格と「家族滞在」が圧倒的に多く、主には駐在員とその家族である。リーマン・ショック以降は経済不況の影響で人口が減少傾向にあり、加えて三・一一東日本大震災により、さらに減少が進んでいると推察される。子どものいるフランス人は、フランス人学校「リセ・フランコ・ジャポネ・ド・東京」（千代田区富士見町）に近い市谷砂土原町二・三丁目、若宮町などの外国人向けマンションに住まう人が多い。フランス人の学齢期にある子どもは一五二名であり、そのうち公立小学校に通うのは一名に過ぎず、ほとんどが東京国際フランス学園などの学校に通っていると推測される。フランス人の場合、会社が紹介する不動産業者が決まっているため、同じマンションに集住しやすい。家賃は高く駐在員または会社経営者が住まう。

マンション住民同士のコミュニケーションはとりやすい。日本の地域社会との接点は、遊びが接触領域となっている。神楽坂の阿波踊りではフランス人、スウェーデン人が見事な踊りを披露した。阿波踊りには、その日の飛び入りは許されず、三年前から阿波踊り会に入会して練習を重ねたという。本格的な遊びがきっかけとなって交流の輪が広がっている。

9　遊び憩う時空の共有とコミュニティの形成

二〇一一年六月、大久保公園シアターパークでは、地元の在日韓国人や地域のまちづくり団体「歌舞伎町タウン・マネージメント」が中心となり、東日本大震災の復興を支援する「日韓友好チャリティー広場」が開催された。東京韓国学校（新宿区若松町）民謡部の子どもたちが華やかな民族衣装を身にまとい、韓国の伝統民謡を披露した。日韓両国の交流がより深まるように願いを込めて、さまざまな具を投入したビビンパを大きなしゃもじで混ぜて完成させた。韓国料理や韓流グッズの販売に加え、アジア各国の郷土料理のテントや被災地からの野菜直売所も設けられ、売上金の一部は被災地への義援金として日赤に寄付された。

またこのチャリティーには、大久保で誕生したK-POPアイドル「KINO（キノ）」が参加して募金活動に協力したり、歌舞伎町で活動する韓国人フォトジャーナリストの権徹が写真展「メルトダウン3・11」を同時開催し、福島第一原子力発電所周辺の写真を展示したりした。このように外国籍住民が主体的に地域の活性化に貢献し、多文化消費を促した。

これをマスコミがどのように分析するかによって、地域の受けとめ方が違ってくる。地元の老舗の店が廃れていくのではなく、多様性のあるまちづくりに老舗店が「競争」ではなく「共創」のパートナーシップの認識をもち、ともに発展する途を模索する発想が重要であろう。その発想を支える潤滑油が「遊び」である。騒音やゴミ問題などを軋轢の種にするのではなく、遊びの延長上にまちづくり会議を開くことで、より建設的な相互関係を生み出す会議となる。

「遊び憩う」時空の創造は、異文化をつなぎ新たな文化を創造するだけでなく、「遊び」によって人びとを結ぶコミュニティの形成を促している。「遊び」の空間は、多文化家族の悩みを聴き、「しんじゅくアートプロジェクト」のように新たな教育の場であったり、多文化消費を活性化させて、自営業を持続的に発展させたりするなど多機能である。美術や音楽・映画には国境がない。

「新宿の街を描く会」は創立二〇年を迎え、絵筆をとって憩いの空間を創っている（図4-3）。

韓国系の経営者たちは二〇一四年から年一回「新大久保映画祭」を主催している（図4-4）。七カ国の多数の映画を上映し、交流の場を作っている。シンポジウム「新大久保と多文化共生」を開催し、海外からの移民研究者も集ってネットワークを開げた。これらの「遊び憩う」場の創造は、遊びの持つ文化的創造力の可能性を示唆し、ともに遊んだ記憶は、人生の懐かしい思い出となり次世代に語り継がれるだろう。庇護を求めてきた難民申請者たちと入国管理収容所に収監された人びとに対しても、学び・遊び・憩いの自由を剝奪するのではなく、逆

図 4-3　『新宿の街を描く会 創立20 周年記念誌』

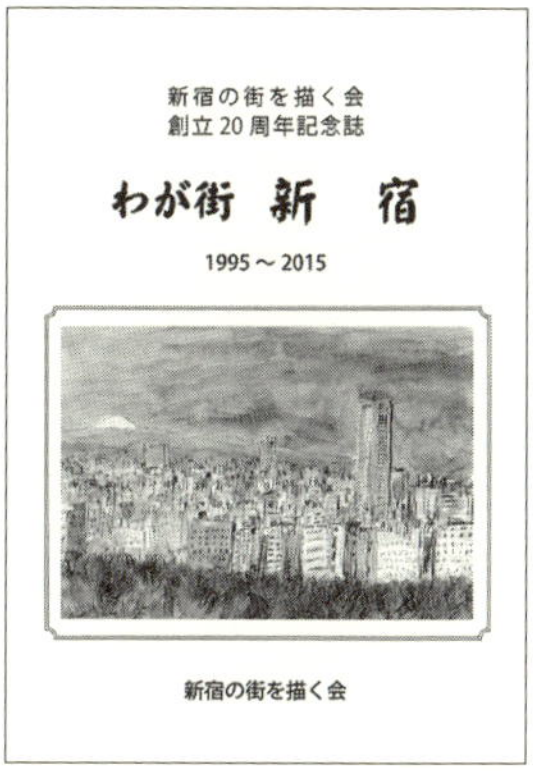

提供：新宿の街を描く会。

図 4-4　新大久保映画祭 2015 ポスター

提供：第2回「新大久保映画祭」実行委員会。

に日本語学習の機会や遊べる空間をつくる意義は大きい。

遊びの空間は、対等で双方向的な人間関係をつくり、心を癒し、異文化間トレランスを培う。その結果、コミュニティを強固にするからである。新宿が庇護希望者も難民認定者も暮らしていることをトランスナショナルな日本社会への新しい転換期とするために、「ともに遊び・憩う」場を隠すべきではない。日の光のもとに目に見える形にし、その空間と時間を地域住民と対等な形で開放し、共有すべきである。

多文化都市の創造には、ホイジンガの人間の本質が「遊び」にあるとした主張に呼応するかのように、遊びや笑いがこぼれるまちづくりの実践が重要な意味をもつ。

実践者は、そうした「遊びの場」にアクセスできない人びとにも光を当てようとしている。地域での誰もが気楽に集える「遊び憩う」空間の創造（place making）が、対話の始まりであり、今後の大きな課題である多文化共生まちづくりと地域の活性化への糸口になることが明らかとなった。

注

（1）このプロジェクトの二〇一一年の活動は、①アートワークショップ実施、映像制作合宿、現代アート「フォトモ」ワークショップ、映像制作「友達を紹介する」「コマドリアニメーション」、音楽「色んな国の言葉、メロディーで曲・歌詞を創る」、ストリートダンス「リズムで遊ぶ、友達と楽しく踊る」、②他地域との連携事業（東京都福生市、大田区、神戸等）、③地域や外部での作品発表や映像上映活動などである。二〇一二年は、①音楽、ファッション、写真、映像、演劇、ダンスの分野でワークショップを実施、②居場所スペースの運営開始、③国際交流ワークショップなどを行った。

（2）同団体は、カナダをはじめ、海外で類似活動を行っている団体との交流にも積極的に力を入れており、子どもたちが制作した作品の交流上映会も行っている。国際交流と多文化共生という二方向からアプローチをしており、新しい多文化・国際交流のモデルとなりうる試みである。

（3）二〇〇八年一二月一六日、日本政府は閣議にて、タイに避難しているミャンマーからの難民を第三国定住として三〇人程度受け入れることを発表した。日本へ自力で辿り着いた難民に加えて、避難先から難民を直接日本へ受け入れるこの制度は従来からの大きな方針転換である。パイロット期間として二〇一〇年度から三年間の受け入れとなり、アジアで初めての第三国定住の受け入れ国として、恒常的に第三国定住を実施した。日本へ自力で辿り着いた難民へのよりよい保護の環境を提供するものとして、新宿区も協力した。

（4）『入管センター被収容者と東日本大震災』（被災者へのメッセージ、義捐金カンパ報告、全国統一一斉面会報告など）。一斉面会時に、被収容者の方たちは、東日本大震災の被災者に、義捐金のカンパ（追加分）とメッセージを寄せた。義捐金は、ミャンマー難民らが発行するフリーペーパー『平和の翼ジャーナル』のメンバーら約一〇人がアルバイトなどで集めた。編集長の関西学院大学四年、アウンミャッウィンさん（三六歳）は「私たちを保護してくれている日本に感謝している。少しでも恩返しになればいい」と話した。

（5）このような実態は、『日本経済新聞』二〇一二年七月三日夕刊にも掲載され、新宿区は多文化共生まちづくり会議の委員にネパール人の代表を依頼した。シュレスタ理事長は「ネパール人の増加に合わせて設備のある教室も増やしていきたい」と語っている。

第5章 キャリア形成と自己実現

Career Formation and Self-Realization

問題の所在

キャリアとは「個々人が生涯にわたって遂行する様々な立場や役割の連鎖及びその過程における自己と働くことの関係づけや価値づけの累積」（二〇〇四年、文部科学省）と定義されている。

キャリアは、生活の糧を得るだけでなく、精神力を鍛え、多くの知見を獲得することで、自己実現につながる。というのも、「働く」喜びを体感することが孤立を防ぎ、多文化意識を形成するからである。人生のなかで「働く」時間的・精神的シェアは大きく、孤独からも解放する。越境者は移住先で安定した就労状況を獲得したとき、アドラー（Adler, 1975: 13–23）の言う「第二の文化について適切な理解、それを操作する技能を感じ取り、自分の能力として身につけることができる」のではないだろうか。

つまり、このように捉えれば「働く」平等の権利は、人生においても、地域コミュニティの形成においても重要な要因となろう。しかしながら、働く意欲・能力・体力があるにもかかわらず、働くことが法的に許されないことは、その人の人生と生活する地域にいかなる影響を与えるのだろう。

生涯を通して担う役割に連動し、自分自身が働くことの「価値づけ」であるキャリアの形成は、移民・難民にとって極めて重要な意味をもつ。越境を果たし、生活の再構築を試みている社会において自分に相応しいキャリアを形成することが、自己のアイデンティティの確立につながるからである。

本章は、まず外国人留学生のアルバイトの実態を考察する。その上で、日本に庇護を求めて地域に暮らす難民の人びとがいかにしてキャリア形成をなしえているかを後半で分析する。

キャリア形成によって、地域コミュニティの地縁に基づく円滑な人間関係を保ち、心理的安定感を感じるころになると、留学生も移民・難民も、サバイバル・ストラテジーを伸ばし、家族を形成することも可能となる。その逞しいキャリア形成と実態を明らかにしたい。本章では、立場を異にする人びとが自己実現を目指して定住していく様相を論ずる。

1　資格外活動許可の可能性

外国人労働者の受け入れは、人口減少と労働力不足という視点で、一般的に非熟練・熟練労働者と家族移民、ケア労働などが論じられてきた。全国・東京都に比べて新宿区の特徴は、生産年齢人口（一五〜六四歳）の割合が六九・一%と大きく、外国人の場合は九一・一%（二〇一五年五月時点）である。また二〇代後半〜三〇代前半の人口の割合が圧倒的に多く、伝統的に留学生・就学生を中心とする若い世代が、学びながら「アルバイト」をする現実がある。新宿区には、外国人を労働力補填のために誘致するなどという発想は全くなかった。しかし男女を問わず「学びながら働く」エスノスケープを、最も自然な光景として人びとが馴染んできた。

新宿区新宿自治創造研究所の報告書（二〇一〇：二一）によれば、就労資格人口は特に二〇〇五年以降大幅に増加しており、二〇〇五年から二〇一〇年で約一・六倍増となった。「人文知識」や「技術」は専門的知識や技術を有する「高度外国人人材」の主力層である。特に「韓国・朝鮮」「中国」で増加した。また、「技能」は「中国」「ネパール」、「投資・経営」は「韓国・朝鮮」の増加が目立っている。二〇〇〇年以降の伸びが顕著なのは「永住者」で、二〇〇〇～二〇一〇年で四・六倍へと飛躍的に高まっている。人口増の主な要因は「韓国・朝鮮」「中国」の増加にあり、一九九五～二〇一〇年でそれぞれ四・五倍（三四八人→一五五九人）、八・三倍（二三〇人→一九一〇人）となっている。その背景には「出入国管理及び難民認定法」（入管法）の改正により、永住許可要件が緩和されたことが考えられる

表5-1によれば、「特定活動」の二〇〇五～二〇一〇年の人口増が顕著で、約三・二倍増えているが、「韓国・朝鮮」はワーキングホリデーで、「ミャンマー」は難民申請の人道的配慮による在留特別許可として、それぞれ「特定活動」を取得したと考えられる。人道的配慮による在留特別許可として「特定活動」が付与されるようになったのは、二〇〇五年の入管法改正以降である。同年改訂された「難民認定事務取扱要領」には、難民認定されなくとも在留を特別に許可する場合には、「特定活動」を付与する旨が記されている。二〇〇五年以降、難民認定者＝「定住者」、在留特別許可＝「特定活動」という区分がなされたと推測できる。

「定住者」は「特定活動」と異なり、就労制限がなく、生活保護申請も可能である。難民認定されたミャンマー人に聞いてみると、難民認定されて「定住者」となる意味はそれだけではない。「日本語習得が可能になり、本国からの家族の呼び寄せも可能になるため、日本で働く意欲や生きる希望が湧いてきた」という（二〇一一年三月、高田馬場にて）。

表 5-1　新宿区における外国人登録人口の在留資格別内訳（1995〜2014 年）

	1995年	2000年	2005年	2010年	2014年
総数	18,815	21,780	28,272	35,211	35,274
就労資格	2,711	3,516	4,384	7,191	
短期滞在	1,190	1,971	1,837	1,125	
留学	2,954	2,774	4,805	2,615	11,601
就学	2,910	2,899	3,389	4,138	
家族滞在	2,208	2,798	3,452	4,512	4,015
永住者	755	1,033	2,486	4,724	6,178
日本人の配偶者等	2,272	2,264	2,266	2,040	1,403
永住者の配偶者等	94	80	135	263	
特別永住者	1,741	1,702	1,562	1,520	1,544
定住者	791	1,080	1,204	1,433	1,529
特定活動	102	129	385	1,246	1,205
その他	1,087	1,534	2,367	1,404	2,429

出典：1995 〜 2010 年については新宿区新宿自治創造研究所、2010：20。2014 年は新宿区多文化共生推進課の資料より。

しかし、「定住」が必ずしもこうした人びとの最終目的ではない。難民認定数は申請数に比べて非常に少なく、申請数が飛躍的な伸びを見せた二〇〇八年以降でも、二〇〇八年の一年間の申請数一五九九人のうち難民認定されたのはわずか五七人、二〇〇九年は申請数一三八八人に対し三〇人、二〇一〇年は一二〇二人に対し三九人と、認定数は約二〜三%であり、非常に低い水準となっている（第4章第5節を参照）。就労資格の内訳を見ると、「人文知識・国際業務」「技術」などのホワイトカラー層と、「技能」などの熟練労働者の両方が伸びている。

新宿区に留学生が集住する理由は、多数の日本語学校や専門学校、そして伝統ある有名大学が林立し、制限付きながら留学生・就学生のアルバイトが認められていることも主要因である。二〇一〇年以降の外国人登録人口の大幅な増加は、二〇〇八年七月に日本政府が「留学生三〇万人計画」を策定し、留学生が大幅に増加したことが考えられよう[1]。二〇一四年には、「就学」と「留学」が合算されている。

周知のように外国人は入管法別表第一または第二に定められた在留資格[2]をもって在留することができる。入管法別表第一に定められた在留資格は、就労や留学など日本で行う活動に応じて許可されるものであり、日々の活動は、それぞれの在留資格に応じて定められている。資格外活動許可は、「新たに許可された活動内容」が記載された証印シール[3]（旅券に貼付）または資格外活動許可書の交付により受けられる。二〇一〇年七月に施行された在留資格「留学」と「就学」の一本化に伴い、それまで一週間に一四時間以内または一日について四時間以内の包括的な資格外活動許可を受けている留学生も一週について二八時間以内（教育機関の長期休業期間にあっては一日につき八時間以内）の資格外活動許可を受けられることになった。この変更によって「新宿」がより魅力的な地域となる。卒業後、包括的許可が受けられる在留資格は、「留学」および「家族滞在」のほか、日本の大学などを卒業した外国人であって、就職活動を行って、かつ、大学などによる推薦があることから在留資格「特定活動（継続就職活動）」をもって在留する者が、大学などからの推薦状を添えて資格外活動許可申請があったときにも許可が受けられる[4]。

新宿は、「学びながら働く場」を持続し活性化してきた。地域社会の眼差しは、留学生を一時的な労働力の調整弁と捉えるのではなく、日本社会を支える将来の高度人材と見据える意識に変化してきた。大学院を卒業して起業した韓国人のKさんとLさんの二人に、なぜ新宿で起業したのかと問うと「ホスト社会からの眼差しに温かいものを感じて、自分の可能性をこの新宿で試してみたかった」という同じ答えが返ってきた。

2 就学と就労を結ぶ日本語学校

(1) 留学生のアルバイト先の多国籍な情景

留学生のアルバイトは収入を得るだけでなく、多文化共生能力を伸ばしキャリア形成に寄与している。新宿区のトンガ人登録数は一名に過ぎないが、実際は週末に全国のトンガ人とポリネシア系留学生が集まっており、賑やかに歌や踊りで盛り上げていた。

「とんかつ屋でアルバイトをしています。閉店時に、店長は残ったトンカツをパックに入れてくれるのです。アパートでは、トンガの留学生の仲間が、僕のトンカツを待っています(笑)。」(トンガ王国の留学生、二〇〇〇年)

「僕の日本語力は、日本語学校とアルバイトの相乗効果のお陰です。日本語では、恥をかきながら接客の仕事を通して、生きた表現力を獲得できた。大学で授業を受け、週末にアルバイトをして日本社会を学びとっています。新宿は僕にとってのユニバーシティそのものなのです。コンビニでは、賞味期限が切れたお弁当を無料でくれる。こんな美味しいものをただでくれるなんて、モンゴルでは考えられない。」(内モンゴル自治区からの留学生、二〇〇〇年)

「働く」能力と意欲を感じさせるこれらの留学生も、来日当初は、アパートの契約をしてもらえず途方に暮れた経験をもっている。しかし、アルバイトで日本語能力や日本社会を体験し複眼的視野を広げ、周囲と信頼関係を構築しながら自分自身のキャリア形成を確認している。一五年も経つと留学生は新たな仕事に挑戦し、母国を支えている。

いまやエスニック・ビジネスの起業は日常茶飯となり、飲食店、ビデオレンタル店、美容室、新聞社、銀行、宗教関連施設、内装工事店、中古リサイクル店、民族図書館、学習塾など定住外国人へのニーズに合わせて広がりがある。着目したのは、その一軒一軒に、多国籍の人びとが一緒に働いていることだ。ベトナム料理店ではインドネシア人やタイ人が働き、インド料理店にはネパール人が多い。中国人が経営する美容室にマレーシアやフィリピンの従業員がいる。看板の国籍と従業員の国籍は関係がない。留学生は大学では出身国人同士で固まっていることが多いが、こうしたアルバイト先の環境が多文化共生能力を伸ばし、ネットワークを構築していく。

二〇一二年時点では、新宿区には、約五〇校の日本語学校[5]が存在し、就学生は新宿区だけで四一四八人である。日本語学校は、多国籍な受講生のニーズに対応し、充実したカリキュラムをもつようになった。アルバイトだけでなく近所の特別養護老人ホームでボランティアとして高齢者との交流をもつなど、地域での活動範囲は広がっている。

とりわけ独立行政法人日本学生支援機構（ＪＡＳＳＯ）の運営する東京日本語教育センター（元国際学友会日本語学校）は古い歴史をもっている。同センターは、一九三五（昭和一〇）年に外務省の外郭団体として、中国をはじめ東アジア各国の留学生を受け入れつつ、日本語教育と宿舎などを提供することを目的として創設された。一九四四年、北新宿三丁目の地に柏木寮が開寮し、一九五一年から日本語教育を再開、二年後には本部も北新宿に移転した。一九五四年以降は私費留学生を中心に受け入れていたが、各国政府派遣技術研修生やインドネシア賠償留学生の対応も行った。一九八二年からは国費留学生も受け入れるようになり、二〇〇四年に現在の名前に改称した。二〇一一年の利用者数はこれまで最多の一四七人となった（中国、韓国、台湾、ベトナム、マレーシアの順)[6]。

ネット環境がなく情報を入手できなかった一九八〇年代の留学生は、日本語学校の費用を計算に入れることなく来日して借金の苦労を重ねた例がある[7]。JASSOのポータルサイトは多言語で世界中に情報発信をしており、就職先の情報源にもなっている。

かつては学生寮も用意しないままに、中国やアジア各国からの就学生獲得に奔走し、民間アパートやマンションを数戸借り上げて一部屋に数人住まわせるという有様であったが、その頃と比較して今日の日本語学校の経営理念と受入体制は、大きく変化している。大久保地区周辺には一三校の日本語教育施設があり、国際学友会以外は、いずれも一九八五年以降に開校した学校である。神楽坂周辺や河田町の家賃が月二〇万円の高級マンションには韓国人が多く、ローンを組みマンションを購入する人など、日本人の中流家庭と同じような生活を送る外国人も増加している。

(2) 情報の共有とグローバル化

新宿の日本語学校を卒業し多国籍企業に勤務しているフランス人のSさんは、三〇か国以上の国を転々として二〇〇六年に初来日した。二〇〇八年から新宿日本語学校に入学。日本語を学んだ思い出を語ってくれた。現在フランスでは、日本に関心のある人たちの間で「シンジュク」の優れた日本語学校や大学の諸情報を、相互に交換しあっているという。

「初めて日本に来たときに、僕はここに住むと決めたのです。フランスで家財をすべて売って二〇〇八年、新宿日本語学校に入学しました。半年で日本語のレポートが書けるようになった。高田馬場のアパートを借り、日本文化の良さに感動しました。日本人と一緒に過ごすことが、僕の性格と合っているのです。日本が好きで、仕事を見つけました。三・一一の震災後、石巻市と南三陸町で、フランス軍隊とともに行方不明者の捜索と炊き出しを行いました。また、ドイツ人と協力して身分証明書用の写真撮影機を無料で設置しています。ボランティア活動によって日本に生きる自信がつきました。多くのフランス人は、震災後、帰国したのですが、僕は日本に残ることを決意したのです。日本人は家族と仕事を大切にする文化をもっているので、ボランティアに出ていかれないという、その気持ちはよく分かります。大好きな日本のために役に立ちたいという想いだけです。」（筆者のインタビュー、二〇一一年八月）

このようにインターネットを通じてフランスで詳細な情報を入手し、就学と就労、そして地域貢献が連結している。母国で家財のすべてを売り払い、新宿に住むことを決めたという。そして東日本大震災後、被災地でボランティア活動を続けるSさんと話していると、地球がいかに狭くなり、日本でも多様性に満ちた国づくりが夢ではないと勇気づけられる思いがする。

3　専門学校の情報発信

専門学校は、世界に通用する職人を誕生させている。特に職安通りと大久保通り周辺には多様な専門学校が多く、キャリア形成に直結し、人生を拓いていく。ビジネス関連から鍼灸、華道、編み物、製菓学校、調理・栄養や予備校、デザイン・製図学校、その他資格取得のための学校など、さまざまな学校がある。

（1）留学生が集う日本電子専門学校

なかでも日本電子専門学校は歴史があり、いまや校舎を一九号館まで有している。同校は、一九五一（昭和二六）年に日本ラジオ技術学校として、職安通りに面した線路脇に創立された。一九五三年に日本高等テレビ技術学校と改称し、さらに一九六一年には日本電子専門学校という名称になった。木造アパート、簡易宿泊所、ラブホテルが、専門学校の別館校舎に次々と建て替えられた。稲葉（二〇〇六）によれば、大久保地区は細街路が多いため、大きな敷地を確保することが難しく、校舎の拡大に際しては市街地のなかに次々と小さな別館を増やしていかざるをえないという。その結果、大久保地区のように、戸建て住宅やアパート・マンション、専門学校、ホテルが混在する市街地を形成するに至った。

アジアからの留学生は、先進的なＩＴ技術や科学技術の習得を目的に来日する人が多い。コンピューターやメディア関係の教育を中心とする日本電子専門学校には、定員約二〇〇〇人に対して常に約四〇〇〇人の留学生が在籍している。二〇一一年になると、専門学校を卒業後に帰国していた「専門士」に、日本で就労できる可能性ができた。[8] 制度ができても企業が受け入れるかという問題は残るが、朗報である。二〇一一年七月の改正で在留資格の「技術」「人文知識・国際業務」などにかかわる上陸許可基準中の学歴などを求める要件を改正し、「専門士」であれば同要件を満たすこととなった。以上のように出入国管理法の細やかな改正を敏感に感じ取り、一早く地域の様相が変容するのが、新宿の特殊性でもある。新宿は先端都市機能をもっており、国の出入国管理の対応結果が顕著に表れる。

（2）手に職をもつ「東京すしアカデミー」の独創性

日本政府観光局（ＪＮＴＯ）が外国人旅行客にアンケートを行ったところ、日本に最も期待していることが美味しい「日本の食事」であった。世界都市には、必ず日本料理店があり、その数は二万とも三万ともいわれ、とりわけ高い支持を得たのが「寿司」である。

そこで二〇〇二年、日本で唯一の外国人のための寿司職人養成所が、新宿に開設された。「東京すしアカデミー」は、日本人を対象に開業したが、海外の寿司屋や和食レストランで働きたいとのことで二〇〇三年から外国人受講生を受け入れた。多言語で教えるコースがあり、「江戸前寿司ディプロマコース」（八週間）、「寿司シェフコース」などによって一〇〇名以上の外国人寿司職人が誕生した。受講生にはフランスはじめヨーロッパ人が多く、台湾、ルーマニア、中国、ニュージーランドからも来日し、男女比率は半々である。新宿の専門学校は実に多国籍な需要を満たして発展した。寿司は、回転寿司により大衆化し、メニューの多様化とヘルシー食として海外進出を果たした。外食産業が不調な中で、寿司業界は、世界進出する期待の業種である。(9)

アボカドとマヨネーズのカルフォルニア巻き、照焼ロール、ベトナム風春巻寿司、シジミ汁、海鮮汁、アサリ汁、マグロ、カツオ、イワシ、サバ、タコなど、韓国・中国、欧米のビジネスマンや留学生が、レーンを囲んで日本語のアクセントが微妙に違う発音で注文するエスノスケープは「ともに食す」憩いの空間でもある。

4　留学生を支援する世話好きの地域住民

大久保地区では、一九八〇年代、就学生の増加に伴って外国籍の人の数が急増し、新宿地域では何かと留学生の世話をする住民が増えた。朝の公園でのラジオ体操の集いでは、家庭内で不要になった電気製品などを留学生にリサイクルする姿が見られた。歌舞伎町の粗大ゴミ置き場には、椅子やソファーなど立派な家財が置いてあり、

「歌舞伎町の粗大ゴミで暮らす」というエッセイを書いた留学生もいた。長い留学生活で活用したリサイクルの家具には愛着があり、彼らは帰国時に母国に持ち帰り、家宝となっている。中古車は、海を渡ると廃車処理が問題だが、家具は代々引き継ぐことができる。歌舞伎町から出た粗大ゴミは、リサイクル家具となり、アジア太平洋地域で「家宝」として次世代に引き継がれている。

一九九〇年代、筆者は歌舞伎町で働く博士課程の留学生と交流してきた。彼らのオーラル・ヒストリーは記憶に鮮明に残っている。

まず、某美術大学の修士課程の大学院生Nさん（バングラデシュ出身）は、映画館の看板を描くアルバイトをしていたが、日本語学校の学費の借金が返金できず、超過滞在になった。敬虔なイスラム教徒でもあるNさんは、うつ病になり油絵を廉価で売って精神的にも疲弊し、失意の中で帰途についた。またナイジェリア留学生Dさんも病気になり、救急車に付き添ったことがあった。彼らを取り巻くトラブルは、多々あった。歌舞伎町で皿洗いをしていたスリランカの留学生Mさんは、皿の欠片で指を切ってしまって出血で困っていた。厨房の周囲は、怪我よりも皿の汚れを心配していたという。これらの留学生には、小中学校・大学における「国際理解教育」の講師となってもらった。

親しくなると、心身ともに疲弊している生活の原因を語ってくれた。「タイ人です」というと「今晩いくら？」と聞かれる。法廷通訳をしていたタイの女性留学生も、アドラー理論の「崩壊の位相」にあった。母国では、弁護士資格をもっているが、こうした周囲のセクハラ言動に神経性の病気になり、頭髪が抜けおちてしまった。

韓国からの留学生は、執筆中の博士論文に対して担当教官の理解が得られず、山手線のドアに寄りかかって、涙が止まらなくなり、泣きながら山手線を一周した経験があるという。

彼ら・彼女らは、学位取得の困難、日本人男性のセクハラ、奨学金を獲得できないことなどの苦渋を重層的に経験している。彼らを支えたのは、地域住民の優しい配慮だという。

一九九〇年代から三〇年の歳月が流れ、バングラデシュの画家は、家族を形成しダッカ大学准教授になり、その油絵はダッカ国立美術館に所蔵されている。スリランカ人は民主化を進める新聞社の編集長となり、他の博士課程の留学生も各地で幸せに暮らしている。「シンジュク」は人生の青年期を過ごした第二の故郷と振り返る。

こうした一九八〇~九〇年代にかけての留学生の苦労は、①留学に関する情報不足、②学位の取得の困難とアルバイトの時間的制約、③大学の組織運営の不明瞭と担当教員との人間関係や信頼関係、④孤独とホームシック、⑤アパートの入居差別の五つに集約できる。

現在、大学の情報発信が豊富になった。二〇一一年時点、新宿区には四八校の日本語学校と二一の大学・大学院がある。専門学校数は都内でも圧倒的に多い。そして「働く」経験が彼らの不安を取り除き、自律の位相に到達し、その後「独立の位相」に達している。留学中に、結婚・出産する留学生も多く、卒業後、数年間は、新宿を拠点に就職したいと希望する留学生が多い。二〇一三年時点、全国の博士号を取得した留学生は三〇四九人である。日本の大学で教鞭をとり、日本語で学術書を出版した者も少なくない。新宿区に拠点をおく大学・大学院は二一校に上る[10]。新宿区の大学の数は文京区よりも多く、早稲田大学の留学生受け入れ戦略[11]は、古くから新宿に影響を与えてきたと思われる。

早稲田の留学生数は、二〇〇七年の時点で日本一となる二四三五人であった。そして創立一二五周年となるこの年、同大学は留学生受け入れ八〇〇〇人という目標を掲げた。

「目的は留学生がともに学ぶことによって、大学の研究と教育水準を高めることです。中国ほかアジア各地から優秀な学生を獲得し、英語で授業を展開する。留学生が入れる学生寮は一三棟（五四六人収容）、交換留学生寮が五棟あります。留学生の受け入れと、日本人学生の海外への派遣をそれぞれ八〇〇〇人に増やすのです。」（早稲田大学の関係者、二〇一一年）

5　留学生の就職支援

留学生支援を日本人学生がしている事例としてＮＰＯ法人ＷＩＳＳ（Waseda International Student Support Center：早稲田留学生人材サポートセンター）がある。留学生の就職支援を目的に二〇〇一年アジア太平洋研究科の中国、台湾、日本の学生三人で運営を開始し、留学生の就職支援、企業との交流機会の設定、留学生への情報提供のほか、セミナーを開催している。[12] 留学生の孤独感を和らげるとともに、留学生の活躍の場を増やすことで、社会的・経済的発展につながり、そうしたキャリア形成は参加者の自己実現を促す。一方で、就職機会に恵まれず、フリーターとなる留学生も多い。

図5-1は、留学生からの就職目的の申請数および許可件数の推移である。業種別（表5-2）では、商業・貿易の分野で二四・九％の留学生が許可されている。一九九〇年代は理系の留学生に企業からの求人が集中し、文化系の留学生が落胆することが多かった。ＷＩＳＳは、大学で身に付けた知識や経験を活かし、国際社会で活躍できるよう就職を支援し、社会的、国際的、経済的発展の貢献につなげるようとしている。将来的には、他大学および海外の留学生の就職活動と連携し、大学各課との連帯、学生ボランティアの募集、企業との交流会を計画している。[13] 留学生調査[14]の結果から、最後に就職先企業などの所在地を見ると、東京 五三・四％、大阪九・一％、

図 5-1　留学目的からの就職目的への変更申請数および許可数の推移

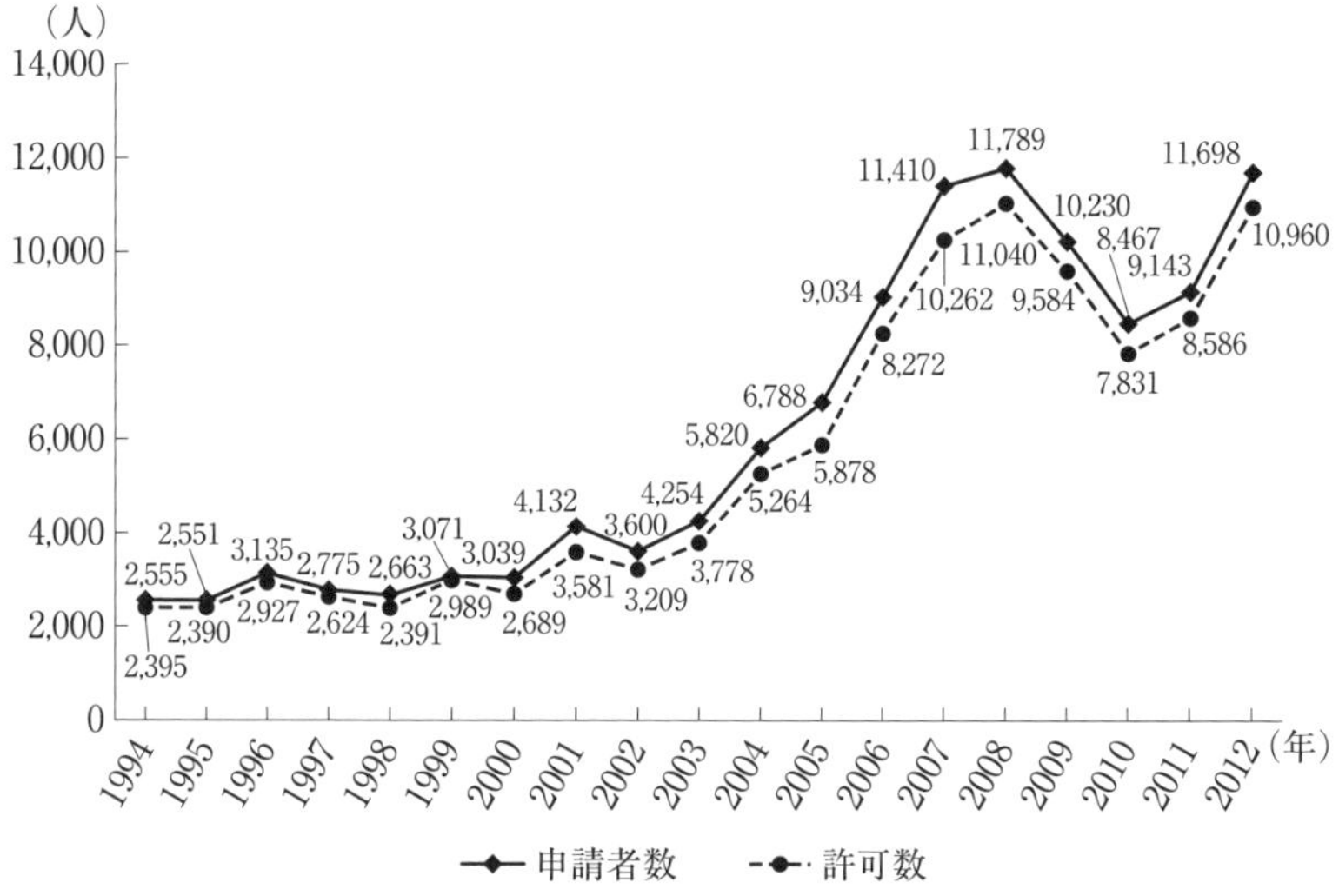

出典：法務省「留学生の日本企業等への就職状況について」各年版より筆者作成。

愛知六・一%、神奈川五・二%、埼玉三・一%となっており、これら上位五つの都県だけで四分の三を占めている。

留学生は、日本のさまざまな地域の大学に在籍しているが、就職先は大都市に集中する傾向が強い[15]。特に首都圏への集中が顕著であり、留学生自身が大都市での就職を志向していることが原因であろう。留学生との接触機会が比較的少ない地方都市では、留学生の採用に対して消極的であることも大都市集中の原因の一つだと思われる。

国際社会では人材獲得競争が始まっている。日本の経済の活性化をもたらす人材の卵として留学生の受け入れを推進してきた。

日本は、少子高齢化と経済のグローバル化が進行し、いかにして高度人材を世界から集めるかという方針に転換した。日本企業が競争力をつけるには、外国人留学生の能力の活用が重要であり、結果として外国人留学生の就職率は変化した[16]。また、就職活動のために与えられた一八〇日間のビザ延長が、二〇〇九年から一

表 5-2　日本全国の業種別許可人員の推移

（人）

業種＼年	2007	2008	2009	2010	2011	2012	構成比
機械	550	549	427	215	301	449	4.1%
電機	467	474	419	297	375	470	4.3%
食品	303	324	380	291	298	359	3.3%
運送機器（自動車等）	294	308	256	100	135	210	1.9%
繊維・衣料	204	222	186	130	116	151	1.4%
化学	157	158	130	100	157	170	1.5%
金属・鉄鋼	72	72	53	31	38	42	0.4%
その他製造業	971	864	637	574	693	853	7.8%
製造業小計	3,018	2,971	2,488	1,738	2,113	2,704	24.7%
商業・貿易	2,145	2,379	2,248	2,091	2,288	2,728	24.9%
コンピュータ関連	1,510	1,659	1,252	651	757	903	8.2%
教育	655	700	705	802	703	933	8.5%
飲食業	109	207	308	324	454	622	5.7%
土木・建設	238	251	255	173	170	210	1.9%
ホテル・旅館	170	221	248	178	200	211	1.9%
金融保険	292	377	223	107	129	139	1.3%
運輸	226	266	188	154	171	197	1.8%
旅行業	280	260	183	201	188	223	2.0%
医療	7	38	52	83	71	63	0.6%
その他	1,612	1,711	1,434	1,329	1,342	2,036	18.6%
非製造業小計	7,244	8,069	7,096	6,093	6,473	8,265	75.3%
合計	10,262	11,040	9,584	7,831	8,586	10,969	100.0%

出典：法務省入国管理局（2013）「平成 24 年における留学生の日本企業等への就職状況について」p.9。

年間に延長されている。

新宿区の公共職業安定所、東京外国人雇用サービスセンターでは、通訳が常時配置され、留学生が卒業後、在留資格を変更し許可を受けて就労できるように手続きを行っている。在留資格変更許可においては留学生が専攻した学科、身に付けた知識・能力と、就職後の職務に一貫性があるかどうか、就職の動機、就職を希望する理由などを審査の対象としている。日本国内で働く人には、国籍や性別を問わず、また入国管理法上合法か違法かを問わず、原則として日本の労働基準法、最低賃金法、労働安全衛生法、労働者災害補償保険法が適用される。トラブルを避けるために労働契約は、書面で行うことが義務づけられている。健康保険や厚生年金保険など社会保険の適応するところで働く労働者は国籍にかかわらず、すべて加入が義務づけられている。外国人登録をしている人は国民健康保険や国民年金の対象となる。これらは区役所で加入手続きをすることになる。

新宿区の二〇一一年一月一日での外国人登録者数は、三万五八〇五人であった。新宿区には、三万四〇〇〇の事業所が存在し、従業員数は五〇万人を超えており、港区、千代田区、中央区に次いで四番目に多い（五四万四九〇〇人「平成一六年事業所・企業統計調査」）。オールドカマーの起業（レストラン、旅館業、マッサージ店、食材店、美容院）に加えて、ニューカマーの起業の形態も多様化している。「留学」の在留資格で来日し、学業を修了した後に就職、後に起業する。「投資・経営」などを目的として来日するタイプなど就労形態はさまざまである。そうした過程において、結婚・妊娠・出産・帰化を経験するケースも多い。キャリア形成が、家族の形成を後押ししている。

二〇二〇年オリンピック・パラリンピック東京大会の開催が決定し、第六次出入国管理政策懇談会では、外国人入国者の増加に合わせて観光立国実現に向けた施策に積極的に取り組むこと、経済活性化に資する外国人の受け入れを進めるために専門的・技術的分野の外国人の受け入れをさらに推進することを提案する報告書（二〇一四年一二月）を提出している。留学生受け入れの推進と就職支援に資する政策の展開が必要であるとしている。共生社会実現に向けた取り組みも合わせて推進していく必要があるとも指摘している。

表 5-3　新宿区のミャンマー人数

年度	1980年	1985年	1990年	1995年	2000年	2005年	2011年	2015年
人口	11	11	85	636	707	831	1,236	1,433
構成比	0.2%	0.1%	0.5%	3.4%	3.2%	2.9%	3.6%	3.8%

出典：新宿区『新宿区の統計』より筆者作成。

6　難民理解への道

ミャンマー人の登録数（新宿区）は、表5-3にあるように一九八〇年代前半は一一人であった。一九八八年のミャンマーでの民主化運動デモ事件を契機に一九九五年になると六三六人に増加し、二〇一一年には一二三六人と飛躍的に増えた。[17]

一九八八年に軍事政権が樹立されると、民主化活動をしていた大勢のミャンマー人が海外に逃れた。日本を避難所として選択した者もいた。ミャンマーにはビルマ、カチン、チン、カレン、シャン族など多くの民族がいるが、特に軍事政権下で迫害を受けたさまざまな少数民族の人々が日本に逃れた。一九九〇年代中頃には西武新宿線の中井駅周辺にミャンマー人向けの寺院と食材店や飲食店があったことから、この界隈には多くのミャンマー人が住んでいた。当時下落合に居住していた筆者は、中井周辺のミャンマーの食材店にもよく立ち寄り、大使館用の公用車を見かけることが多かった。こうした人びとは、新宿区、豊島区、大田区、中野区、東京近郊などに居住している。

難民条約に定義されている難民（条約難民）とは、人種・国籍・宗教・政治的意見・特定の社会集団への帰属を理由に、迫害のおそれがあり、自国で保護を受けられず、国外に逃れた者をいう。二〇〇六年以降、特に二〇〇八年から二〇〇九年にかけて大幅に増加したが、これは、二〇〇五年五月に改正入国管理法が施行され、難民の地位安定に向けた制度改正が行われたことが影響している。[18]

特にビルマ料理店の賑わう高田馬場駅周辺から、戸塚地区、新大久保駅付近でミャンマ

表5-4　国籍別難民認定申請者数の推移

（人）

	2012		2013		2014	
1	トルコ	423	トルコ	658	ネパール	1,293
2	ミャンマー	368	ネパール	544	トルコ	845
3	ネパール	320	ミャンマー	380	スリランカ	485
4	パキスタン	298	スリランカ	345	ミャンマー	434
5	スリランカ	255	パキスタン	241	ベトナム	294
6	バングラデシュ	169	バングラデシュ	190	バングラデシュ	284
7	インド	125	インド	165	インド	225
8	ナイジェリア	118	ガーナ	114	パキスタン	212
9	ガーナ	104	カメルーン	99	タイ	136
10	カメルーン	58	ナイジェリア	68	ナイジェリア	86
11	イラン	46	フィリピン	59	フィリピン	82
12	中国	32	イラン	51	ガーナ	70
13	シリア	26	中国	34	カメルーン	70
14	ウガンダ	24	ウガンダ	31	イラン	68
15	エチオピア	21	ベトナム	30	中国	55
−	その他	158	その他	251	その他	361
総数		2,545		3,260		5,000

出典：法務省入管局資料、2015年3月11日。

ー人による集住地域の形成が見られる。高田馬場駅周辺には、ビルマ料理店だけでなく、食材・雑貨店など約二〇店あり約五〇〇人が暮らしている。新宿区全体では一四三三人のビルマ人が住んでおり、毎週集会を開いているグループもある。難民認定を受けた場合、付与される資格は「定住者」である。新宿区で最も人口の伸びが大きいのは「特定活動」だが、これも、難民として来日したミャンマー人だと考えられる。というのも、二〇〇五年の入管法改正以降、難民認定されない場合でも「人道的配慮による在留特別許可」として、「特定活動」が付与されるようになったからである。さらに、一定の要件を満たせば、「特定活動」から「定住者」への資格変更もできる。法務省によると、二〇一〇年の難民認定数と人道配慮数を合わせた数四〇二人のうち、九割に当たる三六人がミャンマー人であった。[19]

表5-4は、二〇一二～二〇一四年の日本に

おける国籍別の難民認定申請者数を表している。難民認定には煩雑な手続きに加えて、客観的な証拠となる出身国情報を自ら提出しなくてはならず、物的証拠がない場合が多い。本国から迫害を受ける恐れのある難民は、本国政府が発行する査証を取得できるケースはむしろ少数派である。偽造旅券を作成したり、貨物船・漁船などに潜入して逃げてきたりすることもある。

難民認定申請中は、生活保護受給・国民健康保険加入などへの権利もなく、国連難民高等弁務官事務所（UNHCR）も懸念を表明している。多くの難民は、自分だけが逃げてきたことで家族が離散し、本国の家族がさらに辛い目に遭っているのではないだろうかといった罪悪感をもっている者もいる。筆者が一九九〇年代に面談したミャンマー人留学生は、うつ病状態で、学業に支障をきたしていた。別のミャンマー人の父親は、日本で生存しているが、本国では新聞に死亡届を出して、死亡したことになっている。

このように心理的リスクが高く、トラウマ（PTSD）などに苦しむミャンマー人留学生もおり、中には自宅にこもりきりになり、怯えて日々送っている者もいる。筆者は、認定NPO法人難民支援協会（新宿区四ツ谷、以下JAR）を通じて難民の実態に触れる機会が増えた。JARでは毎月「難民を学ぶ夕べ（Refugee Talk）」というセミナーを開催し、庇護申請者をいかにして保護し、支援しているかを伝えている。病気、妊娠、ホームレス状態、空腹、保護費の申請など、医・食・住に関する支援の実態を学ぶことができる。ガイドブックも配布し、難民の自立支援に役立っている（図5-2）。筆者はこうしたNPOの蓄積に感銘を受けると同時に、情報の共有に力を注いできた。また、「難民アシスタント養成講座」も開催し好評である。地域社会では難民が住んでいることが周知されていない。

また、大学のカリキュラムに難民問題を扱う授業が少なく、理解度が極めて低いことに気づかされた。大東文化大学の国際関係学部では、小泉康一教授が長年「難民研究」と題した授業を展開し、多くの学生たちが受講し

図 5-2　日本で暮らす難民たちのためのサバイバル・ハンドブック

提供：認定 NPO 法人難民支援協会。

ている。筆者も「移民政策」「多文化社会論」の授業で、難民理解の講義を展開している。難民のオーラル・ヒストリーは、学生に「難民とは何か」「国籍とは何か」を鋭く問うことになった。そして学生は自分自身のキャリア形成をも再考することになった。

公益財団法人アジア福祉教育財団難民事業本部（ＲＨＱ）は、教材や出前講義をして学生たちの理解を深めている。

国連ＵＮＨＣＲ協会は、毎年、難民理解のための映画を無料で公開している。徐々にではあるが、日本人にとって難民が身近な存在となる時代を迎えている。

なお、小泉（二〇一四）によれば、二〇〇五年以降、認定者数は四〇人前後で推移するが、二〇〇七年に入りビルマ出身者への難民認定と「人道配慮による庇護」の人数が急増する。さらに二〇〇八年からは人道配慮による許可で「在留特別許可」の人数が激増する。ビルマ難民への入管の対応は、ヤンゴンでの二〇〇七年の民主化デモの際、日本人ジャーナリストが死亡したときから変化したと収容者救援に従事したボランティアは語る。ビルマ人への規制は緩やかになり、難民認定がすぐに出ないケースでも審査過程で主張すれば人道配慮の許可が出た(アジア友好の家)という。

日本では、ミャンマー人、中国人の認定率が高く、中国人は法輪功の人々に庇護が与えられている。難民認定数の伸び悩みに比べ、人道配慮での許可数の突出が特徴である。アフリカ人の認定率は低く、エチオピアやエリトリアなど一部の人が認定される程度である。[20]

7 難民のオーラル・ヒストリー

筆者は、二〇〇八年から新宿区戸塚地区を中心に、ビルマ難民と交流し、インタビューを重ねてきた。三・一一直後も連絡をとり合い安否を確かめあった。新宿には、一九九〇年代から難民がともに暮らしている。地域に暮らす難民のオーラル・ヒストリーの聴取は、多文化社会を考える上で示唆的であった。ビルマ難民であるK(四九歳、男性)さんのライフ・ヒストリーから、日本における難民の立場と新宿という地域特性を考察する(日付を付したもの以外は、二〇一〇年七月にインタビューを行った)。

「ビルマは約一〇〇年間、イギリス支配のもとにあったのですが、一九四二年から四五年までの三年間、日本軍の支配を受けました。第二次世界大戦が日本の敗戦で終わり、一九四八年に独立したのです。二六年間社会主義となりました。国民が自由になるために一九八八年九月一八日に軍がクーデターを起こしました。私は首都ヤンゴンに生まれ、小学校五年、中学校四年、高校二年というイギリス系の教育制度による高校を卒業後、ヤンゴン経済大学に入学したのです。一九八四年大学を卒業し、公務員となりました。アウン・サン・スー・チー氏が来日したころ、民主化運動の動きが始まり、私も民主化運動に加わりました。一九九〇年の総選挙のころは公務員でした。彼女は二〇年間のうち一五年間も自宅軟禁されたのです。一九九一年にはノーベル平和賞を受賞し、『ビルマからの手紙』が毎日新聞に掲載されました。反政府運動をしていると危ないと母から警告されました。イギリスに渡るビルマ人もいるのですが、子どもたちは成長すると英語しか話せなくて帰国することが困難になっています。ビルマの民主化はそんなに早く成就できないわけですから、私はまず、タイに出国しました。バンコク日本大使館でビザを申請し、幸運にも取得できたのです。」

〈崩壊の位相：政治的迫害を逃れて　難民認定を受けるまでの生活〉

「一九九一年五月九日、バンコクから成田空港に着きました。観光ビザで、手持ち金はたったの六五ドル。そのお金でバス代を払い、成田から新宿駅に向かいました。京王デパート前でビルマの友人が待っていました。最初、新宿区中井の友人の家に住みました。ひと言の日本語もできず、地図も分からなく、いつも道に迷いました。やがて仕事が与えられるようになったことが、どんなに幸運だったことか。建築現場で掃除などから始め、日本語も習得しました。」

「最初はすぐに帰国するつもりでしたが、来日して二か月後に父親と電話で、日本の経済力はどこから生まれるのかを学んで、将来ビルマで活かしてほしいと言われました。その後、首都圏の電気工事の仕事を三〜四年しました。電気工事では、次第に専門職になりました。最初、建築会社の社長さんが親切な人で寄宿させてくれました。国民健康保険がなく、病気にはならないと決めました。それから借りる部屋を探すのが一番の苦労です。家賃が払えても、日本人の保証人がないと部屋を貸してもらえないのが大きな問題でした。

世話をしてくれたのはMさんです。Mさんと出会い、ようやく新大久保の小さいアパートの一室にビルマ人一四名と住んだのです。お金の世話をしてくれたのは、ミャンマー料理店を経営するIさんです。多くの人が、僕を助けてくれました。」

〈庇護申請〉

「一九九七年日本政府に難民申請書を出しました。入管のインタビューでは、『難民ではないでしょ！　出稼ぎに来たのでしょ！』と難民ではないことを認めさせるような質問が続きました。そのときは『迫害』という言葉の意味が分からなかったため、退去命令や収容所に送られるような恐怖がいつも付き纏いました。預金通帳や明細書など書類をすべて見せるように指示され、預金残高を見て『やっぱり、出稼ぎ目当てでしょう！』と言われました。証拠の文書などがあったのが幸いして、翌年一〇月に難民認定が下りたのです。難民認定が一八か月で降りたのはビルマ人では最短期間だったそうです。僕は幸運でした。」

〈難民認定されてから〉

「難民と認定されてからの生活がさらに大変でした。不安定な生活が続き、タイやインド経由で母国の情報を得ています。現在、ビルマ語の月刊誌を発行し、民主化運動を続け、ロビー活動もしています。日本語は、靖国通りの本屋の立ち読みで勉強しました。後にビルマ人の妻を呼び寄せました。」

〈独立の位相、起業とキャリア形成〉

「現在、夫婦で高田馬場にビルマ料理店を経営しています。二人のビルマ人の料理人を雇用しています。お店は、今では在日ビルマ人の拠点となっています。中板橋にはビルマのお寺をつくりました。在日ビルマ人より寄付を集めて四階建てのお寺をつくりました。高田馬場、大塚、中野にもビルマ人が住んでいます。現在、在日ビルマ人は一万二〇〇〇人くらいです。在日ビルマ人にとって、日本での仕事はつらく、寂しいことが多いですが、帰国しようとするのは、少数派です。大事なことは、難民の地位の向上です。それぞれの能力に見合うよう地位が向上し収入も高くなれば、税金も高額を納めることができますし、日本政府からの援助金もいらなくなるのです。[21] 日本社会のためにもなります。」

〈事実上の無国籍者としての現在〉

「僕には、国籍がない。無国籍者[22]なので、どこの国の投票権もなく、政治に参加ができない状況です。在日ビルマ人は一万人を超えて、東京を中心にちらばり、違う民族の場合も多いのですが、相互に仲がいいのです。ミャンマー大使館の前では、よくデモが行われているのが実態です。私は、再入国許可証、難民旅行証明書の両方をもっています。」

〈二〇一〇年に始まった第三国定住難民に関して〉

「第三国定住難民は、内戦を逃れて、子どものときからタイの難民キャンプにいたのですから、教育を受ける機会に恵まれず、カレン語しかしゃべれないし、働く感覚がないと考えられます。『働く』ということの意味が分からないと思うのです。実際、日本に定住することは、並大抵のことではありません。日本語もすぐに習得できるわけではなく、現実に働けないので、僕にできることがあれば何でも協力したい。」

「難民が発生する根源的な問題を解決しない限り、難民問題は解決しないと思います。そうしなければ、越境する人びとの将来はありません。強制送還、収容などに怯えて暮らす日々を理解してほしいです。地球は広いですが、たった一人の難民が住めるところはありません。」

〈ライフサイクルの視座〉

「現在、ビルマ語の月刊誌『エラワンジャーナル』の編集長と翻訳業、レストランの経営者、NHKラジオ国際放送のアナウンサーをしています。仕事ができるようになったことは、本当に夢のようです。来日したころの僕と今の僕とでは、全く別人です。多くの人と仕事ができるようになったのは、当初、何者かも分からない怪しい僕を雇ってくれた恩人のお陰です。また、難民申請のとき、相談に乗ってくれたボランティアの『お母さん』(23)のお陰です。」

〈三・一一被災者への支援〉

「地震後一か月、陸前高田市矢作町の下矢作コミュニティーセンターに行きました。チャタアルヒンという鶏肉、ニンジン、ダイコン、ジャガイモを入れたスープカレーやチョウヒンというゆで卵のトマト炒め、小さなケーキもつくったのです。手間暇かけて六品目を用意し、大きな鍋に三〇〇食分を用意して避難者に振る舞ったのです。スープカレーのチャタアルヒンは大人気で、大勢の被災者の行列ができ、お代わりもしてくれました。ミャンマー料理はタマネギ、ニンジン、ショウガを使うでしょ。日本人も好む味なのです。ビルマ料理を食べて、元気を出してほしいと思ったのです。避難所生活を続ける人びとは本場のカレー味にびっくりしていました。鶏肉が軟らかくておいしかったと満足顔だった。ミャンマー料理を食べることができるなんて思わなかったと喜んでくださった。嬉しかった。岩手県陸前高田に行って瓦礫の撤去なども手伝い、被災者に喜んでもらえて感動しました。日本に来て、苦労しましたが、乗り越えて本当によかった。生きていてよかったと実感できます。難民たちは新宿に集結して被災地支援にまた行きます。」（二〇一一年四月一一日）

Kさんの人生の「自律の位相」では、困難を克服し「働く」経験から、日本社会で生き抜くサバイバル能力を獲得している。自律の段階に到達すれば、アドラーの異文化適用モデルにおける第五段階の「独立の位相」も夢ではない。家庭と職場を創造し、心豊かな自己実現を達成している。日本社会で「独立の位相」が得られた人は、洗練された対話的能動性と多文化共生能力を身につけ、培っている。被災地訪問に協力したＮＰＯ法人ＡＰＦＳ（Asian People's Friendship Society）の加藤丈太郎代表理事は「今回は一五人の訪問となったが、参加希望者が五〇人もいる。料理のほかにも清掃活動などで協力したい」と支援の継続を語った。在日ビルマ人有志一五人は震災後九日目からミャンマー料理の炊き出しを行った。避難者は独特の香りがする異国の味に驚きながらも、元気づけられたという。Kさんは、震災によって居場所を失った人びと（displaced persons）が、約三〇万人といわれ、月日が経過するにつれ、自殺者が増加していることを心配する。日本人を心配することは新しい経験だった。

「ビルマ難民は、陸前高田市の被災地に出かけました。重労働の被災地支援によって、二〇年間の苦労が、少し整理できるような気がします。ほんのちょっとだけ、ぼくらも『市民』だという気分を味わうことができました。」（二〇一一年四月一一日）

Kさんの口からはじめて「市民」という力強い言葉がこぼれた瞬間だった。無国籍状態にある難民でも「市民」になれると訴えようとしている。「働く」という接触領域が、「学ぶ」「住まう」「ケアする」と重層化し、逞しく生きる難民のオーラル・ヒストリーが、多文化都市の未来を予見している。エリクソン（一九七三）の言う「ケアの経験を重ねて、人間は叡智を獲得できる」ことを実証している。

地域コミュニティにとって重要なことは、一人でも多くの人が「独立の位相」に到達していることである。Kさんのオーラル・ヒストリーから明らかになったことは、地域が彼の能力を活用して単純労働に押し込めなかったことが、彼の幅広い多文化共生能力を生かし、かつ信頼関係を培っていける人格を形成することへとつながった点である。Kさんの活躍は地域に還元されている。新宿は、文化的パワーが漲《みなぎ》り活気を失わず、地道な経済活性化の道を歩んでいる。その背景には、多文化な「求心力」「学び働く」基盤が築かれているからではないだろうか。

ほうほうの体でなんとか日本に辿りついた一人の難民が、二〇年間で支援する側に立てるような成長を遂げた。人間の隠れていた能力を社会資源として伸ばし開花させる多文化意識が地域に育っていたと言えよう。

大久保地区は、高田馬場（戸塚地区）と歌舞伎町という二つの「身分証明のいらない職場」に挟まれて、逞しく生きる移民・難民の街を形成している。難民のオーラル・ヒストリーは、平等な就労機会を提供することが都市を守っていることを明らかにしている。

二〇一一年三月一一日の東日本大震災直後、大久保地区も交通機関が止まり、多くの帰宅困難者が出た。筆者は、その晩、家族や友人一〇名ほどに電話した。その中に、四人の難民が含まれていた。ある人は「地震は本当に怖かった。僕らはほんとの難民だけど、今日は『帰宅難民』にもなりました。八時間かけて自宅に辿りつきました（笑）」と話してくれた。地震直後は、相互に無事を確かめ合うことによって安堵感を得た。そうした未曾有の経験を共有することによって相互依存性を確認することになった。

8　就労と独立の位相、そして「市民権」

序章で述べたように、心理学者アドラー（Adler, 1975: 12-23）の「カルチャーショックと適応モデル」は、学び働くライフコースとキャリア形成に深く関わっている。自律の位相では、困難を克服して越境社会でサバイバルできる能力を獲得できる。自律の段階に到達すれば、第五の段階にあたる「独立の位相」で文化の差異や共通点の評価に新たな意味づけもできるようになり、自己実現に向かうことが可能になる。現代は移住先を頻繁に変え、複数の国に拠点を置いて回路を創出する選択肢もある。つまり、第五段階の位相から、第六段階、第七段階と移住先を増やし、母国とを往復するトランスナショナルな越境の選択肢がある。

二〇一〇年からタイを追われた難民家族が、第三国定住難民として新宿・戸塚地区に到着した。第二陣も二〇一一年に新宿・戸塚地区で初期段階を経験した。子どもの故郷は、ミャンマーではなくタイの難民キャンプにある。日本で幼年期・学童期・青年期を過ごし、「学び」「働き」やがて「独立の位相」[24]に到達するキャリア形成から新たなアイデンティティを確立する可能性が見えてくるだろう。「定住」そして「永住」の展望は、「国籍」と「市民権」の獲得というテーマと無縁ではない。

一方、自力で来日し、新宿を起点に日本語を習得しながら苦労の末に起業に成功した難民たちは、よりキャリア形成と自己実現に敏感になっている。三・一一の大地震と放射能洩れ以降、即時、帰国した外国人も多いが、日本に残る決意を固めた外国人も多い。難民は、祖国の迫害を逃れて越境したのであり、祖国に帰国できなくとも、新しい別の移住先を模索している家族もいる。移動の自由を含めて難民の選択肢は広がっており、「働く」ライフステージと「市民権」と「国籍」の重要性が、対話の中から伝わってくる。成人期・老年期に及んでも周縁化され市民の自覚が得られないのであれば、日本に定住しなければならない理由はない。繰り返しになるが、すでに移動によって多くの知見を得て、就労によって多様な能力を身につけた難民は、「ケア」（世話やいつくしみ）の経験を重ねて「叡智」を獲得できる（エリクソン、一九七三）。相互の信頼関係性の蓄積こそが、サバイバル・ストラテジーを伸ばすことにつながるものなのである。

日本の難民政策は管理に重点がおかれ、彼らの就労がアイデンティティを確立し、自己実現へのキャリア形成へのプロセスであるという視点が欠落している。「学ぶ」能力を伸ばし、人間発達に欠かせない経験を得る機会を閉ざしているとも言える。特に難民申請者が仮放免となって、就労を許可されず、生活保護費によって長期に暮らしていかねばならない状況は、仮放免者に限らずホスト社会にとっても好ましいことではない。

難民の多くが、事実上の無国籍状況になっており、日本で生まれた難民の子どもたちは、日本語能力があっても就労は不利な状況におかれている。無国籍の親は、無国籍の子どもの「働く」権利を考え平等な人権実現と「市民権」を獲得できる別の移住先を模索しているのである。日本で努力しても就労の機会を平等に与えられないのであれば、日本に留まる理由は薄れていく。

もちろん、日本政府も日本語教育に投資し、高度人材獲得に力を注いできた。しかし、こうした出入国管理政策が、皮肉にも投資の効果を得にくい状況を生んでいる。一方で、新宿で長年にわたって培われてきた環境下では、無国籍者を含め、難民など庇護を求める人びとが第三国に再移動することなく、教育・ビジネスの機会が与えられ、地域に根差しつつ、社会に貢献することで社会資源となり、彼ら・彼女らが多文化社会を支えていく貴重な人材、つまり「グローバル市民」となりうることを示唆している。

日本政府は、一貫して外国人労働者に頼らない姿勢をとり、「運用」という形で資格外労働でのみ外国人労働者を認めてきた。一九九〇年の入管法の改正で「日系人」の自由な就労が可能になった。技能実習制度を導入して「集団管理」をすることで実習生を受け入れた。しかし、受け入れ体制が整わず、「労働者」獲得の政策は、失敗に終わったことを政府は認めている。(25) そこで日本政府は入管法の改正による研修制度の適正化などを通じて、事態の改善を図り、定住外国人支援という形で南米系日系人を中心にさまざまな施策を進めた。「労働力」ではなく「移民の人生」という視座があれば、経済危機に見舞われてもキャリア形成という視点から支援の方法が導き出せる。

青年期を経て成人の仲間入りをする心理社会的危機に関して、エリクソンは、「親密性」(intimacy) 対「孤独感」(isolation) を挙げている。(26) 親密性とは、自己を失う危機にさらされても自己を失わず、他者と親密な関係性をつくりあげる能力であり、留学生が恋愛や結婚に踏み込み、家族を形成し、さらにキャリア形成を目指すのは自然の成り行きといえよう。キャリア形成によって、地域コミュニティの地縁に基づく円滑な人間関係を保ち、心理的安定感を感じ、家族を形成することが可能となっている。

移民・難民にとって困難の克服の後には、自己実現の夢がある。それを「シンジュク・ドリーム」と呼称する人びともいる。多様性の国・日本の全体が、国籍や民族に関わりなく雇用やキャリア形成を可能にすることができれば、「ジャパニーズ・ドリーム」の喚起も夢ではない。そうした国民的コンセンサスと認識とともに、外国人雇用に関する法的整備も具体化していくであろう。

注

(1) 二〇〇五年から二〇一〇年までは留学生人口が減っているのは、留学生の入国審査が厳格化されたことによる。

(2) 許可された在留資格に応じた活動以外の収入を伴う事業を運営する活動または報酬を受ける活動を、在留目的を変更することなく行おうとする場合には、あらかじめ資格外活動の許可を受けなければならない。

(3) 証印シールまたは資格外活動許可書に記載される「新たに許可された活動内容」は、個別的許可の場合には、雇用主である企業などの名称、所在地などが、包括的許可の場合には、活動時間が週二八時間以内であること、および活動場所において風俗営業等が営まれていないことが、それぞれ記載されることになっている。

(4) 「出入国管理及び難民認定法施行規則第一九条第五項第一号に規定する活動」。

出入国管理及び難民認定法第二〇条第五項、同法第二一条第四項、出入国管理及び難民認定法施行規則第一九条第五項第一号の内容。二〇一〇年七月から、在留資格「留学」をもって在留する外国人が、在籍する大学または高等専門学校（第四学年、第五学年および専攻科に限る）との契約に基づいて報酬を受けて行う教育または研究を補助する活動については、資格外活動許可を要しないこととなった。

(5) 二〇一二年時点、新宿区には日本語学校を称する施設・団体が約五〇校あり、さまざまな主体が経営・運営を行っている。筆者がインターネットで調べたところでは、以下のとおりであった。以下にあげる四八校である。アークアカデミー新宿校、アイエスアイランゲージスクール、アカデミー・オブ・ランゲージ・アーツ、エリート日本語学校、カイ日本語スクール、KCP共生日本語学校、KCP地球市民日本語学校、International Study Institute 東京、サム教育学院、JCLI日本語学校、新宿御苑学院、新宿国際交流学院、新宿日本語学校、新宿平和日本語学校、千駄ヶ谷日本語学校、千駄ヶ谷日本語教育研究所付属日本語学校、東京ELS日本語学校、東京外語専門学校、東京国際大学付属日本語学校、東京国際日本語学院、東京国際文化学院新宿校、東京コスモ学園、東京ワールド学院、フジ国際語学院、フジ国際語学院早稲田校、MANABI外語学院新宿校、ミッドリーム日本語学校、ミツミネキャリアアカデミー日本語コース、目白大学留学生別科日本語専修課程、友ランゲージアカデミー、ユニタス日本語学校東京校、ヨシダ日本語学院、ヨハン早稲田日本語学院、ラボ国際交流センター　ラボ日本語教育研修所、早稲田EDU日本語学校、早稲田外語専門学校、早稲田大学日本語教育研究センター別科日本語専修課程、東京国際文化学院新宿校、東京コスモ学園、東京ワールド外語学院、早稲田京福語学院、ヒューマンアカデミー日本語学校東京校、日本東京国際学院、西東京日本語学校、日米会話学院日本語研修所、日本学生支援機構東京日本語教育センター、東進ランゲージスクール、東京国際文化学院新宿校。

(6) 稲葉（二〇〇四）によると、この学生寮に入れなかった学生は教育施設周辺でアパートを探すため、北新宿の木造アパートは、一九六〇年代後半や一九七〇年代から国際学友会の留学生に貸していたところが多いという。こうしたアパートはその後、ニューカマーと呼ばれる外国人に部屋を貸すようになる。

(7) 日本企業で働いている元留学生の情報や就職セミナーや企業見学会などの情報も入手でき、JASSO独自の「外国人留学生のための就活ガイド」も発行している。

(8) それまでは、日本で就職することなく一旦帰国してしまった「専門士」について、「技術」「人文知識・国際業務」などの就労資格で入国しようとする場合の上陸許可基準（法務省令）に大卒の学歴などを求める要件があり、これらの就労資格での入国を許可することができなかった。

(9) 出口竜也（二〇〇七）、鷲見淳（二〇〇七）参照。

(10) 二一校とは、宝塚大学、工学院大学、東京理科大学（神楽坂）、東京医科大学、首都大学東京新宿サテライトキャンパス、東京女子医科大学河田町キャンパス、学習院女子大学、慶應義塾大学（信濃町）、学習院女子大学（戸山）、東京国際大学付属日本語学校、LEC東京リーガルマインド大学　高田馬場駅前本校、早稲田大学（早稲田）、東京富士大学、大東文化大学（信濃町）、目白大学（新宿）、上智大学（目白聖母）、聖母大学である。

(11) 読売新聞教育取材班（二〇〇九）二七〇頁。

(12) 早稲田大学の留学生数は私大では第一位、二〇〇〇年度は一一五三名の留学生が在籍し、二〇〇一年には三九八名の留学生が入学した。二〇〇三年には全学で一六〇〇人あまりの留学生が在籍している。キャリアセンターが支援業務を行っていたが、留学生向けの求人は二〇〇社程度であり、年齢が卒業時には三〇歳を超えている場合が多く、企業は敬遠してきた。

(13) WISSメンバーは就職課、国際教育センター、広報課および学生課と連携を取り、また、留学生や企業人を含むさまざまな学外の方からアドバイスを取り込んでいる。

(14) 原田麻里子（二〇一〇）。

(15) 原田（二〇一〇）によれば二〇〇七年度以降の推移は、東京が五〇五五人から五八九四人へと八三九人増加し、構成比も四九・三％から五三・四％と増加したのに対し、大阪が一〇・一％から九・一％、愛知が七・七％から六・一％と減少傾向にある。

(16) 留学生の七割が日本での就職を希望し、二〇〇六年では、新規求人数（八割が理系）一七四件七三八人、新規求職者（八割が文系）二一七八人となっていた。二〇一四年では、一万三〇〇〇人近くが、「留学」から「就労」へと許可されている。

(17) 二〇一二年三月一日現在では一一六〇人となり、中国、韓国または朝鮮に続き三番目に登録者数が多い。

(18) 背景に二〇〇七年のミャンマー反政府デモの影響で新たに来日し、難民申請をした人びとが増えたことがある。

(19) ただし、ミャンマー人ばかりが難民認定を受けるので、他国の難民は不公平感をもっている。本国に戻れば迫害される難民が、法務省入国管理局での難民認定手続きにより、十分な証拠がないとの理由で不認定となり強制送還され、その後、本国の空港で拘禁されてしまい、連絡がつかなくなったケースもある。

(20) 以上、小泉（二〇一四）二六八頁。

(21) 関西学院大学、青山学院大学に続き、明治大学でも難民枠を設けて難民の学生を受け入れている。

(22) 在日ビルマ人の全員が無国籍になるのではない。反政府運動をしているビルマ人は国籍国の保護を受けられないという意味で事実上の無国籍者となる（ビルマ国籍法第一六条の適応の可能性）。また、ビルマ人の親が反政府運動家で大使館に子どもの出生届を出していない場合、子どもは事実上の無国籍者となる。

(23) 「お母さん」とは、あるNPO法人の代表者を指している。新宿区立戸山小学校、大久保中学校、都立新宿高校を卒業した後、大久保の自宅を救援避難所として、難民を救済した。二〇一一年八月に逝去され、偲ぶ会には多数のビルマ人が参列した。

(24) 外国籍移住者とホスト社会の双方に育まれる「多文化共生能力」（multicultural intelligence）が多文化都市に脈打っている。在留資格でのみ「高度人材」をはかるのではなく、個人の適応能力に視点をおくことも重要である。心理学者アドラー（Adler, 1975）の「カルチャーショックと適応モデル」を援用すると、「働く」接触領域がいかに流動的・重層的であり、人間の知恵が結集する空間であるかが分かる。

(25) 日本の労働市場の国際化についてビジョンがもてず、不透明であり、巨大地震の対応に追われたこともあり、景気の先行きへの不安が拭えない。現在は目に見える制度だけを整えようとしているが、それだけでは外国人受け入れ制度は機能しない。特に欧州諸国の厳しい受け入れ基準に目を奪われているばかりでは、打開策はこの先も見えない。

(26) E・H・エリクソン、J・M・エリクソン（二〇〇一）九四頁。

第6章　社会参加と多文化型まちづくり

Social Participation and Multicultural Community Building

問題の所在

人に青年期から成人期があるように、コミュニティにも成長期がある。一九九〇年代の新宿の混乱期はまさしく軋轢・葛藤が顕在化した時期である。戦後から積み上げた歴史が新たな段階へと到達するために脱皮を図る転換期という認識があれば、そこに費やすエネルギーと共生コストにも計画性と説得力が湧いてくる。不動産業の看板が端的に示したように「外国人お断り」から「外国人歓迎」へと転換していくプロセスには、人びとの意識変革があったに違いない。コミュニティのアイデンティティの萌芽が感じられる。多文化家族内においても旧世代と新世代の葛藤と衝突が、対話と理解を生み出す契機であり、同時にそれは親密化の過程でもあった。

移民の社会参加と多文化型まちづくりを考察するにあたり、オールドカマーのルーツとエスニック・コミュニティの形成に遡らねばならない。オールドカマーの起業の努力と家庭内の葛藤、指紋押捺拒否の第一号など在日韓国・朝鮮の人びとの努力と歴史的事実は、日韓の関係性の改善と多文化意識の形成の歴史とも言えよう。オールドカマーとニューカマー、そしてホスト社会とは、どのような関係性をもち、交流してきたのだろうか。紆余曲折を経てボトム・アップの努力と外国籍住民の区政参加を実現し、統合しようとする自治体の努力が、いかにタイミングよく重なり合うのだろうか。

多文化型まちづくりの思想は、一朝一夕に出来上がるものではない。それは、一人ひとりの「異なり」を尊重しつつ、異なる者が互いに「つながりあう」ための対話的能動性と信頼感が重視される。

対話的能動性は、複合社会化の進展の下でますます多様化する人びとの価値観や生き方を結び、葛藤や軋轢の経験知から多文化共生資質をもつ市民の育成を可能にする。やがて人びとの心に多文化型まちづくりの思想＝ビジョンが萌芽するのである。

1　出入国管理及び難民認定法の誕生

日本が移民政策にビジョンがもてない理由はどこに起因するのだろう。国家の移民政策の原点とも言える出入国管理及び難民認定法（昭和二六年政令第三一九号、以下入管法）は、日本人自らの内発的な発想によって立案されたものではない。入管法は、連合国軍の占領下の一九五一年「ポツダム宣言の受諾に伴い発する命令に関する件」（昭和二〇年勅令第五四二号）に基づく政令として、一九五二年四月「ポツダム宣言の受諾に伴い発する命令に関する件に基づく外務省関係諸命令の措置に関する法律」第四条の規定により法律としての効力が付与された。GHQが招聘したアメリカ移民法の専門家がその立案に関与したことから「アメリカ移民法及び国籍法」の影響を強く受けている（坂中、二〇〇〇：二一〜二三）。その後、日本政府は「移民」を受容する入管政策の基本的スタンスがなく、「永住」目的の外国人を求めていない。日本は国際社会に発信できるビジョンをいまだにもてないままになっている。

戦後約三五年間の日本の出入国管理政策は、戦前から日本に居住する旧植民地出身者とその子孫を対象とするもの（渡戸他編、二〇〇七：一〇）であった。その後、日本国籍を剥奪された在日韓国・朝鮮人への法的地位の向上と人権擁護に主眼を置いた結果、在日コリアンの法的地位は徐々に改善されてきた。しかしながら、在日コリアンの戦後の生活史は、差別と偏見との闘いでもあった。就学、就職、結婚、居住、老後において植民地支配後の歴史に大きく影響されてきたことを知らない住民はいない。二〇一三年、大久保通りや明治通り、職安通りに「朝鮮人帰れ！」といった在特会（在日特権を許さない市民の会）を中心とした在日韓国・朝鮮人への「ヘイトスピーチ」が社会問題となった。その様子が映像で流され、ゼノフォビア（外国人嫌い）的な攻撃がマスコミで騒がれた。当時、誰よりも憤慨し悔しい思いをしたのは、共生への道を模索してきた在日コリアンを含む地域住民ではないだろうか。在日コリアンは帰化しても外国人なのだろうか。否、帰化してもしなくても地域の重要な「住民」であり、信頼で結ばれた「市民」である。

二〇一五年、戦後七〇年目を迎えて、新たな多文化共生型まちづくりに参画する人びとの中にも在日コリアン三世がいる。ホスト社会の重要な構成員として、ともに未来を模索してきたと胸を張って言える仲間である。

2　在日コリアン一世の起業と錦衣還郷(1)

筆者の記憶を辿れば、戦後、大久保地区は閑静な住宅街でツツジと芙蓉の花と小路を挟んでトマトやとうもろこし畑が点在した。今日の大久保地区に至る伏線を、戦後の復興に尽力した在日韓国・朝鮮人の起業に照射すると、ロッテガムの工場はその象徴的な存在である。新大久保駅のホームにはスペアミントの香りが漂い、大久保通りでは乳母車にガムやキャラメルを包む内職セットの段ボール箱を自宅に持ち帰る主婦の姿が人目を引いた。大久保生垣を潜ると近所の家はどこも開放的だった。一つひとつ丁寧に包装する内職を見守った幼い頃の思い出が蘇る。

〈事例6-1：ロッテ財閥の創業者辛格浩《シンギョコウ》（通名：重光武雄）〉

日本の植民地時代、一九二二（大正一一）年、辛格浩は、朝鮮慶尚南道山市（現蔚山広域市）の寒村に生まれ、伯父が設立した書堂（ソダン）で学んだ。向学心の強い辛は日本内地に留学した。釜山から連絡船に乗って下関へ渡り、創氏改名によって重光武雄を名乗った。早稲田実業普通科定時制を苦学の末に卒業し、作家の道を断念し早実工業学校へ転部した（一九四六年）。牛乳・新聞配達、雑役・運搬など肉体労働で生活費と学費を稼いだ。(2) そうした最中に受けた差別体験から韓国籍を堅持している。辛は朝日新聞の取材に次のように答えた。

「日本のマスコミなどで、韓国人はみじめだなどと同情的に言われるのは迷惑だ。むしろ韓国人でよかったと思う。日本に住む以上、日本社会に融け込んで日本のために尽くす。それがいずれは韓国のためになる。(3)」

「被差別マイノリティは不幸な環境により、感情の起伏が激しい。傷つきやすく感激しやすい。その中で成功する人々の資質として見逃せないのが、自分を見込んでくれたマジョリティの期待を裏切らないというものです。重光はその資質を有していたのです。」（ともに河、二〇〇三：一三〇）

図6-1　1948年ごろ、筆者の育った百人町の家

当時としてはモダンなデザインだった。周囲はトウモロコシ畑で、アヒルやニワトリを飼っていた。
出典：筆者所蔵。

一九四五年、日本は敗戦とともに朝鮮を解放し、在日韓国・朝鮮人の多くが帰国したが、重光は日本に残留した。手ぶらでは帰国できないとの想いがあった。化粧品製造販売から撤退し、占領軍米兵から入手したガムを切って再包装し、高田馬場駅前で販売を始めた。米兵が省線（山手線）の窓から投げるガムに群がる子どもの笑顔に勇気づけられ、辛は株式会社ロッテを設立(4)（一九四八年）し、同胞が集住する大久保地区に広大な土地を同胞から購入した。地域住民は、創業者が石鹸やガムを積んだリヤカーを引いて路地裏を歩いていた姿を語り継いでいる。やがてロッテ新宿工場が操業を開始すると、雇用を求めて朝鮮の人びとが周辺に移住した。

大久保地区に簡易宿泊所も増え、飲食業、旅館業、娯楽産業に就く同郷者も少なくなかった。その後、大量生産に着手し、辛はロッテをトップメーカーに育てあげる。ロッテの地域貢献を評価して、在日韓国・朝鮮人を尊敬する日本人住民が多い（川村、一九九八a：三五～三九）。

「ロッテは小さな町工場でバラックだったが、民団(5)が経費に困った時には、よく大口の寄付をしてくれた。辛格浩さんは決してそれを鼻にかけず、腰の低い人だ。慶尚南道の蔚山生まれで、今や一世の最後の世代となった。」(民団新宿支部、二〇〇九：一二七)

「ロッテ工場の前には社宅があり、在日の人が住んでいた(中略)。学校があり、工場(建設)には反対意見が出た。韓国の人だから、いろんな関係でやめさせる訳にはいかなかった。現在の形で工場が残っている。学校の周囲で一〇〇メートル以内のところに工場を作るなんておかしいとよく言われた。私たちも話し合って、その代わり学校のために協力してほしいと言って、グランドピアノをロッテで買ってもらい協力してもらった。祭の寄付も何でも協力してくれた。」(奥田・田嶋、一九九三：二一一〜二一二)

ロッテガムは日韓の人の移動の回路を生み出す。一九六六年、辛は韓国ロッテを設立しロッテオリオンズ(現在の千葉ロッテマリーンズ)のオーナーに就任した。韓国ではロッテ財閥を形成し、ロッテホテル、ロッテ百貨店、ロッテリアなどグループを率い韓国財界を代表する企業家となった。河(二〇〇三：一二七〜一四〇)は、辛が朝鮮儒教の「錦衣還郷《クミファンヒャン》」を基底とする起業家精神を実現したと指摘する。韓国人の行動特性は先祖の祭礼祭祀のための帰郷にあり、伝統儒教教育によって伝承された朝鮮儒教の「孝」からすれば、先祖に対する祭礼祭祀の実践は韓民族の責務であった。終戦直後、二〇〇万人を超えていた在日韓国・朝鮮人の四分の三は帰国した。河(二〇〇三：八七)は、郷里から見ると帰郷しなかった「在日韓国・朝鮮人一世」の行為は、朝鮮儒教の孝を軽んじる証であり、背信行為に近かったと指摘する。「一世」は、「在日」を選択した結果、日本の構成員となり朝鮮戦争特需の経済的恩恵を受けたと見られ、郷里の人びとに対して道徳的負い目をもったという。「在日韓国・朝鮮人一世」は郷里からも歓迎されず「帰国一世」として差別を味わうことになった。

このような日本人の想像を絶するジレンマは、事業拡大への追い風となって挑戦と逞しさを生み出した。植民地化の記憶と空腹を抱え、戦後の境遇をともに生きた住民同士としての連帯感を感じる高齢住民もいる。戦後生まれの筆者は、地域の出会いの中で「在日コリアン」と一括りに表現されがちな一人ひとりの人生の差異を発見してきた。たとえば、ロッテ創業者のように本土に故郷をもつ韓国人と、ホテル街を形成した済州島出身者の韓国人では、言語的相違がある。[6] 大久保通りを挟んで、在日コリアン同士のコミュニケーションがとれなかったことを知ったのは、戦後三〇年も経ってからである。民団新宿支部（二〇〇九）によれば、創立当初の民団を財政面で支えた人が多い（金致淳、二〇〇九：一二八）[7]とある。新宿に住む在日コリアンの様子を偲ぶことができる。

李英美（二〇〇七）によれば、在日韓国・朝鮮人は、植民地時代からのつながりから行き先がたまたま日本であったということになる。植民地時代、韓国・朝鮮戦争の時代を通して、韓国・朝鮮半島から北に行った人たちはロシアの「コレスキ」として、中国に定着した人たちは延辺自治区の住民として、半島内で移動した人たちは「失郷民」（シリャンミン）（李英美、二〇〇七：一四〇〜一八四）として、玄海灘を渡り日本列島に来た人たちは在日朝鮮人として、それぞれ離れた土地で生活を営んでいる。在日一世の場合、強制連行、密航など渡航手段はさまざまである。[8]

3　新宿区役所と指紋押捺拒否

〈事例6-2：韓宗硯《ハンジョンソク》さんと新宿区役所〉

在日韓国・朝鮮人の人びとにとって指紋押捺義務は制度的差別の一つであった。一九五二年、平和条約が発効され、在日韓国・朝鮮人は「帝国臣民」から一転し「外国人」と規定され、外国人登録法により「指紋」押捺義務が盛り込まれた。その後二八年を隔てた一九八〇年九月、在日韓国・朝鮮人一世の韓宗硯（一九二八年生、九歳で渡日）は、日本で初めて新宿区役所で指紋押捺を拒否した。韓宗硯は新宿区役所に出向いたときの気持ちを次のように述懐している。

「私は子孫に何も残してやれない代わりに、指紋を採られなくても済むようにしたかった。指紋なしでは、登録証はくれないだろう。登録証の提示を求められ、『不携帯』で逮捕され、下手をすれば大村収容所送りになって、韓国に強制送還されるかもしれない。そうと思うと怖かった。でも新宿区役所では指紋を押さなくても、ちゃんと登録証をくれたので、いささか拍子抜けした感じでした。」（田中宏、一九九一：七四～七五）

「職務故、許せと我の手を取りて、外国人登録に指紋の指す　朴玉山」（「朝日歌壇」『朝日新聞』一九九七年一二月一八日）

彼は家族と子孫を思い、屈辱的な指紋押捺を拒否している。二八年間も続いた指紋押捺に対して拒否を宣言し、新宿区役所は登録証を発行したのであった。それが突破口となり、指紋押捺拒否は全国に拡大した。拒否者には、「脅迫状」やいやがらせ電話が殺到したという。差別の記憶、被差別の闘いは、自治体職員の中にも手続きの恣意性や差別の歴史として語り継がれる。職務と心の葛藤の中で差別を是正していく職員の多文化社会への道程がそこにあった。一九九一年、指紋押捺は人権侵害との批判が強まり、海部首相（当時）が訪韓時に廃止で合意した。一九九三年から一般永住者と特別永住者の押捺が廃止され、二〇〇〇年にはすべての外国人の押捺が廃止された。しかしながら、国際テロ対策として二〇〇七年一一月からより強固な形で来日外国人の指紋採取の制度を再開したのであった。

二〇〇八年一月、総務・法務両省は、外国人登録法に基づく在留管理制度を撤廃し、日本人の住民基本台帳と同様の台帳制度に再編することを提言した。特別永住者については、外国人登録証明書はなくすものの、新たな証明を発行するか否かが検討された。両省は二〇〇八年三月末までに新制度の骨子案をまとめ、二〇〇九年度の通常国会に関係法案を提出した。『毎日新聞』（二〇〇八年一月二五日）によれば、登録証明書を廃止し、入国管理局が中長期の外国人滞在者らに対し、名前や住所、顔写真が入った「在留カード」を発行する。新規入国者には空港で、在留者には地方入国管理局で手渡す。こうして入手したカードを各自治体に示し、新たな台帳に登録するのである[10]。特別永住者は、台帳制度に加えるものの、在留カードの対象外とされている。

4　家族内のディアスポラ接触

〈事例6-3：T氏のオーラル・ヒストリー〉

一九九二年、芥川賞作家の李良枝《イヤンジ》（一九五四～一九九二年）の葬儀には、大久保地区の人びとも長い列を作り、早過ぎる死を悼んだ。優れた感性と才能を文学に投入し芥川賞を受賞したが若くして他界した李良枝とその一家は、大久保地区の誇りと言われている。筆者は、葬儀の半年後、大久保駅前の喫茶店で李良枝の父T氏のオーラル・ヒストリーを聴取した。

「私は一九二五年生まれです。日本の植民地だった済州島から、君が代丸に乗って一五歳で来日しました。二年間、尋常高等学校に通ったときは、映画が好きでね、日本文化や日本語は映画から覚えたのです。大東亜戦争が始まって、軍属としてマグロ船に乗り、南方に行きました。戦後、トラック島で戦死した父の遺骨をもって、済州島に戻ったのですが、再来日しました。日本人の義理や人情に惹かれていました。山梨県富士吉田市に六畳のアパートを借りて織物の仕事を始め、全国を行商に歩いたのです。二三歳で結婚、二五歳で家を建てました。銀行口座をつくり、銀行から借金をして、事業を起こしたかった。生きていくためには、どうしてもまず、帰化をしなければならなかったのですよ。帰化したとき、娘は九歳で帰化をした私に反発しました。けれども、娘は成長するにつれて、私が祖国を忘れたのではなく、日本で生きていくには、日本人にならざるをえなかったことを理解してくれました。私は三八歳のときに大久保地区で旅館業を始めました。事業は順調でして四軒の旅館を経営しています。済州島の人は、大久保地区にたくさん入ってきてホテル街をつくったのです。」（T氏、一九九三年）

他の地域からは単なるラブホテル街に映る大久保地区は、故郷が錯綜する日韓の歴史を編み込んだホテル街を形成した。T氏の次女は、「すべての人が、堂々と本名を名乗り、国籍を語り、何のわだかまりもなく生きていける地域社会をつくろう」という李良枝の遺志を継いで、日中韓英の四か国の情報誌『We're』を創刊し、毎回二万部を発行した（川村、一九九八ａ：三五〜三九）。創刊号には「文化の出会いは人との出会い。それぞれが共にあろうと努力してこそ、心からの友人と出会うことができる　李良枝」（『We're』：九二）とある。日韓の平和への祈りと希望を凝縮して情報誌に載せて大久保地区の人びとに発信した。父・T氏は資金援助をし、経営するラブホテルを留学生会館に改装した。一家は日本語、スペイン語、中国語、韓国語、英語が飛び交う多文化家族である。

「大久保地区は本当に多様な国の人が住んでいて、一人ひとりがナニジンでもない。そんな環境から四か国語の情報誌の発想が生まれたのです。」（C氏、一九九八年）

ディアスポラとは、故郷を夢みながら異境生活を送るという集団的な精神的外傷、国外追放と捉える（コーエン、二〇〇一：一二）。古代ギリシャ人はディアスポラを「移住」や「植民」という意味で使用したが、ユダヤ、アフリカ、パレスチナ、アルメニアの人びとにとって、「ディアスポラ」という表現はそれ以上に残忍かつ冷酷な意味を含んでいた。在日韓国・朝鮮人は、過去一世紀の間、日本による植民地支配、第二次世界大戦、そして民族分断と内戦、軍事政権による政治的抑圧を経験した。

しかし、二世・三世・四世は、言語的・文化的に日本に馴染み、日本人との通婚も増え、日本国籍取得者が多い。「オールドカマー」「ニューカマー」「在日韓国・朝鮮人」「在日コリアン」「在日同胞」「コリアン・ディアスポラ」などと呼称されるが、呼ばれる側は、一括りにせず、一人ひとりの「名前」で呼んでほしいという。その気持ちが痛いほど分かって、筆者は、ディアスポラとは、単に離散や「人」を指すのではなく、ディアスポラ接触という概念を重視し、移動に伴う家族の離散、望郷の念、支配的な概念や権力への抵抗、政治的圧力や集団性への闘いとその歴史性に着目してきた[11]。

にある。

〈事例6-4：在日コリアン青年連合(12)（KEY）〉

在日コリアンの日本に対する抵抗は、同胞家族への思いとなり、その結果、自分以外の家族との交流の機会はつくりにくい状態だった。しかし、二〇一〇年、在日コリアン同士が安心して出会える空間が職安通りにできた。在日コリアン青年連合は一九九一年に大阪で創設され、一九九四年に東京でも発足し、二〇一〇年に大久保に移転した。目的は在日三世・四世が、相互に学びと交流の場をつくり情報発信と社会貢献を目指して活動することにある。

「地域とか全日制の学校教育でアクセスすることができず、声をあげにくいマイノリティのコリアンが気楽にアクセスできるネットワークを目指しています。でも在日コリアンだけで集まるということが当の在日コリアンにとってもイメージできないんです。日本名を使って、日本の学校に通学する在日が、実は全体の九割ということに気づいたんです。在日であることをひた隠しにしてきた在日の悩みを話し合いたいということもあります。」（KEY代表、二〇一二年）

歳月を隔てて、大久保地区は、コリアンタウンとして観光地化され、来街者で賑わっているものの、一人ひとりの在日のアイデンティティの差異化も進んでいる。単に「多文化」とか「ダブル」といった肯定的な言葉で、簡単に片付けることができない。その複雑な心境をまずは在日同士で語りあい、交流や学習を通して心を開いていこうとする姿勢が見えてくる。

そうした活動を広く伝えようと努力する市民グループ「共住懇（NGO外国人と共に住む新宿区まちづくり懇談会）」は、多文化型まちづくりの土壌を肥やし、橋渡しの役割を担っている。

5　韓国人ニューカマーの動向

在日韓国・朝鮮人と在日二世・三世が集住する新宿に、円高を反映して一九八〇年代後半から、アジアからの出稼ぎ労働者が流入する。李承珉《イスンミン》（二〇〇六）によれば、ニューカマー韓国人とは、留学生を中心とする合法的滞在者だけではない。韓国の旅行自由化措置以降に観光ビザで来日したが、九〇日が過ぎても帰国せず、超過滞在者となって単純労働や韓国料理店の従業員として働き、定住する韓国人も増えた。また、風俗産業に従事する女性も増加したという。日本人との結婚は、合法的にビザを取得できるので定住へのステップとなる（李承珉、二〇〇六）。筆者は、一九八〇年代後半から九〇年代後半まで、歌舞伎町のスポーツジムに通っていた。プール内では国籍を意識しないが、サウナでは韓国語で話しており、会員の大半が韓国人だと気づいたのは、九〇年代に入ってからだった。

「留学生として新宿に暮らして、翻訳のアルバイトをしました。でもホステスになったら、時給が一〇倍になり、その後、母親を呼び寄せることもできるようになったのです。歌舞伎町は、韓国人にとって魅力的な町です。」（水泳教室で語る韓国人女性、四〇代、一九九三年）

大久保地域は、合法・非合法を問わず、ニューカマー韓国人の受け皿であり、留学を終えた卒業生が、歌舞伎町の風俗店で働く女性を対象に、必要なサービスを提供する事業を大久保地域で展開し始めた。

「とにかく業種間の競争が激化し始め、業種間の熾烈な競争があったのです。浮沈を繰り返すニューカマーの会社も現れ始めました。たとえば、比較的少ない資本で参入できる情報誌業は、一九九〇年代前半には五種に過ぎなかったのが、九〇年代後半には二〇種余りに増加し、廃刊になる情報誌も出てくるわけです。八〇年代から、留学生たちがアルバイトとして歌舞伎町の飲酒店でホールスタッフなどの仕事に従事するようになりました。コリアン人口が集中し、就学ビザをもった日本語学校の就学生は、日本語に不慣れでもアルバイトが可能な業種を求め、歌舞伎町に集まり始めました。特に、一九八九年の旅行自由化以降に私費留学生のアルバイトの場として、留学生人口は増え始めたのです。八九年には五〇三名だった留学生が、九三年には一二七九名へと倍増しました。日本語学校の就学生も増え始めました。[13] ワールドカップ日韓共同開催と韓流ブームの影響で、新宿が韓国に広く知られるようになったことが一番に反映しています。」（李承珉氏、二〇一二年）

新大久保が、コリアンタウンを形成するのには、このような知られざる背景と異文化間トレランスの形成があったのだ。語学学校、飲食店・居酒屋をはじめ、食料品店、国際電話代理店、ビデオのダビング・レンタル店、引越し業、送金業、生活情報誌が登場し、一九九〇年代後半に至ると大久保地域は、韓国から新たに留学生や就労者、観光客が流入した。

6　韓国人留学生の増加

一九八三年の中曽根首相の「留学生一〇万人計画」を契機に、留学生も徐々に増え始め、「資格外活動許可」

表 6-1　新宿区における韓国人登録数

	1974	1985	1989	1993	1998	2003	2006	2007	2010
人口	2,817	4,315	6,532	7,523	8,575	10,634	12,678	13,392	14,332

出典：『新宿区統計年報』1974 ～ 2010 年を参考に筆者作成。

表 6-2　新宿区の韓国人留学生推移

	1986	1989	1993	1998	2003	2006	2007	2010
就学			846	987	1,366	2,070	2,317	1,987
留学	560	503	1,279	1,301	1,646	1,892	1,865	2,010

出典：新宿区多文化共生推進課の資料より。

を取得し雇用される就学生や留学生が増加した。

新宿区においては、表6-1のとおり、一九七四年には二八一七人だった韓国人が、二〇一〇年には一万四三三二人に上る。

新宿におけるニューカマー韓国人の増加は表6-2にも明らかである。表6-2は就学生・留学生の推移を表しており、大久保地区でのコリアンタウン形成への流れが推察できる。一九八〇年代後半から、韓国人留学生は、日本で就職・起業する傾向が見え始める。日本人との結婚も増加した。彼らは就学ビザを取得して日本語学校で一～二年間学び、その後大学や大学院、専門学校を卒業すると、その経験を生かすキャリア形成が実現する。[14]

新宿の韓国人は、九三年には七五〇〇人余りに過ぎなかったが、毎年増勢を示し、二〇一〇年には一万四三三二人に達した。その後、二〇一五年には一万二〇三人に減少している。大学院生も増加し、一〇年間ほどの研鑽後、日本の大学で教鞭をとるケースが多くなった。今日では、韓国人教師に日本社会を学ぶことが珍しくない。一九八九年に二八人に過ぎなかった「教授」の在留資格者が、二〇〇六年には一〇〇〇人を超えた。ホスト社会の「韓国人」への眼差しが「外国人」から「同じ生活者」へと変化していった。二〇一五年三月一日現在、新宿区の韓国人の数は一万二二九七人（男性五六〇三人、女性六六九四人）となり、中国籍住民数（一万三五九二人）に次ぐ規模である。

7　九〇年代の混乱期

一九九〇年代、多種多様な人びとが行き交う通りとなった大久保地区の細路地には街娼が立つようになり、地域住民の環境浄化運動も始まった。タイ、フィリピン、コロンビア、ペルー、韓国、ブラジル、メキシコ、イランなど三五か国の女性が立っていたが、常態化すると、排除の眼差しではなくケアの対象となっていった。筆者の父親は、「どこから来たのか。別の仕事をしなさいよ」と英語で諭して歩いていた。ケアの実践と対話的能動性が多文化意識を形成し、それがまちづくりの一歩を踏み出した。「住んでいなければ地域は守れない」がホスト社会の辛い心境であった。

一九九一年、新宿区も対策に乗り出した。二〇〇四年、新宿区における外国籍住民との共生に関する調査報告書を発行した[15]。新宿は土地神話の発祥地であり、バブル期には新宿の土地価格は永久に上昇すると信じられていた。一九九二年には路線価が急上昇し、相続税評価額の高騰によって相続税が払えず土地を手放す住民も続出した。大久保地区は核となる店舗がなく、計画性や統一感のない商店街とその裏側には住宅地が密集していた[16]。

一九九〇年代初頭、日本の超過滞在外国人は約三〇万人と推測され、その三分の一は都市中心部に流入し、甚大な赤字で新宿の医療機関が悲鳴を上げた。一九九〇年代初頭、テレフォンカードの偽造、自動販売機荒らし、万引き、偽造旅券、偽装結婚、麻薬取引などがマスメディアから流れた。路地裏に立ち並んだ外国人街娼に震撼した。タイやフィリピンの貧農村から、ブローカーに騙されての売春強要に加えて、入管法の改正後、失職した女性たち三〇〇～四〇〇人が三メートルおきに立った。「ショバ代」を取り立てる暴力団、売春を摘発する警視庁といたちごっこが繰り広げられた。路地には日本語学校・専門学校が林立する若者の街である。国からの支援は皆無で、地域住民は連日対策を検討し、防犯カメラを設置したり、警告のポスターを街中に貼ったりした[17]。

一九九〇年の改正入管法では、不法就労をしていた外国人だけではなく、不法就労者を雇用していた事業主や斡旋したブローカーにも三年以下の懲役、または二〇〇万円以下の罰金という新たな罰則規定が設けられた[18]。移住者の夢とホスト社会の戸惑いは対峙し、送出地域と受容地域の格差の歪みの中には、誤解や羨望、暗躍する組織も存在していた。外国人同士の喧嘩や殺人事件、万引き、麻薬取引、売春、エイズ問題など、貧困や女性差別に起因する厳しい問題に地域は取り組まねばならない。ボーダレス化する地域社会では、前記をはじめとする深刻なグローバルイシューが顕在化し、解決策がすぐに浮かぶような生易しいものではなかった。一二〇〇回を超えるパトロールが定期的に行われた。傍目には「外国人排除」と映るが、パトロールには外国人住民が多数含まれていた。

マスコミのセンセーショナルな取り上げ方に、未曾有の疲労感を味わったのは日本人住民だけではない。オールド・カマーもニューカマーも含まれている。大久保地区の六つの町会が一つにまとまって、多文化地域のまちづくりに真剣に取り組んだのである。町会役員は高齢者が多く、現在ほとんどが他界し一九九〇年代の混乱期を語る人はいないが、相互に困難を克服した信頼関係が底流に流れている。地域の超過滞在者の存在や医療や子どもの教育などの社会保障の問題と共生コストの重みを自ら経験して、「多文化共生」を語り出す素地ができたと言える。

人びとは、当時のベストセラーであったサミュエル・P・ハンチントン（Samuel P. Huntington）の『文明の衝突』（*The Clash of Civilizations and Remaking of World Order*）を読み始めた。冷戦後の世界は文明間の摩擦で不安定になると予見され、価値観の衝突が注目される。一九九二年には、サンフランシスコで民族間の暴動がテレビに映し出される。誰が、どうやって新宿を支えていくのかという緊張と不安が膨らみ、危機感に対応するNPO／NGOが誕生したのである。

8　韓国人ニューカマー経営者と「韓人会」

（1）エスニック・コミュニティの形成

新大久保語学院の李承珉校長と出会ったのは一〇年前になる。語学院の生徒が、現在は一四〇〇人[19]になり、韓国のビジネスリーダーをまとめるだけでなく、新宿区多文化共生まちづくり会議副委員長として区長からも信頼がある。

「一九六六年に生まれ、韓国の普通の家庭に育ちました。一九九六年に来日し、日本の大学院に入学、二〇〇一年に卒業しました。寮に住み、奨学金をもらい、アルバイトもして、二〇〇〇年に新大久保語学院を創設したのです。一万枚の宣伝チラシを配って、生徒がたった二人。そのころ『韓人会』[20]ができており、二〇〇一年の一一月から関わりました。『世界韓国貿易協会』[21]（東京支部）にも所属しました。ＩＴ時代、結束は強くなりました。二〇〇四年、テレビ番組に出演し韓国語を広める意義を語ると、その効果は絶大で学生数は急増しましたが、同業者を増やし、競争は熾烈でした。子どもも二人できたので高田馬場の高層マンションを購入しました。……新宿が、日本の初期定着地として人気がある理由は、第一に、経済区域がすでに形成され、日本語能力がなくてもアルバイトが可能という点です。さらに、住まいを探すのが他地域に比べて容易で、比較的手続きの簡単な寮や、不動産店で韓国語サービスがあるため定着しやすく、東京の中心地で利便性と情報収集が可能だからです。新宿のニューカマー人口の増加に伴いコミュニティが業種別に形成され始めました。」（李承珉氏、二〇一二年）

韓国人ニューカマーの結束は、二〇〇一年「韓人会」の結成以降に強化された。民団とは別に、ニューカマーによる組織結成を通し、親睦の深化、権益の保護、そして日本での定着および定住を図る包括的なコミュニティー組織[22]が形成されてきている。

韓国で「新宿」が本格的に注目されたのは、二〇〇二年日韓ワールドカップ共催に映し出された大久保地域の盛り上がりである。居酒屋で韓国人と日本人が一緒になって応援する大久保の実像は、日韓の歴史的わだかまりを溶かす情景として衆目された。韓国人が「大久保」に集住し、キャリア形成と自己実現を目指す姿に釘づけになった。韓国人ニューカマーは「大久保」を目指すようになったと「韓人会」のメンバーは語る。「韓人会」は、ニューカマー韓国人の相互親睦と情報共有、地域社会との融和、民族教育の活性化と母語教育を目的とし、日本の法律を遵守し、地域社会に貢献すべくさまざまな活動を展開してきた。[23]

「多文化共生のために、自分たちは何をすべきか悩みは尽きない。韓国商店の発展に押される日本人商店を支援したい。翻訳作業など、ボランティアでやってあげたい」（李承珉氏、二〇一〇年）

日本人商店街の衰退に同情を寄せていた。

(2)「韓国広場」という商標

「韓国広場」の金根熙《キムクンヒ》社長は一九八五年に来日し、大学院で「日本の思想政策」を研究し、博士課程を修了した。第一期の新宿区多文化共生まちづくり会議の委員でもある。

「学者になるよりキムチを売って、韓国と日本の架け橋になりたい。」(24) 韓国食文化の日本伝播のために一九九三年、日本人に馴染みが薄い韓国生活文化を広く紹介し、韓国食品スーパー『ジャント（市場の意味）』を日暮里に開店しました。生活文化を共有するとき、相互に心の扉を開いて友人になることができると思い、設立したのです。一九九四年に新宿の職安通りに二号店『韓国広場』を開店し、その後『韓国そのまま』を売るという信念で努力した結果、マスコミの関心をひくようになり、日本での韓国食文化の情報発信基地の役割を果たしています。」（金根熙氏）

韓国食品スーパーには一日二五〇〇人余りの顧客が利用し、毎日約二〇〇件余りが日本全国に通信販売で宅配される。顧客の半数以上が日本人で、毎月数件のマスコミ取材を受ける実業家として活躍している。

(3) 多文化共生の駅とプラットホーム

二〇〇一年一月二六日、予期せぬ事故が起きた。新大久保駅ホームで泥酔し、線路に落下した日本人を救おうと、韓国人留学生と日本人カメラマンがホーム下に飛び降りた。韓国人留学生、李秀賢《イスヒョン》さんの悲劇は日韓の架け橋として讃えられ、事件当日、李秀賢さんのホームページには一七万件のアクセスがあった。韓国では、亡くなった李秀賢さんの行為が儒教の精神に基づいていると感動した学生が多い。母校の高麗大学では彼を英雄として賞賛し、両国のマスコミは若き死を悼んだ。留学中は危険が多く、自らの命を自分で守る安全確認も大切であり、命の大切さを改めて考えるという側面も韓国の大学では話し合われた。

「新大久保駅の階段を下りるたびに思い出す。一〇年前線路に落ちた男性を助けようとした韓国人留学生と横浜市のカメラマンが、電車で尊い命を失った。出来事は即時に韓国全土に伝わり、僕も韓国で知りました。一〇回忌の今、大久保公園で大震災への支援のイベントを企画しています。」（韓国人留学生、二〇一一年）

命日、故李秀賢さんの両親は新大久保駅のホームで冥福を祈る。韓流ブームが起こる直前、命をかけた勇気ある行動だが、ホーム下には三人を救える避難空間がなかったことが指摘された。二〇〇一年の悲劇は、多文化都市のライフサイクルの成熟期への扉を開いたのである。

新大久保駅は、地域の留学生の協力を得て、「右側通行のお願い」を一八か国語で放送している。

「六月一日から、朝七時~夜八時まで放送を流しています。地域の方々と新大久保駅とのコラボレーションが実って多言語放送が実現し、多くの方々に喜んでいただき、嬉しい限りです。」（阿部久志駅長、二〇一五年六月一五日）

新宿区には一一四か国、約三〇言語の人々が住んでおり、母国語の放送に心がなごむこともあるだろう。

9　多文化都市としての意識改革と成熟期への道程

新宿区が、二〇〇五年に「しんじゅく多文化共生プラザ」を開設してから十年が経過した。日本語教育、外国人相談、多文化共生に関する活動団体ネットワークなどを展開してきた。外国人は流動性に富み、転出する場合も多い。短期居住者は一～三年未満の人口が最も多い。単身世帯が圧倒的に多く、世帯数の八割以上となっているが、人口で見ると約七割にとどまり、新宿区に住む世帯の三分の一弱は、家族で暮らしていることが分かる。こうした人びとの顔の見えるまちづくりの推進には、積極的な働きかけが必要とされている。

二〇〇〇年代、外国人住民からは、大久保は治安が良くて安全だから住むとの声が多かった。エスニック・レストランが一九九六年の六五軒から、二〇〇三年の一一九軒へと増加し、合わせて食材店も一九店へと増えた。エスニック・レストランは五〇〇軒以上となった。多言語の機関誌、情報誌七社が急激に部数を伸ばし、エスニック・ビジネスの進展とともに情報網が発達したことで、外国人居住者も街に馴染みやすくなり二〇一二年にはエスニック・レストランは五〇〇軒以上となった(25)。多言語の機関誌、情報誌七社が急激に部数を伸ばし、エスニック・ビジネスの進展とともに情報網が発達したことで、外国人居住者も街に馴染みやすくなり互恵的状況も活性化した。双利共生、多文化的雇用関係が生まれており、新宿の企業には奨学金を出して日本語教育や留学生を支援するなど、多文化共生をテーマに積極的な社会貢献を続けている会社も多い。その一方で、地域では、韓国人ニューカマーの存在感が、ホスト社会を圧迫する印象をもつようになる。「顔の見える関係」という地域づくりの基盤が欠如してことを課題として、研究者一〇名が新しい企画を始めた。筆者も加わった。新宿の一〇〇人を目標に韓国人ニューカマーのライフヒストリー・インタビューを行い、その内容を本人の同意のもと、定期的に印刷物・ホームページで公開し、自由に共有できるようにしたのである。

「重要な社会の構成員としてインタビューされる人びとの地域社会への所属意識の向上が期待できるとともに、受け入れ社会側には地域にいる韓国人も、かけがえのない人生の一時期を、同じ地域空間を共有しながら生きているという気づきが可能となると思います。したがって、インタビューを通して研究者側の視点から出発するような一定のモデルや理論を構築することを目的とするのではなく、語りの共有によって人と地域のつながりの手がかりを得ることがこの企画の本旨です。」(研究代表：渡辺幸倫氏)

以下は筆者のインタビュー調査の一つである。

「一九七〇年大田《デジョン》市生まれで、ソウル周辺の小学校を出ました。姉家族を助けるためにシドニーに一年滞在し、その後結婚して三度の訪日体験のある夫とともに来日（一九九七年）しました。夫は大学に入学し、家族滞在となりました。二〇〇三年に就職し、国立医療センターと社会保険中央病院で出産を体験し、二児の母となりました。その後、いくつかの仕事を体験し、二〇〇九年一二月に職安通りに化粧品を中心とする韓国物産の小売店を起業したのです。保証金、家賃を払いながら、四か月が経ちました。顧客は四〇～五〇代の韓流ブームに乗る日本人女性が大半です。夜は観光バスが来訪します。ビジネスの勝負はまさにこれからですが、私は接客業に向いていると思うので、希望に満ちています。私には小学校五年生と一年生の娘がいます。子育ては悲喜こもごもの体験があって、夫婦の絆を強めました。特に日本での出産は不安でしたが、出産助成金をもらい経済的不安から開放されました。日本語習得も進み、子どもの成長は、夫婦を勇気づけています。特に商売に挑戦するエネルギーは、子育てに自信をつけてきた過程と無関係ではないと思います。苦労した甲斐があり、韓国の化粧品やインテリア商品を営業に活かし、日本人消費者の心を捉えたマーケティングを展開しています。顧客は国籍ではなく、女性をターゲットとしているのです。」（Tさん、滞日歴通算一三年、二〇一〇年四月九日、於「韓国カフェ」『新宿のニューカマー韓国人のライフヒストリー記録集の作成――顔の見える地域作りのための基礎作業』トヨタ財団、七三頁）

同胞同士の助け合いもあり、家族の紐帯を強めながら保育や子育てを経験した話など、移住する家族の実態を語ってくれた。ニューカマーの起業家は、子どもの成長に伴って地域社会に根づき、ビジネス成功の道を模索する。地域には、韓流ブームに乗って、遠隔地からも顧客が日々大量に訪れた。新しい日韓の関係性が生まれ、家族の生活の向上は、市民としての意識をも培っている。このように地域は持ちつ持たれつの相互関係にある。「韓国旅行ブーム」を通じて韓国は身近になった。韓国語・日本語で礼拝を行う教会も多く、韓国語は街の至る所で話され、看板が掲載され、情報誌が置いてある。大久保通りにあるマクドナルド店は韓国語のメニューを用意し、ＪＲ駅も韓国語と中国語の定期券申込書を数年前から用意するなどの変容に、住民の多くは違和感がない。

多言語、特に韓国語の看板に慣れ親しみ、キムチや韓国海苔が毎日の食卓に並ぶ日本人家庭も少なくない。マンションに空室がないのも韓国人ビジネスマンや留学生の需要があるからで、韓国人を排除しては、街が成立しないという感覚も生まれた。韓国の子どもは、日本語習得が早いという印象を与え、公立小学校に転入した韓国籍の子どもは、教育熱心な親のもとで、韓国語と日本語のバイリンガルな成長を志向している。フィリピン、台湾、中国からの保護者もＰＴＡの役員になって学校運営に貢献し交流を広めている。

通名を使用してきた在日コリアンは、戸惑いを禁じえなかったと複雑な心境を語るが、多文化型まちづくりを志向する実感は、オールド・カマーにとっても居心地のよいものとして歓迎される。顔の見えるまちづくりのためにマスコミも活躍[26]した。マスメディアは、韓流の聖地「オオクボ」を強調するが、韓国、中国、ミャンマー、タイ、ネパールなど多数派外国籍住民のネットワーク化をより強調し、日本人住民の不安を煽る結果にもなった。二〇〇五年ごろから観光バスが大久保通りと職安通りに大勢の観光客を降ろすようになり、観光スポットとして全国的に知名度をあげた。地元住民の中には「新宿区多文化共生連絡会」において「生活空間である地域が観光地化されることは困る」と、複雑な気持ちを述べる者もいた。日本人住民の六二％が新宿区への期待として「共に認め合い、暮らしやすいまち」を挙げている（二〇一五年）。

10　新宿区多文化共生まちづくり会議と区政参加

新宿区多文化共生連絡会は、外国人住民と日本人住民が同席して二〇〇八年から三つの分科会をもってきた。①しんじゅく多文化共生プラザのあり方を検討し、②災害時の外国支援を誘導し、③外国にルーツをもつ子どもの学習支援を考える分化会である。外国人相談窓口の担当者や入管の相談員や社会福祉協議会、NPO法人の代表者なども集ってまちづくりを推進している。二〇〇八年当時、外国人の政治的参画と直結するものではないが、外国人の権利保障を広げる意識が出てきた。新宿区長は、マニフェストに「外国人と日本人の相互理解を促進し、区政参加を進めるため多文化共生推進会議（仮）の設置」を掲げた。

二〇一〇年、新宿区自治基本条例が制定された。その前文には、次のような決意が謳われている。

「私たちは、新たな時代の流れを深く自覚し、世界の恒久平和や地球環境の保全を希求し、互いの人権や個性を尊重し合いながら市民主権の下、この地に最もふさわしい私たちが主役の自治を創造します。

私たちは、世界からこの地に集う人々とともに互いの持つ多様性を認め合う多文化共生社会の実現をめざすとともに、新宿区の優れた歴史や文化を世代を超えて継承し、一人ひとりの思いをしっかりと基盤に据えた地方政府を創り上げる決意を込め、ここに新宿区の最高規範としてこの条例を制定します。」

さらに新宿区は、二〇一二年に区長の付属機関として「新宿区多文化共生まちづくり会議[27]」を設置した。幅広い主体が自由に参加するネットワーク組織である「新宿区多文化共生連絡会」と連携して、外国人の参画を推進[28]していくことを目標に掲げた。区は多文化共生都市の実現を目指し、外国籍住民の区政参画を推進し、多文化共

図 6-2　新宿区における外国人人口及び外国人比率の推移（各年 1 月 1 日時点）

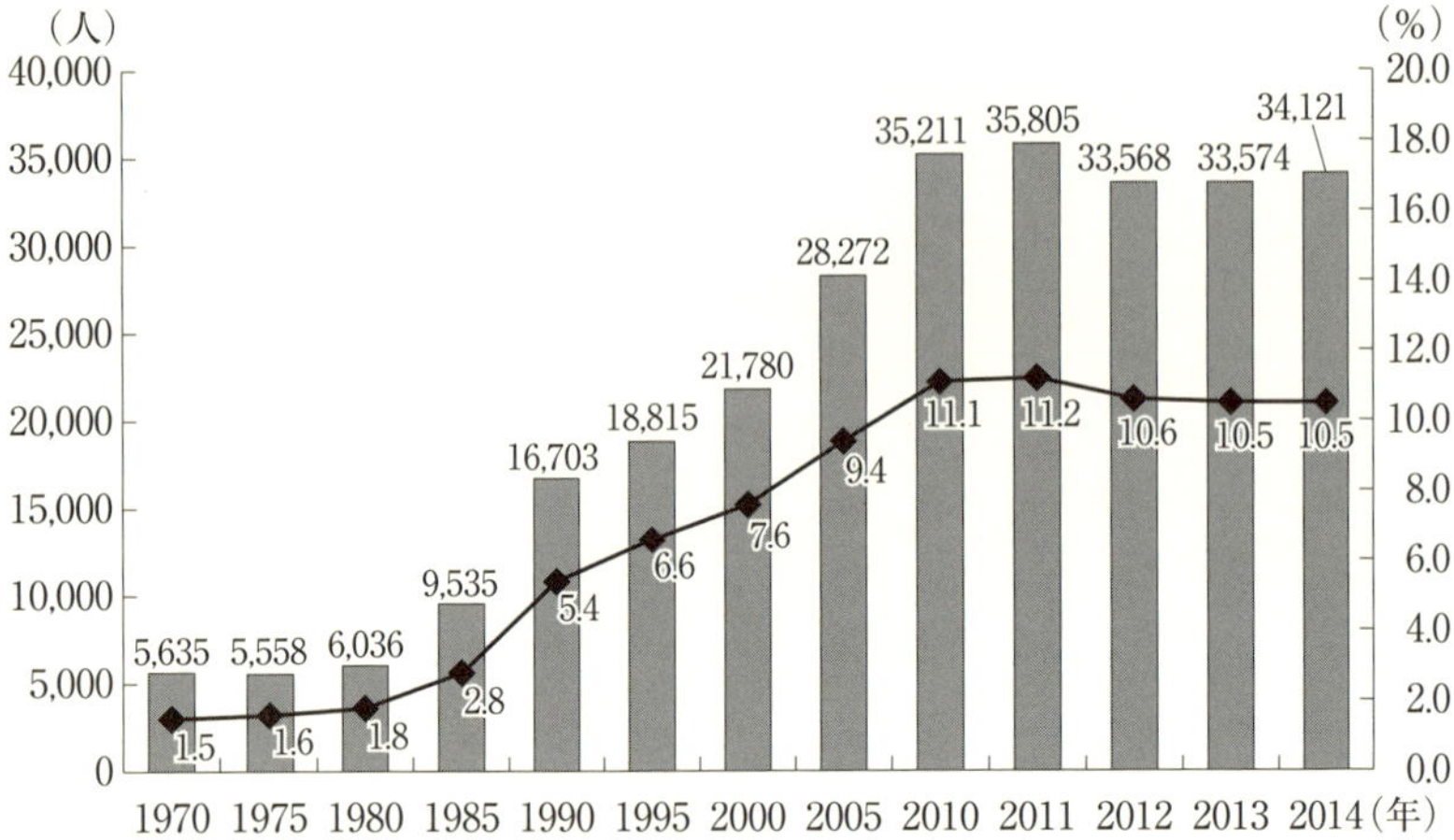

出典：外国人人口は、2012 年までは外国人登録、2013 年以降は住民基本台帳による。

生施策を実効性の高いものにする。

11　外国人と日本人という二項対立からの脱却

新宿区の外国人人口は三万五二七四人（二〇一四年八月一日現在）で、全国の外国人人口三二万六八六八人に対し一〇・八％だが（図6-2）、地域住民の感覚では、外国人人口の方が多いと感じている。外国人の昼間人口が多いためでもある。ちなみに新宿区の二〇一五年一月一五日の新成人式では、三六〇〇人の新成人のうち一四〇〇人つまり三六・六％が外国籍住民であった。

外国人比率の推移を見ながら「新宿区民の一〇人に一人が外国人」という捉え方は、実態を把握している実践者にとってはあまり意味がない。多文化共生を志向する実践者は、日本国籍者の中に多くの外国のルーツをもつ人びとが存在することに注目している。また幼児期から海外体験が豊富な固有の生育史をもつ新成人が多いことを知っている。

図6-3　新宿区における外国人人口の国籍別割合（2015年6月1日時点）

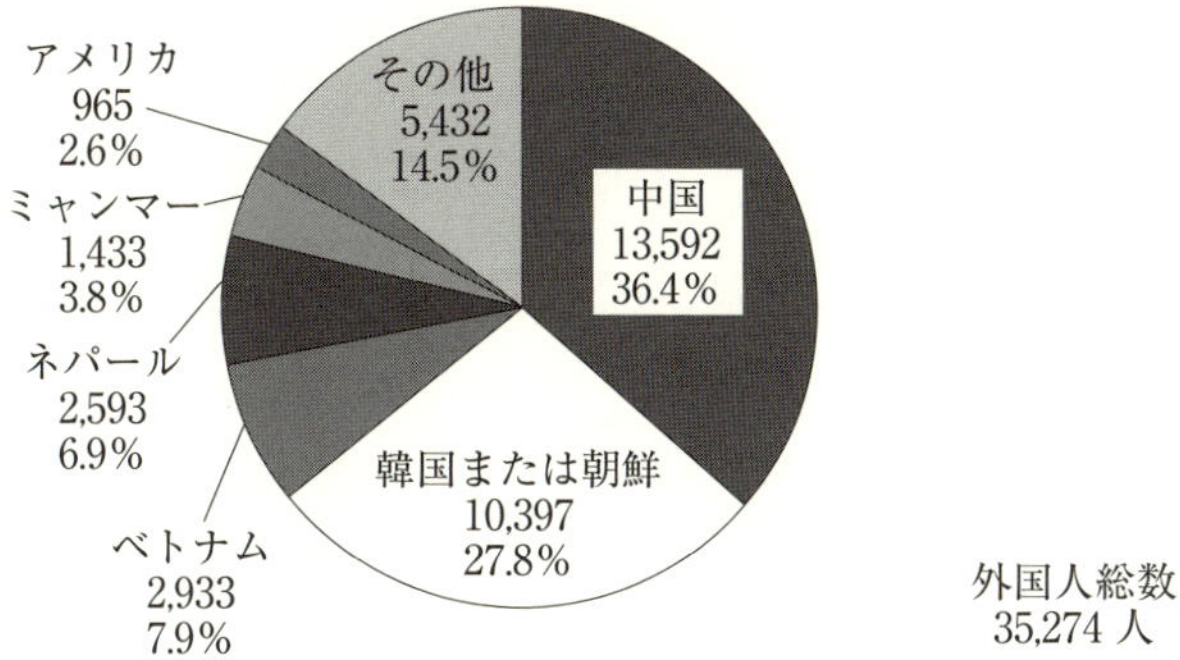

出典：新宿区多文化共生推進課作成資料。

一人ひとりの多様性こそが、多文化都市の利点なのである。

(1) 一二〇を超える多様な国籍、約九割がアジアから

① マイノリティの中のさらなるマイノリティに着目

新宿には一二〇か国超える多国籍の外国人がおり、その九割がアジアからという見方がある（図6-3）。

新宿区住民基本台帳を詳しく見てみると、新宿区では三七か国の多国籍の人が、一人または二人のみの登録となっている。一国について二人の国は、アフガニスタン、ブルネイ、エクアドル、フィジー、ホンジュラス、アイスランド、イラク、ケニア、オマーン、モルドバ、ニカラグア、パプアニューギニア、ドーゴ、ウガンダ、ジンバブエである。また、一国から一人の国は、ブータン、ボツワナ、キプロス、ベナン、エルサルバドル、エチオピア、グアテマラ、ハイチ、マリ、モロッコ、パラグアイ、ルワンダ、シエラレオネ、スーダン、シリア、タンザニア、トリニダード・トバコ、タジキスタン、ウルグアイ、イエメン、アルメニア、アゼルバイジャンである。これらの国からの移住者は単身で新宿に暮らしている。

そうした目立たないマイノリティの中のマイノリティの声を引き出し、彼らの言語、宗教、人生観にも注目することが多文化社会のダイ

図 6-4　新宿区における外国人人口の在留資格別割合（2014 年 8 月 1 日時点）

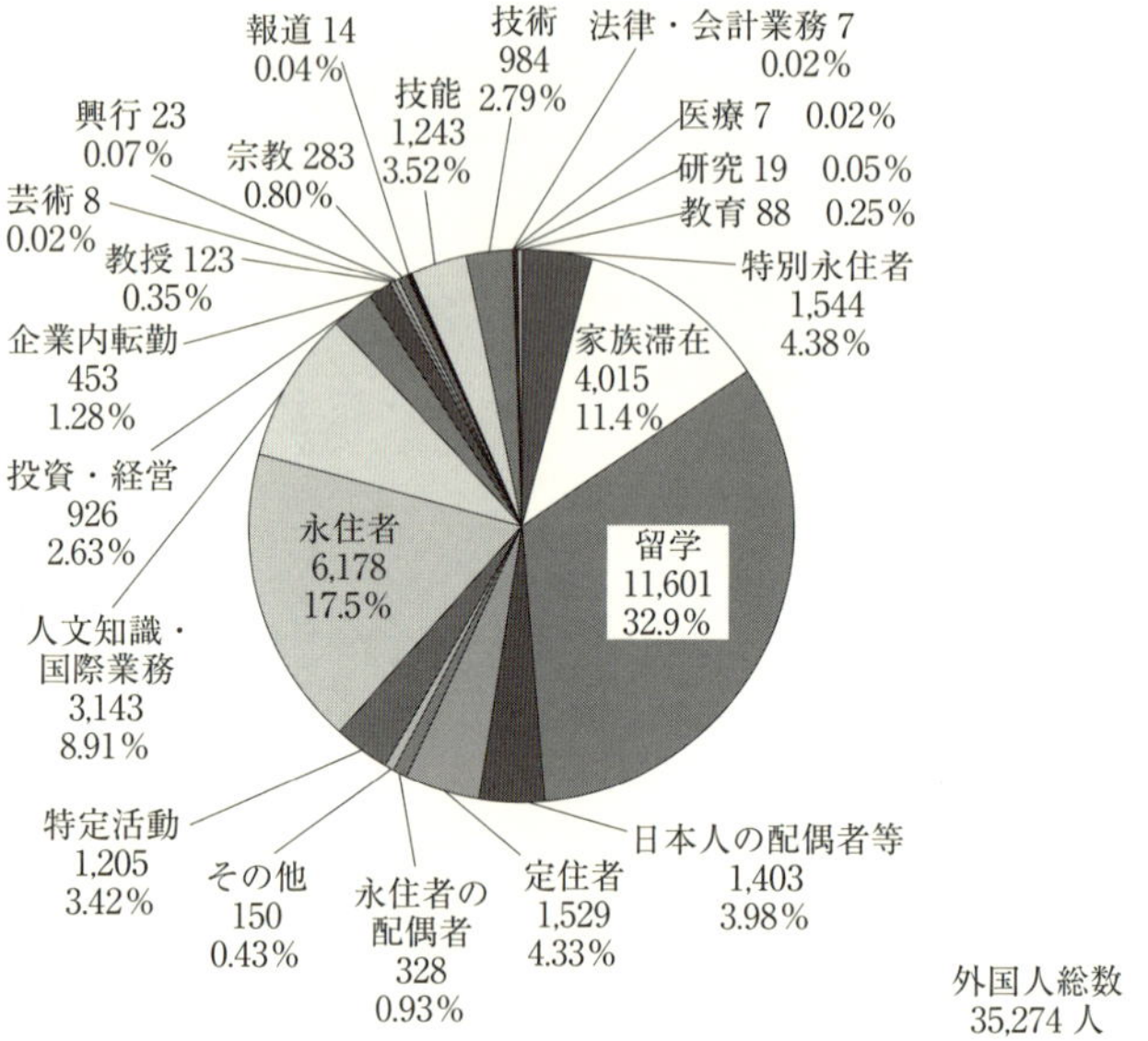

出典：新宿区地域文化部多文化共生推進課作成資料。

ナミズムを捉えることにつながる。自治体はこれらの国々の言語を書き出し、きめ細やかな多言語サービスを行っている。これらエスニック・マイノリティは情報の共有が難しく、アルバイト先や宗教施設などが同じ言語を使用する交流の機会となっている。

② ニューカマーが多く、一万一〇〇〇人を超える留学生

一九八三年に発表された「留学生受け入れ一〇万人計画」を背景として新宿区内に専門学校や日本語学校が林立し、新宿は留学生の磁場となった。留学生として来日し、結婚して家族を養いながら学校を卒業し、子育てをしながら日本で就職あるいは起業し、定住した人たちも少なくない（図6-4）。つまり在留資格という身分証明は、ある一面しか示すことができないが、ライフサイクルの視点は、世帯の内部を映し出し、そこに大きな自己実現の夢が隠れていることを浮上させる。

③　流動性（モビリティ）の高い外国人住民

住民基本台帳における二〇一三年度一年間の外国人人口の増加は一万五三一一人、減少は一万四〇二三人。一年間で新宿区の外国人住民のおよそ四割が移動している。その要因の一つには留学生が多いためと考えられる（新宿区多文化共生推進課）。母国との間を往復する者も多く、その流動性をプラスに捉えてまちづくりに活かしていく方法も考察する必要があるだろう。つまり視点を変えれば、地域住民が絶えずグローバルに移動していることは、グローバルなネットワークを構築するためには大きな利点も見出せるのではないだろうか。

(2)　インターカルチュラル・シティ構想

一方、筆者が注目するのが、二〇一二年、欧州を中心に推進されているインターカルチュラル・シティ（以後ICC、多文化共生都市とも訳されている）構想がある。ICCとは、異なる国籍、出身、言語、信仰や信条の人々が暮らす地域で、その政治指導者と大半の市民が多様性を肯定的に資源と捉え、さまざまなプログラムを実施している街を意味している。地域レベルにおける多様性（ダイバーシティ）マネジメントへの包括的アプローチともいえる。ICCは積極的に差別と戦い、その統治機構、制度、サービスをさまざまな住民のニーズに適合させる政策を推し進めている。こうした構想は、多様性や文化的衝突を取り扱う戦略と手段を有し、かつ公的空間における多様なグループ間の一層の混交と相互作用を奨励する施策としてEUを中心に始まった。そうした構想に新宿区も加わっていく可能性が高い。

日韓欧・多文化共生都市国際シンポジウムが東京で開催された（二〇一二年一月一八日）[29]。

ICCに至る段階として、まず、政治指導者が批判を覚悟でICCに向かう姿勢を示す旨の公式声明を出す。

ＩＣＣは移民に法的権利と社会参加を保障し、相互に都市機能を再評価する。別のグループとの衝突に備え、これを処理する自信と能力をもつ。移民の母語と受け入れ国の言葉の両方を検討する。国際的な政策を策定する。そして人や文化の混合に関して自分の市の進み具合を知るための調査能力をもつ。また、その情報で政治家なども研修し、独自の政策を策定できるスキルをもつ環境へと段階的ステップを踏むことになる。こうした状況を確立していくには、新たな移住者の受け入れサービスを重要視する。欧州の移民受け入れの類型は次のように進んでいくという。

① Non-policy（無政策）　歓迎されない存在なので、政府対応はない
② Guest worker policy（労働者政策）　一時的な労働力でいずれ帰国する存在
③ Assimilation policy（同化政策）　永住者として受け入れるが、同化することを強要
④ Multicultural policy（多文化政策）　永住者として受け入れるが、分離や隔離もある
⑤ Intercultural policy（多文化共生政策）　永住者として受容し、文化の違いを認める

（多文化社会研究会における石原進氏の報告）

欧州評議会[30]は、人権機関（全欧州の人権と民主主義の監視機関）から個人の文化的アイデンティティを表明することは基本的な権利であり、万人に市民権を保障すること、さらに外国人住民に地方参政権を与えるよう加盟国に要請し、欧州人権条約を施行し、個人の自由と平等を保障することを加盟国の責任とみなすとしている[31]。

可能になる。

（3）多文化型まちづくり

多文化都市の創造に必要なことは、都市がライフサイクルのどこまで到達したのかを分析し、確認しあうことである。人生に儀礼があるように、成熟度を確認する祝日、つまりシステムがあれば、多文化共生政策の策定が可能になる。

多文化都市は「実質的な市民権」を認め合う過程を生成する。失敗を繰り返しながらも「独立の位相」を獲得し、人間発達と都市の発展を把握することができる。多文化都市の生成には、「市民権」の再考が必要となるだろう。トム・ボトモア（Bottmore, 1992: 66）の言う「形式的市民権」と「実質的市民権」、つまり前者は国家の一員であることによる市民権、後者は「社会形成に参画する者の集合体」の市民権という概念の認識も必要である。実質的市民権は、大きな社会不安や災害に襲われたとき、「生の保障」に力を発揮しうる。

カースルズも「準市民権（quasi-citizenship）という表現を用いて次のように議論している。市民権は、パスポートの所有によって表示される形式的な地位以上のものを意味する。移民やその子どもたちにとっての市民権獲得の手続きの検討と同様に、市民権の内容を市民の権利、政治的権利、社会的権利に照らして考察することは重要である（S・カースルズ／M. J. ミラー、一九九六：二四四）

実質的に移民・難民を受け入れてきた新宿の経験は、その歴史性に生まれる内発性をもって具体的な対応策を提言していく時期にきている。単に欧州の真似事ではなく、日本の伝統文化や風土、人びとの伝承を大切にするまちづくりの思想である。地域の歴史を丹念に掘り起こし、多文化共生の実践を認識、多文化家族の内実に根差した多文化共生型まちづくりの理念を創出し、多文化共生推進プランを策定するところに到達したのである。

注

(1) 本章第2、3、4節は、川村（二〇〇八）を基に加筆修正したものである。
(2) 河（二〇〇三：八八〜八九）に依拠している。
(3) 一九四四年、ある日本人から見込まれて多額の出資金を受けて事業を開始したが、米軍の空襲で焼失した。出資者は出資金を諦めていたが、重光は必ず返すと約束した。朝鮮人を見込んでくれたのに申し訳ないと恩義を感じたからである（前川、一九八七）。この辛の逸話について、在日二世の河明生は信憑性が高いという。
(4) 民団新宿支部（二〇〇九）によれば、ロッテは『若きウエルテルの悩み』の主人公シャルロッテの愛称ロッテを社名にした。
(5) 民団とは一九四八年に結成された「在日本大韓民国民団」であり、辛格浩は、現在、民団東京新宿支部の経済顧問を務めている（二〇〇九年時点）。
(6) 在日一世には植民地時代に渡日した人も、韓国独立後、韓国・朝鮮戦争の戦前・戦後に渡日した人もいる。
(7) 「広い土地を辛格浩さんに売ったのは、一眼レフカメラの仕事の金相吉さんで、当時の新宿区の在日で、一番金持ちだった」。民団新宿支部（二〇〇九）によれば、金相吉さんは韓国学園を財政面で支えるなどしていた。
(8) 彼らの渡航経路や時期・経験・成功有無の差は大きい。「在日コリアンの声を記録する会」は在日一世の歴史的体験を口承記録として収集・保存しており、金時鐘『在日を生きる』『百萬人の身世打鈴』『一〇〇人の在日コリアン』、李朋彦『写真集　在日一世』などが丁寧に歴史を掘り起こしている。
(9) 戸籍制度がいかに人びとを縛る制度であるかを研究した佐藤文明氏も、新宿区役所の外国人登録窓口を一九六九年から一九七二年まで担当していた自治体職員であった（佐藤、一九九七）。
(10) これ以降、外国人は自治体で世帯単位で把握されることになり、住民サービスを受けやすくなった。転出届が義務化されることによって子どもの不就学問題を改善する一助となった。国民健康保険や介護保険、児童手当などの漏れを防ぐこともできるという。台帳は、日本人と別の外国人専用の台帳となる可能性が高い。
(11) 江淵（一九九八：二六九）を参照。多文化社会研究会では、参加したネパール、ナイジェリア、バングラデシュ、トンガ、タイ、フィリピンからの留学生が、祖国への「後ろめたさ」という複雑な心境に興味を示した。新宿では日韓の歴史に関するシンポジウムが多数催されている。筆者も在日三世を講師に招いてシンポジウムを開催（新宿文化センター）した。これは新聞紙上にも紹介されたが、歴史的経緯を理解しオールド・カマーのアイデンティティの苦悩を世間一般に発信し、かつ十分な理解を得ることは困難であった。本文で示すようなアイデンティティに関する当事者のオーラリティが効果的であり、ダブル・バインド的状況を考察する。

(12) 在日コリアン青年連合は、NGO団体共住懇の取材に応じている。多文化コミュニケーション情報誌『OKUBO』に連載が掲載されている。

(13) 就学生数は一九九三年には八四六名、一九九八年には九八七名、二〇〇三年には一三六六名、二〇〇七年には二三一七名へと増加する。

(14) 大学で人文社会学を専攻した留学生は、卒業後、日本企業や在日の会社に就職して「人文知識・国際業務」ビザを取得し、理工系を専攻して就業した卒業生たちは「技術」ビザを取得して、日本に定着し始めた。

(15) 区は全国に先駆けて、外国人に対する居住の差別の撤廃を掲げる基本条例をつくった。その結果、外国人歓迎の看板が増え、不動産業者の中には外国人を雇い、独自で多言語の説明書や契約書を用意して、外国人顧客を専門にするところも現れた。区民の転出をいかにして防ぐか新たな基本構想審議会が区の将来像を「ともに生き、集う街。ともに考え、創る街」という標語を掲げた。新宿区は外国人相談窓口を設置し、英語、中国語、韓国語の通訳を置いた。一九九三年、財団法人新宿区国際交流協会を設立し、八か国語の母子健康手帳の発行、エイズ予防リーフレットを配布している。

(16) 最寄品業種の店舗が繁盛していた。新大久保駅と高田馬場駅とにかけて各種公共施設、大学、高校、中学、小学校、保育園、公園が散在し、マンション、個人住宅が密集しており大久保通りは婦人層、幅広い層の歩行者が多い通りである。一世帯あたりの家族人員が少ない。独身者と共稼ぎ夫婦が多く、外食産業は発展しやすいという環境から飲食店が多い。新大久保駅の一日の乗降客数は、一九八〇（昭和五五）年の九万人程度であったが、二〇〇九年三万四七八三人、二〇一一年六万四五八二人と増加している。

(17) 社会学者の麦倉哲（一九九八：一七四）は、「ラブホテル組合が防犯運動に携わるのは、自らの出血を伴う。実際、一部のホテルは営業停止処分を受け、あるホテルは自主的に休業するように仕向けられた。ラブホテル側の自発的な取り組みとしては、外国人売春お断りのステッカーを店頭に掲げた。外国人の売春だけを問題視すると、差別という厳しい批判がなされる。ホテル側は売春というイメージを払拭したい。一部の店では入り口に監視カメラを設置し、店頭で宣言した。匿名性の高い、密室内での事件を防止する積極策であった。かくして、ラブホテル業界は、業界健全化のために努めた。こうした動きは、ラブホテル街においては、おそらくは大久保・百人町だけであろうと思われる」と記述している。

(18) これにより風俗営業店や特殊浴場で働くことが難しくなった女性たちが、大久保のホテル街に出没するようになったと説明されている(野村・山口、一九九〇)。

(19) 新大久保校六〇〇人、新橋校三五〇人、横浜校一五〇人、ほか渋谷校・名古屋校の五校を経営。

(20) 在日本韓国人連合会(在日本韓國人聯合會)(略称・韓人会)はニューカマーによる全国組織で民団に次ぐ韓国人親睦団体。二〇〇〇年九月大久保地域を中心とした「在日韓国人を考える会」、二〇〇一年一月「韓人会準備委員会」を組織し「在日本韓国人連合会」結成。大久保に本部事務所を構える。

(21) この団体は世界六一か国にあり、約一〇〇〇人が所属する。二〇一三年現在、韓国人は国外に七〇一万人ほど暮らしている(韓国政府の発表)。

(22) これ以降も、「在日韓国ソフトウェアー産業協会」「PC房経営者会合」「在日韓国農食品連合会」「在日韓国飲食業協会」が結成され、ニューカマー間の商取引秩序の確立と業種の発展を図るコミュニティとなる。新宿ではないが、日韓ビデオ連合会、在日韓国人貴金属協会、韓国ベンチャー企業クラブ、在日韓人SE協会もある。

(23) 一方で、韓国人ニューカマーの増加は韓国人と日本人の摩擦、また韓国人同士の競争の激化を生んだ。こうした問題を解消すべく、民団とは別に「在日韓国人連合会」が結成され、二〇〇九年四月には、その傘下に「新宿韓国人発展委員会」が発足した。

(24) その傍ら、日本政府出資研究所である財団法人流通システム開発センターの客員研究員として商用バーコード研究に参加。一九八八年には韓国のIEAN(商用バーコードの世界団体)加入を日本で支援した。

(25) 『日経ビジネス』(二〇一二年二月一七日号)は、新宿区大久保地区の韓国人ビジネスの展開を一六頁にわたり紹介した。また、学校教育についていけない子どもたちの教育支援をしている「みんなのおうち」と大久保小学校の善元教諭の取り組みを紹介している。

(26) 二〇一〇年四月から三か月にわたって『日本経済新聞』夕刊で連載された「アジア人が集う街――東京・オオクボに住んでみる」は地域の話題となった。元記者・藤巻秀樹氏は、実際に大久保にアパートを借り、大久保の二四時間を体験したのである。藤巻氏の一連のルポルタージュは一冊の本になって二〇一二年一〇月に刊行された(藤巻、二〇一二)。

(27) 第一期の委員は、韓国、中国、ミャンマー、ネパール、フィリピン、タイ、フランス、アメリカなど一三名の外国籍者を含む三一名で構成されている。筆者も部会長を務めることになった。

(28) 浜松市外国人市民協議会と川崎市外国人市民代表者会議がすでに設置している。また、三鷹市・八王子市・神戸市・川崎市外の自治体では要綱を設置している。この推進会議を執行機関の付属機関と位置づけ、地方自治法第一三八条の四により法律または条例の定めが必要となる。

(29) 日本からは、浜松市、新宿区、大田区の首長が、韓国からはソウル市西大門区、水原市、安山市の首長、欧州からはリスボン市（ポルトガル）、レッジョ・エミリア市（イタリア）、ボートシルカ市（スウェーデン）の首長が臨席し、ロバート・パルマー欧州評議会民主的統治・文化・多様性局長や山脇啓造明治大学教授、梁起豪・聖公会大学教授などとその構想について議論を交わした。主な内容は、ＩＣＣ都市政策のツールとして次の点があげられる。①概念ツール：直面する諸問題を検討する新しい方法で、ＩＣＣレンズと呼ぶ。②分析ツール：都市が集める新しい情報や諜報を検討する方法で、ＩＣＣグリッドと呼ぶ。③評価ツール：他都市との時間の経過による比較ができるようにしＩＣＣ指数を出す。④発展ツール：成長が予想される一一都市のネットワークで、諸都市は話し合い、討議し、協力して良い習慣を生み出す。

(30) 欧州評議会は、一九四九年に設立され、一九五一年には統合に熱心な支持国（ベルギー、フランス、イタリア、ルクセンブルグ、オランダ、ドイツ連邦共和国）がＥＣ条約の締結に至る。現在四七か国が加盟している。

(31) これまでＩＣＣと国際交流基金は欧州評議会主催会議に日本の専門家派遣（二〇〇九年四月）、欧州ＩＣＣ関係者が日本訪問（二〇〇九年一〇〜一一月）、欧州評議会主催ＩＣＣ視察に日本の関係者を派遣（二〇一〇年一〇月）した。多文化共生都市セミナー・東京（二〇一一年一月）、日韓欧・多文化共生都市セミナー・ソウル（二〇一一年八月）、日韓欧・多文化共生都市国際シンポジウム東京（二〇一二年一月）などを開催してきた。

第7章　人生の統合と加齢の価値
――ジェロントロジーと幸福な老い

Life Integration and the Value of Aging: Gerontology and Aging Happily

問題の所在

エリクソンは、人が死に直面するとき、「世代継承の中に自らを位置づけること」の重要性を説いた。人生を俯瞰し、一度限りの人生に納得し、祖父母の時代から次の世代へと引き継げることが「幸福な老い」に重要な意味をもたらすと説いている。そう考えれば、移民の「世代（generation）」もあり、外国系住民の世代の継承やサイクルという視座が浮上する。また、新宿の調査では孤独な高齢者が多く散見されたが、高齢者は他者の「ケア」を受けることでより充実した生活を過ごせるようになる。老後を支えることは生の保障に直結している。医療の国際化が重視され、医療リテラシーの向上や、医療通訳の養成が重要課題になった。人間ドックを中心にした医療ツーリズムの話題も頻繁に聞かれる。

新宿は病院数も多く、「人の命に国境はない」として献身的な医療に生涯を捧げた外国籍医師たちが多い。二〇一四年に他界されたロシア人医師、ユージン・アクセノフ氏のインターナショナルクリニックは、港区にあったが、新宿区にも台湾出身の医師が多言語対応によって医療の国際化に貢献され、亡くなられた。健康保険のない患者への優しい視線があった。

新宿区にある国立国際医療研究センターは、早期に多言語で対応し、外国籍患者を積極的に受け入れてきたことで知られる。英語、中国語、韓国語はもとより、ポルトガル語、スペイン語などでも対応している[1]。

高齢化率（総人口に占める六五歳以上人口の割合）を見ると、日本は、一九七〇年に「高齢化社会」（七・一％）、一九九五年に「高齢社会」（一四・五％）、そして二〇一五年に「超高齢化社会」（二一・五％）になった。

高齢者へのケアは、家族介護が中心であった。高齢者ケアを通して加齢の価値を知り、高齢期の発達課題が人生の「統合」であることを認識しうることは自己実現に向かう質の高い経験であり、人間形成の重要なプロセスである。生涯のすべてに意味を認めることができ、人には長所もあれば短所もあることを恐れることなく受容するとき、人は自らのライフサイクルに納得がいくのだろう[2]。

介護は、医者と患者のように両者が相対して向き合うのではなく、車椅子を押すように同じ方向を見つめることが多い。介護者は高齢者が何を見つめ、将来には何が待ち受けているのかを共有することになる。そこに多文化意識と次世代への連続性をもつライフサイクルの視座が開かれる。

本章では、海外にルーツをもつ高齢者と介護や医療の国際化を考察する。社会老年学（gerontology）を援用しつつ、加齢の価値と、国籍を問わず多様な人生観をもつ高齢者の「幸福な老い」を探究する。

1　外国籍高齢者の増加と異文化間介護

介護とは、一般には高齢者・病人などを介抱し、日常生活を助けることを意味している。介護は人間の本質に寄り添う介護者と被介護者の全人格的な相互行為であり、日本社会での多文化化・多民族化と少子高齢化の流れの二つの潮流が重なる領域に、異文化間介護の観念が生まれた。筆者は、民族や国籍の垣根を超えて、異なる文化の狭間で営まれる介護を「異文化間介護」（川村、二〇〇六）と定義したが、これには大きく分けて二つの介護形態が考えられる。一つは日本人介護者が[3]、在日外国人高齢者を介護する形態であり、もう一つは外国人介護者が日本人高齢者を介護する形態である。もっとも、外国人介護者が異文化社会で生活していた外国人高齢者を介護する形態や、海外で日本人介護者が異なる文化をもつ日本人高齢者を介護する形態など、多種多様な形態が出現しつつある[4]。

内閣府が発行する『高齢社会白書』によると、高齢社会対策基本法（一九九五年施行）では、基本理念として①「国民が生涯にわたって就業その他の多様な社会的活動に参加する機会が確保される公正で活力ある社会」、②「国民が生涯にわたって社会を構成する重要な一員として尊重され、地域社会が自立と連帯の精神に立脚して形成される社会」、③「国民が生涯にわたって健やかで充実した生活を営むことができる豊かな社会」を目指している。二〇〇二年には「高齢社会対策大綱」でも「国民の一人一人が長生きして良かったと誇りを持って実感できる、心の通い合う連帯の精神に満ちた豊かで活力のある社会を確立していく」ことを目的とすると明記していた。国民＝日本国籍保有者と解釈され、日本国籍保有者以外の者は別扱いになってきた。高齢社会の対象は、すべて「国民」であり、長年、年金や税金を払い、ともに暮らしてきた外国籍高齢者は視野に入っていなかった。

外国籍住民は住民として自治体の福祉サービスを受ける権利があり、自治体行政において外国籍高齢者への

「内外人平等」の理念は自明であり、自治体はそれを念頭に外国人高齢者へのサービスにあたらねばならない。外国籍高齢者の存在を把握し、さらに多くの帰化した高齢者への文化的多様性への配慮が必要である。外国人登録者数における高齢者の割合は約六%に過ぎず人口は二〇代から三〇代に集中しているが、外国籍高齢者は次に示す表7-1のように増加している。

二〇一四年、日本には約一九〇か国を超える外国籍住民がともに暮しており、表7-1に見るように、六五歳以上の外国籍高齢者の総数は一六万五七八九人を数える。[5] 圧倒的に韓国・朝鮮人が多い。定住化が進展し、日本人配偶者や日系人などで「一般永住」資格取得者が増加している。在留目的や在留形態、国籍、宗教など実に多様な外国人が共存し滞在期間が長期化してきており、そこには永住権の取得や帰化者の増加、国際結婚の増加によるハイブリディティ化を理解する必要性がある一方、日本人の海外渡航者も、帰国子弟も日本企業の海外赴任者も増加している。海外での出産・育児や医療を受ける体験だけでなく、高齢期を迎えて海外で介護を受けるなど、実に豊富な多文化型医療が展開されている。

2　無償から有償への介護のパラダイム転換

(1)　特定の女性の無償の仕事＝介護

二〇〇八年総人口に占める高齢者の割合が二二%を超え、後期高齢者といわれる七五歳以上人口の割合が初めて一〇%を超えた。[6] その頃、介護施設や自治体、NPOなどが主催する介護者の集いでは、家族介護者が疲弊し悲惨な実態が告白された。介護に伴って生ずる八つの感情があり、「孤独感」「不安感」「負担感」「被害感」「無

表 7-1　日本における外国人の高齢化（総在留外国人）

国籍・地域		65～74歳		75歳以上		合計	(%)
		男	女	男	女		
総数		48,554	55,789	24,387	37,059	165,789	100
アジア		40,057	49,298	21,208	34,654	145,217	88
	中国	5,402	6,472	2,543	2,661		
	韓国・朝鮮	31,626	37,757	17,337	30,398		
	フィリピン	458	1,202	124	297		
	ベトナム	243	222	106	112		
ヨーロッパ		1,797	1,233	748	448	4,226	3
アフリカ		109	50	78	13	250	0
北米		3,007	1,865	1,891	1,364	8,127	5
南米		3,143	3,057	352	453	7,005	4
オセアニア		381	237	79	70	767	0
無国籍		60	49	31	57	197	0

出典：法務省「在留外国人統計（2014年12月末）、国籍・地域別、在留資格（在留目的）別、総在留外国人」。

力感」「怒り」「罪悪感」「悲しみ」（渡辺俊之、二〇〇五ａ：三九～五二）など否定的であり、介護のストレスを軽減する研究や試みも各地で行われている。ＮＰＯ法人介護者サポートネットワークセンター・アラジンが実施した「介護者アンケート」（回答数二七〇件）によれば、①二四時間、三六五日の拘束感と緊張、②過労の長期化による不安、③自己犠牲と被害感、④孤立感、⑤衰弱や要介護度が進む無力感、⑥イライラや怒り、⑦体力の限界と介護者の発病、腰痛や膝痛、⑧うつ状態をおこして健康を損ねる介護者が多い、⑨経済的な負担もまた大きい[7]。

また、予想可能なライフ・イベントである定年退職などは、ほとんどストレスがないが、親や配偶者の介護のような慢性的な事象は、介護者の安定した生活とバランス感覚を奪い、変化への適応力を失わせてしまうと指摘する。それを補うために家族介護者へのサービスが存在することになる。二〇〇〇年代から介護保険ではサービスの供給が不十分な場合が多く、介護者の心身のケアについては何もなされていないと指摘された。介護を担う人は、心身ともに重い負担が強いられる場合が多く、社会的に孤立状態に陥ることで最悪の場合には介護殺人、介護自殺、介護心中や虐待といった悲惨な事件につながることもあった。その背景には、娘や嫁が親の介護に適しているというステレオタイプの考え方が根強く残存している。農村だけでなく、都市部においても介護は女性の無償の仕事となり、家族の特定の一人がその重荷を過大に背負っている場合が多い。介護者が苦痛であれば、介護される高齢者も決して幸福ではないだろう。(8)

(2) 介護保険制度とケア・ワーカーの出現

二〇〇〇年、介護保険制度によって「介護の社会化」の端緒が開かれたが、介護労働は低賃金・重労働で離職率が高いと指摘され、かつ介護現場のスタッフ不足が危惧されることから、日本政府は看護師と介護福祉士候補生を海外から受け入れることを決定した。二〇〇六年、日本とフィリピンとの間で経済連携協定（EPA: Economic Partnership Agreement）の基本合意が交わされ、EPAの枠組みにおいて国家資格を取得する教育と研修を目的とし、その間、介護施設や病院などに勤務することができるようになった。

国際労働力移動の半数は女性で、そのほとんどが介護・家事労働に就労している。外国人介護士の導入は、日本の労働市場を開き、介護の社会化とも不可分である。しかし、国内労働市場を保護するため、看護・介護の仕事への外国人の就労は制限されており、言語の違いや異文化の障壁などが問題視され、議論が展開された。当初は身体に接触し、親密性の高い「命」に関わる仕事を、外国人に任せることへの抵抗と批判があった。ところが、三・一一東日本大震災後に寝たきりの高齢者が被災地に取り残され、孤独死も多い状況であることが明らかとなると、こうした問題の解決が生の保障と直結しているという認識が生まれてきた。

介護は無償から有償の仕事と認識され、政府・市場・世帯からなる福祉レジームの在り方が問われ、海外からのケア・ワーカーが重要視されるようになった。(9) 二〇〇九年、政府の動きに連動して、教育・人材・介護事業を

表 7-2　外国人看護師・介護福祉士の候補者数と合格者数

		2008年度	2009年度	2010年度	2011年度	2012年度	累計
看護師候補者数	インドネシア	104	173	39	47	29	392
	フィリピン	—	93	46	70	28	237
介護福祉士候補者数	インドネシア	104	189	77	58	72	500
	フィリピン	—	217	82	61	73	433
看護師合格者数	インドネシア	—	0	2	15	34	51
	フィリピン	—	—	1	1	13	15
介護福祉士合格者数	インドネシア	—	—	—	35		35
	フィリピン	—	—	—	1		1

出典：公益社団法人国際厚生事業団「経済連携協定に基づく外国人看護師候補者の受入れと看護師国家試験の概要について」、「外国人看護師・介護福祉士候補者受入れの枠組み、手続き等について」2014 年 5 月。

展開する新宿の企業は、積極的にインドネシア人看護師・介護福祉士候補者への事前研修を行うなどさまざまなプログラムを開始した。[10]

表7-2は、これまでの受け入れ状況である。二〇一一年九月、ＥＰＡに基づく外国からの看護・介護の人材受け入れで、ベトナムを新たに対象とする方針を固めた。二〇一四年度に第一陣の来日を目指すとしている。看護師試験を受けたフィリピンとインドネシアの候補者の合格率は三％程度であった。労働力不足を補う当初の目的からは、ほど遠いのが現実であり、日本語教育や日本語教師の養成講座なども開催されている。ＥＰＡに基づく看護師候補者と介護福祉士候補者の受け入れ状況は、表7-2に示した通りで厳しい状況にあるが、その実績は確実に伸びており、幸福な高齢社会に向かうことができるか否か、異文化間介護は、その鍵を握っているといえよう。

公益社団法人国際厚生事業団の二〇一五年度「経済連携協定に基づく受入れの現状」によれば、インドネシアからの看護師候補者四四〇人（二〇一三年度までの受け入れ実績数）のうち合格者の累積は、八七名である（六七名が就労中で、二〇名が雇用契約終了後帰国している）。介護福祉士候補者は六〇八名のうち一六七名が合格者である（就労中の人数は一二九名で三八名が帰国している）。

同様にフィリピンからの看護師候補者三〇一名のうち合格者数は四一名（就労中三八名、帰国者数は三名）、介護福祉士候補者は四八三名のうち合格者は七五名であった（就労中が六九名で、帰国者数は六名である）。

看護師候補者に対して、職員や患者家族の約七割が「良好」「概ね良好」の反応を示している。看護に関しては大阪府一一三名、愛知県六五名、東京都六三名が最も多い。

介護福祉士候補者に対しても同様の反応を示している。介護に関しては、徳島県一二三名、神奈川県一〇三名、大阪府八〇名、千葉県六六名、東京都五七名の順になっている。

訪日前から日本語研修を行っており、日本語能力試験N3程度の達成率は九割程度まで上昇している。

国家試験に関してはすべての漢字への振り仮名付記、難解な表現の言い換え、疾病名などへの英語表記がなされ、試験時間も日本人の試験に比べて一・三倍に延長されている。

3 異文化間介護と加齢の価値(11)

外国籍高齢者が増加しても、在日コリアン一世・二世、インドシナ難民、中国帰国者などの高齢化に日本社会は無関心（川村、二〇〇六）であったが、エスニシティの多様化の歴史認識が、外国籍高齢者介護を巡る新たな視点をもたらした。

筆者は、高齢者介護の相互行為が「異文化間トレランス」の育成と相互理解の深化につながっており、「異文化間介護」の視座を厚く構築することで異文化間教育学やケア学の裾野を拡大することが可能であることを指摘した（川村、二〇〇七：五四～五七）。外国籍介護者の導入は地域の多文化意識を育てることになり、異文化間介護の連続性や親密性が新たな「多文化家族」を創出することを提起するゆえである。

ライフコース、エスニシティ、ジェンダーの視点は、異文化受容の転機となり多文化意識の育成につながる。国民国家という意識を超え、人びとがハイブリディティに目覚め、「異文化間介護」を通して、それぞれの知識と経験知を重ね合わせて情報のネットワーク化を進め、介護の質を高めることにつながる。異文化間介護は多様な高齢者のニーズに応える介護のあり方、老人施設の出現、制度的改善を志すことになる。[12] 異文化間介護は、高齢者のライフサイクルに寄り添い、加齢の価値を知り、人生の究極のテーマを共有する全人格的営みである。若さの喪失の過程で、人は人生を俯瞰し、老いを受け止め、人生の統合を獲得することができる。そこには国籍の壁はない。

一般的に「幸せな老後」の基本条件は、経済力、健康、家族の三点があげられてきた。介護する側、される側、双方が十分な経済力があり、健康を維持できる環境にあり、家族の結束に恵まれることの意味は大きい。幸せの概念は、多義的で曖昧であり、幸せを測る指標は難しい。老年学の幸福な老いの理論を探究したM・P・ロートンは次の三つの条件をあげた。一つは自分自身への満足感、二つ目に自分の居場所の確保、三つ目に変えられないこと（病や老いなど）が存在することの受容である。

『高齢社会白書』によれば、高齢者の回答では社会の役に立ちたいと考えるものが最多であった。地域社会の役に立つだけでなく、地球規模で貢献したい高齢者も多く、活動理論を裏づけている。活動理論（active theory）とは、壮年期の社会的活動の水準を維持することが、幸福に老いるための必要条件であるとする理論（古谷野、二〇〇三：一四七）である。一九四〇年代に生まれた団塊の世代の多くは、経済的な余裕があり、家族から自立して生活する傾向が強く、「ヤングオールド」と呼ばれるように、若い世代とも交流をもち、積極的にボランティア活動にも参加する。海外支援活動のボランティア活動も盛んだ。中高年層の海外技術協力の一環として、豊富な知識、経験、能力を活かして途上国の発展に寄与するシニア・ボランティアの数も増えている。[13]

4　在日コリアンの高齢化と在日一世の無年金

植民地支配によって戦前は「皇国臣民」として重労働を強いられ、戦後は一方的に「外国人」とされ、多くが通名を名乗り、権利を奪われ、差別に苦しみながらも日本に住まざるをえなかった在日コリアン一世に対して、その祖国の文化・言語や民族性を尊重しつつ、豊かな老後を日本で過ごすケア・サービスを提供することが日本社会の当然の責務であろう。在日高齢者問題は、その特殊な歴史的背景から、在日コリアンだけの問題にするのではなく、日本社会の問題として認識する必要がある。

生活全般にわたる支援が必要であり、在日コリアン高齢者特有のニーズを包括的にカバーできるサービス機関が求められる。現にこうしたニーズに応えて、在日二世による介護系ＮＰＯがその役割を担い始めており、多文化共生の拠点としての役割が期待されている。筆者は、在日コリアンの生活実態を知るため、新宿区の老人施設、尼崎市の老人施設、神戸と京都のＮＰＯ、新宿区の在宅介護を調査した。

在日高齢者がサービスを利用しやすいように、地域住民、他機関との連携を強化して制度や政策に反映させ、サポート体制を充実させていく必要がある。特に公的年金の受給に関する指摘（李錦純、二〇〇九、近藤、二〇〇九）からは、たとえ年金を受給していても、長い間加入できなかったために加入期間が短く、受給年金額の少ない在日朝鮮人にとって介護保険料の負担は日本人以上に重い。[14]

金永子（二〇〇五）は、在日朝鮮人二世の立場から年金の問題を考察し、二世は現在の高齢者を支えるために年金保険料を支払っているにもかかわらず、高齢者である自分の両親には支払われない上に、親の生活を支えなければならないという二重払いの構造になっていると指摘する。さらに介護保険は、年金による所得保障がなされていることを前提に成り立っている制度である。無年金などにより収入の低い一世が、介護保険の保険料や介護サービス費の自己負担分一割を支払うのは至難のわざである。[15]

在日外国人の定住化が進んでいるにもかかわらず、日本社会全体が、在日外国人高齢者への介護のあり方についての配慮に乏しい。六五歳以上の外国籍高齢者の総数は、一三万三〇〇〇人を超え、東京都での六五歳以上は、韓国・朝鮮（在日含む）一万五四四人、中国二六一六人である。在日コリアンの高齢者は、無年金者が約三万人から四万人ともいわれる。地域によっては七割を超える老人が無年金という状況にある。現行の年金制度は国籍条項を撤廃して「内外人平等」がうたわれているが、制度改定時に経過的措置を怠ったために一九八六年四月一日時点で六〇歳以上の在日コリアンには年金が全く支給されず、それ以下の年齢でも支給額が極端に低いので加入率も低いという問題が生じている。こうした人びとは生活保護などを受給せざるをえず、経済的困難にあえいでいる。介護保険制度は在日コリアン高齢者も適用対象であるが、彼らの利用意向が高いにもかかわらず、識字能力に幅があること、家族介護指向が強いこと、後期高齢者の七割が制度的に無年金であることから、実際には利用しにくい現状にある。生活全般にわたる支援が必要であり、在日コリアン高齢者特有のニーズを包括的にカバーできるサービス機関が求められる。

実際に老親介護の経験があれば、一割負担が在日コリアンに重くのしかかっている現実を理解できる。この意味で在日コリアン高齢者は社会的弱者であり、公的な権利擁護システムの確立が必要である。そうした経緯から在日高齢者へのさまざまなサービスを実施しているＮＧＯやＮＰＯ法人が出現している。[16]現にニーズに応えて、在日二世による介護系ＮＰＯがその役割を担い始めており、多文化共生の拠点となっている。今後は、在日高齢者がサービスを利用しやすいように、地域住民、他機関との連携を強化して制度や政策に反映させ、サポート体制を充実させていく必要がある。

外国籍住民は住民として自治体の福祉サービスを受ける権利をもっている。日本で高齢期を迎え、骨を埋める外国籍住民が増加し、「内外人平等」の理念を打ち出すことは、移民の人生の包摂に欠かせない。在日外国人の定住化が進み多文化共生を標榜しているにもかかわらず、日本社会は、在日外国人高齢者への介護には無関心であった。

海外からのケア労働者をいかに取り込むかという議論ばかりが活発である。介護労働は外国人ケア・ワーカーに頼らねばならない側面があり、ケアの接触領域を多文化・多言語空間へと変容させている。現実に、外国系高齢者の増加に伴う異文化間介護の人材は不足している。厚生労働省は二〇二五年の時点で看護人材が最大四五万人、介護人材においては最大一三八万人が不足すると試算している[17]。今後、誰が介護を担うのだろうか。

5　新宿区の外国籍高齢者のオーラル・ヒストリー

新宿区内の外国籍高齢者の生活実態をヒヤリングした。二〇一二年の時点、新宿区には外国人登録をしている六五歳以上の高齢者が八一三人おり、内訳は男性三五五人、女性四五八人である。そのうち、六〇〇人以上が在日韓国・朝鮮人の高齢者である。九〇歳を超える超高齢者も三五名がいる。帰化した外国系高齢者は数に含まれない。地域のラジオ体操があちこちで行われ、海外旅行が趣味であるという健康な高齢者に出会うことが多い。

(1) 一〇〇歳を迎えた外国系高齢者

Jさん（新宿区四谷在住）は、一九一一年六月二六日トンガ王国の離島ババウ島に生まれた。母はトンガ人、父はスコットランド人、小学校時代はニュージランドで過ごした。一族の猛反対を押し切って日本人の商社マンと結婚した。イギリスのパスポートを保持していたが、第二次世界大戦中は南オークランドで、その後オーストラリアに移動してからも強制収容所に収監される。一九四六年に夫とともに来日し、焦土と化した和歌山県と広島県を経て、新宿に移住する。各地で英語教師をしてきた六五年間の歳月を振り返る。ポジティブな生き方は信仰心に深く結びついている。

「私は神様によって守られてきた。キリスト教のお陰で幸福な人生をもつことができました。国籍は天にあり国籍を意識することなく生きてきました。一九四一年、強制収容所の体験から強靭に生き抜いてきた。昨年はハワイの親戚に会いに行ったのよ。まだ旅行できる。来日して六五年も経つのに日本語が苦手で、センターでは、いつも英語しか喋らない。すると入浴サービスのヘルパーさんは、無料で英語が習えるから得した気持ちになるって言ってくれるのよ。言葉で不自由は全くなく英語を話すことが、幸いしていることが多い。国籍は、どうでもいいわね。」（Jさん、二〇一一年。英語でのインタビューを筆者が翻訳）

彼女の場合、家族内言語も英語である。海外に拠点をもつ親族という人的資産をもち、戦争の悲惨さを次世代に語り、自らの生きた証を確認している。一〇〇歳のJさんは、自宅から週二回、バスの送迎を利用し新宿区の老人センターに通っている。母国語が英語であったことが、日本での生活を比較的楽にしてくれた。大学の非常勤講師や自宅の英会話教室が経済的基盤となり、大勢のひ孫や親戚の来訪を受けながら余生を送る。信仰心と健康・資産・お金・人的資源、そして周囲に通用する英語に支えられている。

(2) 在日コリアンの日常生活

新宿に居住するLさん(韓国籍女性)は、三河島の焼き肉店や革製品の店、総連の荒川支部など在日一世高齢者を頻繁に訪問している。

「日本語が下手で、外国人訛りの日本語で、韓国の情報をハキハキと話し、韓国人だというのを表にはっきりと出すのはニューカマーですね。オールドカマーの在日が出自を隠して生活するのは、日本の昔からのことです。親世代が表に出して何も得することなんかなかったのです。今は二世、三世は出していいと思うんだけど、小さいときのことだから口に出さないほうがいいと無意識に思ってしまう。別に日本人でいいよ、という気持ちもある。今の韓国について覚えていることが何もないですね。」(韓国籍女性Lさん、二〇一一年)

新宿の在日一世は、都営住宅や公団住宅に住んでいることが多い。ニューカマー韓国人との連携を保ち、「在日」という言葉は使用せず、目立たない存在で交流している。高齢化すると韓国人なのか日本人なのか自分自身でも区別がつかなくなることが多いという。在日朝鮮人一世の女性たちの大半は、植民地時代に朝鮮半島で生まれ、渡日後、教育を受けられず、文字が読めないことが多かった。日本と違い、当時、朝鮮には義務教育制が敷かれなかったこともある。こうした在日韓国・朝鮮人一世、二世の女性たちの中には夜間中学に通った者もいる。孫分玉さんの語りを川崎市のふれあい館[17]が記録している。

「戦争前の話だけど、朝鮮人はみんな名字をとりかえろ言うた時、うちはオヤジの生まれたところから取って清水ってつけたから、うちの子は学校行っても朝鮮人とか言われなかったね。その時はまだ朝鮮学校できてなかったから、みんな日本の学校に子どもをやったんだけれども、金とか崔とかついている子は『朝鮮人、朝鮮人』って言われていじめられたんじゃない。昔は朝鮮では女の子を学校にやらないの。朝鮮の字をちょっと習うだけ。昔は、嫁行ったら里に手紙ばっかり書くからだめだって言って勉強させなかったんです。日本の人も朝鮮人にあまり勉強させないねぇ。朝鮮は日本にとられたから、勉強させたら偉くなるでしょ。自分たちより偉くなると困るから、させなかったんでしょう。」（孫分玉、二〇〇九：四〇）

筆者が夜間中学で出会った在日コリアンは、八〇歳を迎えて学ぶ喜びを体験でき、「私の青春時代がこれから始まる」と語った。ニューカマー韓国人Rさんは、オールドカマー高齢者との交流を次のように語ってくれた。

「親せきに在日一世の伯母がいます。伯母は一九四〇年代に日本に来た。三〇代からパチンコ店ですごく苦労した。昔は後ろから玉を流したのです。どういう風にするのか、今のパチンコとは違う。苦労して商売で生計を立てて、知り合いも焼き肉屋を営んでいます。在日の方とは十数年前から親しく、伯母ちゃんとも結構よく会う。一世が亡くなると二世の嫁さんはもう韓国風にはやらず、日本式になる。二世の在日の嫁さんは日本の教育を受け、家庭では一世が生きている間は親の指示通りやる。でも、亡くなった後には深い意味も分からないし、もう考え方が日本式で日本の食べ物がおいしいのです。日本語で表現した方が楽です。親がいるときは一世を「オモニ」「アボジ」というふうに呼びます。韓国語でお父さん、お母さんというのをオモニ、アボジと呼んで、後は、日本語で話す。一世が韓国語でしゃべると聞き取るけど、返事は日本語です。在日三世も大学生ですけど話言葉も聞き取りも日本語ですね。帰化しないで名前だけを保持しているのですが、文化や言葉は世代ごとに薄れていきます。」（韓国人Rさん、二〇一一年）

在日韓国・朝鮮の人びとが、故郷を旅してみたいという願望は大きい。貧しかった韓国の思い出しかなく、今の韓国の豊かさに羨望を感じている。高齢化はいまや在日二世が中心になるが、一世と二世との違いについてあるニューカマーは以下のように語っている。

「在日一世の言葉は、不思議にも混ざる。自分がどちらの言語を言っているか、分からなくなっているのです。お嫁さんが『オモニがね、ボケてないけど、言葉がおかしくなった』と。なぜならば、昔は日本語で言うなら、最初からちゃんと日本語で言う。韓国語で言うなら韓国語で全部言う。今は混ぜて言っちゃうから、聞き取れなくて理解できない。韓国が恋しい。食べ物も言葉も混ざってきて、混乱しているのかもしれませんが、チマ・ジョゴリを飾って、韓国語を忘れているのに文化が恋しい。国籍は関係なく分からなくなった。在日の人で、最後まで、『私は韓国人』という意識をもつのは一世だけだと思います。」（ニューカマー韓国人三〇代、二〇一一年）(18)

このようにそれぞれのオーラル・ヒストリーは、世代間で、ナショナル・アイデンティティの変化や多様性があることを映し出す。それぞれのナショナル・アイデンティティは家庭内での伝承に影響を受けている。二世は韓国文化が恋しいが、「ナニジン」というこだわりがないとも表現する。むしろ、いまの生活を謳歌し、友人関係を大切にしている。社会老年学における「幸せな老い（サクセスフル・エイジング）」に着目すると、生活レベルの異文化間介護と意識変化を可視化することは意義深い。

6　新宿の外国籍介護ヘルパーの在宅介護

(1)　家庭内介護の外国籍介護ヘルパー

新宿の聞き取り調査（新大久保、二〇〇八〜二〇〇九年、毎月）では、コミュニケーション力と愛他精神に支えられ使命感をもったホームヘルパーが増加している。韓国人のKさんは、日本語学校で日本語能力試験二級を取得したが、介護の仕事を通してこそ習熟できたと語る。連絡帳に日本語で記入せねばならないことが、日本語力を急激に伸ばし、介護の仕事を通して日本語能力と介護の質の両方が向上した。チームワークや連絡記載ノートでも問題はなく、日本語能力だけでなく、対人関係能力を伸ばすことができた。「介護」は優れた仕事と実感している。介護講習を受講し、ヘルパー資格を取得する在日外国人が増加している。新宿で介護ヘルパーとして働く外国人が、以下にあげる六点を語ってくれた。

① 雇用条件は国籍による差別なく同一労働、同一賃金が前提であり、事業者が介護者と被介護者との橋渡しとなり、信頼できる介護士として紹介することが重要。紹介がないと被介護者や介護家族は不安を覚える。

② 日本への期待は大きくモデル国になってほしいのに、看護師が老人の希望を無視する様子をたびたび目撃した。ストレスが溜まると思うが、高齢者への配慮を改善してほしい。

③ 介護士は、専門職で介護の仕事で生計を立てるという自信が重要であり、正当な給与が払われるべきだと

思う。

④介護は優れた職業で、介護の仕事を通して日本語能力が向上した。チームワークや連絡記載ノートでも問題はない。日本語能力だけでなく、対人関係能力を伸ばすことができる点で介護は優れた仕事だと思う。

⑤介護福祉士を取得した日本人はぜひ使命感をもって介護士として働いてほしい。人間的に成長すると思うのに実際には働かない資格保持者が多いのは残念だ。

⑥日本の家庭内に初めて入った。長年日本に暮らしているが、外国人なので日本人家庭に招かれたことがない。ホームヘルパーという仕事で、日本人の家庭の内部に入れてもらえ、家族の団欒や異文化に接することができたことを誇りに感じている。

このように外国人介護士は、日本社会や老人施設、家庭内の様子を的確に把握し、積極性をもっている。二〇〇六年ごろから、マスメディアが、外国人介護士の活躍を報道するようになった。外国人介護士の実態と高齢者たちが外国人介護者を高く評価し感謝している様子もうかがえる。

(2) 独居高齢者を介護する韓国籍介護士

ホームヘルパーを五年間勤めた韓国人女性Aさん(三五歳)は、韓国で母親の介護と看取りを体験した後、通訳・ガイドを目指して七年前に来日した。ヘルパー二級の資格をとり、都内で登録ヘルパーとして障がい者や生活保護を受ける数名の単身高齢者の介護サービスを行っている。寝たきり高齢者のおむつ替えと身体清拭が主な仕事だ。キリスト教的愛他精神と使命感をもち、介護に適性を感じている。愛他精神とは愛他主義とも呼ばれ、「自分を犠牲にしても他人のために尽くす心理」である。愛他感情は、道徳観念、社会的配慮、共感などの発達の基礎になる。愛他感情には自分と対象の同一視が働いている。同一視した対象が喜びを感じると自分も喜ぶ。愛他感情は、しばしば宗教的感情や宗教的体験と結びついていく（渡辺俊之、二〇〇五ａ）。

Ａさんは、母国韓国よりも日本の介護保険制度が優れていると感じており、韓国に帰国後は、システムの改善に寄与したいと語った（韓国は二〇〇八年に介護保険制度導入）。

「韓国では、他人に自分の親の介護をみてもらうのは、親不孝といった視線で見られます。私は日本に憧れて来日し、今後もさらに日本語の勉強を続けていきたい。お年寄りが好きで、早朝、道路掃除をしているお年寄りが挨拶をしてくれると、その日一日が楽しい。私には介護の適性があり、介護を通して自己実現が可能になったのです。介護を通して日本文化や日本社会を深く学ぶことができます。日本の家庭の内部に入って、ありのままの日本人の日常生活を見るとき、心の安らぎを覚えます。日本人高齢者と対話したお陰で日本語も上達したのです。介護は、自分が社会の役に立っているという実感を与えてくれます。大げさのようですが、日本社会を深く理解し世界平和への貢献にもつながっている。将来は日本と母国のかけ橋になれると思います。高齢者を尊敬しその家族に喜んでもらえるのが嬉しく、介護はやりがいのある仕事と感じています。日本人介護士とチームワークを組んでするので対人関係能力が磨かれます。会社は日本人と同一賃金を出してくれるし、何かと配慮があり、日本人と対等に働けるのです。収入がいま一つであっても介護の仕事に満足しています。親から経済的自立ができたし、時には家族への贈り物を送ることもできるのです。」

（韓国人女性Ａさん、三〇代、二〇〇五年）

Ａさんは、介護を始めたころの思い出を話してくれた。

「ある日、寝たきり老人の部屋の天井裏に、猫の屍骸があったのです。猫の屍骸を片付け、身体清拭と衣服の着替え、部屋を掃除しました。おばあさんから安心感に満ちた微笑がこぼれました。温かい食事を美味しそうに食べてくれた時、私は来日して役に立ってよかったと思いました。介護は適性、やりがい、使命感、同僚の日本人介護者との連携プレーが大切です。日本の経済成長は、韓国から見ればお手本であり羨望の的です。日本は十年来、男女ともに健康寿命も世界の最高水準です。日本のお年寄りこそ、世界で最も恵まれているに違いないと想像してきたので、孤独な独居老人が多いことに驚きました。」（同前）

では、Aさんの介護を受けている日本人高齢者は、どのように感じているのか、単身高齢者（七〇歳）Bさんを訪ねた。

「最初は日本人ヘルパーが来ていたが、今では韓国人ヘルパーの方が日本人ヘルパーよりもずっと親切だし信頼している。Aさんを指名し、日本人ヘルパーは断っているのですよ。」（日本人の単身高齢者Bさん）

また、都内の八九歳の女性Cさんは、Aさんを信頼してすでに三年以上も介護を頼んでいる。Aさんは十分な日本語力をもち、経済的理由よりも愛他精神に支えられている人格に特色づけられるが、①文化的差異は介護の障害にならず、②介護という仕事を選択したAさんは、介護職に生きがいを感じており、③被介護者たちはAさんを信頼・感謝し、「外国人の介護」に違和感がないことが伝わってくる。

しかし、制度的には改善すべき面があった。日本には「介護」という項目の在留資格がなく、在宅介護や老人施設で働く外国人ヘルパーは、「日本人の配偶者等」か日系人による就労が主である。日系人、日本人配偶者、留学生・就学生などが日本人高齢者や障がい者の世話を実践している現状からみれば、制度的な整備は不可欠であった。

二〇一五年になってようやく新たに「介護」の在留資格を創設することになり、日本で介護福祉士の国家資格を取得した外国人、留学生にも就労を認めることになった（二〇一五年三月六日、入管法改正案が国会に提出された）。

7　多文化型老人ホーム

新宿区の特別養護老人ホームでは、日本語学校の生徒が、ボランティアとして訪問することがよくある。介護される高齢者は海外からの青年たちの訪問を歓迎しており、多民族・多国籍の人が出入りする特別養護老人ホームが全国で出現している。

尼崎市では、国籍・民族も、障害の有無も問わず多様な相互ケアが行われている老人ホームがある（二〇〇七年二月一一日訪問）。尼崎市の特別養護老人ホームは、特に在日コリアンを対象に創設されたわけではないが、介護する側にも、される側にも在日コリアンがいるので、チマチョゴリが飾ってある部屋が多い。非常勤職として留学生三名（バングラデシュ二名、中国一名）が勤務しており、常勤職員には知的障がい者や、身体障がいをもち車椅子で勤務するスタッフもいる。聾唖者も訪問入浴スタッフとして就労している。弱視・難聴・車椅子・性同一性障害をもつ多様な従業員が働いている。仕事に国籍や民族は関係がない。在日コリアン二名、ハンセン病の元患者も一緒に食事をしていた。施設長の自信に満ちた経営理念は、介護を受ける側にも影響している。

「介護の仕事は筋力がないと腰痛になります。しかし、障がいのある人も雇用するのです。ほかの施設で断られた人たちであっても、断る理由はない。車椅子を理由に断るのはおかしいでしょ。まず、実習を受けるのです。高齢者は、介護レベルや日本語能力をさほど気にしていないのです。自分をかまってくれる人が一番に大事です。」（施設長、二〇〇七年）

介護される側の外国人利用者は、五〇名の定員のうち在日一世が三名（うち二名が生活保護受給）で介護保険制度を利用している。毎回の食事にキムチを出すなど、母文化を楽しめるように工夫している。今後は、バングラデシュ、ベトナム、フィリピンの人が介護福祉士の資格をとれたら、当然、採用したいと考えている。このように、近い将来、外国人介護士が、特別養護老人ホームや民間の老人ホームで働くことは必須であろう。日本語が不自由なヘルパーは、役に立たないのであろうか。バングラデシュ人ヘルパーを施設長は、次のように工夫次第だと評価する。

「彼は日本語を習得するため懸命に日本人高齢者の昔話や愚痴や悩みを聞いてくれる。高齢者の中で人気がある。日本語ができなくてもそういうヘルパーが一人いることで、ホーム全体を明るくした。日本語習得に熱心な外国人ヘルパーは、個人差がありますが、多様な日本語に触れたいのです。連絡メモが分からないことがあるときは、日本人の奥さんが家で翻訳してくれるのです。工夫次第ですね。」（同前）

「老後を支え合う」ために、多国籍の人々が知恵を出し合い異文化間介護への道を拓いている。多文化社会への知恵の発信源として「多文化老人ホーム」が機能しているのと同様に、地域にはすでに多文化葬儀社が存在しており、多宗教の葬儀や墓地の風景は珍しくない。弔う情景は、今後ますます多様化するであろう。異文化間介護の射程は、介護を受ける人と、介護をする人、介護に関わる専門職（介護職、看護職、医療職）だけにとどまらず、介護家族（家族資源）、介護企業・事業所、コミュニティ・地域社会（ボランティア、民生委員、外国人向けＮＰＯ）などにも広がっていく。越境する介護者と送り出し国、それをつなぐ産業界において人材育成、人材派遣、海外における外国人向け介護産業などにも浸透する。となれば、自治体行政、国・政府などが深く関わることにもなろう。経済資源としての介護保険制度の見直しも不可欠である。

8　介護とライフサイクルの視座

在日コリアンの介護の理不尽な実態は、自分自身が日本人親の介護を体験して初めて分かることが多い。介護保険が使えても一割負担の金額は大きい。筆者は、二〇〇二年から、明治生まれの父親と大正七年に生まれた母親を大久保の実家で介護してきた。昼間はヘルパーの協力を得たが、毎月支払う介護費用は大変な額であった。無年金の不条理はすでに述べたが、年金のある日本人でさえ大変であり、介護を担う移民二世、三世の経済的負担は並々ならぬものがある。

さらに、大量の書類の記入をこなさねばならず、書類の整理や手続きの煩雑さが在日コリアンの人びとへの大きな負担になっている。また、毎月ケアマネージャーと来月の予定を話し合わねばならない。

認知症が進めば、周囲の理解を得ることが困難である。

介護はまたライフヒストリーの交換や共有を可能にし、ライフサイクルの視座を生み出す。筆者の父母は留学生の世話をするのが好きで、二〇年間地域のラジオ体操の役員を引き受けて地域に顔見知りが多く、他者が家庭に入り込むことに拒否反応がなかった。その後、九五歳の父を看取り、その後は、訪問看護、ショートステイ、デイサービスやホームヘルパーの支援を受けて母を介護している。父母と過ごす貴重な時間の中でオーラル・ヒストリーを聞き書きし、それぞれを一冊にまとめた。

介護をしながら語ってもらった明治・大正時代の家庭内や学校での出来事はこれまで聞いたことがなく、写真を見ながら関東大震災、戦争中の生活、防空壕、疎開、満州、学徒出陣、肉親の戦死、東京大空襲など激動の時代を生き抜いた様子を記述した。

ライフヒストリーを語るとき、高齢者は自らの人生を客観視することができ、次世代へと語り継ぐことによって、人生の統合を試みることができる。

血縁関係のない他者であるホームヘルパー、デイサービス・ショートステイのスタッフと連携することでも、介護家族は地域に開放的な新しいライフスタイルを創出している。ケアマネージャー、ホームヘルパーや医師はもとより、関係するすべての人が家族のようにいろいろな支援策を練っていける。介護を通して他者を包摂することで親密圏が広がっていくのである。家族介護でも介護職介護であっても、人間の差異に照射すれば、介護とはそもそも異なる価値観や多文化・多世代的構造をもっている相互行為である。そう捉えれば、娘や嫁だけに依存する介護が最も望ましいとする固定観念からも解放されていく。

閉鎖的な空間で仕方なく一人で強制された介護を担って苦しむのではなく、多文化介護職を活用し、仕事と介護を両立させ、アイデンティティの保持と自己実現を犠牲にしない生き方を「異文化間介護」概念は積極的に支える。人の異質性認識は、家族を拡大化し、介護の外注や施設利用に「異文化間トレランス」の重要性を認識させる。異文化受容の過程には、人格的な成熟や人間発達があり、異質な他者を受け入れた家族空間にもさまざまな変容をもたらす。このように老年学や精神医学の研究対象が、「異文化間介護」へと裾野を広げ、「異文化間介護」の「間」には人間の死に寄り添う深層な時間と空間を見出す。人生の帰結点として、民族、国籍、宗教、社会階層を問わず、あらゆる人の死は、生と同様に厳粛にその意義が深められる。ライフサイクルにそってそれぞれの個性を尊重し、異なる文化的背景をもつ高齢者の最期の看取りを体験する。多文化都市の濃厚な文化的景観である。死をタブー視せず見つめれば、ライフサイクルの帰結点として、国籍を超えた懐の深い眼差しが交錯する接触領域が創出される。

9　多文化都市の理念と幸福な老い

外国人介護者が、日本で高齢期を迎えたとき、今度は日本社会が彼らを支えるという互恵性が不可欠である。介護家族の拡大につながれば、嫁や娘だけに託された閉ざされた介護ではなく相互の自己実現の基礎となりうる。そうした理念のもとで、専門的・技術的分野の外国人・移民労働者を受け入れて、国籍・年齢・性別を問わず勤労意欲と能力のある者が適材適所で働くことを可能にする環境整備が必要であろう。長期的展望をもち送出国の移民政策や送り出し事情を配慮して、連携を深めている地域レベルの基盤は、災害時に失職した被災者の雇用を補塡することなど非常事態の対処にもつながっている。

ただし、外国人介護者のライフサイクルに合わせて住居、教育など社会保障、生活環境を整えていく政策が必要になる。安い労働力の補塡で介護事業を活性化するといった低次元の経営ではなく、「異文化間介護」の可能性を広げる変革が求められる。社会保障制度の必要性を認識し、医療保険制度の見直しや労働環境整備などに国

図7-1　介護家族の意識改革とライフスタイルの変化に伴う社会構造の変化

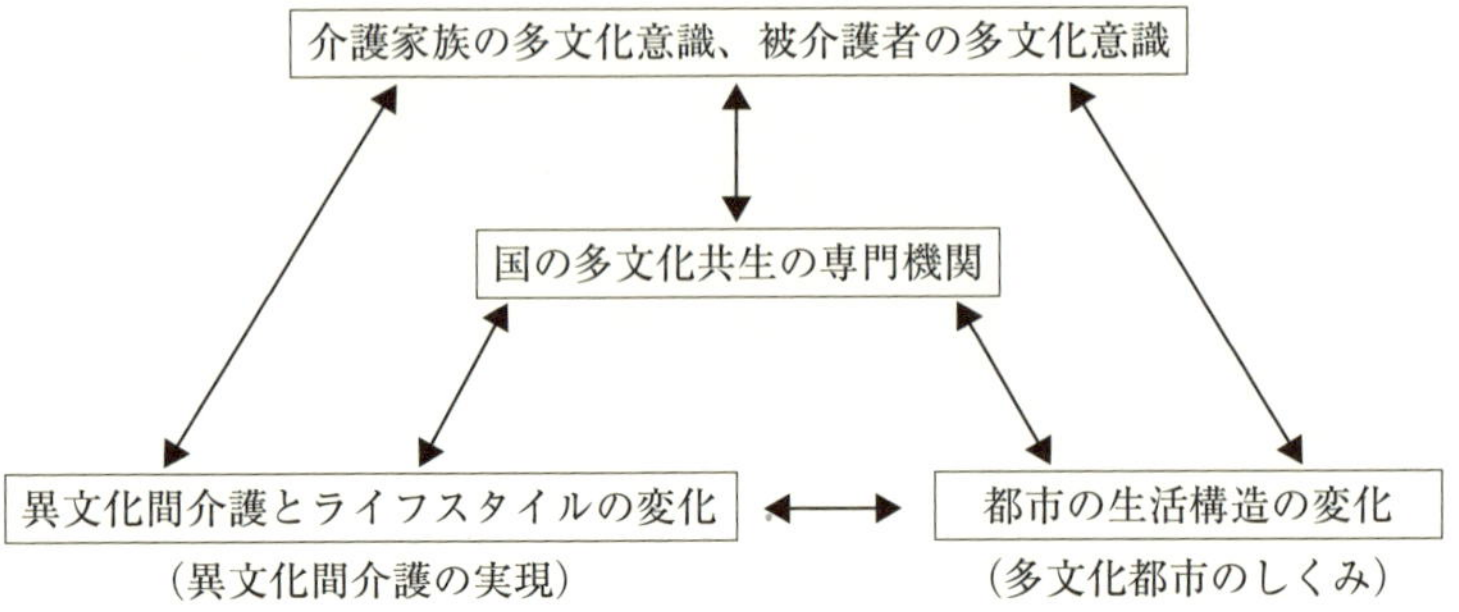

出典：筆者作成。

が積極的に取り組んでいくことにつながるのである。

図7-1は、介護家族の多文化意識の高まりがライフスタイルに変化を及ぼし、外国籍看護師や介護士・ヘルパーを受容する仕組みを構築していく関係性を図式にしたものである。その連携には、中核となる国の多文化共生の専門機関が必要である。専門機関は、移民一・五世、二世、三世への意識の変容に着目していくことが期待される。

二〇二五年には、日本の高齢者率が二五%、四人に一人は高齢者という高齢社会に至ることが予測される。二〇三〇年には三人に一人が高齢者となり、在住外国人の比率も大きく高まっていく。外国籍介護者は、老人施設などの補助要員としてばかりではなく、家庭内介護にも参入する可能性もある。ホームヘルパーの仕事は、「生活援助」「身体介護」「相談・助言など」の三つに大別されるが、外国籍ケア・ワーカーがこれらをこなすためには、コミュニケーション能力や介護の知識や技術だけでなく、チームワークに必要な協調性や日本社会の常識、異文化の相互理解が肝要になることはすでに述べた。

異文化間介護の展開は、多文化都市の基盤を形成することになる。命を預かる高齢者のケアと高齢社会の見取り図を明らかにし、要介護者の不安に共感するような思いやりも必要になる。そうなれば、ケア・ワーカーの送出国や越境する女性たちへの異文化間教育が相互に求められ、介護の領域では、異文化間の耐性や寛容性、つまり異文化間トレランスが強く期待される。また、日本社会全体が好意的にケア・ワーカーを受容しようとするまちづくりを追求せねばならない。今後、外国人ヘルパーの実証的調査を実施し、資格を取得した能力のある介護者に適切な福祉の在留資格を取得できるように制度面の改善を検討することが、異文化間介護の評価と質を高めることにもつながるだろう。

社会統合政策の根幹に、移民の人生の終末期、介護と看取りを通して人生の統合と加齢の価値を知ることを位置づけることが重要である。なぜならば、人の媒介役となるケアの接触領域（contact zone）を可視化することによって、国籍や文化の異なりを超えて、人間として生きる自信と叡智（wisdom）を生み出すことができるからである。

「人間は自身が死するべき者であることを知っており、最後の瞬間まで人格的に成長していくことができる。死を迎えるということは、ただ受動的に終わりを待つことではない。死は人生最大のドラマであり、死にゆく人はその主役である。」（デーケン、一九九八：九六）

上智大学のデーケン教授は、「死の準備教育」を展開し、人生の終末期を若者たちに論じてきた。超高齢化社会を迎え、多文化都市は、グローバル化とライフサイクルの視座によってマルチエスニックな多文化化の流れを受け止めている。

移民の受容とは、まさに移民の人生を受け入れることである。

注

（1）同じく新宿にある東京都保健医療情報センター「ひまわり」は、英語・中国語・韓国語・タイ語・スペイン語で窓口対応しており、外国語で診療できる医療機関を案内している。また、同センターの案内サービスサイトからは、対応言語・診療科目・地域別に医療機関を検索することができる（http://www.himawari.metro.tokyo.jp/qq/qq13to16sr.asp）（二〇一五年六月アクセス）。この他、やはり新宿に拠点を構える特定非営利活動法人ＡＭＤＡ国際医療情報センターでは、外国人に日本の医療情報を、また日本人医療従事者に外国人の医療情報を提供し、診療時の無料電話通訳などのサービスを行っており、曜日ごとに英語・中国語・韓国語・タイ語・スペイン語・ポルトガル語・フィリピン語・ベトナム語に対応している（http://amda-imic.com/）。同センターのホームページには「理事長Dr.小林米幸の独り言」というコラムがあり、医療の国際化の現場を垣間見ることができる。

（2）アッチェリー／バルシュ（二〇〇五）六五頁。

（3）介護の仕事をする人を表す呼称は一般的な呼称と資格名がある。資格名としては看護士、準看護士、社会福祉士、介護福祉士、ホームヘルパー、ケアマネージャーなど。これらの呼称を使う場合はその資格や資格取得者を指す。一般的な呼称としては、介護士（介護に関する何らかの資格をもっている人）を用いることとする。日本に「介護士」という資格はない。ただし、フィリピンなどの外国の資格取得者については、明確に区別するケースを除いて「介護士資格保持者を対象に……」との表現も可能である。ケア・ワーカー、介護労働者、介護部門の労働者（資格有無と関係なく介護に携わる労働者の総称）は労働市場で介護部門の職種としても使う。筆者が介護者という呼称を用いているのは、以上のすべての人を総称している。ちなみに、日比ＥＰＡで受け入れが決まったフィリピン人は、介護福祉士ではなく「介護福祉士候補者」。対象は四年制大学卒かフィリピンの看護師や介護士資格取得者である。

（4）渡辺幸倫（二〇〇六）。

（5）在日外国人登録の統計から見ると七〇歳以上の外国人高齢者は、二〇〇〇年には、二万八二九一人（男性）、三万二八〇二人（女性）であったものが、二〇〇四年には、三万二一八人（男性）、三万八八七九人（女性）と増勢を示していた。ベトナム人の高齢化と推測される。

（6）内閣府（二〇〇八）、「高齢化の状況及び高齢社会対策の実施状況」。

（7）ＮＰＯ法人介護者サポートネットワーク・アラジンによる二〇〇五年のアンケート調査による。

(8) 厚生労働省の「国民生活基礎調査」によると、要介護者の介護の七八・六％を親族が担っている。性別では、女性が約六七％で、男性が三二・九％と大きな開きがある。『日本経済新聞』二〇〇五年五月二八日夕刊。

(9) 経済連携協定(EPA)に基づいて二〇〇八年八月に第一陣の看護師候補としてインドネシア人一〇四人が来日した。そのうち二〇一一年に九一名が受験し、一三人が合格している。日本政府は、看護師国家試験に不合格だった七八人のうち六八人を対象に、滞在期限を延ばす方針を決めた。不合格者でも三年間の滞在期間について一年間の延長を認める特例を閣議決定した。

(10) 二〇〇九年七月、新宿区西新宿のヒューマンリソシア株式会社のホームページなど。

(11) 本章第3節、第4節は、川村(二〇〇七)を基として大幅に加筆修正したものである。

(12) 筆者は、一九八〇年代初頭から多文化・多民族化が急速に進む地域社会を対象に、社会保障・教育・居住・医療・まちづくりを調査し、多文化都市を論じてきた(川村、一九八九、一九九五、一九九七a・b、一九九八a・b・c、二〇〇一a・b、二〇〇二a・b・c、二〇〇五a・b・c、二〇〇七、二〇〇八a・b・c、二〇〇九a・b・c)。

(13) 外務省によれば、総数二四七二人で地域別ではアジア九五四人、中南米八二一人、欧州・中近東・アフリカに四四三人、大洋州に二五四人となっている。日本におけるボランティア活動総数は、七七九万四〇〇〇人(二〇〇四)であるが、高齢期を迎えて社会貢献ができることは、幸福な老後の選択肢であろう。

(14) 二〇〇三年に行われた大阪府「在日外国人高齢者の保健福祉サービスに関する利用状況等調査」によると、六五歳以上の在日コリアン約八万一〇〇〇人のうち、公的年金の受給者は二八・七％に過ぎない。六五～六九歳で四三・四％、七〇～七四歳で二三・六％、五七～七九歳で二〇・〇％、八〇～八四歳で一九・四％、八五歳以上で一五・二％と、年齢が上がるにつれて受給率が下がる。日本全国の六五歳以上の者の世帯の九六・五％が公的年金・恩給を受給しているなか、在日コリアンの受給率が著しく低いことが分かる。また、年金額も少ない。

(15) 厚生労働省は、第一号被保険者(六五歳以上)の介護保険料は第一期(二〇〇〇～二〇〇二年度)月額平均二九一一円だったものが、第二期(二〇〇三～二〇〇五年度)には三二九三円に上昇した。一三・一％の上昇になる。

(16) 一九八八年、川崎市の「ふれあい館」、在日コリアン高齢者交流クラブ「トラジの会」。一九九七年、NPO法人「サンボラム(KML)」在日コリアン高齢者への昼食サービス、訪問介護事業(大阪市生野区)。一九九八年、介護老人保健施設「ハーモニー共和」(大阪市)。東大阪市には、街かどデイハウス「さらんばん」「ウリソダン」(語り部の場)。名古屋市のN

ＰＯ法人コリアンネットあいち「いこいのマダン」デイサービスセンター。在日ベトナム人高齢者の居場所、神戸の「ＮＧＯベトナム in KOBE」。一九九九年、「ＫＯＢＥハナの会」（ＮＰＯ法人神戸定住外国人支援センター）。二〇〇一年、ＮＰＯ法人京都コリアン生活センター「エルファ」在日コリアン高齢者の介護。二〇〇一年、「マンナムの会」居宅支援、訪問介護事務所、「ほっとライン」社会福祉法人青丘社。

(17)「看護人材ベトナムから」『日本経済新聞』二〇一一年九月一七日夕刊を参照。

(18)かわさきのハルモニ・ハラボジと結ぶ二〇〇〇人ネットワーク　生活史聞き書き・編集委員会編（二〇〇九）を参照。

(19)トヨタ財団の助成による「新宿の韓国人ニューカマー一〇〇人のライフヒストリー調査」（二〇一〇〜二〇一一年）。

第8章　ともに祈り弔う
——誰をも見捨てない街

Grieving Together: A Community Where No One is Neglected

問題の所在

人の生を安定させ、心のよりどころとなる信仰と祈りの場の創造と、死者の弔いへの参与は、多文化都市の重要な営為であろう。ホスト社会は、流入する移民・難民の祈祷の場、多様な宗教施設の創設を容認してきた。新宿に集住する理由の一つに、祈りの場の創造と存続があげられる。本章では、新宿の住民が、さまざまな祈りの多様性を包摂し、共生を可能にしてきた歴史を検証してみよう。大地震、大災害、内戦などが起こるたびに、世界に離散する人びとの家族の紐帯や心の安寧への祈りが多文化都市のあちこちから聞こえてくる。

さらに都市空間に林立する多様な宗教施設とＮＧＯ／ＮＰＯとの平和的共存は「ともに祈り弔う」場を創出した。家族や知人の多い日本に骨を埋める人びとも増加し、外国籍住民の世代間サイクルを映し出している。本章では在日ムスリムの日本における埋葬（土葬）の困難を克服している実態も捉えたい。「人生」の終盤期において「ともに弔う」姿が浮き彫りになる。

無宗教であっても、教育や医療、介護やケアには「祈り」が伴うという。誰をも見捨てない生の保障の実践と多文化都市の現実を、ボランティアのオーラリティから考察する。また刑務所に本を送る「読書のめぐみ運動」には、人びとの平和への祈りが呼応している。

1　信教の自由

東京大空襲で焼夷弾の攻撃を受けなかったのは、GHQの活動拠点となった伊勢丹や聖母病院だけではない。新宿の路地裏を歩くと、多くの宗教施設、神社仏閣が残っているのを確認できる。アメリカの占領下におかれた新宿は、民主主義国家へ変貌する過程で、伝統的価値観と新しい価値観の衝突と共存を先駆的に体験してきたとも言えよう。

岡﨑（二〇一二：一一）は、「GHQ統治下の日本では、日本人はアメリカ人が予想していた以上に抵抗した。日本政府は国家存続のために、GHQの裏をかいて、『国体護持』を試みており日本の旧体制の一部は温存された。日本政府の狡猾な策略により、GHQの対日宗教政策は骨抜きにされていたのである」と指摘する。そして、岡﨑（二〇一二：三二三）は、「米占領下の日本では、『キリスト教布教』と『信教の自由』という二つの価値観が相克し、『信教の自由』が勝利した」と結論づけている。

また、戦前からの日本社会の構造的価値観を維持・継続させる「国体護持」も大きな勢力をもっていた。人は自分の価値基準を他人に押し付ける傾向があり、宗教になると固執する場合が多いと考えられてきた。しかし、日本社会は、「八百万の神」を信奉するとよく言われるように人生儀礼に多神教的な文化をもっているからだろうか。異文化間トレランスと愛他精神が、人びとの平穏と健康を祈り、「信教の自由」という思想を生み出しているのではないだろうか。

日本国憲法は、人種・信条・性別・社会的身分・門地などによって差別されないとする法の下での平等をはじめ、思想および良心の自由、信教の自由、学問の自由、生存権、教育を受ける権利、勤労の権利など多くの種類の人権を「基本的人権」として保障している。

2　刑務所の読書の恵みと祈り

憲法が保障する「基本的人権」は「国民」に限定されない。本書が人のライフサイクルに沿ってきたように、共生の現場では無国籍の子どもが生まれ、育ち、早期に八か国語の母子健康手帳を配布して保育の支援をし、差別なく就学できるように、またホームレスの自立支援などを行ってきた。あらゆる人の心の平和を祈って、刑務所にそれぞれの母国語の本を送り続ける活動の拠点が新宿にある。以下は、一九九〇年代、栃木刑務所に服役するベトナム人受刑者からのベトナム語の図書の寄贈への礼状である。

「私は刑務所に来てかなり時間がたちますが、今回、初めてベトナム語の書籍を借りることができました。その中に、日本の歴史を書いたものがありました。この本で、私は、一九四五年に日本の本土も激しい戦火にさらされたこと、三月には東京が米軍機の激しい爆撃を受け、八月六日にはアメリカが広島に原爆を投下し、その三日後の八月九日には第二の原爆を長崎に投下したことを知りました。この話は、昔の歴史的な出来事なのですが、これを読んだとき、私のこころが痛み、本当に怒りを覚えました。
私の母国ベトナムは、長い戦争の惨禍に見舞われた国です。この戦争は私たちベトナム人にいいしれぬ傷を残しました。夫を失った妻、父のいない子どもたち、私の家族もこのような境遇におかれました。戦争というものは、世界の多くの民族に数知れない損失と傷をもたらしたのです。戦争のあと、日本人は戦争が残した多くの困難、試練、危機を乗り越え、勤労者の勤勉さと節約のおかげで、急速な復興と発展をとげました。私ができることは、小さな一部分のそのまた一部分でしかありませんが、この日本の民の勤労道徳を学び、その一翼を担いたいと願っています。このような有益な本に接することができ心から感謝しています。」
（ベトナム人女性、一九九〇年代）

この一枚の礼状は、母国を離れ、国境を越え、不幸にして他国の刑務所で時間を消費する受刑者にとって、母語で書かれた本が望郷の念に駆られながらも学びの喜びを与えることを伝えてくれる。新宿区袋町にある一般財団法人日本出版クラブ(1)は、少年院や刑務所に本を贈る「読書のめぐみ運動」を続け、二〇一四年で六三回を迎える。毎年三万冊に近い本を、法務省を通して全国の社会福祉施設・矯正施設に送り届けており、二〇一二年の累計は一五七万一九九八冊に達する（日本出版クラブ）。外国人受刑者にも同様に母国語で書かれた図書を送ることを続けた。

「栃木刑務所では女性受刑者が全員並んで代表者がお礼を述べてくれました。どこにでも見るような素顔が並んでいました。読書の恵みの薄い人びとに図書を贈る活動は、自分の心のためにやっているのです。刑務所や少年院からは感謝の気持ちが込められた礼状が届いています。出版業界に働きかけ、出版業界の善意の集積として、本を贈ってきました。刑務所や少年院、日ごろ本を読む機会の少ない施設の子どもや母子寮の人びととも読書の喜びを分かち合おうとしてきました。読書の恵みに薄い人びとを慰め、激励し、再起を促そうとしてきました。これからもずっと続けますよ。」（同クラブ事務局長、二〇〇八年）

異国の刑務所にいる外国人受刑者たちが、母国語の本を手にする感動は大きい。外国語の本を集めて、袋町の日本出版クラブに運んでみると、外国語の本を大きな旅行カバンに入れて運んでいる新宿の中高年の主婦たちに出会った。

「私は、長年、外国の方にボランティアで日本語を教えるほか、保護司もしています。日本語を覚えようとするひたむきな姿を見ていると、刑務所にも本を贈ったらどんなにか喜ばれるだろうと思いました。刑務所では回し読みができないそうで、冊数が必要なのです。世界中の図書を入手するのはなかなか困難で、毎年地域でバザーをやってみんなに呼びかけています。別に特別なことではなく、こういうことはいいことだなと思ったら、すぐに実践するように心がけてきました。栃木刑務所の廊下には本棚があり、嬉しいことに送られた図書が並んでいました。」（六〇代女性、二〇一五年）

地域の善意と祈りは、本に託され刑務所の壁、国籍の壁を超え、心の交流が、六〇年以上も続けられている。一冊の本が国境を越え、地域を循環し、移動する。多様な人びとの手によって服役する人びとに母国語を通して「ともに祈り憩うひととき」を届ける。本の執筆者にとっても出版社にとっても望外の喜びに違いない。(2) 言葉や宗教を異にする受刑者も日本人と同様の保護と処遇を受けられるような行刑施設や運用の体制を整えていくことが求められている。[3]

3　受刑者の望郷の念と家族との紐帯

一九九〇年代から新宿警察署は、「不法滞在者摘発」など職務質問に忙しい。街の交番に行ってみると多言語・多文化空間となり、観光客や外国人に道を聞かれる警察官は、ポケットに六か国語の会話集をしのばせ、外国語学習と多文化理解に余念がない。多文化都市は、安心・安全の街であることが基盤であり、夜中に起こる同国籍同士の口論に警察官は、多言語で仲裁に入らなければならないという。

そうした中でF級とは、「日本人と異なる処遇を必要とする外国人などの受刑者」を指す。F級刑務所は、府中、大阪など全国九か所と女性用に栃木、和歌山の二か所がある。外国人被収容者の増加に伴い一九九五年四月、府中刑務所では、国際対策室を新設した。外国人の犯罪検挙人数の増加に伴い刑務所と拘置所の外国籍収容者は、二五年間増え続け[4]、二〇〇三年時点で五六七一人（法務省）[5]であった。最大の課題は収容者の多言語化にいかに対応するかにある。外国籍受刑者の日本語学習と刑務所職員の外国語研修が行われているが、服役する外国人が抱える問題を詳細に把握するには及ばない。調査を受ける過程で、微妙なことばのずれ、誤解や解釈の違いが問題になる。月一〇〇〇通を超す受刑者への手紙の閲覧に語学力が必要なため、職員はペルシャ語、中国語、タイ語、スペイン語などの集中語学研修を受けることができる。受刑者にもレベル別の日本語教室が複数クラス開講されている。外国語の図書に関しては、フランス語、アラビア語、ネパール語まで二八か国語約一万五〇〇〇冊がある。学術書もあるが、推理小説に人気があるという。[6]受刑者が講師となる外国語講座や刑務所内の慰安会で慰問団が祖国の歌を披露するなど異文化間交流が行われている。食事に関してもエスニック料理の工夫や研鑽が行われ、宗教上の禁忌に配慮してイスラーム教徒には豚肉を除くなど、数種類の食事が用意されている。職員は、イスラームの祈祷と弔い、断食月にも理解を示している。多文化共生の空間には多文化教育や人権教育が職員研修でも必要となる。

では外国人受刑者はそこで、何を祈っているのだろう。岩男（二〇〇七：一八九～一九一）では、服役中の外国人受刑者二一六五人（有効回答、日本人男女一三〇〇名、四〇か国以上の外国籍男女八六五名）を対象に調査を実施した。調査結果によれば、外国人受刑者は、それぞれの家族を心配しながら日々刑に服しており、更生には家族の支援が最も重要であると考えている。また、受刑者は母国への移送を希望しており、その理由には家族との再会が最も多くあげられている。岩男は、家族を幸福にしたいとの強い希望が犯罪行為という歪んだ形で彼らを駆り立てた面もあると指摘する。異国の刑務所の受刑者たちの祈りは、母国の家族との再会が生きる希望となっている。人は、他者の親密な関係性を求め、誰かのケアを必要とし、家族は大切な心の拠り所になっている。

新宿区に拠点を置く研究会やＮＰＯ／ＮＧＯは、一九九〇年代から非正規滞在者を単に排除するのではなく、特別在留許可が下りるように働きかけ、不幸にして犯罪行為に及ばないように、相互に顔の見える関係性を心がけてきた。非正規滞在者を半減させるためのキャンペーンや日常的な職務質問に、地域の外国人住民は恐怖を感じてきた。

高校生がボストンバックを調べられたため部活に遅れたなど、大久保地区では日本人も職務質問の犠牲になった。韓国系キリスト教会では、日曜礼拝に際して教会付近で職務質問を受けた経験を聞くことができた。憲法学者・近藤敦は、法務省の担当者を交えた改正入管法二〇周年を記念したシンポジウムで次のように指摘した。

「『ルールを守って国際化』というフレーズですが、ルールとは、入管法だけではないはずです。『国際人権規約』『子どもの権利条約』『人種差別撤廃条約』といった国際法を批准し、『難民条約』を批准しています。これらも立派なルールではないのでしょうか。」（近藤敦氏の発言、二〇一〇年）

外国人が集住する新宿では、国際法に関するパンフレットはNGOの手づくりでつくられてきた。ちなみに二〇一四年一月一日の時点で、全国の不法残留者数は五万九〇〇〇人に減少している。[7] 地域に暮らす九八・六一％の外国人は法律を守って暮らしているが、それらは報道されることはない。新宿が行っている「新宿区多文化共生実態調査」（二〇〇八年）の報告書によれば、新宿区に住み続けたいとする定住志向が七三・七％を示している（対象：外国人区民五〇〇〇人、日本人区民二〇〇〇人、単純無作為抽出）が、日本人・外国人を問わず過剰な取り締まりは地域の善さを損なっている。大切なのは、不安定な生活環境に起因する社会的貧困に苦しんでいる人びとを犯罪行為に結びつけないことであり、そうした前提として安心して暮らせる環境をつくらねばならない。

4　誰をも見捨てない街

出所した人びととその家族に対する偏見や差別は根強く、就職差別や住居の確保の困難など、社会復帰を目指す人たちにとって、現実は厳しい状況にある。地域社会の一員として円滑な社会生活を営むために、本人の更生意欲と併せて、家族、職場、地域社会の理解と協力が必要であろう。偏見や差別をなくすため、法務省は毎年七月に「社会を明るくする運動」を実施している。[8] 歌舞伎町には、出所後の生活設計を立てにくい外国籍受刑者の生活支援も視野に入れたNPO法人が生まれた。

NPO法人「新宿歌舞伎町駆け込み寺」は、主に新宿区住民、企業や経営者による社会貢献の一貫としての助成金や寄付金で支えられて、あらゆる「命」を救うべく「生の保障」と外国人の生活習慣などの相違を理解・尊重するための多文化教育サロンを創設した。言語、宗教、習慣などの違いから、外国人に対する人権問題が発生し、家主や仲介業者の意向により、入居拒否など差別的取り扱いがされ、根拠のない噂が広まるなどのさまざまな問題を解消しようとするNPOである。名称は、二〇一一年七月時点では一般社団法人日本駆け込み寺となっている。(9) 同法人の玄秀盛所長はビジョンを語ってくれた。

「刑期を終えて出所した人の社会復帰には、本人の更生意欲と合わせて、地域社会の理解と協力が必要です。また、北朝鮮側が拉致の事実を正式に認めたことなどをきっかけに、在日韓国・朝鮮人児童・生徒に対する嫌がらせ、脅迫、暴行などの事件が相次いで発生したこともあります。法務省の人権擁護機関は、在日韓国・朝鮮人児童・生徒の通学路で、チラシを配布しポスターを掲示して、嫌がらせなどの防止を呼びかけ、全国八か所の法務局・地方法務局において、英語や中国語などの通訳を配置して『外国人のための人権相談所』を開設しました。私たちも日本語を自由に話せない外国人からの人権相談に応じているほか、外国人に対する偏見や差別の解消を目指して、啓発活動や調査救済活動に取り組んでいます。エイズウィルス（HIV）(10) やハンセン病などの感染症に対する正しい知識と理解を広めるための活動も大切です。これらの感染症にかかった患者・回復者などが、周囲の人々の誤った知識や偏見などにより、日常生活、職場、医療現場などで差別やプライバシー侵害などを受ける問題が起きているのです。」（玄秀盛氏）

玄氏からは、誰をも見捨てない活動を生涯にわたって続ける決意が伝わってくる。(11)

「目的は、家庭および社会から逃避・虐待・暴力・犯罪などの被害者だけでなく加害者に対しても、その早期解決・防止・撲滅に関する支援と協力を行い、心の安定化と社会秩序の健全化に寄与することです。」(同前)

ライフヒストリーを辿れば、外国人移民が国籍を超えて人権実現の場を創出し、新宿の地域コミュニティにおいて地域と協働で支えあう地域空間を創造している。二〇一一年冬、テレビドラマ化され『愛・命——新宿歌舞伎町駆け込み寺』(テレビ朝日系)が放映された。東日本大震災で助かったが絶望のあまり自ら命を絶つ人びとの救済事業を二〇一一年九月から展開している。

「東日本大震災では故郷を離れ避難を余儀なくされた人が約九万人です。その中には生活に絶望し自ら命を絶つ人がいます。被災者の方々が、希望をもって生きていくためには何が必要なのか、私たちは何ができるのか、無関心ではいられない。

震災を契機に、他人との絆の重要性、その意味などについて再認識した人も多い。人が生きていくためには他人が必要です。しかし、他人は時に冷たく、私たちを傷つけることもある。同時に、家族には尽くすのに、他人には冷たいという人もいる。どうすれば他人にやさしくなれるのか一緒に考えてみたい。誰でも失敗せずに生きてはいけない。しかし、離婚、自己破産、失業、受刑など、一度挫折をした人が社会復帰しづらいのが日本社会の現状です。」(同前)

歌舞伎町は、二〇一一年を契機に変貌した。躓いた人が立ち上がり、次の一歩を踏み出せるやり直しのできる社会を創造しようとしている。地域コミュニティは、偏見や差別をなくすために、理解の場を提供し、人権に関する啓発活動を行い、調査救済活動に取り組み、最終的にはともに憩う場を創造した。行政も二〇〇四年度より新宿区歌舞伎町地区では、環境浄化・地域振興対策に取り組んだ。歌舞伎町クリーン作戦・政府による歌舞伎町刷新プランが発表され繁華街の環境浄化対策として、歌舞伎町がモデルプランとなった。二〇〇五年一月「歌舞伎町ルネッサンス推進協議会」[12]が、行政機関と各事業者、また歌舞伎町商店街振興組合を含む地元商店街に有識者を加えて発足し、「誰をも見捨てないまちづくり」を推進してきた。

悪い誘惑に負けてしまった人も、収容所に収監された人も、家族との再会を祈って暮らしている。地域は、家族の変容、「家庭内暴力」(domestic violence)、「児童虐待」(child abuse)、離婚や絶望にある家族の崩壊や離散に気づきと支援の輪を広げる途を拓き、社会の分断を防ぐ多文化共生型まちづくりを模索していると言えよう。

5　ともに祈る街

新宿では、多様な宗教施設が歴史的に共存している。宗教施設内では、同胞に母国語で悩みを話し相談できる。母国の話題、生活情報、教育・就職情報、起業や法的手続きの情報を入手できる。宗教施設は、さまざまなイベントを通して、多様な機能を発揮する安心の居場所でもある。

(1) ビルマ人内部での宗教的多様性

妙正寺川に沿って西武新宿線の中井駅の近くに、リトル・ヤンゴンといわれる一帯があった。木造アパートに多くのミャンマー人が住んでおり、ミャンマーの食材店や雑貨屋も二、三軒並んでいた。中井では、ミャンマー人は、保証人なしでアパートが借りられたという。彼らの多くは、歌舞伎町、大久保、高田馬場で深夜まで働いていた。中井駅で行われた「水かけ祭り」では、三〇〇〇人もの人びとが集まった。

ミャンマーの子どもは親がお布施をする姿を見て育ち、子どもたちも出家して仏門に入る。筆者は、二〇一一年五月、日比谷公園で行われた在日ビルマ人フォーラムの「水かけ祭り」にも参加した。来日するミャンマー人はよく国内を旅行するが、目指す場所は鎌倉である。鎌倉の大仏を拝めば、再来日できると信じられている。高田馬場でビルマ料理店を経営するNさんの案内で、在日ミャンマー人たちが毎週集う寺院を訪問した。

「以前には大久保駅前の雑居ビル内にミャンマー寺院がありました。東京には、幡ヶ谷、早稲田、中板橋、大塚の四か所にミャンマー寺院があります。日本には八人のお坊さんが住んでおり、北九州のお坊さんが、上京することもある。タイやミャンマーには日本人のお坊さんが一五人います。いずれも日本では本来の出家修行ができないからです。肉食妻帯は、日本独自のもので本来、仏教では認められないことです[13]。前世で良い行いをしたので今世では、幸せに生きることができるのです。私たちは、お寺に寄付するために毎日、働くのです。」(ビルマ女性四〇代、二〇一一年)

新宿区には一九八五年一一人だったミャンマー人が二〇一四年になると一〇八六人に増勢を示している。キリスト教徒もイスラム教徒も仏教徒もいるが、宗教的な対立はないという。

ミャンマー寺院は、もとは雑居ビルの三階（百人町二丁目）にあった。そこには風呂の設備がなかったため、ミャンマーから呼び寄せる僧侶が宿泊するには不都合があり、その後マンションの一室（百人町一丁目）に移動した。一方、モスクは別の雑居ビルにある。ミャンマー人に限らずムスリムたちの礼拝の場所になっており、このモスクの近くにはハラールフードを扱う食材店が四店舗集まり、大久保のなかの小さなイスラーム世界を形成している。

中板橋駅から徒歩二分のところに、NPO法人ミャンマー文化福祉協会（MCWA）がある。当初、大塚で祈祷の場を維持していたが、寺院を購入したいと思うようになり、結局、中板橋で四階建てのビルと土地を購入することに決めたという。二〇〇九年、仏教を信仰する在日ミャンマー人が集う寺院ができた。滞日期間が二〇年という先輩ミャンマー人が中心となり、理事三名体制のNPO法人が購入し、運営している。

「来日可能なミャンマー人は、祖国では資産家が多いのです。ミャンマーでは二〇〇万円くらいないと来日は不可能です。ここは、政治的な活動拠点ではないので、ミャンマー留学生、ビジネスマン、大使館関係者、難民申請者、難民認定者など多様な人びとが集い、祈りの場をつくっているのです[14]。設立目的は、病気の在日ミャンマー人が多く、精神的にも実質的にも助けるためです。生活相談を受けることが目的で、酒気を帯びた人や喫煙者は入れません。」（ビルマ女性、二〇一一年）

寺院の一階は、台所、食堂、図書室、二階は、ホールで仏像を飾ってあり、祈りの場である。結婚式も挙行したそうで、一〇〇人から二〇〇人の人が集うので、すでに手狭になってきた。より広い場所が欲しいという。三階には僧侶の宿泊場所があり、四階はコンテナ利用の予備室となっている。新しい袈裟と托鉢がおいてあった。

僧侶は、一二時までに二度の食事を済ませた後、相談事を受け、ビルマ語指導を日課としている。午後は一切、食さない。結婚はできない。ミャンマー人の弔いについては、仏教徒にとって遺骨は特別な意味をもっておらず、また「墓を守る」といった意識はないという。

(2) 宗教法人東京恩恵教会

大久保二丁目は、大久保通りと早稲田通りに挟まれる閑静な住宅街である。小さなアパートが密集する地域に宗教法人東京恩恵教会がある。韓国人が約五〇人、中国人約二〇人、ミャンマー人（カチン人、カレン人が多い）が二〇人いるほか、その他の国々のキリスト教信者が日曜日に礼拝に集っている。日本語の通訳と中国語の通訳がついている。牧師は、一つの教会の中で、韓国人、中国人、ミャンマー人が心を開いている様子を語った。

「韓国がまだ非常に貧しかったころ、欧米からの宣教師が宣教に来られ、学校や病院や福祉施設を創設するなど信仰を広めただけでなく、韓国社会を支えようとしてくれた。私も日本を回りながら、最終的に大久保に住むことなり、牧師としてあらゆる国籍の人びとを受け入れています。教会内部だけでまとまるのではなく、他の教会の人びととも連携と交流することもあります。」（韓国籍の牧師、二〇一一年）

ビルマからの難民認定者や難民申請中の人びとも多く、家族を中心に相互にケアしている様子が分かる。教会には子どもが多く、申請中の苦しい日々を、助け合っている。韓国籍の牧師がビルマ難民の連帯保証人となって、彼らを支えている場合もある。

表8-1は、新宿区におけるミャンマー人とネパール人の登録人口である。在日ミャンマー人は、全国で約

表8-1　新宿区の国籍別外国人登録人口の推移

（人）

	ミャンマー	ネパール	外国人登録人口
1970年	0	0	5,635
1975年	6	0	5,558
1980年	11	0	6,036
1985年	11	3	9,535
1990年	85	0	16,703
1995年	636	24	18,815
2000年	707	63	21,780
2005年	831	115	28,272
2010年	1,274	819	35,211
2012年	1,153	1,022	33,568
2014年	1,086	1,493	34,121
2015年	1,244	2,284	36,016

出典：新宿区多文化共生推進課作成の資料より筆者作成。

一万二〇〇〇人だが、一九八八年のデモ以降、九〇年代に急増した。新大久保にミャンマーの僧侶の姿を見かけるようになったのは、一九九〇年代からであり、二〇一〇年には、新宿区において一二七四人のミャンマー人が暮らしている。二〇一二年には、表にあるように一一五三人に減少し、二〇一四年は一〇八六人、ネパール人の次に位置するようになった。これは転出だけでなく、七月の住民基本台帳への移行が影響しているものと考えられる。

難民認定申請中の人びとは、教会以外にも集会を開いて助け合い、祈りを捧げている。赤ん坊が二人、中国人、台湾人も含まれていた。

6　ボランティア家族のライフワーク

一九七〇年代から留学生を支援し、八〇年代からビルマ人ほかフィリピンやタイなどアジアからのニューカマーを支援してきたNPO法人「アジア友好の家」のKさん一家をインタビューした。ちょうど、ミャンマーでの引き取り手のない無縁仏を預かっていた。

「ミャンマー人への支援は、リスクが伴いました。まずブローカーの暗躍がありました。ミャンマー国内では来日希望者の増加に伴い、旅券やビザ申請を高額の仲介手数料と引き換えに行うブローカーが急増したのです。軍政府と口利きが可能な者などです。日本でも、相談者の紹介や生活に必要な情報と引き換えに手数料を取るブローカーが出現し、詐欺まがいも多数ありました。日本語ができない人が多く、日本政府の規制も厳しかったため、家にこもるミャンマー人が多く、病気も蔓延していったのです。ミャンマーの多様性とは一三五（筆者注：一説には一三七）もの民族が存在し、言語が互いに全く通じないケースもあります。ミャンマーというナショナリティではつながりがあります。しかし実際は、民族同士の交流は少ないのです。マジョリティへの同化傾向もなく、貧富の差、民族の違い、宗教の違いがグループ同士の隔たりをつくり、ミャンマー人の結束は困難で、日本国内ではさまざまなグループが乱立している状態です。」（T氏、二〇一一年）

「かつてサイゴン（筆者注：現ホーチミン）が陥落した一九七五年には、祖国を失い困窮する旧南ベトナムの留学生の支援に奔走しました。一九九〇年代は、エイズウイルス（HIV）などに感染したタイ女性の救済が活動の中心になりました。タイ女性は治療を受けられず、死亡するケースが多かったのです。一九八八年からのミャンマー人支援と来日の実態についてお話しします。一九七〇年代から自宅の二階を開放して留学生の世話をしていました。ミャンマー人学生の多くは、一九八八年のビルマ内乱の後、学校が閉鎖したこともあり、旅券発行が緩くなってから日本に入国しました。当初は富裕層の子弟が多かったのですが、アルバイトなどで自国よりもかなり多くの金額を稼ぐことができ、卒業と同時に帰国しました。その当時は、帰国しないと卒業証書が取得できなかったのです。帰国した者たちが、その資金をもとにレストランやホテルの経営に着手し、日本に行けば稼げるという噂が広まりました。借金してでも、さまざまな方法で来日を試みようとする傾向が強まったのです。船員として上陸した不法滞在者もいました。戦友会のビルマ戦線経験者などや日本人ボランティアを身元保証人にしました。自国の日本人旅行者に接近し、滞在先で世話をしたことと引き換えに保証人を願い出ることもありました。『アジア友好の家』がしてきた主な支援は、住居の世話、出産の世話、旅券・ビザなどの取得支援、疾病の世話、死亡の際の看取りです。一九九〇年代まで七一体の死亡ケースに携わり、そのうち数十体は、ある寺に納骨しました。[15]二〇〇五年に転機が訪れました。二〇〇五年の条約難民受け入れにより、規制が緩やかになったのです。難民認定がすぐに行われない場合も、難民申請を主張すれば、特別上陸許可が下り、多くのミャンマー人が来日し、ロヒンギャ難民の受け入れが始まったのです。彼らはミャンマー国内であらゆる民族から疎外されている山の民族で、来日している他のグループと言語も宗教も異なる人びとです。イスラーム教を信仰し、言語も近いことから、国境のバングラデシュの近くに多く滞在します。しかし、バングラデシュから日本へ来ると難民認定は受けられないのでミャンマー人として来日し、難民認定を受けているケースがほとんどです。」(T氏、二〇一一年)

Kさん一家は、外国籍の人びととの出産のケア、旅券・ビザなどの取得支援、住居・疾病のケア、死亡の際の看取りなど困難を克服するために支援を続けた。[16]二〇一一年八月、T氏は、ついに病に倒れて七五歳の生涯を終えた。

「誰をも見捨てない街」は、特定の人に大きな負担がのしかかっていたのである。彼女は活動記録を残していなかったが、偲ぶ会で、難民のオーラル・ヒストリーには必ずといっていいほど「お母さん」が登場した。その後、二〇一二年に新大久保の事務所を閉鎖した。

マイノリティ支援にはさまざまな危険とリスクが伴う。多くの医療機関で活動する医者や看護師、学校の教師、保育士、警察官、消防士など現場で働く人びとは、「誰をも見捨てることのない街」――生の保障――を実現しようとしている。裏に暗躍するブローカーや暴力団、費用も嵩み、支援にはさまざまなリスクがある。「生の保障」をライフワークとして命の救済を続けた人びとに感謝の気持ちが込み上げてくる。多文化都市の創造は、特定の人のみに偏った負担を負わせるのではなく、社会統合政策の枠組みの中で、生の保障に挑んでいくべきなのだろう。

7 在日ムスリムの埋葬とイスラーム霊園

新宿にはさまざまな祈祷の場、礼拝所がある。[17] 金曜日の昼時は、新大久保駅にほど近い雑居ビルの四階にあるモスクで集合礼拝が行われる。モスクとはアッラー（神）の家であり、アッラーのことを念じ、礼拝をささげる場所である。モスクは手足を清めた二〇〇人ほどのムスリムで満席になり階段にムスリムが溢れている。合同礼拝でアッラーへの祈りと全身を白い民族服で包んだパキスタン人やバングラデシュ人が集合する。男性同士抱擁し、礼拝を済ませた喜びを共有している。一日五回の礼拝やラマダンの夜の礼拝、アラビア語教室や勉強会がある。

図 8-1　山梨県甲州市（旧塩山市）のイスラーム霊園

出典：筆者撮影（2011 年 4 月 12 日）。

「祈ると安心するのです。イスラーム教とはムハンマドが始めた一神教です。ただ一つの神しか認めない。その神は人格神で、山の神とか、火の神とか、太陽の神とか、そういう自然神とは全然違う。女性の集う礼拝や勉強会もあるので、あなたもぜひ来てほしい。」（ムスリムの男性、二〇一一年）

ハラールフードの店には、イスラームの戒律にのっとった食品だけでなく、航空券、ビデオも売られている。在日ムスリム人口が増加し、土葬による埋葬と墓地問題も浮上してきた。イスラームは教義上、「火葬」をタブー視しており土葬で埋葬する[18]。ムスリムは「大地から生まれ、大地に帰っていく。神から生まれた魂は神の元へ帰る」ということを望むという。

火葬は完全にムスリムの意思に反するものである。日本は火葬の多い国であるため在日ムスリムにとって、安心して死ぬこともかなわないという問題になっている。日本でもかつては土葬であったし、今でもある[19]。母親の埋葬のためにSさんと一緒にイスラーム霊園を訪問した（図8‐1）。甲府盆地を見下ろし、さくらんぼ園と美しい光景に囲まれた平和な墓地イスラーム霊園は、信者の寄付金で管理されている。この墓地の敷地が満杯になるのも時間の問題であり、他の墓地を確保しなければならないとのことである。

「土葬が許可される墓地を探すのは容易ではないのです。以前は、遺体を本国に飛行機で運んでいましたが、多大な費用がかかるのです。火葬はタブーです。霊園が土葬を許可しても自治体や地域コミュニティの反対があると埋葬することはできません。イスラームの国々では埋葬は土葬で、墓石の向きについてはいずれの墓地でも同じ方位を向いています。日本の墓地では背中合わせに区画を分けて使用するので向きがさまざまになりやすいのですが、礼拝の向きを重要視するムスリムの場合は、メッカを向いて眠りにつくのです。体の右側を下に横たえ、顔がメッカに向くように埋葬します。」（ムスリムの日本女性、二〇一一年）

墓は同じ向きに造られた。Sさんは、母の埋葬と葬儀を無事に終え、心から安堵感をもった。日本では一九五三年に日本ムスリム協会が任意団体として設立された。同協会は紆余曲折を経つつも、山梨県に認可を得て、一九六九年に二四〇〇坪のムスリム専用墓地を設立したのであった。しかし、ムスリム移民の高齢化に伴い、いまでは埋葬用地が不足している状態という。

8　キリスト教会の多様性

カトリックのセント・イグナチオ教会（四谷駅前）は、言語別に日曜礼拝を行ってきた。英語、スペイン語、日本語のミサがある。筆者が訪れたとき、ミサが終わると中庭はフィリピンの露店が並んで祭りのような雰囲気となり、バナナの春巻き、バーベキュー、ビデオ、洋服、靴などの日用品も売られていた。フィリピン家族のタガログ語が行き交い、陽気な笑いがこぼれる。宗教施設が情報交換と憩いの場であることは、家族の笑顔から読み取れる。

（1）韓国系教会

国民の三〇％はキリスト教徒といわれている韓国の人びとは、東京都内にある一〇〇を超える韓国教会に家族とともに礼拝している。中でも新宿は教会が一番多く、著名なものでも韓国系のキリスト教会には「東京中央基督教会」「ヨハン教会連合」や、在日コリアンの集う「在日大韓基督教会」「葡萄の木国際教会」（歌舞伎町）「純福音教会」「徹夜祈祷会」などがある。本国と衛星中継をし、日本語と韓国語の同時通訳のスクリーンが設置されており、韓国語が分からない筆者には、通訳のイヤホーンが手渡された。設備の整った教会が多い。礼拝が終わると、信者が食事をともにし、生活情報・就職情報などを共有することになる。家族の事情も悩み事も韓国語で思いきりしゃべれる「安心の居場所」である。

（2）大久保地区のキリスト教会の歴史

かつて明治中期から大正期にかけて、キリスト教活動家たちが住んでいた大久保・柏木には、早くからキリスト教関係施設がおかれた。教会が多いことが、大久保地区の特徴である。キリスト教関係施設として、日本キリスト教婦人矯風会、ウェスレアン・ホーリネス教団淀橋教会、日本ホーリネス教団東京中央教会、日本福音ルーテル東京教会、柏木教会など、日本最大規模の施設が大久保に密集している。

キリスト教活動家として、もっとも早い時期に登場するのは矢島楫子《かじこ》である。矢島楫子は一八八六（明治一九）年に東京婦人矯風会を創立し、七年後に日本婦人矯風会（改称）の会頭となった。矯風会は設立当初から、国内廃娼運動や海外売春婦の問題に取り組んでいる。一八九四（明治二七）年には、中央線の線路際に近い現在の百人町二丁目の地に一五七九坪の土地を入手して、婦女子を保護し自立のための職業訓練を行う「慈愛館」を設けた。矯風会は一貫して廃娼運動や廃業した婦女子の救済活動を続けており、現在も大久保の地で精力的に女性の問題などに取り組んでいる。前述の女性の家ＨＥＬＰと連携して「慈愛寮」がある。淀橋教会は、戦後、大久保駅に隣接した現在の百人町一丁目に土地を得て、一九六四（昭和三九）年には当時のプロテスタント教会最大級の新会堂を完成させた。一時期は、ニューカマー韓国人信者のための礼拝が活発に行われていた。一方の東京中央教会は、一九六三年に礼拝堂を改修して、聖書学院教会から東京中央教会と改称している（稲葉、二〇〇六）。

（3）ウェスレアン・ホーリネス教団淀橋教会の歴史

一九世紀末、中田重治[20]はアメリカで福音を体験し、日本でホーリネス教会を誕生させた。淀橋教会は、一九〇一年に神田神保町に開設された中央福音伝道館に端を発した日本のホーリネス教会の最初の教会である。アジアへの宣教の熱情に燃えて来日した「東洋宣教会」の二人の宣教師と、アメリカに留学中に福音に与かり、当時アメリカ国内に巻き起こっていた救霊愛に燃え上がっていた中田重治が意気投合し、直ちに「中央福音伝道館[21]」を開設した。一九〇四年東京府下豊多摩郡淀橋町字柏木（北新宿）の地に本拠を移し、そこを新たに「柏木聖書学院」と呼び、今日の淀橋教会の原点となった。一九一一（明治四四）年「日本聖教団」が創設され、独立の新会堂も完成したのを契機に「淀橋教会」と呼称した[22]。小原十三司師は五六年間淀橋教会を牧会し、一九一九（大正八年）と、一九三〇（昭和五）年の二度にわたり増改築をし、礼拝出席者は平均五〇〇名近くであった。

戦争が始まると国家による激しい迫害と弾圧が始まり、一九四二（昭和一七）年の教会弾圧によって小原牧師が投獄され、教会の解散命令が出されたばかりでなく、空襲で会堂が焼失するなど試練と受難を経験している。終戦を迎えて獄中から解放されると、小原牧師は不死鳥の如く活動を再開させ、復興へと向かった。獄中生活の中で新生日本の将来のために一〇〇〇人教会、一〇〇〇人会堂の建設のビジョンを打ち出し、一九六四年に、日本のプロテスタント教会で最大規模の新会堂を完成させた。筆者は一九五〇年からトウモロコシ畑に囲まれた淀橋教会に通い、近代的な教会への建て替えとあらゆる国籍の人びとを受け入れていく変化を見てきた。

（４）日本福音ルーテル東京教会の歴史

一九二三（大正一二）年に、日本福音ルーテル東京教会が関東大震災で被害を受けて、大久保一丁目に移転した。ツタに覆われた教会堂の建物は大久保の人びとに長く親しまれてきたが、建て替えられた。内村鑑三が一九〇七（明治四〇）年に角筈から柏木に借地を得て移り住み、自宅と今井館聖書講堂を置いた。また、植村正久も、一九二四（大正一三）年一二月に富士見町から柏木に移ってきた。植村正久の遺志を継いだ三女の環により、一九三四（昭和九）年、ゴチック様式の教会堂が完成。教会堂は戦災で焼失するが、再建されて小滝橋通りにある柏木教会となった。ニューカマー外国人の宗教施設でもある。

牧師は、「本当は、多言語、多国籍の兄弟姉妹と祈りをともにすることは、なかなか大変なのです。しかし地域は、あらゆる人びとを受け入れて発展しています」と答えた。

東京媽祖廟《まそ》は、JR大久保駅南口から職安通りに向けて徒歩三分のところにある。一階は受付と事務所になっており、二階が朝天宮、三階が本殿、四階に観音殿がある。

媽祖信仰は、世界各地に移住した華僑によって広められ、ほとんどの移住先には、媽祖廟が建てられて、宗教と固有の文化が融合した媽祖信仰は、華僑の活躍とともに注目されているという。説明書によれば、「媽祖信仰が篤いのは、媽祖様の究極の慈悲の心と優美な伝統的文化が融合した結果と言えましょう」「台湾には九〇〇余りの媽祖廟が存在し、信徒数は一五〇〇万人以上」（二〇一三年時点）とのことで、大久保に多くの信者が集まってくる。

9　多文化都市の多機能化

新宿に暮らす住民は、金曜日には二〇〇人以上のムスリムが、モスクで祈りの集会をしており、日曜日には五〇〇〇人以上のキリスト教徒が教会に集う姿を見ている。多数のミャンマーの寺院の僧侶が行きかい、稲荷神社の祭りが行われ、結婚式といえば由緒ある神社仏閣か教会を使用する。地域の人びとは宗教的に多義的な都市空間を日々生きており、異なる宗教の接触領域でありながら、相互に曖昧性と寛容性を示してきた。

ヒック（二〇〇八：一）は、「宗教の宇宙はキリスト教中心でも他のどの宗教が中心でもなく、神的実存を中心とする宇宙である」と述べてキリスト教の排他主義を排し、新しい宗教理解のパラダイム＝宗教多元主義（religious pluralism）を提唱した。つまり、偉大な宗教はすべてその体験的な根底において、究極的に同一の、至高なる神的実存に触れている。しかしながら、この神的実存に対する体験のしかたはそれぞれ異なっており、また異なる文化の異なる思考方法によって、何世紀も相互に影響を及ぼし合ってきた。その結果、分化を進ませ、発展を異なるものにさせた。

このパラダイム転換に関して訳者の間瀬啓允は、今日のような「一つの世界」においては宗教的伝統は相互の研究と対話によって意識的に影響を及ぼし合っているのであるから、今後の発展はしだいに集約的な方法に向かうだろうと解説している（ヒック、二〇〇八：二六三）。つまり、新宿の多宗教が共存し、お互いの祈りを認め合うためには紆余曲折があるだろうが、どの宗教もグローバル化とともに変容し、多文化意識によって歩み寄ることもあると推測される。

礼金・敷金がなく、保証人も要らないことが多く、祈りの場があれば、多くの外国人が新宿に集住する理由が理解できる。難民にとっては、牧師がアパート入居時の保証人になってくれたことが要因であると言っていたが、いまは保証人はいらなくなったという。新宿は、ライフサイクルの完結期にある葬儀や埋葬などの弔いの儀礼を相互に理解し、譲り合うことの大切さを示唆している。

世界に起こっている国際紛争、テロなどの背景には、異なる宗教をもつ人びと同士の対立がある。だからこそ、異なる宗教の間で、相互理解の促進が必要となり、異なる信仰に対する尊重と調和の精神を育むことが肝要であるという意識が生まれている。

図8-2は、ライフサイクルに沿って外国籍住民へのヒヤリング「なぜ新宿に住むのか」と問うた結果である。(23)三〇「家賃が高くとも、学校と職場とアパートの三角形が一番小さくなるところに住みたい」と留学生は言う。三〇代以上の外国籍住民も、自転車で暮らせ「宗教施設があることが命綱になっており、欠かせない」と語る。高齢期には地域の多言語対応医療施設が重要視され、地域への愛着が増している。新宿区に外国人が集住する背景について、新宿区新宿自治創造研究所（二〇一二）は、①日本語学校・専門学校の存在、②エスニックタウンの形成、③交通の便利さ、④母国の政治・経済的要因が影響していると分析している。

しかし、本音では、年齢が高くなればなるほど、「親戚や身内」「祈りの場」から生まれる「生の保障」と誰を

図 8-2　多文化都市のサイクルと多機能化

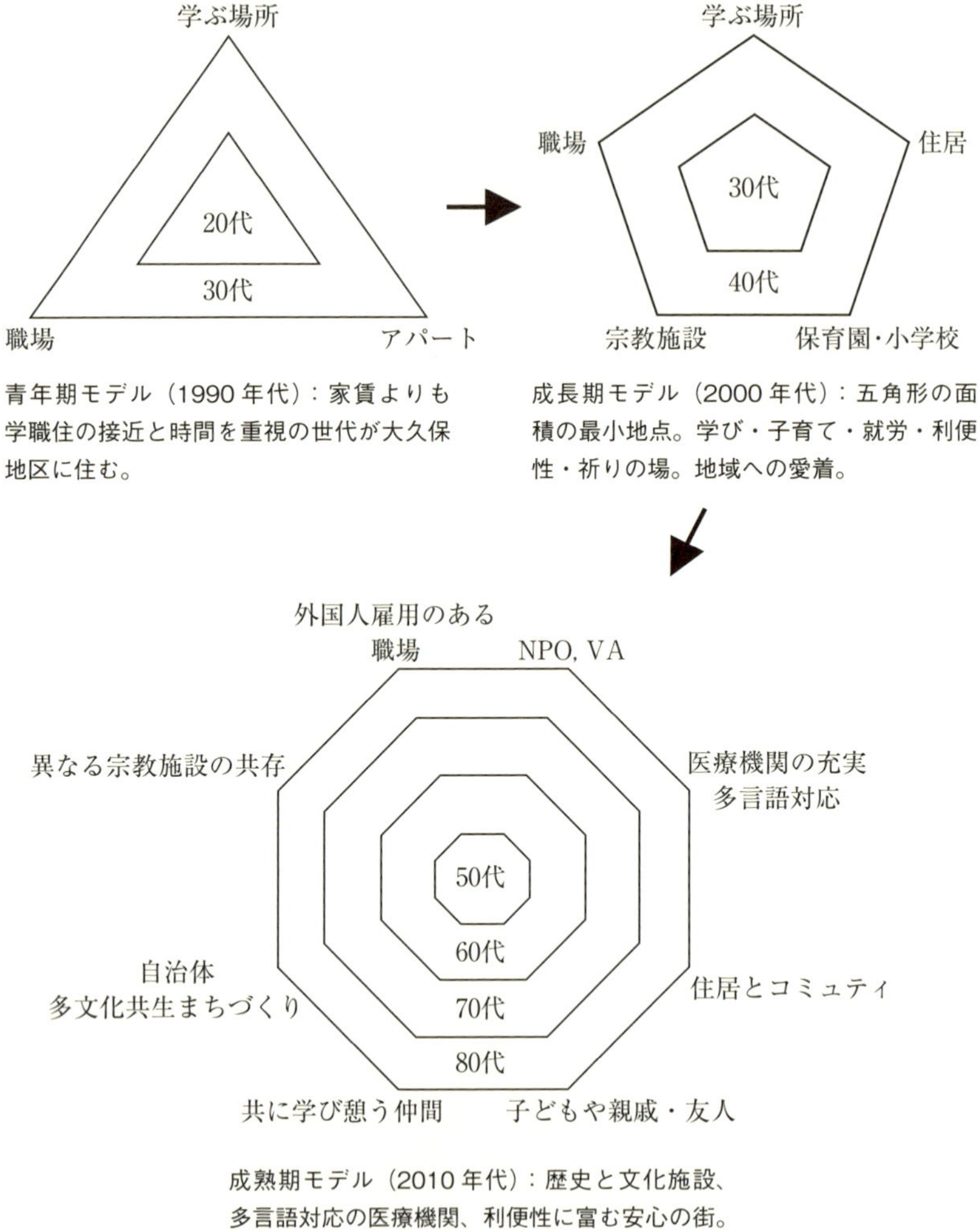

青年期モデル（1990 年代）：家賃よりも学職住の接近と時間を重視の世代が大久保地区に住む。

成長期モデル（2000 年代）：五角形の面積の最小地点。学び・子育て・就労・利便性・祈りの場。地域への愛着。

成熟期モデル（2010 年代）：歴史と文化施設、多言語対応の医療機関、利便性に富む安心の街。

出典：2000 ～ 2012 年インタビュー調査結果より、筆者作成。

も見捨てない地域の寛容性を理由にあげる。

二〇一五年、新宿大久保地区の外国人住民数は、人口の二五%となっている。ボランティアの人びとと宗教施設が仮放免や賃貸住宅の連帯保証人になり、どこにも行き場所がないときは宿泊空間を提供してきた。

「誰をも見捨てることのない街」の多機能化を実践してきたことに起因する。新宿には、国籍や在留資格の有無にかかわらず「生の保障」を実現する過程、庇護を求めてきた難民を受容する過程には、自らの危険を厭わない人びとの人生が脈々と息づいている。

本章では刑務所に本を贈り、出所後の更生と就職支援を実現する地域の現実など、多様なライフサイクルに沿う支援を発見してきた。

認定NPO法人難民支援協力会では無料の医療サービス施設を紹介し、無料の食事、無料のシェルターを提供して「医食住」を支援しようと努力している。

この世の中で、最も悲惨なことは、飢えでも病でもない。
自分は誰からも見捨てられていると感じることなのだ。[24]（マザー・テレサ）

都市に生きる弱者と生涯を寄り添ったマザー・テレサ（Mother Teresa　本名アグネサ・ゴンジャ・ボヤジ）の言葉は、多文化都市に生きる人の心の琴線にふれ、多文化都市の「祈り」となって生き続けている。

注

（1）財団法人日本出版クラブは、文部科学省所管の特例財団法人で、東京都新宿区袋町に本部がある。「出版界の総親和」という精神を掲げ、一九五三年九月に設立された公益法人である。

（2）このほか、日本ベトナム友好協会（本部：豊島区）は、第一期に一〇〇冊、第二期に二〇三冊を栃木刑務所に寄贈した。個人で送っている人もいる。二〇一一年四月一六日の『読売新聞』によれば、外国人受刑者のため一二三六冊もの母国語の本を大阪刑務所（堺市）に贈った母子もいる（注3を参照）。大阪刑務所には、四〇か国約三〇〇人の外国籍受刑者が刑に服している。熊取町に住む親子は約一〇年間、外国人受刑者が読む外国語の本を贈り続けている。

（3）「私は、本が受刑者の更生につながるように、英語、フランス語、韓国語など主要言語の他にマレー語やミャンマー語、トルコ語など約三〇か国語の本を贈ってきました。ジャンルは問わず、料理本やパソコンの解説書まで何でもいいのです」（一二三六冊を個人で送った大阪の母娘、二〇一一年四月一六日）。

（4）窃盗犯が約三〇％、覚醒剤一五％、強盗一三％、殺人約三％などの順になっている。

（5）国籍別では、中国が最も多く、一九〇五人（三四％）、次いで韓国・朝鮮の一六四七人（二九％）、イランの五一一人（九％）、ブラジルの三九二人（七％）の順。韓国・朝鮮の半分以上は在日の特別永住者が占めており、新規に来日した外国人に限ると、中国人の割合は四割を超えると見られる。

（6）『読売新聞』一九九四年九月一〇日夕刊。一九九〇年代には、府中や栃木のF級刑務所内で外国籍受刑者との異文化接触について書かれた記事が多数あった。『読売新聞』「刑務所と拘置所、外国人五六七一人収容……最多更新」（二〇〇四年五月三日）。

（7）新宿警察署の「犯罪抑止ニュース」二〇一一年五月号によると、二〇一一年一月一日～四月一五日間に発生した犯罪件数は六九件で、前年同期の一〇三件からは前年同期比で三三％減。新宿で犯罪件数が最大なのは歌舞伎町で二三件。以下西新宿一四、大久保一一、新宿九、百人町七で、余丁町〇。内容別では、侵入窃盗が最多の二六件（前年同期六八件）で、うち歌舞伎町が一〇件。二番目に多い犯罪が車上狙いで一一件（前年同期六件）。

（8）法務省の人権擁護機関では、啓発活動や相談、調査救済活動に取り組んでいる。

（9）NPO法人日本ソーシャル・マイノリティ協会「新宿救護センター」は、二〇一一年にNPO法人新宿歌舞伎町駆け込み寺、後に「公益社団法人日本駆け込み寺」へと組織名を変更した。

(10) エイズウィルス（ＨＩＶ）は、性的接触に留意すれば、日常生活で感染する可能性はほとんどない。ＨＩＶ感染者やハンセン病患者などに対する差別事案について、人権相談や調査救済活動をしている。
(11) 玄秀盛（二〇〇三）。
(12) 二〇〇五年一月より、①クリーン作戦プロジェクト（環境美化・安心安全対策施策）、②地域活性化プロジェクト（文化の発信・地域活性化・多文化共生施策）、③まちづくりプロジェクト（歌舞伎町の現況調査とまちづくり計画の策定施策）の三プロジェクトが動き出した。
(13) 裴昭（二〇〇七）七五頁。
(14) 運営委員会は一〇名ほどで毎週行う。三〇〇〇万円の寄付が集まり、三五〇〇万円で購入した。二〇〇〇円の寄付もあれば、一〇〇万円の寄付もあるという。
(15) 反政府活動を行っていた元エイズ患者の遺骨を自国まで送り届けたケースもある。
(16) アジア友好の家は、二〇〇〇年に特定非営利活動法人になる。東京弁護士会から「人権賞」（二〇〇一年）を、東京青年会議所から「ＮＰＯアワード」（二〇〇二年）を受賞している。
(17) 日本におけるモスクは、一九三五年に神戸モスク、東京渋谷の東京モスク、一九八二年には港区にアラブイスラーム学院が設立され、全国各地に造られるようになった。日本におけるムスリム人口の統計はないが、約一〇万人と推計される（『朝日新聞』二〇一五年五月一〇日）。
(18) イスラームではクルアーン（コーラン）とハディースがすべての生活規範でもあり、その中で最後の審判のあと行くべきところとして天国・地獄についての記述がある。地獄とはその身を焼かれる地獄として描写され、火葬はあってはならない。
(19) 「墓地・埋葬等に関する法律」によれば、法律上は「土葬」も「火葬」もほぼ同等の扱いを受けているが、日本では圧倒的に遺体は火葬されている。
(20) 中田重治は一九〇四（明治三七）年、淀橋町字柏木小字蜀紅山に約三〇〇〇坪の土地を購入して神保町から聖書学院を移転した。この聖書学院が、現在北新宿三丁目にある東京中央教会と大久保通りにある淀橋教会の起源となった。
(21) この中央福音伝道館では日夜の伝道と伝道者養成が行われ、常に多くの人びとが集い、またその中から多くの伝道者が輩出されるようになった。
(22) 第二代は車田秋次師、第三代は中田重治教団監督自身、この二人の在任期間はいずれもほんの短い間であり、その次の第四代牧師に就任したのが小原十三司師であった。

(23) 図8-2における「憩う仲間」とは、エスニック・コミュニティを指している。また、NPOとは、NPO/NGOなどのボランティアアソシエーションを指している。

(24) 沖(一九九七)。同書には、このほか「何もしなくてもいい。そこで苦しんでいる人を知っていてほしいのです」というマザー・テレサの言葉も収められている。これもまた「誰をも見捨てない街」の考え方と響き合う言葉である。

第9章　多文化都市のルーツと多文化博物館

The Roots of the Multicultural City and Multicultural Museum

都市には歴史がある。それはそこで暮らす人びとの思いの中で由緒になり、何らかのものとして語り継がれる。それがコミュニティの基盤を成すのだ。

（歴史学者アーノルド・トインビー、アテネの集会にて、一九七七年）

今や地球人口の三四人に一人が国籍国でない国に暮らしており（ＩＯＭ、二〇〇五）、越境の実態は、衛星放送やインターネットを通して知ることができる。国立民族学博物館（大阪）が、フォーラムとして交流する博物館に主眼をおいているように、東京オリンピックを目前に控え、既存の新宿区立新宿歴史博物館が研究蓄積を基礎とし情報発信と対話がある参加型多文化博物館の機能を備えていく可能性は大きいのではないだろうか。

新宿で地道な活動を続けている多数のグループやＮＧＯ／ＮＰＯ、企業のＣＳＲ（社会貢献）活動も盛んであり、自治体の多文化共生推進課の担当者も熱意をもって交流している。交流から生まれる信頼関係の蓄積こそがコミュニティの破壊を防いでいるのだ。歴史博物館、公立図書館、学校、大学、企業、NGOがネットワークをもち、既存の施設を有効利用し、IT技術を駆使する遠隔地通信の多文化博物館の構想が生まれてくる。

多文化博物館は、都市の多文化史を内包し、社会統合政策の研究機関として機能することも期待できる。人権の概念を人類共通の財産として次世代に引き継ぐ拠点ともなりうる。本章では多文化共生社会の足跡を後世に遺す包括的な多文化博物館を構想する時期が到来していることを考察する。

多文化博物館は、多文化都市のライフサイクルを俯瞰できる空間である。新宿では留学生・亡命者を受容した明治時代とインナーシティが形成される大正時代を草創期とすれば、戦前を導入期、戦後を衰退期、一九六〇〜八〇年代の高度成長期を成長期、外国人集住地区となる一九九〇年代を転換期、市民団体が増加する二〇〇〇〜二〇一〇年を成熟期、二〇一一年東日本大震災以降を安定期と捉えることもできるだろう。

新宿のルーツに思いを馳せて、新宿区は小泉八雲の故郷ギリシャ・レフカダ町と友好都市提携を結び大久保に小泉八雲記念公園(1)(一九九三年)を開園した。新宿は日本における国際結婚の発祥地であり、大久保の小泉八雲ばかりでなく、牛込神楽坂のクーデンホーフ・カレルギー光子や新宿中村屋のボースの人生が伝承されている。梅屋庄吉は、百人町に一五〇〇坪の大邸宅を建て、孫文を住まわせた。孫文もボースも亡命者であり、地域の家庭に匿われた。

一九九五年、新宿区歴史博物館では、趙軍氏(2)が区民を対象に「孫文の日本での活動と新宿——二〇世紀初頭中国革命党人たちと新宿」と題された講演を行い、「新宿が留学生受け入れの発祥地であった」と語った。人びとは地域史から地域の懐の深さに感銘し、地域の混乱を問い直し、多文化化の大切さを認識したのである。本章では、多文化都市のルーツを明治期の多文化史、明治期の国際結婚や中国人留学生や亡命者の人生を考察し、多文化都市のルーツとライフサイクルを読み解き、現代を生きるわれわれが何を学びとるのかについて考察する。

1　日本の国籍法の誕生とライフヒストリー

(1) 国籍法の誕生

国際結婚とは、「国内外において、社会的に認められた正規の婚姻制度」であり、「婚姻前において、近代国民国家日本の国籍を有する者」が条件となる。その意味からすれば、異邦人は遊女としか関われなかった江戸時代は、国民国家の概念がなく国際結婚は成立していなかった（嘉本、二〇〇八：一‐一二）[3]。

国際結婚は、宗教や文化の違い、経済や政治的な緊張状態におかれることが想定され、自国と他国との法規的な関係に拘束されることから「渉外婚姻」とも呼ばれる。法律用語として厳密な定義づけがなされておらず、ここでは「国際結婚」を国籍の異なる者同士の結婚と定義し、インターマリージ（intermarriage）と広義に捉えておく。

エリクソン（二〇一一：一〇三）は、「適切なアイデンティティの感覚が確立されて、初めて異性との本当の親密さが可能になる」としている。そのようにして成立する親密圏（intimate sphere）とは、具体的な他者の生／生命に対する関心・配慮を媒体とし、ある程度持続的な関係性を指す（斉藤、二〇〇三：二一二）。国籍を超えて性的関係性が精神的内実を伴い、「人生を賭けてみよう」とする決意は、明治期からあった。

明治初頭、国際結婚には、政府の許可が必要であった。日本女性が外国人男性と結婚する場合は、「日本人タルノ分限」を失うことが規定されていた。これは「日本国籍」のことを意味していると思われるが、「日本国籍」とは呼称しなかった。

太政官布告による内外人婚姻条規の発令という、日本で国際結婚に関する国籍法が制定されたのは一八七三（明治六）年のことである。同法は日本人男性の妻となる外国人女性は日本国籍を取得するが、外国人男性の妻となる日本人女性は日本国籍を失うと規定したのである。日本政府は内外人婚姻条規をつくる際に、フランスのナポレオン法典を参考にした。一八九九（明治三二）年には明治憲法によって初めての統一的な国籍法（旧国籍法）が公布されたが、木村（二〇〇〇：一二）によれば、出生による日本国籍の取得については父系血統主義を採用しており、ここでも婚姻については夫の国籍に従う父系優先の内外人婚姻条規発令の原則は変わらなかった。つまり、日本で国籍法が成立したのは一八九九年だが、その四半世紀も前に内外人民婚姻条規ができていたのである。ただし、身分行為（婚姻、縁組、認知）に伴う日本国籍の取得は認めていた。では、戸籍と国籍がどのように異なるのか。嘉本（二〇〇八a：三九）によれば、明治政府はよく分からないままに「日本人タルノ分限」という表現で日本国籍を表していたと指摘する。戸籍は、内外人民婚姻条規のできる前年に壬申戸籍として制度化された。その後、一九一六（大正五）年の国籍法の改正で、外国人男性の妻となる日本人女性がその外国籍を得られぬ場合にのみ日本国籍は失われないことになった[4]。

日本には「婚姻証明書（marriage certificate）」がない。役所が発行する証明書で婚姻の事実が確認できるものは、「戸籍謄本・戸籍抄本」、婚姻届の「受理証明書」などである。日本人の場合、婚姻などの身分事項は戸籍に記録され、戸籍謄本・戸籍抄本などが日本人の「婚姻証明書」に相当するものといえる。戸籍は日本国籍を有する場合のみに作成されるので、外国人同士が日本で結婚をしても、戸籍による証明はできない。婚姻届の「受理証明書」を婚姻成立の証明として利用する場合が多い。

（2）クーデンホーフ・カレルギー光子の半生

こうした時代背景のもと、国際結婚は一八九二（明治二五）年、東京府牛込（現在は新宿区）に始まった。クーデンホーフ・カレルギー光子（青山みつ、一八七四（明治七）年七月六日生まれ）は菜種油商と骨董品屋を営んで

いた青山喜八とその妻津禰《つね》の三女として生を受けた人物である。以下、伝記や手記をもとに概観する。(5)

ある日、光子は落馬した外国人の青年を助け、医師を呼び、手厚く世話をしたとの逸話が伝わっている。その青年とは、オーストリア・ハンガリー帝国の駐日代理大使として東京に赴任したハインリヒ・クーデンホーフ・カレルギーであった。ケアを受けた大使が恋をしたことから、光子は大使公邸に奉公し、恋愛感情を育んでいった。外国人との恋愛に猛反対する両親を振り切って、光子は一八九三（明治二六）年に結婚を決意した。長男ハンス光太郎、次男リヒャルト栄次郎の二人の子を出産後、一八九五（明治二八）年三月一六日に日本政府が婚姻許可を出した書類が残されている。東京府に届出された初の正式な国際結婚の書類である。これに伴い光子は日本国籍を失う。当時の国際結婚は外国人にあてがわれる現地妻という印象が強く、光子は実家から表向き勘当され、ハインリヒは結婚に際し青山家にあらゆる誠意と犠牲を払ったと記録が残っている。

光子は日本国籍を喪失後、カトリックに改宗し、一八九六（明治二九）年、夫の祖国オーストリア・ハンガリー帝国へと旅立った。(6)尋常小学校を出た牛込町の商家の娘が、ドイツ国境に近いボヘミアとハンガリーに跨る広大な領地をもつ伯爵家の古城に二人の幼子を連れて越境した。旅は新奇性に満ち、幸福と不安が交錯する。カレルギー一族は、開国したばかりのオリエンタルの島国からきた女性に好奇のまなざしを浴びせた。

ヨーロッパへの渡航後、三男ゲオルフほか四人の子宝に恵まれたが、合わせて七人の子育てに関して、お互い異文化で育ったことから夫婦の間で意見の食い違いが生じた。ハインリヒは、次世代に完璧な「ヨーロッパ人」としての成長を望み、妻・光子には母語である日本語の使用を禁じ、日本人の乳母を帰国させた。文化的多様性に開かれたはずの結婚の内実は、妻を孤立から守るべく配慮によって、かえって彼女の母語・母文化と日本人性を排除する皮肉な結果をもたらしたのである。周囲の偏見と差別から妻を守るため、光子には厳しい現地社会への同化要請がなされ、次第にアイデンティティ・クライシスに陥っていく。光子には、多忙な夫以外に心を打ち明ける相談相手がいなかった。孤独にさいなまれ、ホームシックに襲われる妻のためにハインリヒは日本への里帰りを計画したが、長期間幼い子どもたちと離れることもまた困難であり、結局、里帰りは実現しなかった。一八か国語を理解し哲学的知識と豊かな教養をもつ夫と光子は、子どもの養育の話題でつながり、夫婦の関係性は円満であった。光子自身は英語・独語・仏語を習得し、家庭教師から歴史・地理・社交界のマナーなどを学んでいる。

一九〇五(明治三八)年日露戦争が起こり、母国・日本の国際的地位が高まるにつれ、周囲の偏見が和らいでいく。外国人妻への視線は、出身国の地位に大きく左右された。そして夫(四一歳)の心臓発作による急死(一九〇六年)から人生の激動期が訪れる。夫の遺産はすべて光子(三一歳)が相続すると遺言がなされていたが、一族が財産を巡り訴訟を起した。光子は受けて立ち、勝訴し、遺産を相続後、伯爵夫人として家政を取り仕切った。やがて子どもの教育のため財産を処分しウィーンへ転居した。光子は一〇年間に培われた異文化間トレランス(耐性と寛容性)を発揮し、七人の子どもを引き連れて毅然とした行動力を示した。孤独に耐え、周囲に寛容性を示してきた労苦が、夫の急死にめげず勇敢で強靭な精神力を生み出した。

一九一四(大正三)年、第一次世界大戦が始まると日本はオーストリア・ハンガリー帝国と敵国として戦い、光子への眼差しは敵対心に満ちた厳しいものに転じた。次男リヒャルトは肺病で徴兵を免れたが、ハンスとゲオルフの二人の息子が従軍し、光子自身も赤十字社を通しての食糧供出に奔走する。一九一八(大正七)年に終戦を迎え、次男リヒャルトの舞台女優との結婚に対立する。駆け落ちをした次男はその後『汎ヨーロッパ主義』(7)を著し、ヨーロッパ共同体の構想をまとめEU統合の基盤をつくるなど、ヨーロッパ論壇の寵児となった。このことから、しばしば光子は「ヨーロッパ統合の母」「パン・ヨーロッパの母」として言及される。長男ハンスは裕福なハンガリー系ユダヤ人の一族出身で、オーストリア・ハンガリー帝国初の女性パイロットと結婚し、娘のイダ・フリーデリケ・ゲレスは作家として成功する。七人の子どもたちを平等に公平に育てたいと願っていたが、夫の死後、新宿生まれの上の二人とボヘミア生まれの五人とは異なる態度を示したとある。

第一次世界大戦でオーストリア・ハンガリー帝国が崩壊し、カレルギー家は財産を喪失すると、光子の人生は衰退期を迎えた。一九二五年、脳溢血で右半身不随となり不自由な晩年を送る。ウィーン郊外で次女オルガの介護をうけ静養の日々を過ごし、時折、ウィーンの日本大使館で、大使館員と日本語で歓談し、日本から送られた新聞や本を読むことに安堵感を覚えた。

人生の終盤期、懐かしい日本語に接し、娘オルガに看取られた。第二次世界大戦の最中、一九四一（昭和一六）年八月二七日死去、享年六七歳であった。

2　国際結婚の伝承とファミリーライフサイクル

光子が詳細な日記風の手記を残したことにより、光子の人生は多言語に翻訳され多くの出版物となって伝承され、そのひたむきな人生は、ヨーロッパでも日本でも語り継がれている。木村毅『クーデンホーフ光子伝』には、国際結婚の身分証明に関する経緯が詳細に記載されている。夫・カレルギー伯は、誠意をもって手続きに奔走し、内縁の妻や現地妻ではなく、「正式な妻・光子」であることを母国・日本に帰還した際に、きちんと親せきや周囲に証明できる文書を作成した。新宿生まれの第一子、第二子は戸籍に記載され、責任感の強いカレルギー伯爵が、煩雑で分かりにくかった日本の国際結婚の手続きを行った経緯が明らかである。彼は女性尊重論者で、結婚後も妻に敬意を表して、皇帝の食卓に召される礼装を纏って朝食を共にした。次男は自叙伝に、父親の面影を

「女性敬愛主義者」と記した。明治期の新宿では想像を絶する紳士淑女の優雅な日常生活であった。

東洋人への蔑視を受けながらも、光子は向学心をもち、真摯な態度を貫いて生きており、その手記は発見と感動で満ち満ちている。仏語、英語、独語に翻訳された自叙伝から、家族のあり様が伝わり、世界各地で光子の人生は、書物、漫画、小説に出版され、映画とTV番組が放映され、東京では二〇一一年ミュージカル(8)に再現された。光子の生涯は、EUの大学の授業や、新宿区の郷土史講座、(9)国際理解講座でも盛んに伝承された。

二〇一二年、区民が、光子の実家に「長男ハンス光太郎、次男リヒャルト栄次郎生誕の地」という石碑の設置を新宿区に要望している。筆者は多文化博物館に光子の生涯を展示することに意義があるように考える。

地域の由緒として明治期の国際結婚に光を当てることで、明治期のグローバルな人の移動と異文化適応に裏づけられたファミリーライフサイクルの分析視角の一端が生まれる。

人のライフサイクルは、結婚によって世帯を増やし、子どもの誕生によって世帯規模を拡大し、次世代の結婚によって世帯規模は地球を舞台とし大きく空間軸を拡大していく。

外国人の永住化や家族移民化に伴って、「人生」をテーマとする学術的議論がより肝要になっており、異文化間教育学会では、二〇一〇年度の研究テーマを「生涯にわたる異文化間教育」として人生を見渡す教育学の深化を期し、異文化間教育学の裾野を広げる試みを行っている。

3　日本文化に寄り添う国際結婚と文化創造

（1）ラフカディオ・ハーンの国際結婚

日本政府が光子と夫の婚姻証を発行した一八九五（明治二八）年にもう一つの国際結婚が成立したのは単なる偶然なのだろうか。英文学者ラフカディオ・ハーン（Lafcadio Hearn, 1850～1904）は、仏領西インド諸島マルティニーク島を旅するなど世界の見聞を広めようとしており、その中で日本の評判を耳にした(10)。

彼は『ハーパーズ・マガジン』の通信員としてニューヨークからカナダのバンクーバーに立ち寄った後、太平洋を横断して横浜港へ着いた。アメリカで知り合った服部一三（当時は文部省普通学務局長）の斡旋で、島根県松江尋常中学校と島根県尋常師範学校（現・島根大学）の英語教師に任じられた。気管支炎になったハーン（四一歳）を世話したのが、松江の士族・小泉湊の息女・小泉節子（一八六八～一九三二年）であった。当時、外国人との結婚は、洋妾（ラシャメン）と蔑まれていたが、周囲の視線を恐れずに二人は愛し合い、節子とハーンは正式な結婚を望み、中学教頭・西田千太郎の勧めで一緒に生活するようになる。

（2）入夫と日本人タルノ分限

一八九三（明治二六）年一一月一七日に長男が誕生した後、ハーンは小泉家の婿養子として一八九五（明治二八）年一二月一二日に届け出を出し、「日本人タルノ分限」を得て、小泉八雲として節子の戸籍に入った。小泉節子の父親は死亡しており、養親がいないことから「婿養子」ではなく「入夫《にゅうふ》」として扱われている（嘉本、二〇〇八a：三五）。外国人が「日本人になる」ためには、内外人民婚姻条約によって「嫁入り」、あるいは「婿入り」するしか方法がなかった。彼は松江・熊本・神戸・東京と移動しながら英語教育で尽力し、欧米に日本文化を紹介する多数の著作物を遺した文学者となるが、その偉業の影には妻・節子の献身的な協力があった。

一八九六年に東京帝国大学文科大学の英文学講師となると、その年の秋、牛込区市谷富久町二一番地（後の新宿区）に転居した。一八九七年に次男・巌が誕生し、翌一八九九年には三男・清が誕生する。一九〇二（明治三五）年三月一九日、新宿区西大久保二六五番地に移転した。一九〇三年、東京帝国大学を退職した。後任は新宿在住の夏目漱石であった。帰化手続きが完了した四八歳で「小泉八雲」と名乗り、五二歳で、長女・寿々子が誕生した。一九〇四（明治三七）年に逝去するまで新宿区大久保で過ごした。新宿区にある早稲田大学の講師を勤めていたが、夕食後に狭心症により自宅で急死した。享年五四歳であった。九月三〇日に仏式の葬儀が営まれ、雑司が谷墓地に埋葬される。戒名は「正覚院殿浄華八雲居士」である。没後に『日本――一つの試論』[11]が、マクミラン社より出版された。小泉八雲は、東京帝国大学での最終講義で学生に次のように語ったという（小泉凡、一九九五：二一七〇）。

「現代の世界がどんなに深く学問を修めても、また科学的になっても、ロマンスは決して死に絶えることはない、ということをどうか忘れないでほしい。」

二〇一一年、映画『レオニー』（監督：松井久子）では、晩年の節子が子育てに忙しく優しかった夫の思い出を新宿の住民・津田梅子に語りかける場面が再現された。八雲と節子（西大久保）の結婚と青山光子（牛込町）の結婚による日本国籍の喪失は偶然にも同じ年であり、牛込町と西大久保を歩いてみると約三〇分の距離である。多文化都市のルーツの多彩さを感じる散歩道である。

図9-1　小泉八雲記念公園（新宿区西大久保）に建つ胸像

出典：筆者撮影。

（3）文化創造を語り継ぐ「小泉八雲記念公園」

職安通りと大久保通りの中間点、大久保小学校近くに「小泉八雲記念公園」がある。ギリシャから来日後、日本各地を転々とし、終の棲家となった大久保の家の跡地である。新宿区は小泉八雲が晩年八年間を大久保に暮らしたことから、八雲の生まれ故郷であるギリシャのレフカダ町（現レフカダ市）と交流をもち、一九八九年一〇月一二日に友好都市であることを宣言した。相互に交流を重ね、理解と友情を深めて、関係性をさらに堅いものとするために、両方の街が国際平和に寄与すべく、友好都市を宣言したのである。レフカダ市はギリシャ西部イオニア諸島の一つであるレフカダ島にあり、人口は約八〇〇〇人で農漁業や観光を中心とした歴史と文化の町である。友好都市提携をしたことを契機として、この公園は一九九三年に開園した。

園内にはギリシャ政府から送られた小泉八雲の胸像があり、ギリシャ風の古代柱と花壇などが他の公園と趣を異にしている。白い門扉、塀とアーチ、エントランスの細い路にはオリーブの木もある。四季折々の花が咲き、ギリシャ風の景色が地域住民と留学生に愛されスケッチ会など憩いの場となった。また、新宿歴史博物館は八雲のコーナーを設けて、文化創造が「境界人」

(marginal person) や「周縁人」(peripheral person) によって進められた史実を再現している。

4 「新宿中村屋」の国際結婚

(1) インド独立運動と近代日本のアジア主義

「新宿中村屋」の国際結婚も、地域に多文化意識を与えた。ラス・ビハリ・ボースは、一八八六(明治一九)年ベンガル州ブルドワン郡に、政府新聞の書記をしている父ビノデ・ビハリと母ブボネンショリの長男として生まれた[12]。イギリス植民地政府の官吏として、デヘラードゥーンの森林研究所で事務主任を務める一方、インド国民会議派に参加し、独立運動に身を投じた。幼少の頃は母方の叔父のもとで育ち、その後シャンデルナゴルへ、次いで父の転勤に伴いカルカッタへ移り、再び転勤があると叔父の家へ戻り、転地を繰り返した。家庭環境の変化によって感じた淋しさや不満が、ボースの革命精神をより増強させていった。

ボースは、学生時代、革命に燃える青年たちに愛読されていた『サラチャンドラ』というインド兵の反乱に影響を受けた。ボースは学業を捨てインド兵を志願し、ウイリアム要塞司令官に入隊を志願したが、ベンガル人は志願兵として登録できないとの返事を受ける。その後も志願し続けて行動に移すも失敗し、父の強制で森林調査官に任官することになった。しかし、かえって森林調査官という職務は革命活動に有効であった。赴任先がグルカ兵移送の駐屯地であり、兵士に革命思想を叩き込むことで運動を拡大させる。その一方で、勤勉な官吏として行動しており、一九一二年にデリーにおける総督爆殺計画を決行したものの、その後の調査や取り調べは厳しくなく、逆に警察が革命党員の行動内偵をボースに依頼するほどであったという[13]。

図 9-1　ラス・ビハリ・ボースと俊子（1918 年）

図 9-2　タゴールを囲んで相馬夫妻とボース一家（1924年6月）

図 9-3　ボースと息子の正秀、娘の哲子（1933 年 3 月）

出典：図 9-1、9-2、9-3 ともに、大東文化大学 60 周年記念図書館所蔵。

（2）日本への脱出と「中村屋サロン」

ボースは武器を入手するため、一九一四年詩聖タゴールの渡日にまぎれて、タゴールの親戚と偽って日本に入国した。当時、日本で初めてパンの販売を思いついた相馬愛蔵と良（後に黒光）夫婦は、一日二食をパン食にして研究と販売準備をしていた。本郷森川町に「中村屋」というパン屋を開業し、店は繁盛していたが一九〇九（明治四二）年八月に新宿に移転し、「新宿中村屋」を新たに開業した。市電終点の駅前での商売は順調であった。一九〇一年の創業以来、新宿中村屋は独創的なパンと食品[14]を作り続けた。

相馬夫妻は新しい芸術や思想に理解を示し、国内外の芸術家や思想家の世話をすることが多かった。彫刻家・荻原碌山はパリで修行を終え、新宿に居を構えていたが毎日中村屋に出向き、彼を慕う多くの芸術家が中村屋を訪れ、「中村屋サロン」が始まった。

渡日したボースは、インドの独立運動を遠く離れた異境の地から支援しつつ、同じく日本に亡命していたインド人ばかりでなく、孫文など世界各地の活動家と親交を重ねた(15)。当時、日本はイギリスと同盟関係にあり、イギリス政府の要求もあり、来日四か月と間もないボースに国外退去を命令した。これに対して日本のアジア独立主義者である頭山満、犬養毅、内田良平らが、新宿中村屋の相馬愛蔵にボースを匿うよう依頼し、その後しばらくの間、ボースは中村屋のアトリエに隠れることとなった。頭山らの働きかけにより、第一次世界大戦最中の一九一五年に日本政府はボースへの国外退去命令を撤回したもののイギリス政府による追及はその後も続き、彼は多くの日本人の支援を得ながらも各地を転々とすることとなった。

相馬夫妻は亡命中のラス・ビバリー・ボースを中村屋に匿った。ボースは彼の世話をした長女・俊子に思いを寄せ、頭山満が二人の間を取り持った。イギリス政府から追われる亡命者との結婚に不安があったが、俊子はボースの求愛を受け入れ、一九一八（大正七）年、頭山満の媒酌で結婚した。

同年、第一次世界大戦が終結するとともにイギリスからのボースへの厳しい追及が終わりを告げた。一家は大久保の中村屋の敷地内に新居を建てたが(16)、翌年俊子は肺炎を患い二八歳の若さで病没した。俊子はボースとの新婚生活で、彼が毎朝唱えるサンスクリット語のマントラを暗記し二人で唱えていた。ボースの唱和するヒンドゥーのマントラを、声を揃えて唱えながら息をひきとった。「短かったけれど我々の生活は幸福だった。いや一生の幸福をあの数年の間に享けたという気がしている」とボースは俊子の臨終を回想している。

ボースはこの後、一九二三（大正一二）年に日本国籍を取得した後も、インド独立運動に邁進した。チャンドラ・ボースとも協力し、その活動は東南アジア諸国に及んだのである(17)。

(3) 帰化人差別への対抗

「父は私が生まれてから半年後、日本に帰化しました。この時、父は相馬家に入るのではなく、あらたにボース家を立ち上げ、母と兄、私を新家の籍に入れることになりました。その際、犬養毅さんから、『防須』という字を頂きました。以降、私は結婚するまで『防須哲子』という名前で生きてきました。」(樋口哲子、二〇〇八：三六)

ラス・ビハリ・ボースと俊子の娘・哲子の著書『父・ボース』の記述にあるように、ボースは「相馬家」ではなく「防須家」を創設して妻と子どもを新しい籍に入れた。日本に亡命したボースは帰化人となったが、日本社会による帰化人への差別にも敏感であった。彼は当時の内閣総理大臣・加藤高明をはじめ、関係省庁の大臣に対して、国籍法の改正を要求する嘆願書を提出した。これは、一八九九年三月に発布された国籍法の第一六条「帰化人、帰化人ノ子ニシテ日本ノ国籍ヲ取得シタル者及ヒ日本人ノ養子マタハ入夫トナリタル者ハ左ニ掲ケタル権利ヲ有セス」に関するものであった。ボースは嘆願書の中で、この国籍法第一六条は、大日本帝国憲法第一九条の「日本臣民ハ法律命令ノ定ムルコトノ資格ニ応シ均シク文武官ニ任セラレ及ヒ其他ノ公務ニ就クコトヲ得」という文言の精神に「背馳」していると主張したのである。[18] 帰化日本人には帝国議会議員になる権利が与えられていないことに対して、ボースは憲法第一九条が公務に就く権利を保証しているにもかかわらず留保がつけられており、帰化人に対する明白な差別であることを主張した。中島岳志（二〇〇五：一四六）は、ボースによる日本政府への嘆願書の表現力が、「日本人」の側から逆投射する形で批判したことになると指摘している。中島は、日本に亡命したインド独立の闘志R・B・ボースの生涯を描きながら「大東亜」戦争とナショナリズムの関係を解いた。一九二四年にボースが帰化人に対する差別的法律の撤廃を要求した事実は、当時の施政者やナショナリストたちが無自覚的に抱いていたアジア諸国への支配欲を鋭く見抜いていた証と指摘している。

ラス・ビハリ・ボースは一九四五（昭和二〇）年一月二一日、インドの独立を見ることなく亡くなった。俊子の長男・正秀も日本陸軍戦車隊の一員として沖縄戦を戦い、同年六月に戦死した。また、チャンドラ・ボースも二か月後の八月一九日に航空機事故に巻き込まれ亡くなっている。結果として、二人ともインド独立を見ることなくこの世を去った。それから二年後の一九四七年に、インドの独立はインド国民の蜂起により達成されたのである。(19)

5　明治期の留学生の受け入れ

明治期、中国革命の父・孫文のほか、胡漢民、馬君武、黄興、宋教仁、梁啓超、李大釗、郭開貞、蔣介石などが新宿に居住した。区内に同盟会や留日学生の革命活動拠点があった。留学生を自宅に招いて世話をする日本人住民がおり、一面の麦畑であった中野区に比べ、閑静な住宅地であった新宿に多数の留学生が暮らした。日中交流史を専門とする趙軍氏は、その様子について一九九五年に新宿歴史博物館の講演会で、区民を対象に「日中交流史　孫文の日本での活動と新宿――二〇世紀初頭中国革命党人たちと新宿」というテーマで講演した。趙氏は、新宿住民が中国革命に深い関わりをもち、日中交流史にプラスに作用したと謝意を述べた。すでに述べたように一九九〇年代半ば、地域は外国人との共生について混乱の最中であり、雨天の中、集まった区民は丁寧な挨拶と新宿史の懐の深さに感動した。

「日本が鎖国による長い眠りから覚めたとき、外国人にとって最も魅力ある町は長崎でも横浜でもなく、当時の豊多摩郡、後の牛込区、四谷区、淀橋区、つまり新宿だったのです。新宿区の皆様に、二〇世紀初頭、新宿に始まった日本と中国の交流史についてお話をし、住民の方々が中国革命党人を自宅に住まわせてくださり、家族同様に励まし支援してくださったことにお礼を申し上げたい。」（趙軍氏、一九九五年一〇月二一日）

以下は、趙氏の資料と講演に依拠して明治時代の亡命者や留学生の居住空間の重要性を歴史的に検証し、国籍を超えるコミュニティの形成を考察する。新宿に外国人が集住した最大の理由は、優れた学校が点在していたことである。弘文学院（現在の新宿区西五軒町一二-一三）、成城学校（現在の成城高等学校・中学校）、陸軍士官学校（新宿区市谷本村町五自衛隊市谷駐屯地）、早稲田大学、法政大学、陸軍経理学校（現在の東京女子医科大学内）、成女学校（新宿区富久町七-三〇）、東京高等大同学校（新宿区東五軒町四）、振武学校（現在の東京女子医科大学内）など、留学生が向学心に燃えた学び舎があり熱心な教師がいた。第二の理由は、宮崎滔天のような中国革命の協力者や犬養毅、大隈重信などの政治家が多数住んでいて、中国革命を物心両面で支援する住民がいたことも起因している。三番目には、神田や本郷にも近くて当時から何かと利便性にも富んでいた。

趙氏の研究によれば、中国人と日本人の文士・宗教家・企業家など家族ぐるみの交流があった。以下、住所表記は、現在の住所表記に書き変えてある。

新宿には、中国革命党人士や留学生を受け入れる宿舎や会場が多数あった。

中国留学生の集会会場として頻繁に使用されたのは、富士見楼であった。中国在日学生孫文歓迎大会会場（富士見楼、千代田区飯田橋三-一二）では一九〇五年八月一三日在日留学生一三〇〇名の参加によって孫文の来日を契機に興中会、華興会、光復会の大同団結促進を決議している。富士見楼は、東京名所図絵によると、飯田河岸にあり建物は堤に面し、神田川を背にする。一八八七（明治二〇）年の開業にして、客間は一八室、中庭、大浴場を有する。楼上に建つと富士山を望むことができると留学生が語り継いでいる。

革命祝賀集会会場（高等演芸館＝神楽坂演芸場）などでは、議論と将来を模索した様子が浮き彫りになる。神楽坂演芸場（新宿区神楽坂三‐五）では、一九一一（明治四四）年一一月一一日に、一二〇〇名の留学生が革命の成功を祝う大集会を開いている。祝賀集会後、東五軒町まで紙製の革命旗を手にして祝賀行進を行った。『東京日日新聞』（一九一一年一一月一二日付け）には、その日のパレードの様子が詳細に報道されている。

一九〇二年には「清国留学生会館」が開館した。中国の留学生自身が創設した倶楽部で、活動拠点となった。留学生の書籍の出版社や本部をおき、来日留学生の受け入れの世話をした。

四〇名に及ぶ中国人が居住し、区内の同盟会や留日学生の革命活動拠点があった。彼らのその後の活躍は著しく、こうした人の移動と異文化の接触は、その後の人生に大きな息吹を与えている。新宿には、世話好きの家庭が多かったとも言えよう。明治時代、中国革命同志を支援する日本人の多くが新宿に住み、頻繁に自宅に招いて交流した様子が講演から浮び上がってきた。

6　梅屋庄吉と孫文

一八六八（明治元）年、梅屋庄吉は長崎で生まれた。一八九三年に米相場の投機に失敗して南洋に移り、その後支那や東南アジアの各地を転々と移動し、香港に写真館を開設した。一八九五年に梅屋は、この写真館で孫文（一八六六〜一九二五年）と会う。孫文二九歳、梅屋二七歳が革命の決意を熱く語り、梅屋は資金の支援を約束し、以来三〇年間、何の見返りも求めず孫文を支援し続けた。

一八九九年にアメリカとフィリピン独立軍との戦争が始まると、独立軍の総帥アギナルドとその香港亡命時代に親交のあった梅屋庄吉は、アギナルドの幕僚ポンセに紹介状をもたせて当時日本に滞在していた孫文に面会させてフィリピン独立支援を要請させる。一九〇五年に帰国した梅屋は、一九一二年に自社を含む四つの映画会社を合併させて「日本活動写真株式会社」（現「日活」の前身）を創設した。一九〇九年に梅屋は大久保百人町に広大な土地を購入し豪邸を建設した[20]。事業家・梅屋庄吉は、若き孫文との出会いを喜び、百人町の自宅に住まわせ終生援助を続けた。一九一四年孫文と宋慶齢との結婚式と披露宴が、梅屋夫妻の媒酌により梅屋邸の二階で挙行された[21]。一九〇七年から振武学校、陸軍士官学校に通っていた蒋介石は、梅屋邸で下足番をし、蒋介石は宋慶齢の妹、美齢と結婚する。一九一一年に清朝打倒の辛亥革命が起きると、梅屋は技師を派遣して記録映画を撮影し、アメリカにいた孫文と後日、浅草で上映会を開く。この結婚を通して、家族ぐるみの関係性が築かれていった。孫文は一九二五年に逝去するが、遺書の中には梅屋への謝辞が記されていたという。梅屋は、孫文の銅像四基を作って一九二九年以後、南京・広州・マカオなどに寄贈している[22]。

梅屋庄吉の曾孫にあたる小坂文乃が、革命を支援するということに加えて本当は「一緒に闘いたかった」との心境を『革命をプロデュースした梅屋庄吉』に著している（小坂、二〇〇九）。孫文支援の事実は、長い間知られてこなかった。「中国革命ニ関シテ成セルハ　孫文トワレトノ盟約ニテ成セル……一切口外シテハナラズ」。梅屋庄吉自ら、遺言によってこの歴史を封印したのである。自らの支援が公になることで迷惑を被る人を案じて、一〇〇年間庄吉が遺した日記、書簡、委任状、武器発注書、写真などの資料は、すべて梅屋の子孫のもとで保管されていた。日中国交回復後、両国の関係も新しい時代に入り、庄吉の娘、千世子は公開に踏み切った。封印され、沈黙された史実が多数ある。歴史は正邪や善悪の二極対抗的に捉えがちであるが、中国と日本の間の複雑な関係性から分かるように、国の立場によって評価は分かれる。

二〇一一年は辛亥革命一〇〇年で、武漢、北京、上海で記念シンポジウムや展示などが行われた。筆者は二〇一一年八月、東京国立博物館での「一〇〇年前の中国と日本、孫文と梅屋庄吉」という特別展[23]に出かけた。一〇〇年前の日中交流の写真にあわせて、ヘッドフォンの音声ガイドからは宋慶齢が梅屋邸の応接間のピアノで毎日弾いていたベートーベンの「ピアノソナタ第八番ハ短調『悲愴』」や「交響曲第三番ホ長調」などが流れてくる。

記念講演会の講師は、梅屋庄吉曾孫の小坂文乃であった。清朝政府から命を狙われ、亡命は命がけであった。理想を高く持ち続けた革命家・孫文と新宿の梅屋邸での一大ロマンの歴史を語った。

7　移民の世代間サイクル

人は誰でも物語の主人公であり、人生の演出家でもある。人が存在するところにはナラティブ（物語）があり、越境は物語をさらにドラマチックに演出する。本章にあげた新宿での国際結婚のナラティヴは、現在の多文化家族を理解する上にも示唆的である。

先に示した三つの国際結婚の事例の共通項とは、出会いが「ケア（care）」の実践を通して親密な接触領域を創出したことにある。「ケア」は人間の本質であり愛他精神を育み、「ケア」の相互行為が人生を左右する叡智を生み出している。二つめの共通項は、越境と転地に象徴される人生が、現代にも感動を語り継いでいる点である。子孫が彼らの伝記を執筆し出版している。俗に「自分史」は「自慢史」とも言われるが、国際結婚には、次世代に伝承すべきグローバルな思想や人生観がある。

三つめの共通項は、新しいモノ文化を創出した。「国際結婚」のナラティブは多くの文学作品を生み出した。人生の映画化やミュージカルがあり、八雲の多数の文学や記念公園、ボースの「カリーライス」と食文化というヒット商品を生み出した。モノだけではなく、彼らの国際結婚は、地域社会にトランスナショナルな思想のフローをもたらした。中村屋サロンは、世界の多様な思想・哲学の対話の発信地であった。インドの詩人タゴールやガンジー、辛亥革命の孫文、孫文を支援し続けた梅屋庄吉、宮崎滔天などの思想が交流するサロンであった。新宿という都市空間に、移民による文化的創造性が早期に根づいていた証である。

明治期の国際結婚においては、帰化をして正式な結婚届を提出しているように、法的に「正式な結婚」であるための努力を惜しまなかった。

一九五〇（昭和二五）年には新国籍法が制定され、旧来認められていた身分行為による国籍取得は認められなくなり、新国籍法のもとにおける日本国籍の取得は、出生によるほかは帰化のみとなった。出生による日本国籍の取得は、従来の父系血統主義がそのまま維持され、その結果、日本人父と外国人母の婚姻後の出生子は、父が日本人であることで日本国籍を取得することになる。これに対し、たとえばアメリカ人父と日本人母の婚姻後の子どもは、母が日本人であっても日本国籍を取得できず、父の本国であるアメリカの国籍のみを取得した。

その後、一九八四（昭和五九）年に国籍法の一部が改正され、一九八五年から施行された。改正国籍法の特色は、①出生による国籍取得について、従来の父系優先血統主義を改め、父母両系血統主義が採用されたこと、②日本国籍の取得方法として、帰化以外に新たに届出による国籍取得の制度が設けられたこと、③国籍の留保制度が整備されたこと、④国籍選択制度が新設されたこと――などがあげられる。

こうして父か母かのいずれかが日本人であれば、その子は日本国籍を取得することができるようになる。したがって、婚姻中の外国人父と日本人母との間の出生子は、以前と違って日本国籍を取得することもできる。外国人が日本国籍を取得するには、以前は帰化によるほかなかったが、一定の条件を満たす必要はあるものの届出によっても得られるようになった（木村、二〇〇〇：一四）。

このように、男女の区別なく外国人と日本人の間に生まれた子は日本国籍を取得できるようになった。

この発端は、ある日本人女性がアメリカ人男性と結婚し、男女平等を謳った日本国憲法との矛盾を指摘して最高裁まで闘って勝ち取った成果にあった。裁判は八年間もかかり、不断の努力によって、日本人の父親に限って子どもに日本国籍が与えられるという不平等がなくなった。沖縄における米兵との間に生まれた無国籍児の問題が解決したのも、当事者たちの努力の結果である。

歴史の練磨とは、一人ひとりの人生が、多様であり、困難を克服し、かけがえのない人生を送った歴史から、英知を学びとることである。移民の包摂とは、移民の人生を受容することであり、同じ人間発達のプロセスとして、乳幼児期、学齢期、思春期、青年期、成人期、壮年期、老年期という生涯発達にその時代背景の特徴を析出することができる。

多様性・流動性・重層性に脈動する多文化都市のメカニズムは、移民・難民と地域住民のライフサイクルの視座から浮き彫りになる。トランスナショナルな接触領域の累積は苦難を克服するごとに地域を強固にし、信頼を促し、移民が長期に暮らせる街を形成した。

国際結婚の破綻も、新たな出発点と捉えることができる。ライフサイクルに寄り添うことは、世代間の価値観の違い、次世代への文化の継承、移民の世代交代への流れを知ることになる。共生への投資が、次世代にどのように活かされるのかを把握し、長期的多文化共生政策の根拠をより明確にする。説得力ある施策を展開するためには、多文化都市のライフサイクルのどの時期にあるのかを分析することが必要となる。

8　多文化博物館の創造(24)

人は自分の生きた証のなにがしかを次世代に伝えたいと思う。祖国を離れた移民たちは、次世代に、何を遺していきたいのだろう。刺繍や絵画などの伝統工芸であったり、食文化であったり、子育てや教育の理念であったりする。言語、信仰、生活の知恵、家族の絆、祖国への思い、国籍へのこだわりかもしれない。越境を繰り返した経験には、アイデンティティの揺らぎや世代間の葛藤、文化や言語の消失やトランスカルチュラリズムの創出があったに違いない。そういった移住の体験を次世代に伝えておきたい人もいるだろう。多文化共生社会とは、伝えたいことを伝え、残したいものを残すという「自由」が容認されている社会である。

多文化博物館は、移民との「接触領域」(contact zone)であり、世代をつなぐ役割を果たしている。人の移動の歴史と旅の記憶は、家族史を編み込み大きなうねりとなってグローバリゼーションの歴史を映し出す。移民を受け入れて発展した国や都市の中には、移民史を編纂し、体系化・ビジュアル化して、新天地に夢を託した越境民の勇気と苦難の歴史に想いを馳せる場を創造する動きも見られる。多文化共生の歩みを後世に伝え、恵まれた専門施設と研究者が配備されている博物館(25)もある。多文化博物館にルーツを発見し、先祖の思いを学び取る時空を共有してきた人びとも多い。

多文化博物館は、当該都市が多文化都市のライフサイクルのどの時代にあたるのかを分析することで、いかなる多文化共生政策を採用すべきかを検討することができ、長期的展望に立つ社会統合政策を考える基礎となりうる。地域コミュニティの場となっている歴史博物館[26]は、多文化・多言語の出会いの場でもある。新宿歴史博物館は、明治初頭から中国人留学生や亡命者などを受け入れた地域史を伝えている。二〇〇一年一二月には、職安通りに市民が創った「高麗博物館」の開会式に多数の地域住民が参加した。狭い空間に韓国の文化が溢れ、日韓の交流史が描かれている。高麗博物館を「つくる会」が誕生したのは、日本政府が大韓民国に対して、過去の支配と抑圧について正式に謝罪を表明した一九九〇年のことである。日韓の国交正常化を好機として「高麗博物館」をつくる運動が始まった。多文化共生への希望を結集して二〇〇一年交流史を身近に学ぶ空間が歌舞伎町に面した大久保地区に誕生したのである。高麗博物館はNPO法人化し、日本人と在日コリアンの多数のボランティアが企画運営に関わっている。高麗博物館は、日本とコリアの関係を考察するきっかけになる博物館を目指しており、一方的に歴史の評価を押しつけることよりも、出会いと対話の促進を重視している。

「会員が納める会費や寄付が運営の柱になっているので経営は苦しいのです。しかし、行政や企業に依存せず、会員の意思で自由な行動ができます。」（高麗博物館館長）

まさにここは日本とコリアの交流史をテーマとした、貴重な文化の接触領域でもある。

二〇〇五年には、「在日韓人歴史資料館」（姜徳相館長）が港区南麻布の韓国中央会館に開設された。横浜みなとみらいには、「海外移住資料館」（JICA横浜国際センター内）がある。海外移住を果たした出移民の博物館[27]である。今後は、このような人の移動をテーマとする博物館が連携して、より包括的な多文化博物館を実現することが可能となるだろう。

人びとが「国籍」に目覚めたのは、おそらく一八九九（明治三二）年、明治憲法によって初めての統一的な国籍法（旧国籍法）が公布されたときであろう。風化する記憶を呼び覚まし、人間の誕生から育児、教育、就労、結婚、まちづくり、老後と弔いというライフサイクルに沿った移民の歴史が展示される意義を再確認できる。国際結婚によって生まれた子どもの多くが日本国籍を取得している現実、国際児の実態、無国籍の子どもの存在など、さまざまな諸相をビジュアルに伝えることが可能である。無国籍者の国際機関がない現在、その実態と類型を明らかにし、新しい政策につなげる役割を担うこともできる。特に難民認定申請者が増加する現在、難民の実態と難民支援に尽力する人びとの活動を伝えることも社会統合政策への重要な柱となる。

注

（1）小泉八雲の人生は、新宿区歴史博物館で常設展示されている。

（2）趙軍氏は当時、東京大学東洋文化研究所研究員、現在は千葉商科大学教授。

（3）たとえば、鎖国時代、一八二四（文政七）年オランダ商館の医師シーボルトと内妻タキとの間にイネが誕生したが、日本人は国外に出ることが許されず、当時外国人との正式な結婚は認められていない。

（4）一九五〇（昭和二五）年に公布された新憲法下の国籍法では、それまでの家制度が廃止され、家族全員が同一国籍でなければならないとする制限がなくなった。しかし、父系優先血統主義は継続され、日本人女性の配偶者である外国人男性の日本入国や滞在に対して厳しい制限があった。国籍の確定についても、日本人男性と外国人女性の間に生まれた子は日本国籍を取得でき、外国人男性と日本人女性の子は日本国籍を取得できない状況であった。

（5）木村毅（一九七六ａ）、クーデンホーフ（一九九八）、吉田（一九九七）の三冊には、光子の人生が克明に描かれている。

（6）光子は、明治天皇の美子皇后の謁見を受け、異国にあっても日本人の誇りを忘れないようにとの激励を受けた。

（7）リヒャルト・クーデンホーフ＝カレルギー（一八九四～一九七二年）は、オーストリアの政治家となり、汎ヨーロッパ主義を提唱し、後世の欧州連合構想の先駆けとなった。彼は「ＥＵ統合の父」と呼ばれている。現在ＥＵ二七か国の会議が開かれる欧州議会内に、カレルギー伯爵の銅像が置かれている

（8）二〇一一年、ミュージカル「ＭＩＴＳＵＫＯ――愛は国境を越えて」（脚本・演出：小池修一郎）が東京渋谷区で開演さ

れた（青山劇場、二〇一一年六月～八月）。一〇〇年を経て、光子の人生はドラマ化され、華麗に再現された。
（9）　連載「牛込神楽坂の人物列伝（3）ＥＵの母クーデンホーフ光子　江戸歴史案内人が語る神楽坂の魅力」。
（10）　アメリカ南部出身の女性ジャーナリストであるＥ・ビスランドと交流をもち、彼女から世界旅行の帰国報告を受けた（ビスランドはハーンの死後、アメリカで彼の伝記を出版している）。工藤美代子（一九九五）を参照。また、ラフカディオ・ハーンについては、前掲の論考を含めた（工藤、二〇〇八ａ）のアメリカ編をはじめ、ヨーロッパ編（工藤、二〇〇八ｂ）、日本編（工藤、二〇〇八ｃ）の各論、および前掲誌の特集記事も参照のこと。
（11）　小泉凡（一九九五）二七〇頁を参照。
（12）　当時のインドはイギリス植民地イギリス領インド帝国であり、父がベンガル政府高官として多忙であったことから、Ｒ・Ｂ・ボースは父とは親密ではなかった。父と離れた後は母と祖父によって育てられ、西ベンガル州のシャンデルナゴルなどの学校で教育を受けている。イギリスの植民地的環境を是正するため、ボースは革命運動に心血を注ぐようになる。ボースの人生などについては中島岳志（二〇〇五）の著作などを参照のこと。また、本章で扱うボースの記述については、株式会社中村屋ＣＳＲ推進室の資料を参考にしている。ここでは新宿中村屋の記録に加え、ボース・俊子夫妻関連の多数の著作物を閲覧できる。また、新宿中村屋のウェブサイトも参考にされたい（http://www.nakamuraya.co.jp/pavilion.html 二〇一二年一二月一日アクセス）。
（13）　しかし、二年後の一九一四年にデリー事件でのボースの主犯格での関与が判明すると、彼には一万二〇〇〇ルピーもの懸賞金がかけられた。一九一五年のラホールの反乱にも関わったが、これは密告を受けて失敗した。
（14）　一九〇四年にクリームパンを考案し人気商品となり、一九二七年に中華饅頭を販売し中華まんの元祖となった。
（15）　当時、孫文は袁世凱と対立し日本に亡命していた。他にも、アジア主義を掲げる大川周明に、他のインド独立活家とともに匿われるなど、日本の思想家とも厚い親交をもっている。
（16）　新宿区西大久保地区の中村屋創業者・相馬愛蔵邸は、奇しくも小泉八雲邸から五分もしない場所にある。
（17）　一九三一（昭和六）年六月、大東文化大学ではアジア民族の息吹を告げるべく、亜細亜部を発足させた。一九三三（昭和八）年五月、大東文化大学はアジア問題講演会の講師としてＲ・Ｂ・ボースほかを神田一ツ橋会館に招き、広く公衆に訴える行事を主催した（『大東文化大学五〇年史』一二三五頁）。
（18）　これは国務大臣、枢密院議長・副議長・顧問官、宮内勅任官、特命全権公使、陸海軍将官、大審院長、会計監査委員長、

行政裁判所長官、帝国議会議員があげられていることへの抗議行動であった（中島岳志、二〇〇五：一四四）。

(19)　中島岳志、前掲書、株式会社中村屋ＣＳＲ推進室資料など。

(20)　隣は、軽犯罪を犯した女性を更生させる「婦人ホーム」施設があり、逃亡してくる女性を追い返すのではなく住み込ませ、妻トクが「教育係」として更生させた。

(21)　現在はカナダ人が経営する学生寮、テニスコート、キリスト教会、留学生会館になっている。

(22)　梅屋は日本の対中強硬政策に批判的で、蒋介石と連絡を取り続けた。国民政府は満州に対する日本の地位と特殊権益を認める、という合意が成立した。日本滞在中、蒋介石は梅屋邸を訪問している。ところが関東軍が、その翌年張作霖爆殺事件を起こし、三年後には満州事変を起こしたため、松井や梅屋らの努力は実を結ばなかった。

(23)　特別展「一〇〇年前の中国と日本――孫文と梅屋庄吉」（二〇一一年七月二六日～九月四日、主催：東京国立博物館、毎日新聞社、後援：外務省、中国大使館）。

(24)　本章第8節は、川村（二〇一〇）を基として大幅に修正を加えたものである。

(25)　ニューヨークのエリス島の移民博物館、パリの国立移民歴史博物館、ロサンゼルスの全米日系人博物館、アデレード・シドニー・メルボルンにある豪州の移民博物館など、移民博物館などが有名だ。シンガポール、マレーシアにも移住した人びとの歴史を映し出す移民博物館が点在している。日系人を受け入れたブラジルにはサンパウロ移民記念館、ハワイやペルーなどにも移民博物館がある。スウェーデンの移民博物館はアメリカへの移住史を展示している。ユダヤ人の離散にまつわるディアスポラ歴史博物館は、アメリカ、オーストリア、ドイツ、チェコ、ハンガリー、スペイン、イスラエルなどにあり、ユダヤ教徒の宗教生活・文化・所産などを展示している。

(26)　一九七九年に神戸中華総商会（The Kobe Chinese Chamber of Commerce）のＫＣＣビルに「神戸華僑歴史博物館」が開館している。二〇〇三年六月に『神戸華僑歴史博物館通信（*News from the Kobe Overseas Chinese History Museum*）』を創刊し、日本における華僑の人びとの歴史を伝えている。

(27)　日本人の海外移住は、一八六六年江戸幕府が海外渡航禁止令を廃止したときから始まり、海外で生活する移住者とその子孫の日系人は二五〇万人に上る。一九〇八年の笠戸丸の内部の様子や持ち物が展示されている。二〇〇八年、ブラジル移民一〇〇周年のイベントが開催された。この移民史の延長上に、一九九〇年の改正入管法施行以後の日系ブラジル人の子孫らの日本へのＵターンの歴史が続いた。彼らが自動車や電機産業など日本の基幹産業を支え、家族呼び寄せと定住化の過程を捉えた共生史も重要である。間接雇用や社会保障、国民健康保険、子弟教育など、問題解決への道を展示することもできる。金融危機の煽りをうけてブラジルに帰国する流れが二〇〇八年ごろから見られた。彼らの故郷は、どこにあるのだろうか。サンパウロ移民記念館とのネットワーク化と遠距離の博物館の交流が移民政策への示唆を発信する日も遠くないだろう。

終章

Conclusion: Looking at Multiculturalism from a Lifecycle Perspective

「多文化都市」と称するには、相互に「命」を支え合って生きる覚悟が必要である。多文化都市という語が、本源的に抱えている含意は、「外国人」と「日本人」を同じ人間として、さらに「住民」として捉えていることだ。地域は、越境者とのさまざまな試練・軋轢・葛藤を経験し、多文化意識を育み、いつしか命を支え合う力強い親密圏を形成してきたのである。

二〇一二年より、「住民基本台帳」の時代となり、無国籍者や非正規滞在者、難民認定申請者の子どもたちの健康と基礎教育を注視し、国際人権法と矛盾しない国内法の整備を急がねばならない。国際的ビジネスの拠点を形成し、経済成長を促そうとする「国家戦略特別区域法」（通称・国家戦略特区）が二〇一三年一二月に成立し、二〇一四年六月からは入管法を改正し、「高度専門職」が新設され、二〇一五年四月より施行されている。いわゆる政府に「高度人材」「グローバル人材」と呼称される人びとも地域の住民として生活しており、相互にさまざまな気づきがある。

脈動する都市空間においてライフサイクルという分析視角が、生の保障を基盤とする親密圏の生成と展開を可視化した。移民政策の国家の確たるビジョンは示されていないが、都市の生成と展開は、移動する人びとと住民との「生の保障」の協働と自治体の決意と挑戦を浮き彫りにした。

本書は、多文化化・多民族化・多国籍化の歴史的変遷を人のライフサイクルと家族、市民団体・コミュニティのライフサイクルという時間軸につなげ、重ね合わせて捉えてきた。

排除されがちな人びとの生の声を聴取し、彼ら・彼女らの人生に寄り添うことによって、都市の温もりと社会的弱者が根源的に抱える課題を可視化することができる。日々逞しく生きる人びとの善意と協力が、経済的格差と社会の分断を防ぎ、信頼のネットワークを形成する。親密圏は相互に依存的であり強固になりつつ、多文化型のコミュニティを形成するのである。そこに、多文化共生政策の課題が隠されており、国の社会統合政策の創造につないでいるのである。

多文化都市の分析視角「ライフサイクルの視座」が、世代間サイクルと多文化都市の普遍的諸条件を明晰化し、日本という「国家」がとるべき社会統合政策の理念と包括的な枠組みを考える上で示唆を与えうる。本書の結論を以下に集約する。

1　ライフサイクルの視座

(1)　社会の分断を防ぐライフサイクルの視点

ライフサイクルの研究は、個々の人生に寄り添い、ライフヒストリーの集積が、地域コミュニティを創造する過程を明らかにした。移民の受容は、移民の生涯と次世代へのつながりを引き受けることであり、世代間サイクルの連続性に寄り添うことになる。その結果、移民は、世代を超えて、出産・育児から就学、キャリア形成、居住、結婚、家庭生活、まちづくりへの参画、老後の生活、祈り・葬儀・墓や弔いに至るライフステージにおいて文化的ケアを必要とし支え合っている。ライフサイクルにおける来日の時期や学齢期のずれ、居住の長期化と高齢期の生き方、弔いもまた、移動する人びとの中心的課題になった。よって、ライフサイクルが年齢で規制されたり、固定化される概念ではないということも明らかである。人の流動性・多様性・重層性に伴って変化しているのである。

新規移住者は、通常、先輩格の移住者を頼って移動し、先輩格の移住者の多い連結点に集中する。しかし、先輩移住者がいない場合も多い。孤立し困窮する移住者や多文化家族は、「安心の居場所」を見出すことができず、孤独感と負のサイクルから抜け出せないことを考慮しなければならない。グローバルな難題に直面し、出生から幼児期、学童期、青年期、成人期、老年期といったライフサイクルにも格差がある。未婚の出産、置き去り出産、家庭崩壊、離散、DV、放任、虐待、不就学・不登校、いじめ、不良化、病気、路上生活、孤独死などが負のサイクルをつくりだす。

自治体は、居住中心主義を貫き、弱者へのサービスにも力を入れてきた。共生コストは重荷ではあるが、未来を支える人的資源の長期的展望をもてば、将来への投資である。

国は、「枯渇する労働力をいかに補っていくか」といった補充移民を検討してきた。ライフサイクル論は、外国人を介護・家事・建設現場での一時的な労働力と捉えるのではなく、生身の人間としての自己実現や老後に至る人生を明確にする。移民の人生を包括的に視野に入れる政府の専門機関の必要性が導き出された。縦割りの行政では対応しきれないだけでなく、社会統合政策への視座が拓かれないからである。

（2）多文化共生能力と教育実践

ライフサイクルの有効性は、多様な人生を活力として捉え、多文化共生能力を高めることにある。

本論では、移民の人生を心理学者アドラー（Adler, 1975）の「カルチャーショックと適応モデル」を援用して詳述した。人が越境を果たし、新奇性に満ちた時期を通過し、新しい社会に適応しようとして困難にぶつかる時期が通常二～三年目を迎えるころである。アドラーは、移住者の心理的側面を国境を越えて異なる文化圏に入って最初に体験するのが「接触の位相」であるとした。やがて生活にも困難を覚える時期がくる。ホームシックや自信喪失、無気力になる第二の段階は「崩壊の位相」と呼ばれ、悩みを打ち明ける親密な関係性をもった友人が必要になる。第三の段階は、主体性を取り戻そうという努力と「再統合の位相」で、励まし合うことができる。第四の段階は、自文化と異文化の差異とともに共通点に気づき、両者の間の異同を正当と認め、落ち着きを取り戻す「自律の位相」である。筆者の調査では、新宿には、ここまで到達した移住者が多いことが特徴である。アドラーは「人は第二の文化について適切な理解、それを操作する技能を感じ取り、自分の能力として身につけることができる」としている。周囲との円滑な人間関係を保ち、異文化である日本文化について自分なりの理解ができ自信をもつようになると、心理的安定感が出てくる。この人格特性は、環境に対する柔軟な対応力と適切な対応技術、つまりサバイバル・ストラテジーを伸ばすことができると説いている。自律の位相では、困難を克服して越境社会でサバイバルできる能力を獲得できる。移民・難民の中には、第五の段階「独立の位相」に到達し、文化の差異や共通点の評価に新たな意味づけもできるようになり、豊かな自己実現に向かっている者もいる。

図1のモデルは、移民の適応モデルが地域に息づく親密圏の実態と、ライフステージとライフサイクルの視座を表した。

ホスト社会では移住者との遭遇を契機に新しい関係性が生まれ、そこに共生社会を創造する能力が培われてい

図1　移民とライフサイクルの視座

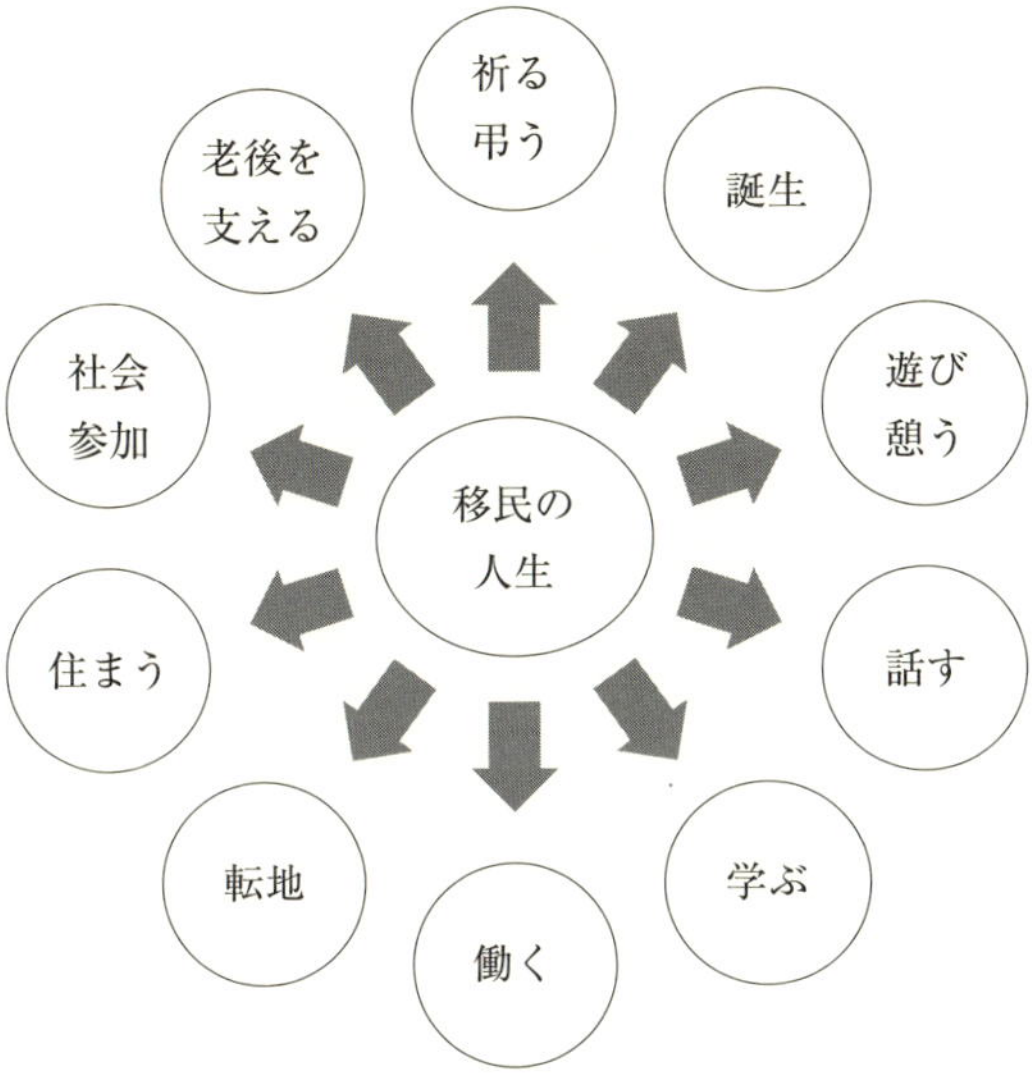

出典：筆者作成（2012年：184）。

く。移住者とホスト社会の双方に生まれるこの能力を、筆者は多文化共生能力（multicultural intelligent）と呼んでいる（川村、二〇〇一a：九六～九八）。多文化共生能力は、国籍で人を判断するのではなく、人権の概念を大切にし、ハイブリディティ化のプロセスを理解できる能力である。多文化共生社会の専門性とは、実践から多文化主義の矛盾や困難を考察し、多様なディシプリンをもった方法論を援用し、移住者とホスト社会の関係性をダイナミックに捉えてコーディネートできる能力である。日本における段階的な移民の受容は不可避であり、こうした教育実践と多文化共生論の構築と政策論を積み上げていく不断の努力が求められている。

(3) ライフサイクルを主軸におく方法論の有効性

精神発達や人格形成といったテーマを対象とし、移民や難民の生を包括的に分析するライフサイクル論（lifecycles approach）の視座は、以下の点で今後の社会統合政策の策定に資する。

①　格差社会の分断を防ぐ

ライフサイクル論は、社会の分断を防ぐ上で有効である。それは貧富、教育、性、年齢、障がいの有無、国籍の有無などに基づく格差社会において、人生に寄り添う態度が、相互の親密な関係性や共感を伴う連帯を築いて「人権の尊重」につながるからである。

②　移民政策の長期的展望を可能にする

移民の世代間サイクルに対する理解は、多文化都市の共生コストと地域のエネルギーが、次世代の地域社会を活力となり、「投資」と捉える視点を醸成する。また、きめ細やかな多文化共生政策の策定を促す。多文化共生政策とは、人間の安全保障、命を尊重する政策である。それが国家を安泰で強固なものに保つことに重点がおかれる国の安全保障につながるのである。

③　日本人の多様性と家庭内の多文化化

移民を人口統計や国籍・在留資格の範疇だけで捉える分析は、日本人と外国人という二項対立から脱却できないばかりでなく、日本人の多様性・多民族性を覆い隠してしまう。ライフサイクルの視座は、家庭内の多文化化の変遷や日本国籍取得者の多様性を浮き彫りにすることができる。マルティプル・アイデンティティにも理解が及ぶ。日本社会のハイブリディティ化を捉えた視座が今後の移民政策に不可欠なのである。

④　トランスナショナルな社会空間を分析できる

移民・難民は、家族の呼び寄せやファミリー・ビジネスの起業に意欲的であり、転地による生活拠点の形成・定住過程に多文化意識の形成が見られ、祈りの場、教育の場、遊びの場、情報交換の場を創造している。ライフサイクルの視座は、トランスナショナルな社会的位相を実証的に捉えることができる。行政は、海外の事例に左右されるのではなく地域のトランスナショナリズムを理解した上で多文化共生政策を策定できる。

⑤　「生」と「死」という普遍性と差異への喚起

ライフサイクルの視座が、「生」と「死」という普遍性を包摂し、多様な人生観、死生観、信仰などに共感し寛容性をもたらしている。そのことが民族や人種概念を超えた生の保障を可能にする。他国で骨を埋める寂しさや望郷の念を語る高齢者や越境の苦難を乗り越えた人生を振り返って国籍を超越した人生観を語る高齢者もいる。異郷に生きた移民のサクセスフル・エイジング（幸福な老い）を共有しているのである。

外国籍のケア労働者が、高齢化を迎えることも稀ではない。彼ら・彼女らの年金問題、介護保険制度、健康保険の問題、医療保険制度の見直しや労働環境整備など課題は視野に入っていない。ライフサイクルの視座は、ケア労働者の高齢化にも光を当てる。看取りのときを迎え、亡骸を葬り、弔いの親密圏に深い理解が必要である。外国人介護士の受け入れとは、外国人介護士自身の老後も支え合うといった展望に立つことになる。多文化共生政策の方向性が見えてくるのである。移住労働の女性化は家事・育児・介護の国際移転によってもたらされて結婚移民も介護従事者として統合されつつある。東アジア諸国の現状を踏まえ、高齢社会における多文化意識と多文化共生政策が必要になっている。

2　多文化都市の定義

（1）多文化都市の条件

多文化都市とは、「単に文化的多様性を尊重するだけではなく、貧困層と移民、難民、無国籍者、障がい者、亡命者などあらゆる社会的弱者の人生をかけがいのない人生と捉え、相互に多文化意識を培って発展していく都市」であると定義する。ここでいう多文化意識とは、「学習権や平等なキャリア形成の機会を保障すべく努力し、社会参加を促すまちづくりを推進し、公正な社会を目指す態度や思いやり」である。

多文化都市は、人の転入・転出が激しく、グローバル化に連動して絶えず変化する連結点であり、そういった意味では完成された完璧な多文化都市のモデルは描きにくい。親密圏は、多元価値を内包し、都市は、越境に絡むブローカーや犯罪に絡むさまざまなリスクと家庭崩壊や事業の失敗など多くの課題を抱えてきた。人生の葛藤・軋轢・倒産・失敗・離婚の経験は、次のライフサイクルの再出発でもある。

多文化都市の諸条件を以下にまとめてみたい。

まず第一に、多文化都市には、多文化化の歴史があり、グローバル化に連動する歴史の掘り起しとそれを問い直す練磨を繰り返してきた。新宿では外国人比率が一〇・八％を占め、年間で外国人住民の四割以上は移動するモビリティに富んだトランスナショナルな都市の内実は、豊富な史料と伝承を蓄積してきた。新宿歴史博物館や高麗博物館などを充実し、多文化共生の歴史を展示し伝承する拠点の重要性も再認識されねばならない。

第二の特質は、国際結婚が多く、多民族性も発見できる。国際結婚の破綻も多く、多文化都市にはそれぞれの人生のハイブリディティ化とライフサイクルの視座が広がるのである。

第三の特質は、多国籍化・多言語化・多文化化によって混乱が生じ、軋轢や葛藤があっても住民は耐えてきた。

そうした耐性と寛容性を、異文化間教育学では異文化間トレランスと呼称する。グローバルな視野をもつ住民の経験知は、外国人住民を多文化都市を形成する構成員として捉えている。

第四の特質は、社会的弱者の包摂と相互の支援がある。とりわけボランティアの人びとの支援が、移民・難民を家庭的に受容し、社会の分断を防ぐべく努力している。そして人びとはごく自然に気づきあい学び、働き、遊び、祈りの場を創造しながら多文化都市を形成してきた。

第五の特質は、キャリア形成を促すマルチ・エスニックなコミュニティが、エスニック・ビジネスの起業を後押しし、ダイバシティ・マネージメントの実践と母国への送金を通して、トランスナショナルな地域空間を形成した。〝シンジュク・ドリーム〟を実現した外国籍の有識者や富裕層が占めるマンションも多く、地域貢献も活発である。

第六の特質は、地域や自治体が、移民・難民の社会参加やまちづくりへの参画を促す中で、国籍を超える「シティズンシップ」の新しい視座「グローバル市民」を獲得することである。

(2) 家族・市民団体・地域コミュニティの歴史

新宿のルーツを辿れば、明治の初頭から、宣教師、教師、留学生、亡命者、難民など多様な外国人を篤志家が家庭内に受容したことから始まっており、日本初の国際結婚が生まれたのも新宿だった。戦前・戦後、在日コリアンの集住地となり、その歴史性・政治性・集団性からは、ディアスポラ概念を包摂した接触領域であることが導き出せる。新宿は戦災によって焦土と化し、進駐軍の占領期には、勝者と敗者の接触領域となった。

戦後は多文化都市への萌芽期であり、歌舞伎町には日本一の歓楽街が形成された。いわゆる「土地神話」の発祥地であり、地価高騰によって住民の転出もあったが、その空洞化を埋めるようにアジア地域から職を求める人びとが流入した。一九八〇年代からは留学生や就学生が急増し、ニューカマーの街として知られるようになる。一九九〇年の改定入管法施行後は、解雇された超過滞在者が歌舞伎町や大久保地区などに集住し、地元住民は移入者との軋轢と葛藤を体験する。国からの支援は皆無であり、必然的に六つの町会が一つになって、毎晩のように会議を重ねつつ、信頼関係を培っていった。

オールドカマーもニューカマーも住民意識をもって、まちづくりに参画した。この経験は他地域には見られない特徴であり、この混乱期こそが、新宿を多文化都市足らしめる転換期であったと捉える。なぜならば混乱の中で、出産、保育、医療、教育、居住、高齢者福祉などの現場の実践過程で、地元住民と移入者双方に「生の保障」を支える多文化意識が内発的に形成されていったからである。

新宿区は、一九九一年、「東京都新宿区の住宅及び住環境に関する基本条例」で高齢者、障がい者、乳幼児のいる世帯、外国人などに対する居住の差別の解消に努めることを謳っている。不動産業者を通じて「協力店制度」を発足させた。店舗の看板が「外国人お断り」から「外国人歓迎」に変化することになる。

また新宿区は二つの外国人登録窓口を設置し、在留資格のない外国人のために「在留資格なし」の登録証を発行した。非正規滞在者や難民は、銀行口座をもち、家賃契約を結ぶこともできたと行政のセイフティネットの形成を評価する。地域住民は、非正規滞在者を排除するのではなく滞在資格を獲得できるように援助した。包摂する形で再統合への道を歩んだのである。その過程には、オールドカマーとの信頼関係があり、支援するＮＧＯ／ＮＰＯ同士が、町会や商店会、警察、自治体、大学、マスコミ、医療機関、宗教施設、企業など対話的能動性をもって協働し多文化意識を高めていった。多文化都市にもライフサイクルがあり、多文化都市の活力を生み出し、マルチ・エスニック・コミュニティが平和的に混在する都市として発展したのである。

新宿には、孤立する人びとの窮状を救い、命綱となった医師、助産師、ボランティア、僧侶、神父や牧師がいる。困窮する外国人を家庭内に泊まらせ、医療費を出し、賃貸住宅の保証人になる人がいた。こうした隠れた内実を胚胎し、周囲の日本語学校、専門学校、大学、NPO／NGOなどの民間団体、大小企業に少なからず影響を与え、実質的に移民を受容するようになり、自治体行政にも影響力をもたらすようになる。

二〇〇〇年代、二四時間対応の保育園は、海外にルーツをもつ子どもがマジョリティとなり、街は多種多様なエスニック・ビジネスの起業空間へと変貌した。「韓流ブーム」は、留学と事業展開のノウハウを基盤に、起業家同士のネットワーク化、母国とのトランスナショナルなビジネス展開を促進させた。

一方、難民がネットワークを形成し、彼らが集う宗教施設は、子どもの母語・母文化を継承する教育やキャリア形成の情報交換の場ともなった。このように外国籍住民は一時滞在者ではなく、地域の構成員という信頼感が地元住民の間で深まっている。

多文化都市は、絶えず国の出入国管理政策の影響やひずみを真っ先に受ける。非正規滞在者に限らず、不登校や不就学、DVや児童虐待、離婚や家庭崩壊の位相は、親密圏の危機をもたらし、親密圏の両義性を表している。新たな民間ボランティア団体が誕生し、マイノリティの生の保障に力を注いできた。その蓄積は、誰をも見捨てることのない懐の深い都市の形成を可能にし、家庭支援と多文化意識の醸成、情報の共有と交流の積み重ねが、多文化型まちづくりの思想をもたらした。

二〇一〇年新宿区は、世界から新宿に集う人びとともに多様性を認め合う多文化共生社会の実現をめざす自治基本条例を制定した。さらにオールドカマーとニューカマー、難民と地元住民の代表者による諮問機関を設置し、区政への参画を実現した。子どもの教育環境の向上と多文化防災をテーマに議論がなされ、不就学の解決や多言語の防災システムについて活発に議論されている。彼ら・彼女らが「グローバル市民」であることを実感するとき、コミュニティの成熟期と捉えることができる。

3　多文化都市のライフサイクルとグローバル市民の誕生

多文化都市にもライフサイクルがある。留学生・亡命者を受容した明治・大正時代を草創期とすれば、戦前を導入期、戦後を衰退期、一九六〇年代〜八〇年代を成長期、一九九〇年代を混乱期、二一世紀から現在を成熟期と捉えることもできる。

一旦、多民族化した都市が、単一民族都市に戻ることはありえない。この不可逆的な流れを受け止め、多文化都市のライフサイクルは、グローバル化に連動し、入管政策のひずみを受けつつも、絶えず変化し、新たな難題に挑戦している。

日本という国が、人権に根ざす内発的ビジョンをもち、長期的展望をもった社会統合政策を打ち出すための重要課題は以下の五点にある。

(1)　実質的市民権と自治体の多文化共生施策

第4章で詳述したように、移民政策の原点である出入国管理及び難民認定法（昭和二六年政令第三一九号）は、日本人自らの内発的な発想によって立案されてはいない。入管法は、連合国軍の占領下、GHQが招聘したアメリカ移民法の専門家がその立案に関与したことから「アメリカ移民法及び国籍法」の影響を強く受けた。戦後、日本の出入国管理政策は、戦前から日本に居住する旧植民地出身者とその子孫を対象とし、日本国籍を失った在日韓国・朝鮮人への法的地位の向上と人権擁護に主眼をおいた。その結果、在日コリアンの法的地位が徐々に改善されたが、四世・五世になっても通名を使用し、国籍条項の壁など民族差別がなくなったとは言えない。たとえば、「外国人が増えると犯罪が増える」という危機意識や外国人への敵意（ゼノフォビア）、外国人排斥のヘイトスピーチなども行われた。

一九八〇年代からのニューカマーの急増によって、外国人集住地区はさまざまな混乱を抱えてきた。自治体は、居住中心主義を貫き地方自治法のもとに、住民の安全、健康および福祉を保持する義務があり、住民には当該外国籍住民が含まれることを認識してきた。つまり、自治体独自の移民・難民政策を展開できる可能性をもっているのである。

自治体の多文化共生施策は極めて重要な意味をもつ。たとえば一九九一年、新宿区は全国に先駆けて、高齢者、障がい者、乳幼児のいる世帯、外国人に対する居住の差別の撤廃を掲げる基本条例を施行した。その結果、外国人歓迎の看板が増え、不動産業者が外国人を雇い、多言語の説明書や契約書を完備し、外国人顧客に応えてきた。区民の転出をいかにして防ぐか、基本構想審議会が区の将来像を「ともに生き、集う街。ともに考え、創る街」という標語に掲げ、一九九一年、外国人相談窓口を設置し、英語、中国語、韓国語の通訳をおいたのである。一九九三年になると、財団法人新宿区国際交流協会を設立したのに加え、八か国語の母子健康手帳の発行、エイズ予防リーフレットを配布しはじめた。

他方、法務省は新宿を集中的拠点として、テロリスト対策や興行入国者の人身売買問題を取り締まった。「不法滞在者を半減する」といったキャンペーンと入国管理局の「特捜部」による大掛かりな取り締まりとともに二〇〇三年「東京入国管理局新宿出張所」が歌舞伎町に開設され、東京入管から応援の入国警備官が七〇人の規模で加わり、一〇〇〇人を超える警察官がフル装備で歌舞伎町を包囲した。

こうした動きは、ボランティアを刺激し内発性を促し、人権擁護に立脚する民間組織を強固にした。シェルターが次々に誕生する所以である。二〇一〇年になると、税金の申告漏れや、脱税、違法な建築がマスメディアによって報道され、コンプライアンスの重要性が認識されるようになった。

問題解決の途を探る過程で、移民・難民の協力が不可欠であることに気づく。多文化共生社会の形成には、外国籍住民の社会参加とリーダーシップが必要不可欠なのである。

第6章で論じたように、多文化都市は「実質的な市民権」を住民同士が認め合う方向性をもっている。トム・ボトモア（Bottomore, 1992: 66）のいう「形式的市民権」と「実質的市民権」であるが、前者は国家の一員であることによる市民権を、後者は「社会形成に参画する者の集合体」の市民権という概念を意味するが、それぞれがまちづくりに必要であるとの認識を生んだ。日本国籍保持者も増加したが、帰化をしても帰化しなくても「実質的な市民権」を認め合う地域社会を創造してきた。新宿区は、外国人住民の区政参画を促し、二〇一二年に区長の諮問委員会を立ち上げ、「グローバルな市民」に光をあて、内発的な多文化共生型まちづくりに着手したのである。

筆者のいうグローバル市民とは、多文化共生社会の実現に寄与し、世界を読み解く力を培いながら活躍する市民である。

（2）難民の包摂とシティズンシップの新しい視座

新宿は、先駆的に難民を受け入れてきた。難民は、母国では医者、教師、技術者など高度人材が多い。本書では、本国の迫害からの庇護を求め、庇護申請者として正式に認められるまでの一〇年以上の長い歳月を新宿でどのように過ごしてきたのかを探究し、第5章で、難民認定後、いかにしてキャリア形成を成しえたかを明らかにした。難民の生存を支えたのは、地域住民の支援と早朝からの労働や深夜の3K労働であった。

二〇〇八年一二月、日本へ保護を求めた難民申請者数は一年間の累計では一五〇〇人を超えた。日本に定住を認められた難民とその家族は、二〇一一年までに約一万四〇〇〇人となった。新宿には、認定ＮＰＯ法人難民支援協会をはじめ、いくつかの難民支援団体がある。一九七八年からのインドシナ難民の受け入れで一万一〇〇〇人余りが移住し、一九八二年からは、国連難民条約に基づき、政治的理由などで保護を求める人を難民と認定し保護する制度も始まった。「人道的配慮」で在留許可も含め、これまでに約二六〇〇人の定住が認められた。その数は世界的に見れば極端に少ないが、新宿の支援団体の仕事量は少なくない。詳述したように二〇一〇年九月、新宿区は第三国定住難民を受け入れ、タイのメラキャンプにいたカレン人が「難民事業本部（ＲＨＱ）」のもとで半年の日本語教育を受けた。高田馬場で区民対象の説明会が行われ、難民支援協会は、難民のキャリア形成支援にも力を注いできた。同協会のスタッフは、成功例はあるが、就職での日本語の壁はまだ厚いし、事業をしようにも店舗や資金を借りるのが難しいと指摘している。しかしながら、地域にとって難民のキャリア形成は身近な存在となり、難民への尊敬の眼差しが生まれてきた。

難民申請者の不安は、「就労」により入管収容所に収監されることだという。ルームメイトが収監された後、残された留学生Ｆは部屋に引きこもって留年を繰り返し、八年間の留学生活を終了した。また、夫が収監されている間に三人めの子どもを出産した難民の事例は第2章に検証した。健康保険証がないので、母子健康手帳を発行してもらえなかったと証言している。

難民認定は、定住者として、日本語習得の機会と家族の呼び寄せを可能にする。認定された瞬間の喜びは、生き生きと聞こえてくる。自力で来日したビルマ難民は、高田馬場周辺でいまや二〇軒以上のビルマ料理店を営業するようになり、難民二世・三世の子どもの教育を中心に交流の輪が広がっている。難民受け入れの実績は、多文化都市の土壌を確実に肥やしている。

難民は一九五一年の「難民の地位に関する国連条約」により、「人種、宗教、国籍、特定の社会集団の構成員、もしくは政治的意見を理由とする政治的迫害の恐れがあるという十分に理由のある恐怖」のために、国籍国の外にいるのである。彼らは、経済的な利益を求めて自発的な意思で越境した自発的移住者ではない。迫害や紛争を避けるために出身国から逃れてきた「強制移民」なのである。それに気づくために難民をゲスト講師とし、学生は難民の逞しさを学びとり、視野を広げることができる。難民には、苦学を厭わず大学の博士課程に在籍する者も、企業に就職したり、起業に成功した例もある。そうした事実を日本全体が認識し、難民受け入れとキャリア形成を本格的に議論し、社会統合の制度を整備する必要があるだろう。

（3）夜間中学の増設と拡充

夜間中学関係者の話では、日本に一〇〇万人以上の基礎教育を受けられなかった人びとがいるという。非識字者は、電話番号を言われても、数字を書くことができず、診察券に自分の名前を書くことができない苦しみを語った。学習権は生存権であるが、新宿には夜間中学が一校もない。他区の夜間中学で学ぶビルマ人難民、チェチェン人、アフガニスタン難民は、夜間中学が唯一安心の居場所であると語った。夜間中学に通う在日コリアン高齢者は、子どものころに受けたいじめの苦しみを語り始めた。読み書きができない苦悩を覆い隠して、必死に生き抜いてきたことを語ってくれた。

在日一世、二世は、差別のために老年期になってようやく「学習権」を獲得できた。彼ら・彼女らの存在は、自己責任ではなく日本社会の無関心と差別の結果であることの証である。

下村文部科学大臣はこうした問題を重要視し、二〇一五年五月二〇日の衆議院文部科学委員会で次のように語っている。

「各都道府県に少なくとも一つの夜間中学を設置したい。平成二七年度予算のモデル事業を活用し、環境整備に努めたい。形式卒業者がもう一度勉強できる機会をつくるのは当然。外国人への教育チャンス提供は個人の能力を高めるだけではなく国にとっても大変重要」。

(4) 外国系子どもの不就学・不登校の実態

生活言語が話せても学習言語を獲得できず、授業についていけずに不登校になる。日本語が不自由な親子は、問題視されることを恐れ、意志や思想の言語をもてずに、社会からますます周辺化されていく若者を増やしている。自分はどこの国の人間で将来どうなるのかといった不安を抱える子どもがいる。母親は、子どもの勉強を見る余裕はなく、不安定な就労形態と、脆弱な経済基盤、不確定な滞在予定、教育システムの知識不足、日本語能力の不足、複雑な家庭事情が累積されている。公正な社会とは、「機会の平等」と「アクセスの平等」に配慮が必要であり、キャリア形成はアイデンティティの確立と密接な関係にある。基礎教育の学習権は、まさに生存権である。

新宿区は、多文化共生担当の担当部署をおき、中国語・韓国語・英語、ルビ付き日本語の四か国語で生活習慣やマナーなどの情報も提供し、母語が話せる指導員を小学校や中学校に派遣し、日本語の初期指導も進めている。新宿区は、外国人に積極的に情報発信し、日本語教育もほかの自治体と比べれば手厚いという。しかし、児童生徒の七割が外国系という小・中学校は学年が上がるにつれて対応が難しくなる。教師が独自の教育開発の場を創造しなければならず、それぞれの学校文化に相応しい教材開発やカリキュラムを検討する必要がある。

また、編入してくる多様な文化的背景の子どもの力を、一元的な価値観では評価しきれない。日本語の習得なしには、教科・科目の内容についていくことは困難であり、学力の評価と教育のあり方を検討するオープンな場が求められている。教育委員会は、不登校・不就学の数を公立小学校・中学校に通学する外国籍児童・生徒数とエスニック・スクールに通学する児童・生徒数から割り出すことができる。家庭訪問を実施するなどして、実態把握や支援する積極性が求められている。外国籍の児童・生徒には、基礎教育の義務はないとして看過することは学歴格差を広げ、不良化する子どもを増やすことにもつながる。

（5）教育をめぐる差別の根源

社会の分断を深める要因の一つが、不就学と不登校の子どもの増加にあるとすれば、そうした差別の根源はどこにあったのか。不就学・不登校の子どもの増加は、第1章の新宿が焦土と化したころに遡る。戦後、オールドカマーへの公正な教育と平等な就労機会への配慮は行われてこなかった。

前述のように英文日本国憲法では、'All people shall be obligated to have all boys and girls under their protection receive ordinary education as provided for by law.'（Art. 26）（The Constitution of Japan'『模範六法』三省堂、掲載）とされている。"all people…"となっているものを、当時の日本政府側は「あらゆる人びと」ではなく、「国民」と翻訳した（宮島、二〇一二）。その後、文科省は、国民＝日本国籍保有者と解釈し、日本国籍保有者以外の者の教育を別扱いにしてきた。

オールドカマーへの基礎教育が充実していなかったことについては、貧困やジェンダー格差が在日コリアンより指摘されている。その根底に「外国籍の子どもに基礎教育を受けさせる義務はない」と解釈することが、何世代にも続いていたことが、現在のニューカマーへの不就学問題につながっている。在日コリアンへの差別的な対応は改善されてはいるが、ライフサイクルにそって教育、就職、居住、結婚、老後の暮らしの深層には、世代間の負のサイクルが流れている。在日一世の女性たちの大半は、植民地時代に朝鮮半島で生まれ、来日後、教育を受けられず、文字が読めなかった。朝鮮には義務教育制がなく、初等教育に関して民族・階級・ジェンダーの相互の関係性がある。

夜間中学での在日一世、在日二世の姿は、さまざまな歴史を映し出した。基礎教育は当人の受ける「権利」であるだけでなく、保護者や地域社会の「義務」でもあるとすることが、不就学を防ぐ一つの方法であろう。夜間中学の増設と支援、さらには公教育である昼間の中学校での対応を改善していくことは、日本人の不就学児にも救いとなる。“all people”とは「あらゆる人びと」であることを自明とする教育理念の共有は、子どもに一方的に自己責任を負わせる構造をなくすことにも通じる。

比較的裕福で教育熱心な多文化家族は、情報をいち早く入手し、選択した機会にアクセスが可能となる。次世代もキャリア形成が優位であり、国家と自治体行政からもサービスを享受できる。問題は、不可視な状態に置かれ孤立する多文化家族の窮状を解明し、社会に構築された構造的な問題を明白にすることである。

ライフサイクルの老年期、第7章では、看取りと弔いのエスノスケープを映し出した。無年金問題など在日一世を介護する在日二世、三世の負担は、理不尽と言える。不公正な社会は次世代サイクルに貧困の連鎖を及ぼした。平等とはどのように実現されるものなのか「権利の保障」「機会の平等」を議論することが、建設的な合意を共有する途であろう。

4　提言：親密圏と公共圏をつなぐもの

本書は、人の移動と次世代へのライフサイクルに光を当て、文化人類学と異文化間教育学など学際的な理論を援用し、オーラル・ヒストリーに耳を傾けながら都市のダイナミズムと世代間サイクルを解明した。多文化都市は、異文化間接触とディアスポラ接触の多発地域であり、命がけで「生の保障」に挑んできた多文化共生史を博物館に展示することができる。

（1）移民政策の専門機関の創設

人が人間発達を遂げながら成長する生命体であるように、都市もまた異質な人びとを包含しながら成長期、成熟期と規模を拡大する。都市の歴史は、異質な人びとが織りなす接触領域が生み出す多文化意識の累積であり、連携しつつ拡散する人びとの連結点の歴史である。人は故郷を離れ、地方から都市へ、都市から国境を越えてさらに新天地を求めて移動する。今後、迫害を逃れ越境を強いられる難民も後を絶たないだろう。人が生老病死の途を辿るように、都市も高度成長期から住宅の老朽化、産業の空洞化、人びとの高齢化を迎え、大きな災害時には、弱点をさらけ出した。そしてまた新しい命の誕生とともに次のライフサイクルへと新たな歩みが始まる。

国が、出入国管理政策と社会統合政策を検討し、縦割行政を改善し、専門部署を設けて世界に日本のビジョンを発信していくことが、日本がグローバルリーダーの自覚をもつ第一歩である。

図2は、親密圏における生の保障がライフステージで実現されることによって市民団体、自治体、教育機関、企業など公共圏も強化されることが示されている。「グローバル市民」が育成される都市空間を表している。

（2）「多文化博物館」の創設

東京オリンピックを控え加速する人口減少と枯渇する労働力に対応して、補充移民の必要性が指摘されている。移民の包摂とは、労働力の補充ではない。多文化博物館は、エスニック・マイノリティへの配慮や権利保障を念頭におき、次のようなプロセスを可視化できる。まず、①移動の歴史的背景と戦後からの移民政策を俯瞰し、反

図2　親密圏における生の保障と公共圏の強化モデル

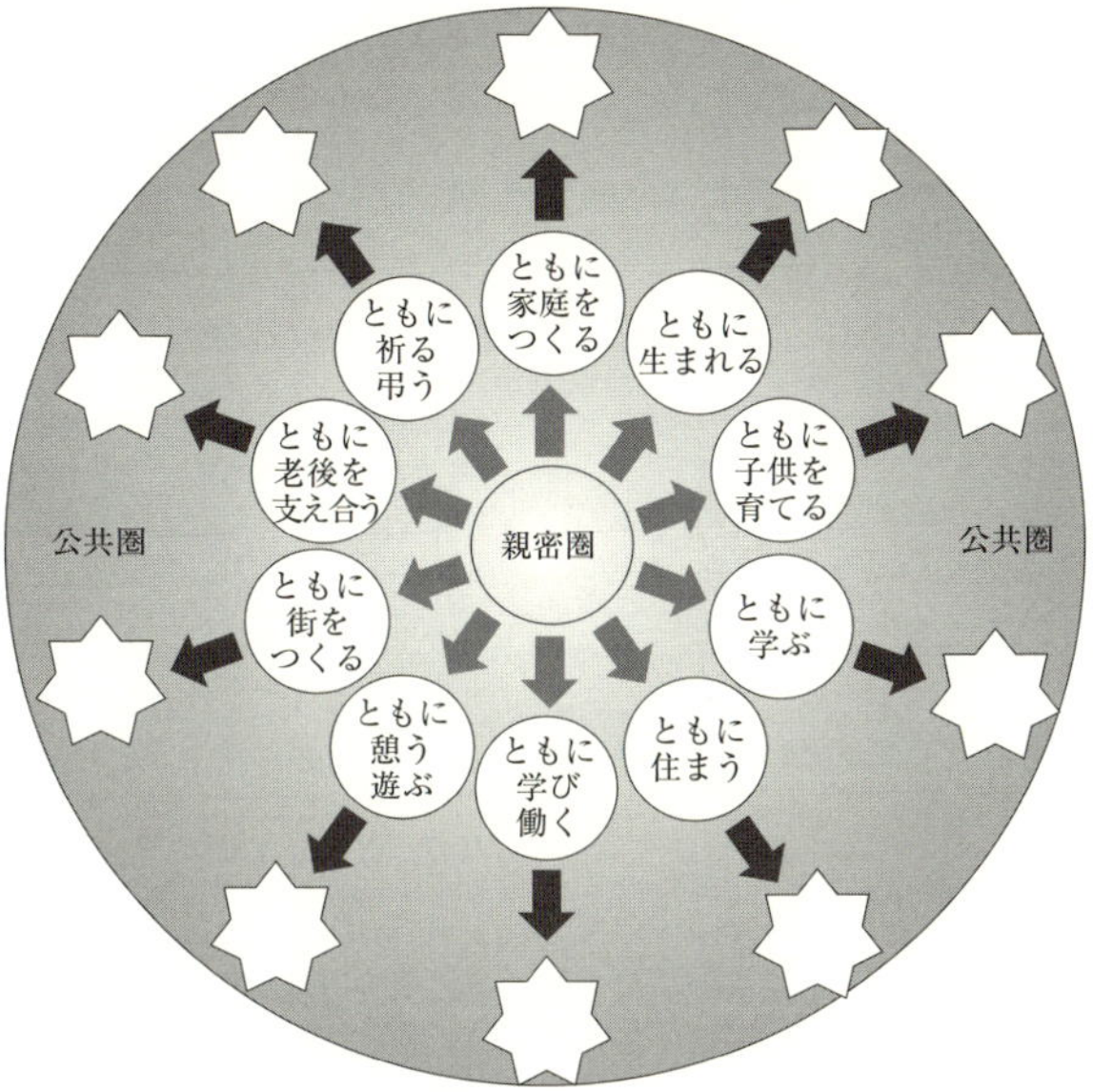

出典：筆者作成。

省点と評価できる点を整理し直す。②入管法の見直しも、妊娠・出産・保育・就学・就労・結婚・離婚・帰化・介護・高齢化など生身の人間のライフサイクルの視点が重要である。③エスニック・コミュニティの形成と多文化意識に基づく新しい時代のまちづくりの理念を打ち出す。文化的多様性を地域の活性化と発展につなげることができる。④針路を明確にし、政府と企業が足並みを揃え、内発的な社会統合政策を策定し世界に発信していく。多文化博物館は日本の土壌に培った多文化意識の広がりを肯定的に受容し、ライフサイクルにおける視座を世界に発信できる。その結果、一貫性のある多文化共生推進ビジョンを生み出し、多文化共生の基本法の制定と専門機関の創設が現実のものとなる。

一般財団法人自治体国際化協会（ＣＬＡＩＲ）は、筆者が提唱したライフサイクル論を基盤に据えた多文化共生政策を二〇一〇年からポータルサイトで全国に発信した。多数の自治体から、具体的な筋道と多文化共生政策の策定への提言を求められるが、まずはそれぞれの地域特性の把握が前提であろう。①地域の多文化化の歴史を掘り起こし、②伝承された大切にすべき地域特性を前面に出し、③単身移民だけでなく、多文化家族の支援を可能にするセンターの設立と、④そこでの問題把握と官民学の協働体制を整える筋道を説いた。⑤過去から未来へ、次世代、また次の世代へと歴史的に多文化の受容がどのような連続性をもっているのか。⑥そこに内発的な多文化共生政策のビジョンが生まれることを強調してきた。

老年学は人間が死に直面するとき、人生を俯瞰し肯定的に統合することが、唯一の幸せな老いを招くと説いている。そこに次世代へのファミリー・ライフサイクル（家族周期）の時間軸を重ね合わせることができる。トランスナショナルな変容は、トランスカルチュラリズム（transculturalism）の促進と連動してきた。「多文化博物館」では、国民国家の枠組みでは捉えきれない社会現象を可視化し、多文化コミュニティのトランスナショナルな社会空間の形成過程を学び、世界を読み解く博物館とも言えよう。

（3）多文化共生専門職の養成と資格付与システム

現場の地域住民、ボランティア、教師、医師、看護師や介護士が、地域を支え、生の保障を通して、多文化都市を支え、多文化都市たらしめているのである。

多文化共生政策の課題として、ボランティアの専門性を適正に評価し、資格付与できるシステムを確立していくことがあげられる。ＮＧＯの中心的役割を果たしてきた人びとは、ライフワークとして、人生の盛期をボランティアで多文化共生社会の構築に貢献してきた。彼らが培った多文化社会の分析力、語学力、法律の知識、グローバルな視野、多文化共生能力（コーディネート力）は、高く評価されるべきであり、多文化社会の推進者・専門家として身分保障（資格付与）を行い、財政支援をしていく必要があることが導き出される。

特に医療におけるグローバル化に伴い、多文化間精神医学会は、二〇〇一年から多文化間精神医学に関する学識と高度の技能及び倫理観を備えた専門家を養成し、多文化間精神保健に貢献することを目的として「多文化間精神保健専門アドバイザー」（多文化間精神医学会資格認定委員会）の認定システムをつくってアドバイザーを認定している。医療通訳、異文化間看護・介護の重要性を立証してきた。

地域によっては、多文化共生コーディネーター、多文化間ソーシャルワーカーやカウンセラーのシステムを確立している。既述したように越境する人びとが通過する無気力と孤独にさいなまれる「崩壊の位相」で気軽に手助けができるようなシステムの構築である。

巻末に添付した年表には、一九八〇年代から日本には多数の大小外国人支援団体・NGOが誕生したことを示している。一つの市民団体が機能できることには限界があり、その限界を補完するように別の市民団体が誕生し、多数のNGOが信頼の連携をもって現場の問題にいち早く行政に先行して対応してきた経緯が分かる。

（4）親密圏と公共圏をつなぐもの

トランス（trans）とは、敷居や境界を超えることであり、国境だけでなく、富裕層と困窮者との壁をなくし、健常者と障がい者、高学歴者と非識字者との境界を消去していくことである。国が、ライフサイクルの視座を取り込み、人びとの「間」に幸福度の高い社会保障を生み出す理念を発信し、移民政策の専門機関を設置し、歴史を未来につなぐ役目を果たすことが期待されている。エリクソンの言葉は、親密性と公共性をつないでいる。

親密性（intimacy）に対する心理・社会的な対立命題は、孤立（isolation）、つまり誰からも離れ、「誰からも目を向けられぬ」状態にあることへの恐怖である。（E・H・エリクソン、J・M・エリクソン、二〇〇一：

九四）

移民の包摂とは、まさに移民の人生に目を向けることから始まる。ライフサイクルと生の保障という視座に立つと、国籍の有無、「外国人」と「日本人」という二項対立的概念に新たな気づきがあり、「国民国家」の概念を多面的に複眼的に捉えることができる。画一的な「国民形成」から、日本人の教育ニーズの多様性も踏まえて、世界を読み解くことができる新しいグローバル市民を育成していくことになるだろう。

世代を超えるライフサイクルの分析視角をもって、多文化都市の創造を捉えてきた。

多文化都市が世界の多文化都市と連携し、力強く世代を超えて成長している内面には、「生の保障」にかける揺るぎない努力と創造性が溢れていることが明らかである。

謝　辞

オーラル・ヒストリーを語ってくださったすべてのみなさまに心からの感謝の気持ちをお伝えします。お陰で、ライフサイクルに沿って移住者を受け入れた地域が、多文化都市として成長・成熟していくメカニズムを明らかにすることができました。

思えば一九七〇年、パキスタンの首都カラチの周辺に広がる砂漠地帯でのことです。丘陵をカメラに収めようと、一人ジープを降りました。ふと気づくと、周囲を大勢の難民の子どもたちと女性たちに囲まれていました。子どもたちの大きく窪んだ瞳と母親たちの悲しげな瞳に取り囲まれ、なすすべもなくジープに乗ってその場を去ったときの無力感と衝撃を忘れることはできません。

帰国してから開発教育実践研究会、アジアユネスコ文化センターの会員となり、市民団体グローバルアウェアネスを設立したのは八〇年代でした。一九九〇年代に多文化教育研究所を創設し、多文化社会研究会（現在一五〇名）が始まったのが一九八九年です。

日本の国内でインドシナ難民、ビルマ難民、第三国定住難民の方々と巡り会い、隣人として友情を培えたことは、夢のようです。毎年、大学のゲスト講師として来ていただき、多くの学生たちがそれぞれの逞しい生き方に感銘を受けました。それは「人間とは何か」「国籍とは何か」「無国籍とは何か」そして「多文化社会とは何か」

を学ぶ糸口となり、自分自身の人生とキャリア形成を真剣に考えるきっかけとなったのです。

二〇一五年、世界の難民数が、過去最悪に達した主な原因は、シリアで続く内戦と言われています。紛争や迫害によって避難を余儀なくされた難民数は約六〇〇〇万人、うち一八歳未満の子どもが占める割合が五一％（UNHCR）と伝えられています。長期にわたり学習の機会が奪われたままになっています。ドイツに流入する難民は一〇〇万人に達すると見込まれるなか、難民認定手続きにはオーラル・ヒストリーが鍵をにぎっています。なぜ内戦は終わらないのか、なぜ難民の悲劇が続くのか、日本はどのような国際貢献ができるのか、学生たちは、真剣に考え始めています。答えがすぐにでてこない難問に取り組んだとき、地域に根差した献身的なボランティアワークの蓄積が、日本社会にとっていかに重要であるかに気づかされるのです。


ご高配いただいた国立民族学博物館、国立歴史民俗博物館、新宿区多文化共生推進課、外務省外国人課、文化庁、新宿区歴史博物館、高麗博物館、国連難民高等弁務官事務所（UNHCR）、難民事業本部（RHQ）、アジア友好の家、NPO法人みんなのおうち、NPO法人無国籍ネットワーク、認定NPO法人難民支援協会（JAR）、難民研究フォーラム研究会、女性の家HELP、保育園、小中学校、日本語学校、専門学校、公立夜間中学校、新宿三田会、多文化社会研究会のみなさまに厚く御礼申し上げます。

なお、本書は総合大学院大学にて審査をいただき、学術博士の学位を取得した論文「多文化都市・新宿の生成と展開―ライフサイクルの視座―」を基として大幅に加筆・修正したものです。中牧弘允名誉教授、庄司博史名誉教授をはじめ、ご指導いただいた先生方に感謝申し上げます。

また、本書は大東文化大学研究成果刊行助成金によって刊行されました。大変お世話になった慶應義塾大学出版会の木内鉄也氏に心から御礼を申し上げます。

最後に、研究活動をあたたかく支えてくれた家族にも、お礼の気持ちを伝えたいと思います。

二〇一五年九月吉日

川村千鶴子

人の命には国境がない。
深呼吸をして、天を仰げば、翼をもった鳥になれる。
悠悠と多様性の空を渡る勇気が湧いてくる。
想像性が、創造力を生み出す瞬間だ。
大空には国境がない。

スケッチ：筆者の母（大正七年生まれ）と四〇年間以上、ラジオ体操を日課とした筆者の父・山﨑隆の作品。

参考文献

【英語文献】

Adler, P. S. (1975) "The Transition Experience: An Alternative View of Culture Shock", *Journal of Humanitic Psychology*, 15 (4), pp.13-23.

Appadurai, Arjun (1996) *Modernity at Large Cultural Dimensions of Globalization*, Minnesota: University of Minnesota Press.

Bensnier, Niko (2009) *Gossip and the Everyday Production of Politics*, University of Hawaii Press.

Bottomore, Tom (1992) "Citizenship and Social Class: Forty Years On", in T.H. Marshall and Tom Bottomore, *Citizenship and Social Class*, London, Pluto Press.

Cartles, S. & M. J. Miller (2009) *The Age of Migration International Popoulation Movements in the Modern World* (4th ed.), London: Palgrave Mcmillan.

Kondo, Atsushi. (2008) *Migration and Globalization*. Tokyo :Akashi Shoten.

Landry, Rodrigue & Richard Y. Bourhis (1997). "Linguistic Landscape and Ethnolinguistic Vitality An Empirical Study". *Journal of Language and Social Psychology*, 16 (1) : 23-49.

Peattie, M. R. (1930) "Nan'yo: The Rise and Fall of the Japanese in Micronesia", 1885-1945. *Pacific Islands Monograph Series*, No. 4, University of Hawaii Press.

Pratt, Mary Louise (1992) *Imperial Eyes: Travel Writing and Transculturation*, London: Routledge.

Safran, William (1991) "Diaspora in Modern Societies: Myths of Homeland and Return", *Diaspora* (Spring) pp.83-99.

Taylor, K. Charies, Anthony Appia, Jurgen Habermas, Steven C. Rockefeller, Michael Walzer, and Susan Wolf (1994) *Multiculturalism Examining the Politics of Recognition*, New Jersey: Princeton University Press.

UNHCR (2009) *2008 Global Trends: Refugees, Asylum-seekers, Returnees, Internally Displaced and Stateless Person*.

【日本語文献】

会沢勲編（一九九六）『アジアの交差点――在日外国人と地域社会』社会評論社

アウン・サン・スー・チー、大石幹夫訳（二〇〇〇）『希望の声』岩波書店（Aung San Suu Kyi, *LA VOIX DU DEFI, Conversations avec Alan Clements*, Paris Edition Stock, 1996.）

明石純一（二〇一〇）『入国管理政策――「一九九〇年体制」の成立と展開』ナカニシヤ出版

朝倉征夫（一九九四）『多文化教育――一元的文化、価値から多様な文化、価値の教育へ（パースペクティヴズ　一）』成文堂

朝倉征夫（一九九六）『産業の革新と生涯学習』酒井書店

朝倉征夫（一九九九ａ）『産業革新下の庶民教育』酒井書店

朝倉征夫（一九九九ｂ）『人間教育の探究』酒井書店育英堂

朝倉征夫編（二〇〇三）『多文化教育の研究――ひと、ことば、つながり』学文社

朝倉敏夫（二〇〇九）「越境するキムチ」庄司博史編『移民と共に変わる地域と国家』国立民族学博物館

安里和晃（二〇〇五）「移動の世紀の〈再生産労働〉一　不自由な労働力　外国人労働者の現在」『at』一号、太田出版

安里和晃（二〇〇六）「移動の世紀の〈再生産労働〉三　エスニシティをまたぐ高齢者介護と介護の国際化」『at』五号、太田出版

安里和晃編（二〇一一）『労働鎖国ニッポンの崩壊――人口減少社会の担い手はだれか』ダイヤモンド社

アッチェリー、ロバート、アマンダ・バルシュ／宮内康二編訳（二〇〇五）『ジェロントロジー――加齢の価値と社会の力学』きんざい

アパデュライ、アルジュン／門田健一訳（二〇〇四）『さまよえる近代――グローバル化の文化研究』平凡社。（Arjun Appadurai, *Modernity at Large Cultural Dimensions of Globalization*. Minnesota　University of Minnesota Press, 1996.）

阿部浩己（二〇一〇）『無国籍の情景――国際法の視座、日本の課題』国連難民高等弁務官（ＵＮＨＣＲ）駐日事務所

新垣修（二〇一五）『無国籍条約と日本の国内法――その接点と隔たり』国連難民高等弁務官（ＵＮＨＣＲ）駐日事務所

有末賢（二〇〇六）「ライフヒストリーにおけるオーラルヒストリー」『日本オーラルヒストリー研究　創刊号』日本オーラルヒストリー学会

アレント、ハンナ／志水速雄訳（一九七三）『人間の条件』ちくま学芸文庫

アンダーソン、ベネディクト／白石さや、白石隆訳（一九九七）『増補・想像の共同体――ナショナリズムの起源と流行』ＮＴＴ出版、

(Benedict Anderson, *Imagined Communities Reflections on the Origin and Spread of Nationalism*, Verso Editions, 1983.)
飯笹佐代子（二〇一二）「多文化都市政策と地域再生――外国人との共生と文化的多様性・創造性」『創造都市への展望』学芸出版社
井口泰（二〇〇一）『外国人労働者新時代』筑摩書房
井口泰（二〇〇八）「動き始めた外国人政策の改革――緊急の対応から世紀の構想へ」『ジュリスト』No.一三五〇、有斐閣
石川真作、渋谷努、山本須美子編（二〇一二）『周縁から照射するEU社会――移民・マイノリティとシティズンシップの人類学』世界思想社
一瀬幸三編（一九八三）『新宿遊郭史』新宿郷土会
一番ヶ瀬康子監修、進藤貴子（二〇〇五）『高齢者の心理』一橋出版
井筒俊彦（一九九一）『イスラーム文化』岩波書店
市野川容孝、小森陽一（二〇〇七）『難民』岩波書店
稲葉佳子（二〇〇六）「新宿区大久保における都市空間の変容と生成に関する研究」法政大学審査学位論文、法政大学
稲葉佳子（二〇〇八）『オオクボ都市の力――多文化都市空間のダイナミズム』学芸出版社
伊豫谷登士翁編（二〇〇一）『経済のグローバリゼーションとジェンダー』明石書店
伊豫谷登士翁（二〇〇二）『グローバリゼーションとは何か――液状化する世界を読み解く』平凡社
伊豫谷登士翁編（二〇〇二）『グローバリゼーション』作品社
伊豫谷登士翁編（二〇〇七）『移動から場所を問う――現代移民研究の課題』有信堂
入江昭（二〇〇五）『歴史を学ぶということ』講談社現代新書
岩井克人（一九九九）「民族をめぐる二つの書物」石井米雄・山内昌之編『日本人と多文化主義』山川出版社
岩男壽美子（二〇〇七）『外国人犯罪者――彼らは何を考えているのか』中公新書
岩上真珠（二〇〇三）『ライフコースとジェンダーで読む家族』有斐閣コンパクト
植田晃次、山下仁編（二〇〇七）『「共生」の内実――批判的社会言語学からの問いかけ』三元社
上野千鶴子、中西正司（二〇〇三）『当事者主権』岩波新書
上野千鶴子（二〇〇五ａ）『老いる準備――介護することされること』学陽書房
上野千鶴子（二〇〇五ｂ）「ケアの社会学　序章　ケアとは何か」『at』創刊号、太田出版

上野千鶴子（二〇〇六ａ）「ケアの社会学　第二章　家族介護は「自然」か？」『at』三号、太田出版
上野千鶴子（二〇〇六ｂ）「ケアの社会学　第四章　ケアとはどんな労働か」『at』五号、太田出版
上野千鶴子（二〇〇六ｃ）「ケアの社会学　第五章　ケアされるとはどんな経験か」『at』六号、太田出版
臼杵陽監、赤尾光春、早尾貴紀編（二〇〇九）『ディアスポラから世界を読む――離散を架橋にするために』明石書店
梅棹忠夫（一九九六）『知的生産の技術』岩波書店
エヴァンズ、リチャード・I.／岡堂哲雄、中園正身訳（一九九五）『エリクソンは語る――アイデンティティの心理学』新曜社
エヴィオータ、エリザベス・ウイ／佐竹眞明、稲垣紀代訳（二〇〇〇）『ジェンダーの政治経済学――フィリピンにおける女性と性的分業』明石書店
江淵一公（一九九八）『トランスカルチュラリズムの研究』明石書店
江淵一公（二〇〇〇ａ）『共生の時代を生きる――転換期の人間と生活』放送大学教育振興会
江淵一公（二〇〇〇ｂ）『文化人類学――伝統と現代』放送大学教育振興会
江淵一公（二〇〇一）「多文化共生型のまちづくりの変遷」『異文化間教育』第一五号、異文化間教育学会、アカデミア出版会
江淵一公（二〇〇二）『バイカルチュラリズムの研究――異文化適応の比較民族誌』九州大学出版会
江淵一公、酒井豊子、森谷正規編（二〇〇〇）『共生の時代を生きる――転換期の人間と生活』放送大学教育振興会
江淵一公、小野澤正喜、山下晋司編（二〇〇三）『文化人類学研究――環太平洋地域文化のダイナミズム』放送大学教育振興会
エリクソン、エリック・H.／小此木啓吾訳（一九七三）『自我同一性――アイデンティティとライフサイクル』誠信書房
エリクソン、エリック・H.／近藤邦夫訳（一九八一）『玩具と理性』みすず書房（Elik H. Erikson, *Toys and Reasons*, Norton, 1997.）
エリクソン、エリック・H.、ジョアン・M.・エリクソン／村瀬孝雄、近藤邦夫訳（二〇〇一）『ライフサイクル、その完結〈増補版〉』みすず書房
エリクソン、エリック・H.／西平直、中島由恵訳（二〇一一）『アイデンティティとライフサイクル』誠信書房
遠藤辰雄（一九八一）『アイデンティティの心理学』ナカニシヤ出版
大久保喬樹（一九六八）『洋行の時代――岩倉使節団から横光利一まで』中公新書
大島静子、キャロリン・フランシス（一九八八）『ＨＥＬＰから見た日本』朝日新聞社
太田好信（一九九八）『トランスポジションの思想――文化人類学の再想像』世界思想社

大橋照枝（二〇一〇）『幸福立国ブータン――小さな国際国家の大きな挑戦』白水社
岡義明、水野精之（一九八九）『外国人が公務員になったっていいじゃないかという本』新泉社
岡﨑匡史（二〇一二）『日本占領と宗教改革』学術出版会
岡本雅享監修・編著（二〇〇五）『日本の民族差別』明石書店
沖守弘（一九九七）『マザー・テレサ　愛はかぎりなく』小学館
萩野佳代子（二〇〇三）「「ケア」意識の発達とジェンダー――看護職キャリア教育へ向けて」朝倉征夫編著『多文化教育の研究　早稲田教育叢書』学文社
奥田安弘（二〇〇二）『数字でみる子どもの国籍と在留資格』明石書店
奥田道大（一九九六）「『異質』共存社会への回路」駒井洋監修・広田康生編『多文化主義と多文化教育』明石書店
奥田道大、田嶋淳子編（一九九一）『池袋のアジア系外国人――社会学的実態報告』めこん
奥田道大、田嶋淳子編（一九九三）『新宿のアジア系外国人――社会学的実態報告』めこん
奥田道大、田嶋淳子編（一九九五）『新版・池袋のアジア系外国人』明石書店
奥田道大、鈴木久美子編（二〇〇一）『エスノポリス・新宿／池袋』ハーベスト社
奥田道大（二〇〇三）「『越境する地』としての都市コミュニティ――ストリートワイズの復活」『都市的世界／コミュニティ／エスニシティ』明石書店
奥田道大、松本康監修、広田康生、町村敬志、田嶋淳子、渡戸一郎編（二〇〇六）『先端都市社会学の地平』ハーベスト社
小熊英二（一九九五）『単一民族神話の起源』新曜社
小熊英二、上野陽子（二〇〇三）『〈癒し〉のナショナリズム』慶応義塾大学出版会
小熊英二、姜尚中編（二〇〇八）『在日一世の記憶』集英社新書
落合恵美子（一九九四）『二一世紀家族へ――家族の戦後体制の見かた・超えかた』有斐閣選書
落合恵美子、赤枝香奈子編（二〇一二）『アジア女性と親密性の労働』京都大学学術出版会
小幡詩子（二〇〇五）「介護現場を支える日系移住労働女性たち――外国人介護士受け入れのモデル国になるためには」西川潤編『グローバル化時代の外国人・少数者の人権――日本をどうひらくか』明石書店
折井美耶子著、宿女性史研究会編（二〇〇五）『新宿　歴史に生きた女性一〇〇人』ドメス出版

カースルズ、スティーブン、マーク・J・ミラー（二〇一一）『国際移民の時代』名古屋大学出版会
柏崎千佳子（二〇〇二）「在住外国人の増加と自治体の対応」古川俊一、毛受敏弘編『自治体変革の現実と政策』中央法規
柏崎千佳子（二〇〇九）「日本のトランスナショナリズム――移民・外国人の受け入れ問題と公共圏」佐藤成基編『ナショナリズムとトランスナショナリズム――変貌する公共圏』法政大学出版局
春日キスヨ（二〇〇五）「女性を介護に組み込んでいく社会的力動」川本隆史編『ケアの社会倫理学――医療・看護・介護・教育をつなぐ』有斐閣選書
片倉もとこ（一九九一）『イスラームの日常世界』岩波書店
片野清美（一九九七）『「ABC」は眠らない街の保育園』広葉書林
兼松左知子（一九八七）『閉じられた履歴書――新宿・性を売る女たちの三〇年』朝日新聞社
茅原健（二〇〇四）『新宿・大久保文士村界隈』日本古書通信社
カプラン、カレン、村山淳彦訳（二〇〇三）『移動の時代――旅からディアスポラへ』未来社（Caren Kaplan, *Questions of Travel Postmodern Discourses of Displacement*, North Carolina Duke University Press, 1996.）
カマーゴさか江（一九九三）『We're』No.19、Vol.3、ザ・サードアイコーポレーション
カマーゴ李栄（一九九六）『ほるもん文化六「李良枝姉」』新幹社
カマーゴ李栄（一九九八ａ）『国際結婚１００家族』明石書店
カマーゴ李栄（一九九八ｂ）『新宿・大久保　女たちの「国際ストリート」』中央公論社
嘉本伊都子（二〇〇一）『国際結婚の誕生――〈文明国日本〉への道』新曜社
嘉本伊都子（二〇〇八ａ）『国際結婚論!?　歴史編』京都法律文化社
嘉本伊都子（二〇〇八ｂ）『国際結婚論!?　現代編』京都法律文化社
カラカサン移住女性のためのエンパワーメントセンター（二〇〇六）『移住女性が切り拓くエンパワーメントの道』反差別国際運動日本委員会
河合優子（二〇〇八）「文化のハイブリッド性と多文化意識」川村千鶴子編『「移民国家日本」と多文化共生論』明石書店
かわさきのハルモニ・ハラボジと結ぶ二〇〇〇人ネットワーク生活史聞き書き・編集委員会編（二〇〇九）『在日コリアン女性二〇人の軌跡――国境を越え、私はこうして生きてきた』明石書店

川村真理（二〇〇三）『難民の国際的保護』現代人文社
川村千鶴子（一九八九）『外国人をホームステイさせる本』中経出版
川村千鶴子（一九九二a）「地域にねざす開発教育――新宿での展開」『開発教育――21世紀の教育を考える』開発教育協議会
川村千鶴子（一九九二b）「国際化する保育園の現状と多文化教育の必要性」藤原孝章編『外国人労働者問題と多文化教育――多民族共生時代の教育課題』明石書店
川村千鶴子（一九九三a）「日本語からはじまる国際理解教育」『外国人への日本語の教え方入門』アルク
川村千鶴子（一九九三b）「グローバル・パートナーシップの育成にむけた国際理解教育の実践的課題」学会誌『異文化間教育――特集：異文化接触とアイデンティティ』アカデミア出版会
川村千鶴子（一九九三c）「新宿における国際理解教育の実践と住民の意識変化」『国際理解』二五号、国際理解教育研究所
川村千鶴子、タニーダ・ワジャラタナ、麦倉哲（一九九五）「新規来日外国人の生活拠点の形成と展開――新宿大久保・百人町地区の地域研究から」『平成六年度の研究助成　研究成果報告書』日本科学協会
川村千鶴子（一九九六a）「多民族化する保育園の現状と多文化社会」『都市問題』第八七巻第二号、市政調査会
川村千鶴子（一九九六b）「在日トンガ人と比べた群馬県大泉町と新宿区の国際化」『国際人流』一一二号、入管協会
川村千鶴子（一九九七a）「新宿区における多文化共生の取り組み」『地域における国際理解教育の推進に関する実証的研究――平成八年度報告書』伊藤忠記念財団
川村千鶴子（一九九七b）「新宿区――共生のマイナス面をプラスに変えるまちづくり」駒井洋、渡戸一郎編『自治体の外国人政策――内なる国際化への取り組み』明石書店
川村千鶴子編（一九九八a）『多民族共生の街・新宿の底力』明石書店
川村千鶴子（一九九八b）「北マリアナの移民の子どもと原住民の子どもの言語習得――ガラパン小学校の多言語教育からの考察」『ミクロネシア』通巻一〇九号、日本ミクロネシア協会
川村千鶴子（一九九八c）「新宿での国際理解教育の実践と住民の意識変化」『国際理解教育選集Ⅱ』創友社
川村千鶴子（二〇〇〇）「多文化共生社会の実現に向けて」『多文化共生社会の探究――外国人と法』多文化社会研究会グローバル・アウエアネス
川村千鶴子（二〇〇一a）『創造する対話力――多文化共生社会の航海術』税務経理協会

川村千鶴子（二〇〇一ｂ）「多文化主義社会の胎動――共創の街・新宿から」『筑紫哲也の現代日本学原論――外国人』岩波書店、四四〜四八頁
川村千鶴子（二〇〇二ａ）「創造性とは何か――学際的環境が、創造性を発揮しうる条件」『環境創造』第二号、大東文化大学環境創造学会
川村千鶴子（二〇〇二ｂ）「対話を重視した授業をどのように構成するか」『国際をテーマにした学習活動五〇のポイント』教育開発研究所
川村千鶴子編（二〇〇二ｃ）『多文化教育を拓く――マルチカルチュラルな日本の現実のなかで』明石書店
川村千鶴子（二〇〇四ａ）「多文化共生社会への提言――多文化共生庁の創設」『環境創造』第六号、大東文化大学環境創造学会
川村千鶴子（二〇〇四ｂ）「国際理解と多文化共生」『国際理解』三五号、国際理解教育研究所
川村千鶴子（二〇〇五ａ）「研究成果報告書「太平洋島嶼諸国における経済発展と環境問題」研究代表者：川村千鶴子『平成一四年〜一六年度　科学研究費補助金　基盤研究（B）（2）研究実績報告書』川村千鶴子
川村千鶴子（二〇〇五ｂ）「どうする？　移民政策」依光正啓編『日本の移民政策を考える――人口減少社会の課題』明石書店
川村千鶴子（二〇〇五ｃ）「多文化共生庁がなぜ必要なのか」依光正哲編『日本の移民政策を考える――人口減少社会の課題』明石書店
川村千鶴子（二〇〇六）「習志野俘虜収容所とポーンペイ人捕虜の帰還――オーラル・ヒストリーの可能性」『島嶼研究』第六号、日本島嶼学会
川村千鶴子編（二〇〇七）『異文化間介護と多文化共生――だれが介護を担うのか』明石書店
川村千鶴子（二〇〇八ａ）「ディアスポラ接触とは何か――新宿区大久保地区の多文化化の歴史から」『大東文化大学紀要』第四六号、大東文化大学
川村千鶴子（二〇〇八ｂ）「多文化共生政策の課題と構想――その社会的位相と多文化共生基本法の制定」『環境創造』第九号、環境創造学会
川村千鶴子編（二〇〇八ｃ）『「移民国家日本」と多文化共生論――多文化都市・新宿の深層』明石書店
川村千鶴子（二〇〇九ａ）「異文化間介護と幸福な老い」『異文化間教育』第三一号、異文化間教育学会
川村千鶴子（二〇〇九ｂ）「自動車の普及と社会変容――島嶼のグローバル・テクノスケープ」吉岡政徳監、印東道子他編『オセア

ニア学』京都大学学術出版会
川村千鶴子（二〇〇九ｃ）「多文化共生専門職の養成制度」『国際人流』（財）入管協会
川村千鶴子編（二〇一〇）『移民政策へのアプローチ――ライフサイクルと多文化共生』明石書店
川村千鶴子編（二〇一二ａ）『三・一一後の多文化家族――未来を拓く人びと』明石書店
川村千鶴子（二〇一二ｂ）「多文化都市・新宿の生成と展開――ライフサイクルの視座」総合研究大学院大学博士号学位申請論文
川村千鶴子編（二〇一三ａ）『統計で読み解く　移動する人びとと日本社会』ナカニシヤ出版
川村千鶴子（二〇一三ｂ）「あらゆる子どもの教育権――ＮＰＯと夜間中学の取り組み」『環境創造』第一七号、環境創造学会
川村千鶴子編（二〇一四）『多文化社会の教育課題――学びの多様性と学習権の保障』明石書店
川村千鶴子（二〇一五ａ）「格差の分断を防ぐ多文化共生能力――多様性の国・日本の未来を支える若者たちの育成」『国際人流』三三四号、入管協会
川村千鶴子（二〇一五ｂ）「人の移動と多文化共生能力」『教育と医学』五月号、慶應義塾大学出版会
川村湊（二〇〇四）『海を渡った日本語――植民地の「国語」の時間』青土社
川本隆史編（二〇〇五）『ケアの社会倫理学――医療・看護・介護・教育をつなぐ』有斐閣選書
姜尚中、テッサ・モーリス＝スズキ（二〇〇四）『デモクラシーの冒険』集英社新書
姜尚中（二〇一一）『トーキョウ・ストレンジャー――都市では誰もが異邦人』集英社
姜徳相（一九七五）『関東大震災』中公新書
ギデンズ、アンソニー／松尾精文・松川昭子訳（一九九五）『親密性の変容――セクシュアリティ、愛情、エロティシズム』而立書房
ギデンズ、アンソニー／佐和隆光訳（二〇〇一）『暴走する世界――グローバリゼーションは何をどう変えるのか』ダイヤモンド社
金光敏（二〇〇五）「公立学校の民族学級支援策と政府施策の不備――大阪市の例から」岡村雅亨監修・編『日本の民族差別』明石書店
金賛汀（二〇一〇）『韓国併合百年と「在日」』新潮選書
「壁の涙」製作実行委員会編（二〇〇七）『壁の涙――法務省「外国人収容所」の実態』現代企画室
金永子（二〇〇五）「在日朝鮮人高齢者のための社会福祉サービスの現状」『在日マイノリティ高齢者の生活権』新幹社

金友子（二〇〇七）「『同胞』という磁場」『現代思想』六月号、青土社
金賛汀（二〇一〇）『韓国併合百年と「在日」』新潮選書
金根熙、山本重幸（二〇〇七）「大久保のたどる道」『現代思想』六月号、青土社
木村自（二〇〇九）「台湾回民のエスニシティと宗教」庄司博史編『移民と共に変わる地域と国家』国立民族学博物館
木村毅（一九七六）『クーデンホーフ光子伝』鹿島出版会
木村三男（一九七九）『日本に来た五人の革命家』恒文社
木村三男（二〇〇〇）「国際結婚をめぐる法的諸問題」『多文化共生社会の探究――外国人と法』多文化社会研究会
クーデンホーフ光子／シュミット村木眞寿美編訳（一九九八）『クーデンホーフ光子の手記』河出書房新社
工藤美代子（一九九五）「ビスランドとハーン――〝七六日間世界一周〟の助成との交流」（ラフカディオ・ハーン特集）『ユリイカ』
二七-四
工藤美代子（二〇〇八a）『夢の途上　ラフカディオ・ハーンの生涯（アメリカ編）』武田ランダムハウスジャパン
工藤美代子（二〇〇八b）『聖霊の島　ラフカディオ・ハーンの生涯（ヨーロッパ編）』武田ランダムハウスジャパン
工藤美代子（二〇〇八c）『神々の国　ラフカディオ・ハーンの生涯（日本編）』武田ランダムハウスジャパン
久場嬉子編（二〇〇七）『介護・家事労働者の国際移動』日本評論社
倉八順子（一九九九）『ことばとこころのコミュニケーション』明石書店
倉八順子（二〇〇一）『多文化共生にひらく対話――その心理学的プロセス』明石書店
グラント、カール・A、グロリア・ラドソン＝ビリング編／中嶋智子他監訳（二〇〇二）『多文化教育事典』明石書店
クリフォード、ジェイムズ／毛利義孝他訳（二〇〇二）『ルーツ――二〇世紀後期の旅と翻訳』月曜社（James Clifford, *Routes, Travel and Translation in the Late Twentieth Century*, U.S.A. Harvard University Press, 1997）
玄秀盛（二〇〇三）『新宿歌舞伎町駆け込み寺――解決できへんものはない』角川春樹事務所
小泉凡（一九九五）『民俗学者 小泉八雲――日本時代の活動から』恒文社
小泉康一（一九九八）『「難民」とは何か』三一書房
小泉康一（二〇〇五）『国際強制移動の政治社会学』勁草書房
小泉康一（二〇〇九）『グローバリゼーションと国際強制移動』勁草書房

小泉康一（二〇一四）『国際強制移動とグローバル・ガバナンス』御茶の水書房
小泉八雲／平井呈一訳（一九九六）『日本——一つの試論』恒文社
コーエン、ロビン、駒井洋監訳（二〇〇一）『グローバル・ディアスポラ』明石書店
河明生（二〇〇三）『マイノリティの起業家精神——在日韓人事例研究』ＩＴＡ
高鮮徽（二〇〇三）「移動する人々と『故郷』——在日済州島人男性と事例に」渡戸一郎、広田康生、田嶋淳子編『都市的世界／コミュニティ／エスニシティ——ポストメトロポリス期の都市エスノグラフィ集成』明石書店
小坂文乃（二〇〇九）『革命をプロデュースした日本人』講談社
児玉晃一（二〇一五）「入管収容施設の在り方——英国の収容施設と比較して」吉成勝男編『市民が提案するこれからの移民政策』現代人文社
後藤純一（一九九三）『外国人労働者と日本経済』有斐閣
駒井洋監修（二〇〇二）『国際化のなかの移民政策の課題』明石書店
駒井洋監修（二〇〇二）『外国人の法的地位と人権擁護』明石書店
駒井洋監修（二〇〇三ａ）『多文化社会の道』明石書店
駒井洋監修（二〇〇三ｂ）『移民政策の国際比較』明石書店
駒井洋監修、伊豫谷登士翁、杉原達編（一九九六）『日本社会と移民』明石書店
駒井洋監修、五十嵐泰正、明石純一編著（二〇一五）『「グローバル人材」をめぐる政策と現実（移民・ディアスポラ研究 四）』明石書店
駒井洋監修、駒井洋編（一九九五）『定住化する外国人』明石書店
駒井洋監修、広田康生編（一九九六）『多文化主義と多文化教育』明石書店
駒井洋監修、渡戸一郎編（一九九六）『自治体政策の展開とＮＧＯ』明石書店
駒井洋監修、近藤敦編（二〇〇二）『外国人の法的地位と人権擁護』明石書店
駒井洋編著・監修（二〇〇二）『国際化のなかの移民政策の課題　グローバル化する日本と移民問題　第1巻』明石書店
駒井洋（二〇〇六）『グローバル化時代の日本型多文化共生社会』明石書店
近藤敦編（一九九六）『「外国人」の参政権』明石書店

近藤敦編（二〇〇一）『外国人の法的地位と人権擁護』明石書店
近藤敦（二〇〇一）『外国人の人権と市民権』明石書店
近藤敦（二〇〇六）「特別永住者の National Origin に基づく差別」『国際人権』一七号
近藤敦（二〇〇九ａ）「在日コリアンの法的地位と年金問題」『移民政策へのアプローチ』明石書店
近藤敦（二〇〇九ｂ）「在日外国人をどう受け入れていくのか」『外交フォーラム』都市出版
近藤敦編（二〇一一）『多文化共生政策へのアプローチ』明石書店
斎藤純一（二〇〇〇）『公共性』岩波書店
斎藤純一編（二〇〇三）『親密圏のポリティクス』ナカニシヤ出版
早乙女勝元編（一九八三）『母と子でみる東京大空襲』草の根出版会
酒井直樹（一九九六）「序論ナショナリズムと母（国）語の政治」酒井直樹、ブレッド・ド・バリー、伊豫谷登士翁編『ナショナリティの脱構築』柏書房
坂中英徳（二〇〇〇）「日本の出入国管理政策――過去・現在・未来」『多文化共生社会の探究――外国人と法』多文化社会研究会
坂中英徳（二〇〇一）『日本の外国人政策の構想』日本加除出版
坂中英徳（二〇〇五）『入管戦記――「在日」差別、「日系人」問題、外国人犯罪と日本の近未来』講談社
坂中英徳、齊藤利男（一九九四）『出入国管理及び難民認定法逐条解説』日本加除出版
坂野徹（二〇〇六）「人種・民族・日本人――戦前日本の人類学と人種概念」竹沢泰子編『人種概念の普遍性を問う』人文書院
坂本洋子（二〇〇八）『法に退けられる子どもたち』岩波ブックレット、№７４２
佐久間孝正（一九九六）「地域社会の『多文化』化と『多文化主義教育』の展開」駒井洋監修、広田康生編『多文化主義と多文化教育』明石書店
佐久間孝正（二〇〇六）『外国人の子どもの不就学――異文化に開かれた教育』勁草書房
桜井厚（二〇〇二）『インタビューの社会学――ライフストーリーの聞き方』せりか書房
桜井厚、小林多寿子（二〇〇五）『ライフストーリー・インタビュー　質的研究入門』せりか書房
佐々木てる（二〇〇六）『日本の国籍制度とコリア系日本人』明石書店
佐々木てる（二〇〇九）「日本の移民政策とネーションのゆくえ」佐藤成基編『ナショナリズムとトランスナショナリズム』法政大

学出版局

佐藤嘉尚編（二〇〇六）『新宿の一世紀アーカイブス』生活情報センター

佐藤郡衛（一九九九）『国際化と教育――異文化間教育学の視点から』放送大学教育振興会

サッセン、サスキア／伊豫谷登志翁訳（一九九九）『グローバリゼーションの時代――国家主権のゆくえ』平凡社（Sassen, Saskia., *Losing Contral? Sovereignty in Age of Globalization*, Columbia University Press, 1996.)

クリフォード、ジェイムズ／毛利嘉孝、有元健、柴山麻妃、島村奈生子、福住廉、遠藤水城訳（二〇〇二）『ルーツ――二〇世紀後期の旅と翻訳』月曜社（James Clifford, *ROUTES: Travel and Translation in the Late Twentieth Century*)

佐藤郡衛（二〇〇〇）『国際化と教育』放送大学教育振興会

佐藤郡衛（二〇一〇）『異文化間教育学』明石書店

澤地久枝（一九八〇）『昭和史のおんな』文藝春秋

塩沢由典、小長谷一之編（二〇〇八）『まちづくりと創造都市――基礎と応用』京都晃洋書房

塩原良和（二〇〇五）『ネオ・リベラリズムの時代の多文化主義――オーストラリアン・マルチカルチュラリズムの変容』三元社

塩原良和（二〇一〇）『変革する多文化主義へ――オーストラリアからの展望』法政大学出版会

嶋崎尚子（二〇〇〇）「長寿社会のライフコース」江淵一公編『共生の時代を生きる――転換期の人間と生活』放送大学教育振興会

澁澤透（二〇一一）「社会の『個人化』と教育学的発達研究の課題――人格発達論と自己形成論との架橋」『南九州大学人間発達研究』第一巻、南九州大学、四三頁

シュエバ・田辺寿夫（二〇〇八）『負けるな！　在日ビルマ人』梨の木舎

庄司博史編（二〇〇九）『移民と共に変わる地域と国家』国立民族学博物館

庄司博史、P・バックハウス、F・クルマス（二〇〇九）『日本の言語景観』三元社

城田愛（二〇〇八）「移住者たちと博物館展示を創る」武田丈・亀井伸孝編著『アクション別フィールドワーク入門』京都世界思想社

鈴木江理子（二〇〇四）「多文化社会における社会システム再構築のための基礎研究――日本における多文化主義の実現に向けて Part3」『FIF Monograph No.7-1』フジタ未来経営研究所

鈴木江理子、渡戸一郎（二〇〇二）『地域における多文化共生に関する基礎調査――日本における多文化主義の実現に向けて』フジ

タ未来経営研究所
鈴木一代（二〇〇七）「国際家族における言語・文化の継承――その要因とメカニズム」『異文化間教育』第二六号、異文化間教育学会、アカデミア出版会
鈴木妄想（二〇一一）『新大久保とK-POP』マイコミ新書
須藤健一（二〇〇〇）「ミクロネシア史」山本真鳥編『オセアニア史』山川出版社
関根正美（一九九二）「エスニシティの社会学」梶田孝道編『国際社会学――国家を超える現象をどうとらえるか』名古屋大学出版会
関根正美（二〇〇〇）『多文化主義社会の到来』朝日選書
芹田健太郎、薬師寺公夫、坂元茂樹（二〇〇八）『国際人権法』信山社
セン、アマルティア／東郷えりか訳（二〇〇六）『人間の安全保障』集英社新書
徐阿貴（二〇〇五a）「在日朝鮮女性による『対抗的な公共圏』の形成と主体構築――大阪における夜間中学独立運動の事例から」『ジェンダー研究』第八号
徐阿貴（二〇〇五b）「在日朝鮮人女性の主体構築――「従軍慰安婦」問題をめぐる運動から」『お茶の水大学21世紀ＣＯＥプログラムジャーナル』No.4
徐阿貴（二〇一二）『在日朝鮮女性による「下位の対抗的な公共圏」の形成――大阪の夜間中学を核とした運動』お茶の水書房
徐京植（二〇〇五）『ディアスポラ紀行――追放された者のまなざし』岩波新書
宣元錫（二〇〇九）「動き出した韓国の移民政策」『世界』一一月号、岩波書店
宣元錫（二〇〇九）「韓国における外国人政策の新たな展開――外国人の地位と統合政策」
孫分玉（二〇〇九）かわさきのハルモニ・ハラボジと結ぶ二〇〇〇人ネットワーク　生活史聞き書き・編集委員会編「ハルモニの語り」『在日コリアン女性二〇人の軌跡』明石書店
戴エイカ（一九九九）『多文化主義とディアスポラ』明石書店
戴エイカ・野口道彦・島和博（二〇〇九）『批判的ディアスポラ論とマイノリティ』明石書店
竹沢泰子（二〇〇六）「人種概念の包括的理解に向けて」竹沢泰子編『人種概念の普遍性を問う』人文書院
竹下修子（二〇〇〇）『国際結婚の社会学』学文社

武田里子（二〇一一）『ムラの国際結婚再考――結婚移住女性と農村の社会変容』めこん
田嶋淳子（二〇〇五）「都市に埋め込まれるアジア」吉見俊哉・若林幹夫編『スタディーズ』紀伊国屋書店
鑪幹八郎（二〇〇二）『アイデンティティとライフサイクル論』ナカニシヤ出版
田中宏（一九九一）『在日外国人――法の壁、心の溝』岩波新書
田中宏、江橋崇編（一九九七）『来日外国人人権白書』明石書店
田中宏、金敬得共編（二〇〇三）『日・韓「共生社会」の展望』新幹社
田中雅一（二〇〇七）「コンタクト・ゾーンの文化人類学へ――『帝国のまなざし』を読む」『Contact Zone（コンタクト・ゾーン）』第一号、京都大学人文科学研究所人文学国際研究センター
田中雅一、船山徹（二〇一一）『コンタクト・ゾーンの人類学――Problematique／問題系』晃洋書房
田辺寿夫（二〇〇八）『負けるな！　在日ビルマ人』梨の木舎
田渕五十生（二〇〇七）「日本の教師教育と異文化教育」『異文化教育』第二五号、異文化間教育学会、アカデミア出版会
崔勝久、加藤千香子編（二〇〇八）『日本における多文化共生とは何か――在日の経験から』新曜社
張嵐（二〇〇七）「中国残留孤児の帰国動機――語られ方をめぐって」『日本オーラル・ヒストリー研究』第三号、日本オーラル・ヒストリー学会
チャン、エリン・エラン、阿部温子訳（二〇一二）『在日外国人と市民権――移民編入の政治学』明石書店
陳天璽（二〇〇一）『華人ディアスポラ――華商のネットワークとアイデンティティ』明石書店
陳天璽（二〇〇三）『多文化社会への道』明石書店
陳天璽（二〇〇五）『無国籍』新潮社
陳天璽（二〇〇八）「無国籍者との共生」川村千鶴子編『「移民国家日本」と多文化共生論』明石書店
陳天璽編（二〇一〇）『忘れられた人々――日本の「無国籍」者』明石書店
陳天璽、近藤敦、小森宏美、佐々木てる編（二〇一二）『越境とアイデンティフィケーション――国籍・パスポート・IDカード』新曜社
筒井淳也（二〇〇八）『親密性の社会学――縮小する家族のゆくえ』世界思想社
デーケン、アルフォンス（一九九八）「老いと死の教育」佐伯胖、佐藤学、浜田寿美男、黒崎勲、田中孝彦、藤田英典編『岩波講座

現代の教育〈第五巻〉共生の教育』岩波書店、九六～一一七頁
鄭香均編（二〇〇六）『正義なき国、「当然の法理」を問いつづけて』明石書店
テイラー、チャールズ／佐々木毅、辻康夫、向井恭一訳（一九九六）『マルチカルチュラリズム』岩波書店
出口竜也（二〇〇七）「回転寿司のグローカリゼーション」中牧弘允、日置弘一郎編『会社文化のグローバル化――経営人類学的考察』東方出版
手塚和彰（二〇〇五）『外国人と法〔第三版〕』有斐閣
デッカー、ベントン・W.、エドウィーナ・N.・デッカー／横須賀学の会訳（二〇一一）『黒船の再来』Kooインターナショナル出版部
テッサ・モーリス＝スズキ（一九九六）「文化・多様性・デモクラシー――多文化主義と文化資本の概念にかかわる小考察」『思想』八六七、青土社
テッサ・モーリス＝スズキ（二〇〇二）『批判的想像力のために――グローバル時代の日本』平凡社
寺島実郎（一九九五）「二一世紀の「日本の顔」――私はこう描く（「戦後五〇年」からの出発〈特別企画〉）」『潮』四三一号、一一八～一六三頁。
土井隆義（二〇一〇）『「個性」を煽られる子どもたち――親密圏の変容を考える』岩波ブックレット
トメイ、アン・マリナー、マーサ・レイラ・アリグッド／都留伸子監訳（二〇〇二）『看護理論家とその業績』医学書院
中島智子編（一九九八）『多文化教育――多様性のための教育学』明石書店
中島岳志（二〇〇五）『中村屋のボース――インド独立運動と近代日本のアジア主義』白水社
中西晃、佐藤郡衛編（一九九五）『外国人児童・生徒教育への取り組み』教育出版。
中牧弘允（一九九二）『むかし大名、いま会社――企業と宗教』淡交社
中牧弘允（二〇〇六）『会社のカミ・ホトケ――経営と宗教の人類学』講談社
中牧弘允・日置弘一郎編（二〇〇七）『会社文化のグローバル化――経営人類学的考察』東方出版
中牧弘允、佐々木雅幸、総合研究開発機構（二〇〇八）『価値を創る都市へ――文化戦略と創造都市』ＮＴＴ出版
中牧弘允、森茂岳雄、多田孝志編（二〇〇九）『学校と博物館でつくる国際理解教育――新しい学びをデザインする』明石書店
中本博皓（二〇〇一）『日本の外国人労働者問題――現状と課題』税務経理協会

西　修（二〇一二）『日本国憲法の誕生』河出書房新社
西川潤編（二〇〇五）『グローバル化時代の外国人・少数者の人権――日本をどうひらくか』明石書店
日本移民学会編（二〇一一）『移民研究と多文化共生』御茶の水書房
野村悦子（一九九五）「明治末期の東京の郊外――深奥久保の研究」『日本建築学会関東支部研究報告集』日本建築学会
野村健・山口一臣「潜入ルポ　裏新宿22時の入管法――新大久保〝国際村〟店を追われ、彼女らは街へ出た」『朝日ジャーナル』朝日新聞社、一九九〇年九月二一日号
野村敏雄（一九八二）『新宿裏町三代記』青蛙房
ハージ、ガッサン／帆苅実、塩原良和訳（二〇〇三）『ホワイト・ネイション――ネオ・ナショナリズム批判』平凡社
ハーバーマス、ユルゲン／高野昌行訳（二〇〇四）『他者の受容――多文化社会の政治理論に関する研究』法政大学出版局
バーバ、ホミ・K.（二〇〇五）『文化の場所――ポストコロニアリズムの位相』法政大学出版局
バーバ、ホミ・K.、W・J・T・ミッチェル編／上村忠男他訳（二〇〇九）『エドワード・サイード　対話は続く』みすず書房
芳賀善次郎（一九七三）『新宿の散歩道――その歴史を訪ねて』三交社
白野慎也（二〇〇七）『フィリピーナはどこへ行った　日本から消えた彼女たちの「その後」』情報センター出版局
端信行・中牧弘允・NIRA編（二〇〇六）『都市空間を創造する――越境時代の文化都市論』日本経済評論社
畠山学（一九九六）「日本人の実子を扶養する外国人の取扱い」『国際人流』法務局
原裕視（二〇〇一）「異文化間トレランス」異文化間教育学会編『異文化間教育』一五号、アカデミア出版会
原田勝正（一九九八）『鉄道と近代化』吉川弘文館
原田麻里子（二〇一〇）「留学生の就職支援――留学生相談現場からみた現状と課題」移民政策学会編『移民政策研究』第二号、現代人文社
原知章（二〇〇九）「『多文化共生』を内破する実践――東京都新宿区・大久保地区の「共住懇」の事例より」『文化人類学』七四巻一号別冊、文化人類学会
春田哲吉（一九八七）『パスポートとビザの知識』有斐閣選書、五九～九七頁
ハンチントン、サミュエル・P.／鈴木主税訳（一九九八）『文明の衝突』集英社
伴野ジェシー（一九九八）「新宿での生活とゴミ処分について気づいたこと」川村千鶴子編『多民族共生の街・新宿の底力』明石書

店
樋口哲子（二〇〇八）中島岳志編『父ボース　追憶のなかにアジアと日本』白水社
ヒック、ジョン／間瀬啓允訳（二〇〇八）『宗教多元主義――宗教理解のパラダイム変換』法藏館
日比野正己、佐々木由恵（共）（二〇〇六）『老人ホーム進化論――意外と明るい老後生活』阪急コミュニケーションズ
平井玄（二〇一〇）『愛と憎しみの新宿――半径1キロの日本近代史』ちくま新書
広井良典（一九九七）『ケアを問い直す〈深層の時間〉と高齢化社会』筑摩書房
広井良典（二〇〇〇）『ケア学――越境するケアへ』医学書院
広井良典（二〇〇一）『死生観を問い直す』筑摩書房
広瀬俊雄（一九八八）『シュタイナーの人間観と教育方法』ミネルヴァ書房
広田康生（二〇〇三）『エスニシティと都市〔新版〕』有信堂
広田康生（二〇〇六）「トランスナショナリズムの展開がもたらす地域社会の現在的課題」古城利明監修、新原道信、広田康生編『グローバリゼーション／ポスト・モダンと地域社会』東信堂
玄武岩（二〇〇七）『統一コリア――東アジアの新秩序を展望する』光文社新書
フェーレス、ジェターノ（一九八三）『マッカーサーの見た焼跡』文芸春秋
福岡安則（一九九三）『在日韓国・朝鮮人――若い世代のアイデンティティ』中公新書
福原義春、小池千枝（一九九八）『サクセスフルエイジング――ともに学ぶ・ともに遊ぶ』求龍堂
藤田弘夫、浦野正樹編（二〇〇五）『都市社会とリスク――豊かな生活をもとめて』東信堂
藤田ラウンド幸世（論文）（一九九六）Double Transitions A case study of an infant Japanese / English bilingual.『全国語学教育学会バイリンガリズム研究部紀要』Vol. 3
藤田ラウンド幸世（二〇〇七）「日本の社会が求めるバイリンガルとは」『桜美林 Today』第七号
藤巻秀樹（二〇一二）『「移民列島」ニッポン――多文化共生社会に生きる』藤原書店
藤原ゆかり（二〇〇六）「異文化圏からの人々の出産に対する助産ケアの現状――文化を考慮したケアの実現に向けて」『日本助産学会誌』第二〇巻第一号
藤原ゆかり（二〇〇七）「在日外国人女性の出産――孤独感や疎外感を抱く体験」『ヒューマン・ケア研究』第八号

古舘秀子（二〇一一）「おおくぼ　その界隈　歴史探究散歩――大久保・百人町から世界が見えてくる」『おおくぼ学　叢書Ⅱ』共住懇
古谷野亘（二〇〇三）「サクセスフル・エイジング」古谷野亘・安藤孝敏編『新社会老年学』ワールドプランニング
ベーカー、コリン／岡秀夫訳（一九九六）『バイリンガル教育と第二言語習得』大修館書店
裵昭（二〇〇七）『となりの神様』扶桑社
ベルトー、ダニエル／小林多寿子訳（二〇〇三）『ライフストーリー――エスノ社会学的パースペクティブ』ミネルヴァ書房
ホイジンガ、J.／堀越孝一訳（二〇〇一）『中世の秋Ⅰ』中公クラシックス
ホイジンガ／高橋英夫訳（一九七三）『ホモ・ルーデンス』中公文庫
ホフステード、G.／岩井紀子、岩井八郎訳（一九九五）『多文化世界』有斐閣
芳賀善次郎（一九七三）『新宿の散歩道――その歴史を訪ねて』三交社
保苅実（二〇〇四）『ラディカル・オーラル・ヒストリー――オーストラリア先住民アボリジニの歴史実践』御茶の水書房
ホックシールド、A. R.／石川准、室伏亜希訳（二〇〇〇）『管理される心――感情が商品になるとき』京都世界思想社（Hochschild, Arlie, *The Managed Heart, Commercialization of Human Feeling*, University of California Press, 1983.）
ボヤーリン、ジョナサン、ダニエル・ボヤーリン／赤尾光春、早尾貴紀訳（二〇〇八）『ディアスポラの力』平凡社
堀内康史（二〇〇二）「異文化消費と外国人への態度――エスニックレストランの展開と地域社会」渡戸一郎・川村千鶴子編『多文化教育を拓く』明石書店
本間浩（一九九〇）『難民問題とは何か』岩波新書
前川恵司（一九八七）「『在日』の英雄・ロッテ重光武雄伝」『文芸春秋ノンフィクション』文芸春秋社
正井泰夫（一九七二）『東京の生活地図』時事通信社
増田義郎（二〇〇四）『太平洋――開かれた海の歴史』集英社新書
丸井英二、森口育子、李節子（二〇一二）編『国際看護・国際保健』弘文堂
松尾寿子（二〇〇五）『国際離婚』集英社新書
まち居住研究会（稲葉佳子、塩路安紀子、松井晴子、小菅寿美子）（一九九四）『外国人居住と変貌する街――まちづくりの新たな課題』学芸出版社

御厨貴（二〇〇二）『オーラル・ヒストリー――現代史のための口述記録』中央公論新社
三原博光（二〇〇四）『介護の国際化――異国で迎える老後』学苑社
南誠（二〇〇九）「中国帰国者をめぐる包摂と排除」庄司博史編『移民と共に変わる地域と国家』国立民族学博物館
箕浦康子（一九九五）「異文化接触の下でのアイデンティティ」『異文化間教育』第九号、異文化間教育学会、アカデミア出版会
宮島喬編（二〇〇〇a）『外国人市民と政治参加』有信堂
宮島喬（二〇〇〇b）『外国籍住民と社会的・文化的受け入れ施策』文部省科学研究費補助金成果報告書
宮島喬（二〇〇三）『ともに生きられる日本へ――外国人施策とその課題』有斐閣
宮島喬（二〇〇四）『ヨーロッパ市民の誕生――開かれたシティズンシップへ』岩波新書
宮島喬、杉原名穂子、本田量久編（二〇一二a）『公正な社会とは』人文書院
宮島喬（二〇一二b）「外国人の〈教育を受ける権利〉と就学義務」宮島喬・吉村真子編『移民・マイノリティと変容する世界』法政大学出版局
麦倉哲（一九九八）「新宿の危機は文化創造の新局面」川村千鶴子編『多民族共生の街・新宿の底力』明石書店
麦倉哲（二〇〇六）『ホームレスの自立支援システムの研究』第一書林
武者小路公秀監修、浜邦彦・早尾貴紀編（二〇〇八）『ディアスポラと社会変容――アジア系・アフリカ系移住者と多文化共生の課題』国際書院
メイヤノフ、M.／田村真、向野宣之訳（二〇〇五）『ケアの本質――生きることの意味』ゆみる出版（Mayeroff, Milton, *On Caring*, Harper & Row, World Perspectives, 1971.）
毛受敏浩（二〇一一）『人口激減――移民は日本に必要である』新潮新書
森田せつ子（二〇〇〇）「母子健康手帳――今昔」『健康文化』二六号
山下晋司、工藤正子編（二〇〇三）『越境者たちのエスノスケープ――東京都新宿区大久保地区の事例から』東京大学文化人類学研究室
山田礼子（二〇〇九）「多文化共生社会をめざして――異文化間教育の政策課題」『異文化間教育』三〇、異文化間教育学会、アカデミア出版会
山本薫子（二〇〇七）「ディアスポラの子どもたち――移民第二世代のジレンマとホスト社会のまなざし」『現代思想』六月号、青土

社
山脇啓造（一九九四）『近代日本と外国人労働者――一八九〇年代後半と一九二〇年代前半における中国人・朝鮮人労働者問題』明石書店
山脇啓造（一九九五）「もう一つの開国――明治日本と外国人」伊豫谷登士翁・杉原達編『日本社会と移民』明石書店
山脇啓造、近藤敦、柏崎千佳子（二〇〇一）「多民族国家・日本の構想」『世界』七月号
山脇啓造（二〇〇五）「二〇〇五年は多文化共生元年？」『自治体国際化フォーラム』五月号、自治体国際化協会
横田啓子（一九九五）『アメリカの多文化教育――共生を育む学校と地域』明石書店
吉田直哉（一九九七）『蝶の埋葬――クーデンホーフミツコ伝記（岩波書店）
吉成勝男・水上徹夫・野呂芳明編（二〇一五）『市民が提案するこれからの移民政策』現代人文社
吉野耕作（一九九七）『文化ナショナリズムの社会学――現代日本のアイデンティティの行方』名古屋大学出版会
読売新聞教育取材班（二〇〇九）『教育ルネッサンス 大学の実力』中央公論新社
米山リサ（二〇〇三）『暴力・戦争・リドレス多文化主義のポリティクス』岩波書店
李錦純（リ・クンスン、二〇〇六）「在日コリアン高齢者の在宅ケアサービス利用意向に関連する要因の分析」『国際保健医療』Vol. 22
李錦純（二〇〇九）「ともに老後を支え合う――在日外国人高齢者の現状と課題」川村千鶴子編『「移民国家日本」と多文化共生論』明石書店
李節子（二〇一一）「子どもを守る法はあるのに、生まれた日本で、すべてを引き離される子どもたち」『ビッグイシュー日本版』一六六号
李坪鉉（二〇〇三）『多文化教育の研究――ひと、ことば、つながり』学文社
李坪鉉（二〇〇三）「植民地朝鮮における女性の識字教育に関する考察」早稲田大学教育総合研究所、公募研究B11部会
李坪鉉（二〇〇六）「韓国における多文化教育の必要性」『多文化教育を拓く――マルチカルチュラルな日本の現実のなかで』明石書店
李坪鉉（二〇〇八）「多文化子育て空間から創出される協働の世界」川村千鶴子編『「移民国家日本」と多文化共生』明石書店
李英美（二〇〇七）「うちなるコリアン・ディアスポラ――失故郷民と離散家族としての越南・越北・拉北・脱北」『現代思想』2月

号、青土社
李英美（二〇〇七）「シリャンミン、その望郷と帰郷――難民でもない難民、移住民でもない移住民として」『現代思想』6月号、青土社
李英美（二〇〇七）「書評『日本の朝鮮統治と国際関係――朝鮮独立運動とアメリカ一九一〇 - 一九二二』長田彰文著」『日本植民地研究』№19
李承珉（二〇〇六）『韓国系ニューカマーからみた日本社会の諸問題』社会安全研究財団
李朋彦（二〇〇五）『在日一世』リトルモア
李良枝（一九八九）『由熙』講談社
李節子編（一九九八）『在日外国人の母子保健』医学書院
リャン、ソニア／中西恭子訳（二〇〇五）『コリアン・ディアスポラ――在日朝鮮人とアイデンティティ』明石書店
ローズ、デボラ・B.／保苅実訳（二〇〇三）『生命の大地――アボリジニ文化とエコロジー』平凡社
レイニンガー、マデリン・M.／稲岡文昭監訳（一九九二）『レイニンガー看護論――文化ケアの多様性と普遍性』医学書院
鷲見淳「組織研究における会社文化の位相――方法論的アプローチの考察と在米日系企業の事例」
渡戸一郎編、駒井洋監（一九九七）『自治体政策の展開とＮＧＯ』明石書店
渡戸一郎（二〇〇一）『新宿調査二〇〇〇――変貌する大都市インナーエリア―― 第二次外国人急増期の大久保・百人町を中心として』渡戸研究室
渡戸一郎、広田康生、田嶋淳子編（二〇〇三）『都市的世界／コミュニティ／エスニシティ――ポストメトロポリス期の都市エスノグラフィ集成』明石書店
渡戸一郎（二〇〇六ａ）「多文化都市論の展開と課題」『明星大学社会研究紀要』第二六号、明星大学
渡戸一郎（二〇〇六ｂ）「多文化都市のポテンシャルと諸課題」端信行・中牧弘允・ＮＩＲＡ編『都市空間を創造する――越境時代の文化都市論』日本経済評論社
渡戸一郎（二〇〇六ｃ）「地域社会の構造と空間――移動・移民とエスニシティ」似田貝香門監町村敬志編『地域社会学の視座と方法』東信堂
渡戸一郎（二〇〇六ｄ）「多文化都市論の展開と課題――その社会的位相と政策理念をめぐって」『明星大学社会学研究紀要』二六号

渡戸一郎（二〇〇六e）「インビジブルシティを読み解く」奥田道弘、松本庸監広田康生、町村敬志、田嶋淳子、渡戸一郎編『先端都市社会学の地平』ハーベスト社
渡戸一郎、鈴木江理子、APFS編（二〇〇七）『在留特別許可と日本の移民政策――「移民選別」時代の到来』明石書店
渡戸一郎（二〇〇八）「通常行政に編入される外国人政策――保守化する都と豊島区の政策動向を中心に」『グローバル都市研究』立教大学グローバル都市研究所
渡戸一郎、井沢泰樹編（二〇一〇）『多民族化社会・日本――〈多文化共生〉の社会的リアリティを問い直す』明石書店
渡辺俊之（二〇〇五a）『介護者と家族の心のケア――介護家族カウンセリングの理論と実践』金剛出版
渡辺俊之（二〇〇五b）『現代のエスプリ――介護家族という新しい家族』至文堂
渡辺幸倫（二〇〇二）「多文化主義下での言語教育――オーストラリアにおける言語的マイノリティに対する主流言語教育」渡戸一郎、川村千鶴子編『多文化教育を拓く――マルチカルチュラルな日本の現実のなかで』明石書店
渡辺幸倫（二〇〇八）「共に働く街・新宿――トランスカルチュラリズムの形成」川村千鶴子編『「移民国家日本」と多文化共生論』明石書店
渡辺幸倫（二〇〇九）『新宿のニューカマー韓国人のライフヒストリー記録集の作成――顔の見える地域つくりための基礎作業』トヨタ財団
渡邊彰悟、大橋毅、関聡介、児玉晃一編（二〇一〇）『日本における難民訴訟の発展と現在』現代人文社

【報告書・資料】

UNHCR（二〇〇九）『国籍と無国籍　議員のためのハンドブック』UNHCR駐日事務所
NPO法人神戸定住外国人支援センター編（二〇〇五）『在日マイノリティ高齢者の生活権――主として在日コリアン高齢者の実態から考える』新幹社
NPO法人難民支援協会（二〇一〇）「難民認定申請及び認定数等の推移」『難民支援協会報告書』NPO法人難民支援協会
「朝日新聞」一九九九年一〇月八日
菱山辰一他『伊勢丹百年史』新宿区歴史資料館所蔵

移民情報機構（二〇一〇）『イミグランツ』Vol.３、凡人社
移民労働者と連帯する全国ネットワーク（二〇〇二）『「多民族・多文化共生社会」に向けて――包括的外国人政策の提言・二〇〇二年版』
大阪府「在日外国人高齢者保健福祉サービス利用状況等調査」
外国人とともに住む新宿区まちづくり懇談会編（一九九五）『新しい「共生」の形を求めて――三年間の活動記録』共住懇
外国人人権法連絡会編（二〇一二）『日本における外国人・民族的マイノリティ人権白書』外国人人権法連絡会
熊本大学小泉八雲研究会編（一九九三）『ラフカディオ・ハーン再考』恒文社
厚生労働省（二〇〇八）『平成一九年人口動態調査』
高知新聞社編（一九九八）『夢は赤道に――南洋に雄飛した土佐の男の物語』（高知新聞社）
高麗博物館編（二〇〇二）『市民がつくる日本・コリア交流の歴史』明石書店
在日韓人歴史資料館編（二〇〇八）『写真で見る在日コリアンの一〇〇年―在日韓人歴史資料館図録』明石書店
社会安全研究財団（二〇〇六）「韓国系ニューカマーズからみた日本社会の諸問題」
人権教育推進センター（二〇〇六）『高齢者と人権』人権教育推進センター
宗教法人ウエスレス・ホーリネス教団淀橋教会（二〇〇四）『淀橋教会　創立一〇〇周年記念誌　恵みから恵みへ』淀橋教会
女性の家ＨＥＬＰ（二〇〇九年五月一日）ネットワークニュース、No.65
新宿区（二〇〇〇）『新宿区生活便利帳』新宿区
新宿区（二〇一〇）『平成一九年度　新宿区多文化共生実態調査』新宿区
新宿区（二〇一一）『第三五回　新宿区の統計　平成二三年』新宿区
新宿区（二〇一四）「外国にルーツを持つ子どもの実態調査（二〇一四年三月）報告書」
新宿区教育委員会編（二〇一一）、平成二二年度『新宿区の教育』新宿区教育委員会
新宿区基本構想審議会／新宿区都市計画審議会（二〇〇七）『答申「新宿区基本構想の見直しについて」「新宿区基本計画に盛り込むべき施策のあり方について」「新宿区年マスタープランの改定について」』新宿区
新宿区新宿自治創造研究所（二〇一〇）『研究所レポート』No.１、新宿区
新宿区新宿自治創造研究所（二〇一一）『研究所レポート』No.１～No.３、新宿区

新宿区多文化共生まちづくり会議（二〇一四）「新宿区多文化共生まちづくり会議答申」
新宿区地域女性史編纂委員会編（一九九七）『新宿 女たちの十字路——区民が綴る地域女性史』ドメス出版
新宿区地域文化部文化国際課編（二〇〇七）『新宿文化絵図』新宿区
新宿区地域文化部文化国際課（二〇一〇）『平成一九年度新宿区多文化共生実態調査』新宿区
新宿区福祉部（二〇一〇）『新宿区　第Ⅱ期　ホームレスの自立支援等に関する推進計画——それぞれのタイプ・段階に応じた支援をめざして』新宿区
新宿区民会議（二〇〇六）『新宿区民会議——中間発表会』新宿区
新宿のニューカマー韓国人のライフヒストリー記録集作成プロジェクトチーム（二〇一〇）『新宿のニューカマー韓国人のライフヒストリー記録集Ⅰ』新宿のニューカマー韓国人のライフヒストリー記録集作成プロジェクトチーム
新宿文化・国際交流財団（二〇〇四）『平成一五年度　新宿区における外国籍住民との共生に関する調査報告書』新宿区
新宿文化・国際交流財団（二〇一〇）『相談窓口レポート——新宿区の外国人相談の実績から』財団法人新宿文化・国際交流財団
東京都夜間中学研究会編（二〇一一）『東京の中学校夜間学級に学ぶ外国人および帰国者等に関する調査』東京都夜間中学研究会
都地域国際化推進検討委員会（二〇〇五）『災害時等緊急時のために外国人への情報提供のために（最終答申）』都地域国際化推進検討委員会
内閣府編（二〇〇六）『平成一八年高齢社会白書』ぎょうせい
内閣府（二〇〇八）「高齢化の状況及び高齢社会対策の実施状況」『平成20年版高齢社会白書』内閣府
日経ビジネス（二〇一二）特集「オオクボ」『日経ビジネス』二〇一二年二月一七日号
日本経済新聞（二〇一一）「看護人材ベトナムから」『日本経済新聞』二〇一一年九月一七日号
日本政府観光局『ＩＮＴＯ　訪日外客訪問地調査二〇〇九』
入管協会（二〇〇五）『在留外国人統計　平成一七年版』入管協会
入管協会（二〇〇六）『在留外国人統計　平成一八年版』入管協会
『毎日新聞』二〇〇〇年一二月二二日朝刊。
ヘルスケア総合政策研究所（二〇〇六）『二〇〇六年度版介護経営白書——介護経営苦難期の到来と事業戦略の再構築』日本医療企画

法務省（一九九六）「在留外国人統計」
法務省入国管理局（二〇〇三）「企業とのコミュニケーションを促進し、留学生の就職をサポート（NPO・WISS 早稲田留学生人材サポートセンター）」『国際人流』第一九七号、入管協会
法務省、文部科学省（二〇〇六）『平成18年版人権教育・啓発白書』国立印刷局
民団新宿支部（二〇〇九）『民団新宿60年の歩み』在日本大韓民国民団新宿支部
ヤミ市調査団（一九九四）『ヤミ市模型の調査と展示・調査報告書』東京都江戸東京博物館
読売新聞社編（二〇〇二）『梅屋庄吉と孫文』海鳥社

資料　多文化都市・新宿の歴史年表

新宿には多数の市民グループが生まれたが、どのグループにも魅力あるキーパーソンが必ずいる。そうした人物が信頼の輪を広げつつネットワークを構築し、ライフワークとして多文化都市の創造に挑んできた。その結果、市民社会組織の拠点の数は、登録されているだけでも 259 団体（任意団体 121、その他の法人 28、NPO 法人 110、5 団体以上存在する地点の数 7）と首都圏においても群を抜いている。首都圏における市民社会組織は新宿区、千代田区、港区の順に集中しているが、多文化都市・新宿には常に新しい市民グループが生まれるのである。本年表には、自治体が連携の核となって情報の共有につとめ、外国籍住民にも区政の参画の場を創造してきた足跡も示してある。

地域住民・移民・難民の営為が新たな人の移動を促し、地域は多文化社会の磁場となる。多文化都市・新宿の年表にはさまざまな人生が織り込まれており、その集積過程と効果を検討する一助にもなろう。異文化に対する耐性と寛容性を培いながら、命がけで創造してきた街の躍動感と使命感を垣間見ることができる。

〈本年表における記号の意味〉

◎：新宿での出来事

★：新宿で暮らした人びと

□：日本の主な出来事

○：日本の外国人政策など

●：日本における難民受け入れの歴史

■：世界の主な出来事

【江戸時代】

1600	慶長5年	□：関ヶ原合戦
1602	慶長7年	◎：伊賀組鉄砲百人隊、大久保に移る
1603	慶長8年	□：江戸幕府開く
		◎：内藤清成新宿一帯を拝領
1606	慶長11年	□：江戸城の大増築工事開始
1612	慶長17年	□：キリシタン禁令。このころ四谷南蛮寺廃止
1636	寛永13年	◎：高田馬場開設、市ヶ谷見附設置
1667	寛文7年	◎：戸山町に尾州徳川氏の戸山山荘できる
1698	元禄11年	◎：日本橋と高井戸間に新たな宿場「新宿」設置。甲州街道と青梅街道の分岐点の追分辺りが「内藤新宿」と呼ばれた
1699	元禄12年	◎：内藤新宿が開設される
1772	明和9年	◎：内藤新宿が再開される（明和の立ち返り）
1843	天保14年	◎：角筈に大筒打場（大筒射撃場）を設置
1847	弘化4年	◎：内藤新宿太宗寺の閻魔大王、正受院の奪衣婆の信仰
1853	嘉永6年	□：ペリー浦賀に来航する
1854	安政元年	□：日米和親条約
		◎：幕府は火薬奉行・永田帯刀と今井要作を通じて、水車持ち久兵衛に鉄砲火薬のつき立てを命じた。淀橋の水車小屋での爆発・火災により多数の農民の死者が出た
1855	安政2年	□：安政の大地震。死傷者は7,000名余り
1858	安政5年	□：日米修好通商条約
1861	文久元年	◎：内藤新宿で火災、旅籠の半数以上が焼失
1864	文久4年	★：津田梅子が牛込南町に生まれる
1866	慶応2年	□：外国奉行から初めて渡航免状が発行される
1867	慶応3年	□：大政奉還
		□：「全国総体ノ戸籍法」公布
		★：夏目漱石が、牛込馬場下横町（現喜久井町）で生まれる

【明治時代（1868年～1912年）】

1868	明治元年	◎：彰義隊の残党が熊野神社にこもる
1870	明治3年	◎：玉川上水に舟運許可
		◎：第二小学校を市ヶ谷八幡町洞雲寺に設置 第三小学校を牛込御殿山万昌院に設置
1871	明治4年	◎：牛込揚場長に戮盟社の石鹸工場が開設される（日本の石鹸製造の創始）、高田馬場を廃止
		□：戸籍法公布
		□：廃藩置県

		★：津田梅子（6 歳）ら 5 人の少女がアメリカ留学に出発
1872	明治 5 年	□：戸籍調査（壬申戸籍）
		◎：遊郭内に学校を建てる建言書を府知事宛提出
		○：日本アジア協会が設立され協会誌（*The Transaction of Asiatic Society of Japan*）を発行
		○：日本最古のインターナショナルスクールであるサンモール・インターナショナルスクールが横浜に開校される
		□：太政官布告「娼妓解放令」で人身売買禁止
		◎：内藤家四谷屋敷（現新宿御苑）が大蔵省内藤新宿試験場となる（明治 17 年より内務省勧業寮農事試験場に所管替え）
1873	明治 6 年	□：太陽暦実施
		□：徴兵令布告
		□：妻からの離婚訴訟許可
		◎：尾張徳川家下屋敷跡（現戸山公園等）に陸軍兵学寮戸山出張所（後の戸山学校・軍楽学校）が開設される
		◎：戸山山荘に陸軍戸山学校開設
		○：内外人婚姻条規の発令（太政官布告第 103 号）。日本初の国際結婚の決め事。日本人男性の妻となる外国人女性は日本国籍を取得し、外国人男性の妻となる日本人女性は日本国籍を失う
		★：ガンレット恒は、大久保地区を拠点に矯風会の基礎を築き、世界平和を希求し、日本キリスト教婦人矯風会第 6 代会頭
1874	明治 7 年	◎：小伝馬町の牢屋敷市谷谷町に移転され市谷監獄となる 西大久保 4 丁目陸軍用地となる
1875	明治 8 年	◎：尾張徳川家上屋敷跡（現防衛省）に陸軍士官学校が開設される。市谷監獄が開設
1878	明治 11 年	○：「海外旅券規則」（外務省布達第 1 号）「旅券ハ日本国民タルヲ證明スルノ具」
		◎：15 区 6 郡制が実施され、四谷区、牛込区が誕生する
1879	明治 12 年	◎：内藤新宿の内務省勧業寮農事試験場が宮内省に移管され「新宿植物御苑」となる。西大久保に日本最初の洋式競馬場開設
		◎：大久保小学校開校
1880	明治 13 年	◎：私立小学校 3 校開校
1881	明治 14 年	□：ハワイ王国のカラカウア王、訪日。これを契機に両国は移民協定を結び、1885 年からハワイへの「官約移民」の送り出しが始まる
		○：朝鮮から 3 名の留学生来日。2 名が福澤諭吉に、1 名が中村正直に託される、以降も日本への留学が増える
1882	明治 15 年	◎：大隈重信ら、東京専門学校（現早稲田大学）を創立
		◎：戸山ヶ原の射撃場が開設
1883	明治 16 年	◎：つつじ園、百人町に開園
1884	明治 17 年	★：津田梅子、アメリカ留学から帰国。後に津田塾大学の創始者

		となる
		◎：大久保小学校に区初の高等科設置
1885	明治 18 年	◎：日本鉄道品川線（現 JR 山手線。明治 36 年に山手線と改称）の赤羽～品川間が開通、新宿駅が開業する
		◎：華族女学校、学習院より分離し四谷仲町に開校
1886	明治 19 年	◎：市谷加賀町に秀英社（現大日本印刷）の印刷工場が開設
		◎：尾張徳川家中屋敷跡（河田町）に陸軍経理学校が開設
		★：平塚らいてうが、麹町三番町に誕生。女性の手による文芸誌『青鞜』を創刊。女性の自由と人格の独立をうたった。新日本婦人の会代表となる
		○：お雇い外国人教師（東京帝国大学博言学科教師）バジル・ホール・チェンバレン、上田万年、芳賀矢一、岡倉由三郎らを教える
		★：矢島楫子、日本基督教婦人矯風会の初代会頭となり、女子学院の創設に伴い校長に就任。大久保百人町に慈愛館を創設
1887	明治 20 年	◎：内藤新宿に眞崎鉛筆製造所（現三菱鉛筆の前身）が開設
		◎：現在の神宮外苑に青山練兵場が開設される
1889	明治 22 年	□：大日本帝国憲法発布
		○：外務省に移民課が設置される（1893 年、通商局に合併）
		◎：甲武鉄道（現 JR 中央線）の新宿～立川間が開通し、新宿駅に乗り入れる。新宿・八王子間鉄道開通
		◎：私立娼妓病院、内藤新宿に設立
1890	明治 23 年	◎：若松町に陸軍砲兵学校が設立される 旭町（現新宿 4 丁目）に花王石鹸新宿工場が開設される
		★：植村環が、麹町に生まれる。日本最初の女性牧師となる。柏木教会を創設
		★：柘植アイ、牛込産婆会会長を経て日本産婆会を創立。初代会長
1892	明治 25 年	○：文部省、外国人留学生規程制定
1893	明治 26 年	○：全国組織として日本キリスト教婦人矯風会を結成
1894	明治 27 年	◎：慈愛館設立
		□：日清戦争始まる（～ 1895 年）
		○：帝国内ニ居住する清国臣民ニ関スル件（勅令第 137 号）
		◎：市電、新宿・牛込見附間開通
		◎：神楽坂に花王石鹸工場が開設され、ねり歯磨きの製造を開始
		◎：甲武鉄道市街線の新宿～牛込間が開通、牛込、四ツ谷、信濃町の各駅が開業する
1895	明治 28 年	○：台湾の植民地支配の開始（～ 1945 年）。「外地」としての台湾では独自の法律が施行され、内地人と台湾人との間に差別が存在
		★：牛込区の菜種油商の娘・青山光子とハインヒ・クーデンフォーク・カレルギー伯爵が結婚。3 月 26 日に東京府に正式な婚姻届

		★：ラフカディオ・ハーン、小泉家の婿養子として入夫。「日本人タルノ分限」を得て、小泉八雲としてセツの戸籍に入った
		◎：大久保駅開設
1896	明治29年	★：小泉八雲（46歳）は帰化の手続きが完了し、東京帝国大学文科大学の英文学講師となる（牛込区在住）
		◎：南豊島郡、東多摩郡を廃し、豊多摩郡が誕生する
		□：第1回夏季オリンピック（ギリシャ・アテネ）
		○：移民保護法（法律第70号）。移民保護規則を法律化したもの。自国の移民の保護のため、業者への規制を目的
1898	明治31年	○：横浜大同学校（現横浜中華学院、横浜山手中華学校）開校
		◎：陸軍戸山ヶ原の開設
1899	明治32年	○：「宿泊届其ノ他ノ件」（内務省令第32号）
		○：「条約若ハ慣行ニ依リ居住ノ自由ヲ有セサル外国人ノ居住及営業等ニ関スル件（勅令第352号）
		◎：成女学校開校
		○：「国籍法」（明治32年法律第66号）父系血統主義を踏襲
		○：各国との通商航海条約の発効。内地雑居（居留地外の居住）
		○：大日本帝国憲法公布（翌年施行）、「日本臣民タル要件ハ法律ノ定ムル所に拠ル」
		◎：淀橋浄水場が開設される
1900	明治33年	◎：双葉幼稚園を麹町に開園。四谷第二尋常小学校、早稲田尋常小学校、東京女子医学校を開校
		○：外国旅券規則（外務省令第2号）
1901	明治34年	◎：神田上水が廃止される
		◎：福田英子、角筈女子工芸学校、日本女子恒産会設立
1902	明治35年	◎：小泉八雲が新宿区西大久保265番地に転居する〔3月〕。52歳
		◎：小西本店（現コニカミノルタ）の12の工場（六桜社）が開設する。東京専門学校が早稲田大学と改称する
		◎：四谷英語学校女子部、四谷区南寺町に新設
		○：清国留学生会館、東京（神田）に開設
		○：外国人の子どもための東京学校（現、アメリカン・スクール・イン・ジャパン）開校
1903	明治36年	★：竹内茂代、牛込区の東京女子医学校に入学。医学博士号取得後、東京女子医科大学至誠会会長に就任
		◎：追分・四谷見附間に市街鉄道開通
		★：石垣綾子が牛込区に誕生。自由と独立を求め行動した評論家
1904	明治37年	□：日露戦争（～1905年）
1905	明治38年	○：在日清国留学生8,000名を超える
		◎：早稲田大学が清国留学生部を設置する
		◎：山手線、渋谷・新宿館複線開通
1906	明治39年	◎：坪内逍遥、文芸協会を創設。新宿御苑できる

		★：山田わか・嘉吉、四谷区南伊賀町に語学塾を開設
		◎：新宿植物御苑「新宿御苑」と改称し、皇室のパレスガーデンに
		◎：新宿駅に「甲州街道口」「青梅街道口」のホーム（駅舎）
		◎：蒋介石は振武学校、陸軍士官学校に通い、百人町の梅屋邸に住む
1907	明治 40 年	★：相馬黒光（新宿中村屋の女主人）が、追分にパン屋中村屋支店の開設。市川房江に土地を贈るなど社会貢献
		★：福田英子『世界婦人』を淀橋町角筈で創刊
		★：北村美那、牛込下宮比町で英語塾を始める
1908	明治 41 年	○：笠戸丸、ブラジルに向けて出港
		◎：中央線全線開通
		◎：ヤマトデパートメント・ストア、神楽坂に開店
1909	明治 42 年	◎：新宿中村屋開店
		★：松井須磨子、文芸協会付属演劇研究所女優第 1 期生
		○：フランス政府の圧力によりベトナム留学生、国外退去に。日本の近代化を学び独立を志向するベトナム人は失望
		◎：新宿中村屋開業（それ以前、本郷に本店があった中村屋が明治 40 年に新宿支店を開設）
1910	明治 43 年	◎：大蔵省専売局東京第一製造所が淀橋町に開設され、煙草製造が開始される
		□：韓国併合条約
		◎：高田馬場駅開設。地元は「戸塚」「諏訪森」を要望したが鉄道院は、忠臣蔵の堀部安兵衛の史跡名から「高田馬場」採用
		◎：戸山ヶ原で日本初の自作飛行機の実験（日野熊蔵、陸軍大尉）
		◎：新宿駅西口に煙草専売局工場建設
1911	明治 44 年	★：大森安仁子（旧名：アニー・バローズ・シェプリー）、淀橋町にセツルメント有隣園を創設。慈善事業の草分けとなる

【大正時代（1912 年～ 1926 年）】

1912	大正元年	◎：東京女子医学校、東京女子医科専門学校として認可
1913	大正 2 年	◎：四谷見附橋、赤坂離宮と調和させたネオ・バロック洋式で架橋（平成 3 年に架け替え）
1914	大正 3 年	□：第一次世界大戦（～ 1918 年）
		★：亡命中の孫文と宋慶齢が百人町の梅屋庄吉邸の 2 階で結婚式と披露宴を挙行（梅屋夫妻の媒酌）
		◎：新宿最初の映画館「新宿座」開場
1915	大正 4 年	◎：私立大久保幼稚園開園
		◎：京王電気軌道（現、京王線）の新宿追分～調布間が開業する

		★：関屋綾子、角筈に生まれる。平和と反核を貫く YMCA 会長
		★：相馬黒光・愛蔵、インド独立運動家ボースを保護、匿う
1916	大正 5 年	◎：夏目漱石、早稲田南町で没する
		◎：河田町の東京至誠会病院内に施療部開設
1917	大正 6 年	◎：女性出獄人保護施設、富久町に開設
		◎：明治製菓、大久保百人町にて菓子製造開始
		◎：慶應義塾大学医学部付属看護婦養成所、西信濃町に開設
		★：高良とみが、21 歳でアメリカ留学。ジョンズ・ポプキンズ大学で「飢餓と行動の関係」の研究、コロンビア大学で学位を取得。日本女子大教授（下落合に居住）。アジア共生の夢を生きる
		○：周恩来が日本に留学
		□：ロシア革命
1918	大正 7 年	○：「外国人ノ入国ニ関スル件」（内務省令第 1 号）
		○：中国留学生受け入れ機関日華学会設立
		◎：新宿遊郭、新宿 2 丁目へ強制移転の警視庁令出る
		◎：東京女子大学、淀橋角筈に開校
		◎：私立日本幼稚園、大久保町に開園
		◎：戸山尋常小学校開校、戸山第二尋常小学校開校
		★：新宿中村屋の創業者・相馬愛蔵の長女・俊子と亡命中のインド人革命家ラース・ビハリー・ボースが結婚する
1919	大正 8 年	★：市川房江の四谷の下宿で、新婦人協会設立の相談
		□：ベルサイユ条約
		□：韓国で 3.1 独立運動（1920 年まで）
		□：韓国総督府「朝鮮人ノ旅行取締ニ関スル件」で日本への渡航制限
1920	大正 9 年	□：国際連盟成立
		◎：新婦人協会創立総会
		★：ガントレット・恒子ら万国婦人参政権者大会に出席
		◎：内藤新宿町が四谷区に編入。映画館・新宿武蔵野館が開館
1921	大正 10 年	◎：新宿に大火、650 戸を全焼
		◎：矯風会内に日本婦人参政権協会を設立
		◎：慶應義塾大学医学部付属産婆養成所開設
		◎：青梅街道に西部電車開通
1922	大正 11 年	◎：箱根土地会社が目白文化村の分譲を開始する
		◎：警視庁新宿娼妓病院を新宿 2 丁目に移転
		◎：日本福音ルーテル教会創立（大久保町）
1923	大正 12 年	□：東京でメーデー、朝鮮人検挙される
		★：真野房子は、新宿に転居し、西大久保に真野高等美容学校、後に専門学校を歌舞伎町 2 丁目に創設
		★：伊藤野枝・大杉栄ら軍部に虐殺される
		◎：日本福音ルーテル教会が大久保地区に移転

		◎：東京連合婦人会結成（大久保の有隣園内）
		◎：三越マーケットが追分に開業
		◎：矯風会婦人ホームに女中のための夜学部設置
		□：関東大震災（マグニチュード7.9）〔9月1日〕。朝鮮人暴動を理由に戒厳令公布。軍隊、警察、自警団による朝鮮人と中国人虐殺始まる。新宿の地震被害は軽微で新宿御苑に被災者が集まった
1924	大正13年	○：「外国人ノ入国ニ関スル件」の部分改正があり、相互主義に基づく査証免除
		◎：新宿で最初の遊園地が開場
		★：水谷八重子ら第二次芸術座結成、牛込会館で初公演
		★：藤間アサコ、無料産院「みどり子の家」を開設
1925	大正14年	◎：新宿駅東口に、新駅舎落成する 新宿追分に、新宿で最初の本格的百貨店「ほてい屋」が開業
		◎：新宿北側を流れる玉川上水を暗渠とし、道路にする
		◎：牛込区婦人会創設

【昭和時代（1926年〜1989年）】

1926	昭和元年	◎：神宮外苑開場
1927	昭和2年	◎：小田急線の新宿〜小田原間が開業、西武鉄道も高田馬場〜東村山間が開業する。薪炭問屋紀伊國屋が書店に転業する
		◎：中村屋「カリーライス」始める
1928	昭和3年	◎：早稲田大学構内に演劇博物館が開場
1929	昭和4年	★：河合道、恵泉女学園を牛込神楽町に開校
		□：世界大恐慌
1930	昭和5年	◎：三越新宿支店、現在地で営業を開始する
		★：林芙美子（上落合）居住、『放浪記』がベストセラーになる
1931	昭和6年	◎：新宿駅の乗降客数が、日本一となる（昭和41年から現在まで毎年日本一に君臨） 新宿ムーラン・ルージュが開館（〜昭和26年）
		◎：聖母病院、落合町に開院
1932	昭和7年	◎：35区制が実施され、淀橋、大久保、戸塚、落合の4町が合併し、淀橋区が誕生
		□：満州国の建国
		◎：新宿の都市改造計画ができる
1933	昭和8年	◎：百貨店・伊勢丹新宿店が開業する
		★：小原安喜子が、淀橋区に誕生。百人町に居住し、ハンセン病医療に生涯を捧げた
		□：国際連盟脱退

1935	昭和10年	◎：大久保のツツジがほとんど消滅
		◎：牛込に「働く婦人の家」創設
1937	昭和12年	□：日中戦争（～1945年）。中国人留学生の大量帰国
		◎：市谷の陸軍士官学校が座間（神奈川県）に移転し、その跡地に陸軍省・参謀本部が置かれる
		○：日本における在日コリアンの人口は73万5,689人
		★：山田わか、主婦之友社の親善使節となり渡米
1938	昭和13年	◎：愛国婦人会「入院負傷兵家族寮」を東大久保に開設
		◎：YWCA、神田から信濃町へ移転
		◎：満州移民のための花嫁学校「春隆館」を富久町に設立
1939	昭和14年	◎：早稲田大学本科、女子入学許可
		★：市川房枝、婦人時局研究会結成
		★：山田わか、幡ヶ谷原町に母子寮・保育園開設
		□：第二次世界大戦始まる（～1945年）
		○：「外国人ノ入国、滞在及退去ニ関スル件」（内務省令第6号）
		◎：母性保護連盟、尾張町に事務所移転
		◎：大久保町役場に授産婦人会できる
1940	昭和15年	□：「創氏改名」実施
		○：米・みそ・醤油・砂糖・マッチなど切符制採用決定
1941	昭和16年	★：山田わか、主婦の友社の使節としてドイツ・イタリアへ
		□：太平洋戦争勃発（～1945年）
1942	昭和17年	◎：新宿区がはじめて空襲を受ける（早稲田鶴巻町）〔4月18日〕
		□：朝鮮人に対する徴兵制導入を閣議決定
		□：味噌・醤油・衣料切符制実施
		□：大日本婦人会結成
		□：妊産婦手帳制実施
		□：女子青年団員に傷痍軍人との結婚を奨励
1943	昭和18年	◎：東京都制が施行される
		□：学徒兵制実施、朝鮮人学生にも「志願」という名目で適用
		◎：東京女子医学専門学校付属保健婦養成所開設
1944	昭和19年	◎：建物強制疎開が実施。学童集団疎開が開始、牛込区は栃木、福島県に、四谷区は山梨県に、淀橋区は茨城、群馬県に疎開
		◎：東京都託児所閉鎖令にもかかわらず二葉保育園で、保育を続行
		□：韓国において「徴用」による日本への労働動員の開始〔9月〕
1945	昭和20年	◎：3月、東京大空襲。4月、四谷、牛込、淀橋区の大半が焼失。5月に再度、牛込・四谷・淀橋大空襲。大久保地区は全滅
		◎：大空襲を受けて新宿区は焼け野原となる。在日韓国・朝鮮人も住み始める。外国人児童の約半数は在日韓国・朝鮮人
		□：広島・長崎に原爆投下
		□：日本敗戦。朝鮮解放〔8月15日〕

		□：朝鮮人帰国者を乗せた「浮島丸」が舞鶴湾で沈没、朝鮮人549人が死亡〔8月24日〕 □：ポツダム宣言受諾 □：ポツダム会議、国際連合成立〔10月24日〕 □：GHQ民主化五大改革指令 □：在日本朝鮮人連盟（朝連）結成〔10月15日〕 ★：市川房枝ら、戦後対策婦人委員会を結成 □：婦人参政権実現
1946	昭和21年	○：建国工業学校、建国高等女学校（大阪）（現・白頭学院建国幼・小・中・高等学校）、西成ウリ学校開校（大阪）（現・金剛学園小・中・高等学校）、東京朝鮮学校（現・東京朝鮮中高級学校）などが開校、民族教育を展開 ○：朝鮮に正当な政府が樹立され、その政府が在日朝鮮人を国民として認めるまでは、日本から解放されたはずの在日朝鮮人を日本国民として取り扱うと発表した ○：在日本朝鮮居留民団の結成（日比谷公会堂）、1948年の大韓民国の建国を受けて在日本大韓民国居留民団に改称 ○：アメリカの教育使節団が日本の教育への提言を行う □：日本国憲法公布〔11月〕、翌年5月に施行。基本的人権の享有など日本の最高法規で、現在まで一度も改正されていない
1947	昭和22年	□：『民団新聞』創刊 ◎：四谷、牛込、淀橋の3区を統合して新宿区誕生（3月15日） □：「教育基本法」「学校基本法」が公布され、6・3・3制の学校教育が始まる □：GHQ、朝鮮人は日本の法令に服し日本人と同様に就学させる義務があると同時に「朝鮮人学校の許可は差し支えない」と発言 ○：「外国人登録令」（勅令第206号）制定される。日本在留者は外国人とみなし登録の義務を課す〔5月2日〕 ○：文部省通達「朝鮮人児童の就学義務に関する件」 ◎：新宿区の人口は15万3,924人、世帯数は約4万 ◎：外国人登録令（勅令第207号）の施行により、新宿区内在住外国人の登録実施〔5月2日〕 ○：キャスリーン台風による豪雨で利根川・中川の堤防決壊、都内床上浸水約8万戸、床下浸水約4万5,000戸、罹災者約38万人（21～27年、台風に西洋の女性の名）〔9月15日〕
1948	昭和23年	□：4月3日、済州島4・3事件。島民に対する過酷な弾圧が始まる □：大韓民国成立〔7月〕 □：8月15日、大韓民国樹立 □：朝鮮民主主義人民共和国成立〔9月〕 □：国際連合総会「世界人権宣言」採択 ○：文部省「朝鮮人設立学校の取り扱いについて」を通達、朝鮮人

		学校への圧力が強まる〔1月〕
		◎：人口調査（新宿区の人口17万5,890人）
		○：厚生省「妊婦手帳」を廃止し、「母子健康手帳」の配布を開始
1949	昭和24年	□：GHQ、日本円に対する1ドル＝360円の単一為替レート設定
		◎：新宿御苑が国民公園として一般に解放される
		□：中華人民共和国成立〔10月〕
		□：「出入国管理に関する政令」入国管理部の設置など
		○：在日本朝鮮人連盟解散、在日朝鮮人学校閉鎖・改組措置
		□：GHQ・日本政府が朝連など4団体に解散命令
		□：外国人登録令を改正、外国人登録証の常時携帯義務、切替制度を導入
		◎：GHQの露店（闇市）撤去指令により、都は都内94露店商組合に解散を指示
		◎：戸山アパート（鉄筋住宅）1,016戸が竣工
1950	昭和25年	◎：3月、ロッテ（昭和23年6月、杉並区荻窪4丁目で設立）百人町3丁目に新工場完成、移転。現在に至る
		◎：東京産業文化平和博覧会、歌舞伎町で開催される
		□：朝鮮戦争勃発（～1953年）〔6月〕
		○：「国籍法」（法律第147号）は父系血統主義を踏襲
		○：厚生省通知「生活保護における外国人の取り扱いについて」。外国人には適用せず、当面は保護を認めてもよいとした
		◎：パンによる完全学校給食開始
		◎：第7回国勢調査（新宿区の世帯5万9,649、人口24万6,373人）
		□：平均寿命が初めて60歳を超える（女61.4歳、男58歳）
1951	昭和26年	□：サンフランシスコ平和条約・日米安全保障条約調印
		□：難民条約を採択（発効は1954年）
		□：「出入国管理令」（政令第319号）、外務省外局として入国管理庁設置
		□：児童憲章制定会議が児童憲章を制定〔5月5日こどもの日〕。3つの基本綱領、12条の本文からなる。文部省はこの年から「長欠児童・生徒の全国調査」を開始（1951～58年）
1952	昭和27日	○：「旅券法」制定（法律267号）
		○：サンフランシスコ平和条約成立、在日韓国・朝鮮人が日本国籍を喪失し、外国人登録法施行。指紋押捺義務
1953	昭和28年	○：文部省「朝鮮人子弟の就学につき外国人扱いとし、法令順守を条件とする旨」通達を出す
1954	昭和29年	□：「無国籍者の地位に関する条約」
		◎：戦後、箱根山を中心とする戸山が原に戸山ハイツが建てられたが、一部を残す形で「戸山公園」が開園した
1957	昭和32年	★：宇野千代、『おはん』で野間文芸賞、『幸福』で女流文学賞受賞

1959	昭和 34 年	□：国連「児童の権利宣言」
1960	昭和 35 年	○：インドネシア賠償留学生制度発足（5 か年毎年 100 名受け入れ、国際学友会分校で 1 年の日本語研修ののち各大学に入学） ○：国費学部留学生の受け入れ制度改変され 3 年制の留学生課程設置（理科系は千葉大学に、文科系は東京外国語大学に設置）
1961	昭和 36 年	□：「無国籍の削減に関する条約」 ○：文部省調査局内に「日本語教育懇談会」設置（「日本語教育のあり方」を公表） ○：国立教育研究所『留学生教育の実態と問題』（研究所紀要別冊）を発行 ○：留学生受け入れ制度の不備が問題化。千葉大学で留学生がスト
1962	昭和 37 年	□：キューバ危機 ○：海外技術協力事業団（OTCA）設立（アジア協会の日本語教育事業を引き継ぐ） ○：東京日本語センター開校 ○：東京韓国学校が韓国政府から認可を受ける ○：東京インドネシア共和国学校開校
1963	昭和 38 年	○：海外への業務渡航の自由化 ★：島崎藤村、長野県から新宿・大久保に転居し、『破戒』を出版 ◎：都電杉並線撤去
1964	昭和 39 年	□：東京オリンピック開催 ○：海外への観光渡航の自由化 ○：文部省に留学生課設置（国費生の招致数 100 名から 200 名へ） ◎：新宿副都心起工式。駅ビル完成 ◎：営団地下鉄東西線（高田馬場～九段下）が開通
1965	昭和 40 年	□：日韓基本条約調印（韓国との関係正常化）〔6 月〕 □：青年海外協力隊事業発足 □：人種差別撤廃条約が国連で採択（発効は 1969 年） □：「日韓法的地位協定」提結。「出入国管理特別法」（昭和 40 年法律第 146 号、施行は翌年）により韓国籍のみに協定永住制度を適用 ○：青年海外協力隊発足 ◎：淀橋浄水場、東村山へ移転
1966	昭和 41 年	□：文化大革命開始（～ 1976 年） ■：国連人権規約が採択（発効は 1976 年） ○：文化庁が『外国人のための漢字辞典』『外国人のための専門用語辞典』刊行 ◎：新宿西口広場が完成
1967	昭和 42 年	□：東南アジア諸国連合（ASEAN）結成〔8 月〕 ○：「（第 1 次）雇用対策基本計画」。外国人労働者は受け入れない ○：法務省内に出入国管理令改正準備委員会の設置（1969 年～ 73

		年、計4回の出入国管理令改正を試みたが、在日朝鮮人の政治活動の規制項目に対する反対が強く、審議未了で廃案）
		○：「住民基本台帳法」制定（同法39条：日本の国籍を有しないものには適用しない）
		◎：小田急百貨店新宿店全館営業を開始。三越・伊勢丹を含め、現在の新宿駅周辺の原型が出来上がる
		○：日本「難民の地位に関する議定書」締結〔10月〕
1968	昭和43年	□：日本、西ドイツを抜いてGNP世界第2位（当時のソ連を除く）
		○：アジア諸国等派遣留学生制度発足（1997年までに300人派遣）
		○：横浜中華学校、横浜中華学院と改称
1969	昭和44年	○：日本「あらゆる形態の人種差別の撤廃に関する国際条約（人種差別撤廃条約）」締結〔1月〕
		□：アポロ11号、人類初の月面到達〔7月〕
1970	昭和45年	□：日本万国博覧会開催（～9月）〔3月〕
		□：日本人口1億人突破〔12月〕
		◎：第11回国勢調査（新宿区の人口39万657人となる）
		★：作家三島由紀夫が、自衛隊市ヶ谷駐屯地で割腹自殺
		□：朴鐘碩氏、日立製作所に対し、就職差別訴訟を起こす
1971	昭和46年	○：文化庁、『外国人のための基本用例辞典』刊行
		◎：「淀橋浄水場」が廃止され、新宿区初の超高層ビル・京王プラザホテルがオープンした（47階建ての日本一の高層ビル）
		□：中教審「今後における学校教育の総合的な拡充整備のための基本施策について」（生涯教育構想）を答申
1972	昭和47年	□：沖縄日本返還〔5月〕
		□：日中共同声明〔9月〕により中国との国交回復
		○：大阪市、外国人教育協議会発足
		○：国際交流基金発足
1973	昭和48年	□：第1次石油ショック（翌年、戦後初のマイナス成長）
		○：このころ、関西圏の都市や川崎市などで、地方公務員や市営住宅入局資格の国際条項撤廃が進む
		○：日本語教育に関して、国内は文部省・文化庁の担当、国外は外務省・国際交流基金の担当となる
		□：金大中氏拉致事件〔8月〕
		□：文部省、就学猶予者・除籍者についての初の実態調査の結果を発表
1974	昭和49年	○：国際協力事業団（JICA）設立（海外技術協力事業団（OTCA）、海外移住事業団（JEMIS）の業務すべてと海外貿易開発協会と海外農業開発団の業務の一部を引き継ぐ）
		○：東京都、小・中学校に就学を希望する障害児の全員入学を決定
1975	昭和50年	●：インドシナ半島の諸国が社会主義化した影響で、「難民問題」が始まる。日本に初めてボート・ピープルが上陸し、政府は当

		初受け入れを拒否。カトリック教会などが受け入れ支援を展開
		○：中国残留孤児、公開調査の開始
		○：神奈川県渉外部国際交流課設置
		○：文化庁『外国人のための日本語教育の概要』刊行
		○：国立国語研究所、日本語教育映画基礎編6全30巻制作
		○：国際交流基金『海外日本語教育機関一覧』刊行（機関数898、教師数2,254人、学習者数7万7,827人）
1977	昭和52年	●：「ベトナム難民対策連絡会議」（1979年から、「インドシナ難民対策連絡調整会議」と改称した）
1978	昭和53年	○：マクリーン裁判（外国人の在留と政治活動についての判決）
		□：日中平和友好条約を締結
		○：国際交流基金・日本語教育学会共催で「日本語教育国際会議」を開催
		●：閣議了解「ヴィエトナム難民の定住許可について」、一時滞在難民に対する定住許可
1979	昭和54年	●：「インドシナ難民国際会議」を開催。ベトナム、ラオス、カンボジアから国外にボートピープルが流出。ジュネーブで協議、定住受け入れを含む人道的対応を実施することで合意
		□：女子差別撤廃条約が国連で採択（発効は1984年）
		□：日本政府は国際人権規約を批准。住宅金融公庫、住宅公団の国籍条項を撤廃した
		●：閣議了解「インドシナ難民の定住対策について」により500人の定住枠設定。その後定住枠を拡大した
		●：政府の業務委託を受け、アジア福祉教育財団内に難民事業本部が発足、翌月に開設された「姫路定住促進センター」や翌年に開設された「神奈川県大和定住促進センター」において日本語教育、生活ガイダンス、就職斡旋などを実施
1980	昭和55年	□：イラン・イラク戦争（～1988年）〔9月〕
		□：オーストラリアとワーキングホリデー制度を開始
		○：公営住宅法等4法律における国籍要件の撤廃
		◎：新宿区役所で韓宗碩（ハン・ジョンソク）氏が、日本初の指紋押捺拒否（後、指紋押捺拒否運動が拡大した。9月10日）
		●：閣議了解により難民の定住枠500人から1,000人に拡大
1981	昭和56年	□：第1回中国残留日本人訪日調査〔3月〕
		●：難民条約に加入（難民議定書への加入は翌年）、国民年金法等4法律における国籍要件の撤廃
		●：閣議了解により難民の定住枠が1,000人から3,000人に拡大
		●：難民の地位に関する条約等への加入に伴う出入国管理令その他関係法律の整備に関する法律（法律第86号）。社会保障関連法（国民年金、児童手当等）が定住外国人（在日コリアン等）にも適応

1982	昭和 57 年	□：フィリピン、海外雇用庁を設立 ●：「難民の地位に関する条約」日本で発効。出入国管理及び難民認定法施行。条約難民上の難民の受け入れ開始、在日コリアンについては、該当者らに特例永住を認める ○：国立又は公立の大学で外国人教員の任用に関する特別措置法 ●：大村難民一時レセプションセンターを開設、ボートピープルの一時庇護への対応 ●：難民条約上の難民第 1 号 26 人が初認定 ○：日本語教育学会編『日本語教育事典』刊行 ○：国立国語研究所『日本語教育文献索引』刊行 ○：テンプル大学ジャパンキャンパス（東京・新宿）が開校、外国大学日本校設立ブームを招く
1983	昭和 58 年	□：大韓航空機撃墜事件 ●：国際救援センターを開設 ●：閣議了解により難民の定住枠を 3,000 人から 5,000 人に拡大 ○：神戸家裁、帰国後の民族名回復を認める判決 ○：国際交流基金『教科書解題』刊行 ○：JICA 青年海外協力隊、アフリカへ日本語教師の隊員派遣開始 ○：国際救援センター開所、東京都品川区に開設され、ボートピープルの急増へ対応 ○：21 世紀留学生政策懇談会（文部省）「21 世紀への留学生政策に関する提言」（留学生 10 万人計画）を発表 ◎：外国人学校児童生徒保護者の負担軽減補助金制度開始 ◎：眠らない街・新宿の乳児保育園「ABC 保育園」開園（24 時間）。超過滞在者の子どもや無国籍児を受け入れていた
1984	昭和 59 年	○：国籍法改正（法律第 45 号）両系血統主義の導入、翌年施行 ○：厚生省の外郭団体・中国残留孤児援護基金が、埼玉県所沢市に「中国帰国孤児定着促進センター」を開設 ○：文部省「21 世紀への留学生政策の展開について」を発表 ○：日本語能力試験を開始（国内は日本国際教育協会が、海外は国際交流基金が各地の試験実施団体との共催で実施。日本を含む 15 か国・地域、21 都市で行われ、7,019 名が受験） ○：名古屋大学国際交流促進調査研究委員会、『外国人留学生に対する日本語・日本文化の教育に関する調査研究報告書』を刊行 ○：留学生問題調査・研究に関する協力者会議（文部省）、「21 世紀への留学生政策及び展開について」を発表 ○：就学生の入国手続き簡素化 □：国籍法の改正「父系主義」から「父母両系主義」へ □：この年、高校の中途退学者が 10 万人を超える
1985	昭和 60 年	□：日本で改正国籍法施行。父系血統主義から父母両系血統主義に変更〔1 月 1 日〕

		□：プラザ合意。円高の進行、バブル景気による空前の人手不足
		○：ニュージーランドとワーキング・ホリデー制度を開始
		●：閣議了解により難民の定住枠を5,000人から1万人に拡大
		○：中国残留孤児の帰国定住へむけ厚生省が対策室を設置
		○：農村部の自治体で「外国人花嫁」の仲介増加
		○：山形県朝日町によるフィリピン女性との結婚仲介を機に、各地農村部で「農村花嫁」という用語が生まれる。行政は社会的批判を受けて撤退。その後、民間仲介業者による国際結婚仲介が増加
		○：川崎市は指紋押捺拒否者を告発しないことを決定
		○：コムスタカ（熊本）設立
		○：総合研究開発機構『日本語教育および日本語普及活動の現状と課題』刊行
1986	昭和61年	□：フィリピン、海外労働者福祉庁設立
		□：チェルノブイリ原子力発電所事故
		□：東京サミット
		○：国民健康保険に関する国籍条項の完全撤廃
		○：カナダとワーキング・ホリデー制度を開始
		●：神奈川インドシナ難民定住援助協会
		◎：外国人女性の救済を目的に「女性の家HELP」を開所（新宿）し、後にNPO法人を設立
1987	昭和62年	□：世界の推定人口50億人を超える
		○：入管協会の設立。外国人の入国・在留手続きの円滑化を目的とする法務省所管の公益法人
		○：JETプログラム（「語学指導等を行う外国青年招致事業」The Japan Exchange and Teaching Programme）発足、地域の国際化を目的とする。招致国は当初4か国（現在は36か国）
		○：外登法の改正（指紋の押捺は原則1回限りとする）、翌年施行。
		○：自治省「地方公共団体における国際交流の在り方に関する指針」
		○：カラバオの会（横浜）、ペルー日系クラブ（神奈川）、アジア人労働者問題懇談会（東京）、APFS（板橋）、あるすの会（滞日アジア労働者と共に生きる会）（名古屋）、アジアンフレンド（大阪）設立
		○：NGO活動推進センター設立
		◎：新宿区基本構想策定
		◎：売買春問題ととりくむ会、国連人権委員会現代奴隷制作業部会へ来日女性問題と児童買春問題に文書提出
		○：国際文化フォーラム設立。日本と海外のこどもの文化交流の促進を目的とした民間による事業型財団（2011年公益財団法人）
		□：厚生省、外国人女性一時保護を都道府県部長会議で通達
1988	昭和63年	■：ソウル・オリンピック

		○：「第六次雇用対策基本計画」専門職・技術職の外国人は歓迎し、単純労働者について慎重に対処する ○：外国人労働者問題関係省庁連絡会議の設置。外国人の受け入れをめぐる諸問題の検討の場が設けられた ○：自治省、国際交流のまちづくりのための指針について ○：自治体国際化協会（当時は自治省の外郭団体）の設立 ○：労働省、外国人労働者問題研究会の報告書、「雇用許可制」を提唱し法務省から反発を受ける ○：総理府「外国人の入国と在留に関する世論調査」 ○：労働省、外国人労働者問題に関する調査検討のための懇談会「外国人労働者問題の対応の在り方について」 ○：東京法務局に外国人対象の「人権相談所」開設 ○：民族差別と戦う神奈川連絡協議会（神奈川）、アジアフレンド（大阪）、FAS（静岡）、CALL ネットワーク（東京）、「ふれあい館」では在日コリアン高齢者交流クラブ「トラジの会」（川崎市）、社会福祉法人阪神共同福祉会「園田苑」（尼崎市）設立 ○：町田市（東京都）などで一般職員採用の国籍条項撤廃、その後複数の自治体に波及 ○：国連人権委員会現代奴隷制作業部会、出稼ぎ女性受入国へ人権保護勧告 ◎：HELP が第二東京弁護士会に来日アジア女性人権救済申し立て ◎：HELP が日弁連に届出と同様の申し立て ○：外国人登録法改正、登録証はカード型になる ○：川崎市「ふれあい館」開館 ○：東京都、目黒区、豊島区で外国人相談開始 ◎：HELP、国連人権委員会に報告書提出 ★：大島静子他『HELP から見た日本』（朝日新聞社）を出版 ◎：新宿区「フレンズ教室」発足。外国人児童生徒、帰国児童生徒の母語保持教育、適応支援、習得言語維持支援を行う ○：入学が決まっていた中国人の日本への就学希望者の多くに査証が発給されなかったことで生じた「上海事件」を契機に、外国人就学生受入機関協議会発足 ○：総務庁行政監察局が「帰国子女教育等の現状と問題点」「留学生受け入れ対策の現状と問題点」を報告 □：エイズ予防法成立 □：法務省、外国人芸能人の入国規制を通達

【平成時代（1989 年～ 2012 年まで）】

1989	平成元年	□：インドネシア難民国際会議開催。CPA（包括的行動計画）開始

1990	平成2年	○：バングラデシュ・パキスタン両国との査証相互免除取決め一時停止 ○：東京都が日本語学級を認可、要綱制定 ◎：新宿区総務部平和・国際交流等担当課を新設。「国際化に向けた施策体系」検討委員会を設置。「専門部会報告」を提出。外国人を「住民」と捉え、共存するための施策の必要性を指摘 ◎：新宿区「日本語適応教室」。取り出し授業と教育センター ◎：ギリシャ・レフカタ町と友好提携調印〔10月〕 ◎：入管法改正に対し女性の家HELPが抗議活動を行う □：入管法改正（3月国会上程、12月公布、翌年6月施行） ○：職業安定局内外国人雇用対策室を新設 ○：自治省、地域国際交流推進大綱の策定に関する指針について ○：海外日系交流センター（東京)、日系ペルー人連絡事務所（神奈川)、立ち寄りサポートセンター、タイ女性の友設立 ◎：「小泉八雲展」開催（新宿区歴史博物館） ◎：新宿区とギリシャ・レフカタ町の「友好都市提携」調印式 ○：大阪在住のイギリス人、国政選挙権を求めて提訴 ◎：HELP、入管法「改正」反対署名運動 □：日本初のセクシャル・ハラスメント裁判 □：湾岸戦争〔1月〕 □：国際識字年初年度 □：フィリピン政府が日本への出稼ぎ女性の規制を行う ○：「入管トラブルホットライン」開設。3日間で221件の相談 ○：日韓定期外相会議において在日3世の法的地位について合意 ○：定住者に関する法務省告示。日系3世とその配偶者等に就労の制限のない在留資格「定住者」を付与した。これが南米系日系人労働者急増の引き金になった ○：改正入管法の施行。不法就労を厳しく取り締まり、「定住者」ビザでの2世の非日系人配偶者と3世に就労を自由にした ○：研修生受入れ基準の要件を一部緩和する法務大臣告示（中小企業に研修生の受入れ可能とする団体監理型の導入） ○：警察庁、『警察白書――外国人労働者急増と警察の対応』。第1章に外国人労働者に関する問題を取り上げた ○：不法就労助長罪による初めての摘発 ○：厚生省、生活保護適用を定住外国人に制限 ○：出入国管理政策懇談会が発足 ○：日本「児童の権利に関する条約（子どもの権利条約)」締結〔9月〕 ○：総理府、外国人労働者問題に関する世論調査〔11月〕。「一定の条件や制限をつけて就労を認める」との回答は56.5%

		○：ハンドインハンドちば（千葉）、外国人労働者弁護団（東京）、へるすの会（静岡）設立
		○：かながわ女のスペース、みずら、ラテンアメリカ系労働者を支援する会（神奈川）設立
		◎：フィリピン人のためにミサを行うカトリック教会が急増
		◎：HELP、東京弁護士会より人権賞受賞
		◎：東京都が女性の家 HELP に助成を開始
		◎：HELP、解雇された女性たちの多言語チラシ配布活動
		○：在日韓国人２世グループ、定住外国人の地方選挙権を求めて大阪地裁に提訴
		◎：HELP、前橋地裁高崎支部にて「フィリピン女性稼動の実態」の証言
		○：川崎市「外国人市民施策推進幹事会、24 項目の検討課題を公表
		○：川崎市「外国人市民施策のあり方の調査研究委員会」発足
		○：国際日本語普及協会（文化庁委嘱研究）『一般外国人に対する日本語教育の実態調査に関する調査研究報告書』刊行
		○：出入国管理及び難民認定法の改正・施行。３世までの南米日系人は日本での定住生活が可能となり、家族を伴った日本語を母語としない地域定住者が増え始める
		○：「外国人子女教育研究協力校」の指定
		○：日本国際教育協会による海外での留学フェア開始
		○：国立大学に留学生センター設置開始
		○：留学生アルバイトには資格外活動許可が必要（１日４時間まで）
		◎：アジア系外国人を専門とする不動産業者が出現
		○：大学日本語教員養成課程研究協議会（大養協）
		◎：大久保通りにエスニック・ビジネスの起業が目立つ。エスニック・ランチの出前も大繁盛。各国語の情報誌が出回る
		◎：このころから大久保の路地裏に外国人街娼が立つようになる
		□：梶山法相が新宿の外国人売春婦一斉摘発に立ち会い、人種差別及び女性差別発言
		●：ビルマ難民が大久保地区に住まうようになり、「アジア友好の家」が、生活支援にあたる
		□：「すべての移住労働者とその家族の権利の保護に関する国際条約」の採択（発効は 2003 年。2011 年現在、送出国を中心に 45 か国が参加）
		□：日本における外国人登録者数、100 万人を突破
1991	平成３年	○：法務省・労働省・警察庁「不法就労外国人対策等関係局長連絡会議」「不法就労外国人対策等協議会」開催
		◎：馬場基金設立。外国人留学生への学士援助事業の開始〔３月〕

◎：新宿区役所では「外国人相談窓口」を設置。英語・中国語・韓国語の通訳を置いた。3年間で4,000件以上の相談を受けた
◎：東京都庁舎が新宿に移転開庁。超高層ビル街となる
□：日韓法的地位協定に基づく協議の結果に関する覚書。在日韓国人の歴史的経緯や定住性を鑑みて、3世以下の子孫についても永住、再入国許可といった事柄で1世および2世と同様の措置
□：ソビエト連邦解体〔12月〕
○：「入管特例法」制定→旧植民地出身者とその子孫は「特別永住者」に。同年11月施行
○：国際研修協力機構（JITCO）が発足。外国人研修・技能実習制度にかかわる諸業務に対応
●：イランとの査証免除取り決めを一時停止。超過滞在者への対策。
○：大阪府、民族学校への授業料軽減補助金
○：京都市、市営住宅応募要件「日本での永住権」撤廃
◎：「新宿区の住宅及び住環境に関する基本条例」制定。高齢者・障害者・乳幼児のいる世帯・外国人への居住の差別をなくす。区内不動産業者を通して「協力店制度」を発足
○：第1回外国人労働者フォーラム開催
○：大阪地裁、外国人の国政参政権請求を棄却
○：川崎市「外国人市民施策のあり方の調査研究委員会」報告
○：福井県在住の在日韓国人4名が地方参政権を求めて福井地裁に提訴
○：初のポルトガル語新聞『インターナショナルプレス』発行〔9月〕
○：山梨県、審議会委員に初めて外国人登用〔11月〕
○：浜松市教委主催「ことばの教室」において、ブラジル人・ペルー人児童生徒の母語指導を含む支援を開始
○：アジア太平洋大学交流機構（UMAP）発足。アジア太平洋の大学間学生交流を促進。単位互換方式や成績評価基準を定める
○：NHK教育テレビ、「スタンダード日本語講座」放送開始
○：日本語教室・大泉日伯センターを開校。後の日伯学園インスチツート・エドカショナル・セントロ・ニッポ・ブラジレイロ
◎：中井駅近くにビルマ人コミュニティ、寺と食材店が出現
◎：新大久保駅近くには、ミャンマーから来日したロヒンジャの人びとが目立つようになる
★：ビルマ難民Kさんが、ヤンゴンから迫害を逃れて成田駅から新宿駅までバスで来た。大久保地区に同国人17名と一緒に住まう
□：フィリピンで日本人男性に対する買春抗議デモ
□：フィリピン政府、日本へのエンターテイナー最低年齢を18歳から23歳に引き上げる

1992	平成4年	◎：大久保地区の総人口1万7,952人のうち、2,698人が外国人。大久保1丁目の外国人比率は20・8%。登録上5人に1人は外国人 ◎：NGOグローバル・アウエアネス主催「国際理解フォーラム：新宿の内なる国際化」新宿文化センター〔2月〕 ◎：「ABC乳児保育園」を無認可保育園として認め補助金が出る ◎：濱田基金設立。馬場基金と合わせた基金運用益による学資援助事業の拡充。外国人相談窓口の設置〔3月〕 ○：第一次出入国管理基本計画策定。「円滑な外国人の受入れ」と「好ましくない外国人の排除」 ★：芥川賞作家・李良枝（イ・ヤンジ、38歳、大久保在住）が急逝。大久保の金龍寺で葬儀があり、地域住民も弔う □：ロサンジェルスで外国人による暴動事件勃発 ○：外国人登録法改正により、すべての永住者に対する指紋押捺制度の廃止、翌年1月施行 ○：労働省、外国人労働者が労働面等に及ぼす影響等に関する研究会専門部会から報告書。外国人労働者を受け入れる際の社会的便益と費用についての試算を示す ◎：「外国人とともに住む新宿区まちづくり懇談会」（通称：共住懇）が、約30名のメンバーで発足 ◎：外国人と共にいきる大田市民ネットワーク（東京）、女性の家サーラー（神奈川）、北信外国人医療ネットワーク（長野）、全統一労働組合外国人労働者分会（東京）設立 ○：第2回外国人労働者フォーラム開催（群馬） ○：総務省、外国籍児童の就学の勧告（就学の円滑化、受け入れ態勢整備・教員研修・日本語指導教材整備、就学前の情報提供） ○：大阪市、神戸市政令指定都市で初めて職員採用に国籍要件のない「専門事務職」を新設 ○：兵庫県川西市で外国人を管理職に登用 ○：「すべての外国人に医療保障を」全国集会 ○：埼玉県「国際化アドバイザー会議」設置（1年間） ○：群馬県在住外国人対策懇談会設置 ○：大阪府、「在日外国人問題有識者会議」設置〔10月〕 ○：「外国人労働者の人権、アムネスティを！」全国集会 ○：静岡県、外国語専門相談員配置 ○：川崎市、公立学校で日本語教室 ○：JICA、「日系人本邦就労実態調査報告書」刊行 ◎：「百人町屋台村」などエスニックレストランが急増する ◎：大久保地区の外国人登録数2,698人、外国人比率20.8% ◎：女性シェルター「女性の家ヘルプ」の相談95%が外国人女性。1992年度だけで506件

		□：超過滞在外国人数がピークとなり、以降わずかずつ減少する
		□：女性問題担当大臣誕生
		□：厚生省通達により、外国人への国民健康保険適用制度
		□：東京都が行旅病人及行旅死亡人取扱法の外国人患者への適用を決定
1993	平成 5 年	□：1 月改正外国人登録法施行、特別永住者の指紋押捺制度廃止
		□：ブラジル、海外への就労あっせんを合法化
		○：外国人技能実習制度創設。在留資格は「特定活動」
		○：全国市町村国際文化研修所の開所
		◎：大久保 1 丁目に「小泉八雲記念公園」開園式
		○：外国人雇用状況報告制度発足、ただしこの時点では義務化されていない〔6 月〕
		○：マレーシアに対する査証取得勧奨措置の実施
		○：労働省、外国人雇用対策室を外国人雇用対策課へ昇格
		○：長野市、第 3 回外国人労働者フォーラム開催
		○：川崎市、「外国籍市民意識実態調査報告書」刊行
		○：川崎市、「川崎新時代 2010 プラン」（外国人市民と進める「多文化共生の街づくり」）
		○：川崎市、外国人市民代表者会議設置条例案可決
		○：日本語教育推進施策に関する調査研究協力者会議（文部省）、「日本語教育推進施策について——日本語の国際化に向けて」報告
		○：国際交流基金、「日本語教育が必要な外国人児童・生徒の受け入れ状況等に関する調査」（文部省刊行）を発表
		○：国際交流基金、大韓民国高等学校日本語教師研修および中国大学日本語教師研修開始
		○：科研費の細目に日本語教育が採用される
		○：豊橋市、外国語市民相談開始〔4 月〕
		○：大阪地裁、外国人の地方選挙権請求棄却〔6 月〕
		○：大阪岸和田市議会、定住外国人への地方参政権付与を全国で初めて決議、以後全国に広がる「女性の人権・アジア法廷」開催
		○：茨城県、県内各市町村に呼びかけ、日本語教室開設 ボランティア養成講座開始
		○：夜間中学を舞台にした山田洋次監督の映画『学校』のロードショウが反響を呼ぶ
		◎：新宿区国際交流協会の設置〔10 月〕
1994	平成 6 年	□：ルワンダでツチ族の大量虐殺〔4 月〕
		□：ネルソン・マンデラ、南アフリカ共和国大統領に〔4 月〕
		□：「中国残留邦人等の円滑な帰国の促進並びに永住帰国した中国残留邦人等及び特定配偶者の自立の支援に関する法律」制定
		□：社会・さきがけ・自民 3 党連立村山内閣発足〔6 月〕

●：閣議了解によりボートピープルのスクリーニングの廃止〔3月〕以降のボートピープルは不法入国扱いに
○：メキシコとの査証免除措置の適用範囲拡大〔10月〕
●：「インドシナ難民の定住受入れについて」の閣議了解→1万人であった定住枠の廃止〔12月〕
○：「児童の権利に関する条約」（子どもの権利条約）を批准
○：JICA、「地方自治体およびNGOにおける移住事業実態調査報告書」を刊行〔2月〕
◎：新宿区、ドイツ・ベルリン市ティアガルテン区と友好提携調印〔7月〕
◎：日比混血児を支えるネットワーク（東京）結成
◎：「共住懇」多文化コミュニケーション情報誌『OKUBO／おおくぼ』発行、大久保の文化を楽しく探る「おおくぼ学校」「大久保寄席」、女のホットライン開始
◎：新宿区の公立保育園の外国籍児童は約300名。全児童の1割
○：第1回東アジア女性フォーラム開催
○：「女性の人権・アジア法廷」開催
○：第4回東日本外国労働者フォーラム開催
○：東京都外国人未払い医療費補塡事業開始
○：川崎市、外国人市民代表者会議のための調査研究委員会発足
○：福井地裁、外国人の地方選挙権を憲法違反でないと判断
◎：HELP、村山富市首相に日本人父に遺棄されるフィリピンの子どもに関する「要望書」提出
○：国立国語研究所、「シンポジウム・地域の外国人と日本語 平成5年度日本語教育相互研修ネットワーク地域研修会札幌会場報告書」刊行
○：細川護熙首相が訪韓した際に1年間の短期留学生（月10万円の奨学金給付）を提案
○：文化庁国語課、「外国人技術研修生に対する日本語指導の手引き」刊行
○：国立国語研究所新プロ「日本語」、国際社会における日本語についての総合的研究を始める
○：国際交流基金・国際日本文化センター共催「日本研究・京都会議」開催
○：文化庁、第1回「これからの日本語教育を考えるシンポジウム」を開催（1995年度から日本語教育大会に吸収）
○：文化庁文化部国語課『異文化理解のための日本語教育Q&A』刊行
○：新党さきがけ島根県支部、外国人地方参政権付与のための改正案を提示
○：大阪市、「外国籍住民施策有識者会議」発足

		○：「新しい時代の国際文化交流」（国際文化交流に関する懇談会報告書）
		○：村山富市首相「平和友好交流計画」で短期留学枠を1,000人に拡大。
		□：第1回東アジア女性フォーラム開催
		□：「女性の人権アジア法廷」開催
		□：タイ政府、労働社会福祉省、法律改正（海外労働斡旋制度）
		□：タイにおいて女性売春反対週間
		□：フィリピン政府、Artist Book Record の導入、ビザ取得要件の厳格化
1995	平成7年	□：阪神・淡路大震災〔1月〕
		□：地下鉄サリン事件〔3月〕
		□：総理府に男女共同参画室を設置
		◎：新宿区財政非常事態宣言
		○：山形県最上広域国際交流センターの結婚移住女性に対する広域的な支援体制が評価され国土庁長官賞受賞〔11月〕
		○：自治省、自治体国際協力推進大綱の策定に関する指針について
		○：厚生省、非正規滞在者に対する入院助産、養育医療などの公費補填再開を提示〔10月〕
		◎：趙軍の講演会「日中交流史　孫文の日本での活躍と新宿——20世紀初頭中国革命党人たちと新宿」（新宿区歴史博物館）
		○：人種差別撤廃条約批准（1996年1月発効） 国内法の改正は手が付けられていない
		○：「第8次雇用対策基本計画」。外国人「単純」労働者の受け入れには慎重にという従来の見解を踏襲〔12月〕
		○：定住外国人の参政権を求める会（東京）、在日ラテンアメリカ労働者の相互扶助基金（東京）、移住労働者と共に生きるネットワーク（福岡）、多文化共生センター（大阪）、神戸外国人救済ネット設立
		○：サーラーでタイ人をはじめ都市滞在外国人の電話相談増加
		◎：女性の家HELP、阪神・淡路大震災の被災外国人へのタイ語・タガログ語情報提供・仮住まい部屋の確保協力
		○：阪神・淡路大震災地元NGO連絡会議・外国人救援ネット（神戸）
		○：川崎市「外国人市民意識実態調査報告書」刊行〔3月〕
		○：「短期留学の推進について」（文部省）〔3月〕
		○：兵庫県定住外国人生活復興センター発足〔4月〕
		○：横浜・川崎市、高卒採用で専門職の一部を外国人に開放〔6月〕
		○：大阪在住の在日韓国・朝鮮人118人が、地方参政権を付与しないことを違憲として大阪地裁に提訴〔6月〕
		○：復興センター、たかとり救援基地へ移動〔10月〕

		○：日本で初めての外国語（多言語）放送「FM COCOLO　エフエムココロ」が開局〔10月〕
		○：川崎市、日本で初めて職員採用試験で国籍条項を撤廃、一般事務職に韓国籍職員採用
		○：川崎市、横浜市、専門職の一部を外国籍住民に開放
		◎：新宿区保育園園児の外国人児童数は約300名、1割を占める
		◎：国際理解教育の展開と保育園調査（1992～1996年）
		◎：新宿区は、中国・北京市東城区と友好提携調印（10月）
		□：北京世界女性会議において女性の人身売買、従軍慰安婦問題などのワークショップ開催
1996	平成8年	◎：新宿区都市マスタープラン策定
		●：姫路定住促進センターを閉所
		●：定住者として受け入れる難民数が1万人を超える
		○：日本人の実子を扶養する外国人親の取扱いについての法務省通達。未婚・未成年の日本人の実子を扶養する外国人親に対して「定住者」の在留資格を付与〔7月〕
		○：白川自治相、地方公務員採用の国籍条項は地方自治体の判断に委ねる見解を表明
		○：第1回移住労働者問題全国フォーラム開催（福岡）〔1月〕
		○：支援組織が全国外国人労働者フォーラム開催〔4月〕
		○：川崎市外国人市民代表者会議調査研究員会が答申。代表者会議（定数26人）の設置を提案
		○：高知県、大阪市、一般職採用の国籍条項撤廃を断念〔4月〕
		○：川崎市、一般職採用の国籍条項廃止（消防職を除く）
		○：川崎市、外国人市民代表者会議設置
		○：総務庁行政監察局、「外国人子女及び帰国子女の教育に関する行政監察に基づく勧告」公表。第15期中央教育審議会、第一次答申「21世紀を展望した我が国の教育の在り方について」
		○：文部省、児童生徒のための「日本語指導カリキュラムガイドライン」作成
		○：留学生・就学生のアルバイトの時間制限の緩和
		○：文部省、準備教育課程の認定制度を創設
		○：留学生の入国・在留のための保証人制度廃止。大学が入学に際して求めていた保証人の撤廃に争点が移る
		◎：シンポジウム「本音で語ろう、大久保のまちづくり」共住懇主催（大久保地区）
1997	平成9年	◎：新宿区基本構想策定
		□：アイヌ文化振興法成立
		□：アジア通貨危機〔7月〕
		○：入国・在留諸申請における提出書類の簡素化（「留学」や「日本人の配偶者等」など）

		○：技能実習生の滞在期間を3年まで延長、適用職種の拡大
		○：改正入管法の施行
		○：入国・在留諸申請における提出書類の簡素化（「投資・経営」や「研修」など）
		○：NPO法人在日コリアン高齢者支援センター・サンボラム（KML）設立（大阪府大阪市）
		○：在日コリアン高齢者への昼食サービスから訪問介護事業（大阪市生野区）開始
		○：シェルターネット発足
		○：神戸定住外国人支援センター（KFC、被災ベトナム人救済連絡会と兵庫県定住外国人生活復興センター統合）、多言語による生活相談・日本語学習サポート活動・定住外国人問題の調査・研究活動・少数者の意見実現のための提言活動開始
		○：国際交流基金関西国際センター開設
		◎：大空襲から50周年を記念して、瓦礫の街とヤミ市の様子を区役所地下に展示。憲法施行50周年
		○：「留学生の入学選考の改善方策について」報告
		◎：改正入管法に、HELP他35団体が法務省に緊急声明提出
		○：留学生政策懇談会、「今後の留学生政策の基本的方向について」（第一次報告）。「10万人計画」の維持を確認
		□：介護保険法成立
1998	平成10年	□：長野オリンピック〔2月〕
		○：法務省、永住許可に関する規制緩和、運用の見直し
		●：大和定住促進センターを閉所〔3月〕
		○：自治省「地域国際交流推進大綱及び自治体国際協力推進大綱における民間団体の位置づけについて」〔4月〕
		○：オーストラリアへの査証免除措置の実施〔12月〕
		○：韓国との査証免除措置の実施（外交又は公用の旅券所持者）
		○：JICA、「地方自治体およびNGOにおける移住者・日系人支援事業実態調査報告書」刊行
		○：介護老人保健施設「ハーモニー共和」（大阪市）、VAWN-NETジャパン、「主張するTシャツの会」設立
		○：大阪市、外国籍住民施策基本指針
		○：特定非営利活動促進法（NPO法）成立〔3月〕
		○：「ナガヌマスクール開校50周年記念、講演とシンポジウム――日本語教育の源流・現在・近未来」開催
		○：文部省、「外国人子女教育受入推進地域」の指定
		○：留学生に対する資格外活動許可に係る取り扱いの変更（資格外活動の時間制限を1日単位から1週間単位に変更）〔9月〕
		○：アメラジアンスクール・イン・オキナワ開校〔6月〕
1999	平成11年	◎：ウエスレアン・ホーリネス協会連合淀橋教会の改築工事終了

		（韓国部設置、韓国人の信者は約800人） ◎：新宿文化振興会と新宿区国際交流協会の統廃合により、新宿文化・国際交流財団が発足〔4月〕 ○：研修生及び技能実習生の入国・在留管理に関する指針の策定 ○：南アフリカ共和国発行の「子供旅券」を承認 ○：経済戦略会議の最終答申「日本経済再生への戦略」 ○：韓国との協定に基づくワーキング・ホリデー制度の実施〔4月〕 ○：経済企画庁経済審議会「経済のあるべき姿と経済新生の政策方針」 ○：外登法改正、指紋押捺制度の完全撤廃、2000年4月施行 ○：入管法改正により不法在留罪の新設、不法残留者等の上陸拒否期間の伸張（1年から5年に）、再入国許可の有効期限を伸張（1年から3年に）、2000年2月施行〔8月〕 ○：「第九次雇用対策基本計画」公表。労働者の受け入れは、従来の方針を堅持 ○：在留期間の見直しに係る入管法施行規則（省令）改正。「規制緩和推進3カ年計画」（平成10年3月31日閣議決定）等を踏まえたもの。申請者の負担軽減及び審査業務の簡素合理化等の観点から、在留期間の見直しを行い、入管法施行規則を改正 ○：研修生・技能実習生に係る提出書類の見直しと簡素化 ◎：新宿区長と外国人留学生との懇談会開催 ◎：アメリカの未臨界核実験に対し区長が抗議文を送付 ○：アジア経済再生ミッション「21世紀のアジアと共生する日本を目指して」介護・看護分野での受け入れなどを提言 ○：在日コリアン高齢者の居場所づくり事業「神戸ハナの会」（NPO法人神戸定住外国人支援センター）（神戸市）、街かどデイハウス「さらんばん」（東大阪市）開始 ○：APFS、東京入国管理局に第一次一斉出頭 ○：留学生政策懇談会、「知的国際貢献の発展と新たな留学生政策の展開を目指して――ポスト2000年の留学生政策」を報告〔3月〕。量的受け入れから質的充実を重視するよう提言 □：改正労働基準法、改正育児・介護休業法施行 ◎：イギリス・アン王女、女性の家HELPを訪問 ○：中学校卒業程度認定試験受験資格の弾力化（外国籍と不登校等）
2000	平成12年	○：小渕総理の諮問機関「21世紀日本の構想」懇談会報告を発表。「移民政策に踏み出す」ことを提唱〔1月〕 □：国連人口部「補充移民――人口の減少、高齢化は救えるか？」公表。日本が生産年齢人口を維持するには毎年60万人超の受け入れ必要 □：石原都知事「三国人」発言〔4月〕 ◎：早稲田小学校開校100周年記念

		□：朝鮮半島において初の南北首脳会談〔6 月〕
		□：九州・沖縄サミット〔7 月〕
		□：「国連国際組織犯罪防止条約」署名（イタリア・パレルモ）
		○：「第二次出入国管理基本計画」の策定
		○：フランスとの協定に基づくワーキング・ホリデー制度の実施。
		○：中国からの団体観光ビザの解禁
		○：内閣府、「外国人労働者問題に関する世論調査」。「一定の条件や制限をつけて就労を認める」との回答は 51.4%。「認めない」とする割合は前回（1990 年）の 14.1%から 21.2%に上昇〔11 月〕
		○：「投資・経営」の基準に係るガイドライン策定
		○：ドイツとのワーキング・ホリデー制度の実施（口上書に基づく）
		○：「21 世紀日本の構想」懇談会最終報告書「日本のフロンティアは日本の中にある――自立と協治で築く新世紀」公表。「日本社会の発展への寄与を期待できる外国人の移住・永住を促進する明示的な移住・永住制度を設けるべき」
		○：文部省、マルチメディア版『にほんごをまなぼう』刊行
		◎：大江戸線開通により、新宿区内に 6 駅が新設・開通
		□：ウォッチ「人身報告書」を発行
2001	平成 13 年	◎：ドイツ・ベルリン市ティアガルテン区が合併によりミッテ区となる〔1 月〕
		◎：JR 新大久保駅ホームから転落した男性を救うべく韓国人留学生・李秀賢氏（26 歳）と日本人カメラマン関根史郎氏が死亡
		□：アメリカにて同時多発テロ〔9 月〕
		○：法務省入国管理局政策課の廃止、同局総務課入国管理企画官の新設
		○：IT 戦略本部の e-Japan 計画。IT 人材の一層の受け入れ
		○：外国人入浴拒否問題で小樽市と浴場が提訴される
		○：省庁横断的な「留学生の就職支援に関する連絡協議会」発足
		○：浜松市で「外国人集住都市公開首長会議」が開催、「浜松宣言及び提言」を採択。日系南米人が集住する 13 の自治体の代表者が一堂に会した。これ以後、外国人集住都市会議は毎年政策提言等を積極的に行っていく。新宿区は入っていない
		○：「マンナムの会」が居宅支援開始、福祉法人青丘社が訪問介護事務所「ほっとライン」（川崎市）設立
		○：NPO 法人京都コリアン生活センター「エルファ」在日コリアン高齢者の介護（京都市）開始
		○：「外国人住まいサポートセンター」設立
		○：豊田市、多文化共生推進協議会設置
		○：文化庁国語課、「日本語に対する在住外国人の意識に関する実態調査」の結果を報告

		○：中国帰国者自立研修センター設立（東京・大阪。2004年に福岡）
		○：外国人集住都市会議が設立（浜松市のよびかけ）。公開首長会議を開催（外国人が多数居住する地域が連携して課題に取り組むべく、「地域共生についての浜松宣言」と、各都市に共通する「教育」「社会保障」「外国人登録等諸手続」の提言を採択）
		○：文部科学省、「帰国・外国人児童生徒と共に進める教育の国際化推進」事業開始（～2005年）
		○：省庁横断的な「留学生の就職支援に関する連絡協議会」発足
2002	平成14年	◎：日韓共催サッカーワールドカップ。新宿・大久保地区が盛り上がる。内閣府による世論調査によれば、1990年代後半に教科書問題等で後退した韓国への親近感がこの時期に大きく改善
		□：日本・北朝鮮、初の首脳会談〔9月〕。関心は拉致問題に集中した。以後、朝鮮学校への嫌がらせもエスカレート
		○：総務省、共生のまちづくり懇談会最終報告書〔3月〕
		○：韓国人に対する滞在期間30日間の期間限定査証免除措置等を実施（韓国・仁川国際空港におけるプレクリアランス）〔5月〕
		○：厚生労働省、外国人雇用問題研究会報告書。見直しの必要性はあるが慎重なスタンスを維持〔7月〕
		●：閣議了解により、条約難民に対する定住支援策の実施を決定（2003年から）、「インドシナ難民対策連絡調整会議」を廃止し、「難民対策連絡調整会議」を設置〔8月〕
		○：「外国人集住都市東京会議」で「14都市共同アピール」を行う座長を務める自治体が2年の任期の中で、地元と東京で会議
		○：バーンサバイ（タイ）、MICかながわ（外国籍市民への医療機関相談・通訳派遣）設立
		□：小泉首相訪朝、日朝平壌宣言採択。日本人拉致を認める
		○：浜松市、「外国人児童学習サポート教室事業」（愛称「カナリーニョ教室」）開始
		○：文化芸術振興基本法施行（19条において日本語教育の充実がうたわれ、法律の条文に初めて日本語教育に関する文言が記載）
		○：文化庁委嘱事業「親子参加型日本語教室」開設事業開始
		○：滋賀県米原町、永住資格を持つ外国人の住民投票権認める
		○：豊橋市、多文化共生推進協議会設置
		○：大阪府、在日外国人施策に関する指針
		○：大泉日伯センターが日伯学園に改称。ブラジル政府から学校としての認可
		◎：大久保地区の外国人登録者数、2万人を超えて、外国人比率は、30.8%
		◎：女性の家HELP主催「女性・子どもに対する暴力」公開セ

		ミナー実施（DV、子ども虐待、人身売買）
2003	平成 15 年	◎：新宿区財政非常事態宣言を取りやめる ◎：個人情報保護に関する法律、公布・施行 ◎：新宿区教育委員会と早稲田大学大学院「日本語教育ボランティアの協定」を締結 □：イラク戦争 □：中国で新型肺炎 SARS が流行 ○：ドキュメンタリー映画『こんばんは』完成上映 ○：APEC ビジネストラベルカードの運用開始 ◎：東京入管新宿出張所を開設。警視庁組織犯罪対策部を設置 ○：厚生労働省職業安定局に国際労働力対策企画官設置〔6 月〕 ○：「観光立国行動計画」決定。外国からの観光客の誘致を積極化 ◎：不法滞在外国人対策の強化に関する共同宣言（法務省入国管理局、東京入国管理局、東京都、警視庁）。「治安悪化」キャンペーンによる「安全なまちづくり」の推進（住民組織化、監視カメラ、公園の夜間閉鎖）により、ホームレス、売春、犯罪グループの地下化、他地域への移動が始まった ○：犯罪対策閣僚会議、「犯罪に強い社会の実現のための行動計画」外国人による犯罪への対応も強化 ●：「難民認定制度に関する検討結果（最終報告）」の提出。諮問機関の役割をもつ難民認定参与員制度の新設 ○：名古屋市に NPO 法人コリアンネットあいち「いこいのマダン」ディサービスセンター、NGO ベトナム in KOBE（神戸市）、JNATIP（人身売買禁止ネットワーク）設立 ○：「KOBE ハナの会」が KFC に統合し「KFC ハナの会」となる ○：豊田市で外国人集住都市会議を開催〔5 月〕 ○：「外国人集住都市会議シンポジウム in 豊田」〔11 月〕 ○：太田市がバイリンガル指導助手指導計画体制を整備 ○：彦根市が多文化共生社会推進事業 ○：愛知県が愛知県国際化推進プラン ○：文部科学省、新たな学生支援機関の設立構想に関する検討会議「新たな学生支援機関の在り方について」を報告 ○：文化庁国語課、「諸外国における外国人受入れ施策及び外国人に対する言語教育施策に関する調査研究報告書」を発行 ○：総務省、日本語を母語としない児童生徒の教育について行政評価・監査結果に基づく通知（外国語の就学ガイドブックの整備、外国語による就学援助制度の案内の徹底、通学区域外でかつ通学可能な日本語指導体制が整備された学校通学を認める） ○：留学生受け入れ 10 万人達成 ○：中央教育審議会、「新たな留学生政策の展開について――留学生交流の拡大と質の向上を目指して」を答申〔12 月〕

		◎：女性の家 HELP「女性・子どもに対する暴力――シェルターから見えるもの」報告書発行
2004	平成 16 年	◎：アメリカ国務省、人身売買対策室長ジョン・ミラー氏が女性の家 HELP を訪問
		□：韓国ドラマ『冬のソナタ』地上波放送開始。韓流ブームの火付け役ドラマで、日本の韓国に対するイメージを変えた作品
		□：スマトラ島沖大地震〔12 月〕
		○：外国人差別ウォッチ・ネットワーク設立
		○：警視庁、不法滞在対策室を設置し、入管との連携強化
		○：韓国人就学旅行生に対する査証免除措置の実施〔3 月〕
		○：「人身取引対策に関する関係省庁連絡会議」および「人身取引対策プロジェクトチーム」設置
		○：日本経団連「外国人受入れ問題に関する提言」〔4 月〕
		○：内閣府、「外国人労働者の受入れに関する世論調査」の結果、「認めない」とする割合は前回（2000 年）の 21.2%から 25.9%に上昇、不法就労、治安の悪化や風紀の乱れを指摘する回答が増加
		●：入管法改正。不法滞在者対策等の強化、出国命令制度新設。難民の仮滞在制度、難民審査参与員制度（2004 年 5 月施行）
		○：厚生労働省、「外国人労働者の雇用管理のあり方の研究会報告書」
		○：法務省、在留特別許可の事例を公表〔8 月〕
		○：中国人修学旅行生等に係る査証免除措置の実施〔9 月〕
		○：中国人訪日団体観光旅行の対象地域の拡大〔9 月〕
		○：海外交流審議会、「変化する世界における領事改革と外国人問題への新たな取り組み」公表。在日外国人の雇用、居住、社会保障などに関する状況の改善などを提言
		○：日本・フィリピン自由貿易協定交渉合意〔11 月〕
		○：第 4 次出入国管理政策懇談会報告書「人口減少時代における出入国管理行政の当面の課題」
		○：外国人差別ウォッチ・ネットワーク設立
		○：A.P.S.F.、バングラデシュ出身長期滞在者の一斉出頭〔9 月〕
		○：太田市「定住化に向けた外国人児童・生徒の教育特区構想」
		○：外国人集住都市会議、「豊田宣言」
		○：愛知県、「国際交流大都市圏構想」
		○：愛知県、群馬県、岐阜県、静岡県、三重県の 5 県および名古屋市による多文化共生推進協議会の設置
		○：愛知県、岐阜県、三重県、名古屋市による「多文化共生社会づくり推進共同宣言」
		○：独立行政法人日本学生支援機構設立。それまで文部科学省・国立大学、日本育英会、留学生関係法人（日本国際教育協会、内

		外学生センター、国際学友会、関西学友会）などで行われていた業務が、4月1日以降、日本学生支援機構、都道府県、日本国際教育支援協会（日本国際教育協会を改組）に分散された
		○：インディアインターナショナルスクール・インジャパン開校
		◎：新宿で親子日本語教室「虹の会」を創設
		○：在日韓人歴史博物館開設
2005	平成17年	□：フランス全土で失業や人種問題を背景とした暴動発生〔10月〕
		●：人身取引対策官の設置
		□：マンデート難民を送還（マンデート難民は原則強制収容しない）
		○：韓国人観光客に対する期間限定の査証免除措置の実施〔3月〕
		○：マカオに居住する観光客に係る査証免除措置の実施〔3月〕
		□：「第三次出入国管理基本計画」の策定〔3月〕
		○：日本への貢献があると認められる者への永住のガイドライン
		●：改正入管法施行により仮滞在許可制度や難民審査参与員制度導入
		□：入管法改定。人身取引議定書の締結等に伴う人身取引対策のための整備、密入国議定書の締結等に伴う罰則等の整備、外国入国監理当局への情報提供規定の新設
		○：外国人の出入国・在留情報、個人別に管理する見直し案
		○：内閣府経済財政諮問会議、「骨太の方針2005」。日本で就労する外国人に対する生活・就労環境の整備の推進
		○：外国人の在留管理に関するワーキングチームの設置
		○：外国人経営者の在留資格基準の明確化について
		○：「出入国管理及び難民認定法第2条第5号ロの旅券を所持する外国人の上陸申請の特例に関する法律（平成17年法律第96号）」及び同法律施行令の施行（台湾の居住者に関する件）
		○：規制改革・民間開放推進会議、「規制改革・民間開放の推進に関する第2次答申」「『受入れ政策』（政府の出入国管理政策）と『社会的統合政策』とを両輪とする総合的な法令・政策や、各行政機関相互の連携の在り方など、あるべき一定の方向性を示していく」
		○：NPO法人神戸定住外国人支援センター、『在日マイノリティ高齢者の生活権』（新幹社）を出版
		○：群馬県が多文化共生支援室設置
		○：長野県が多文化共生推進ユニット設置
		○：磐田市が多文化共生係設置
		◎：新宿区日本語教室の開始〔4月〕
		◎：新宿区、しんじゅく多文化共生プラザ開設（歌舞伎町）
		○：川崎市が「多文化共生社会推進指針」策定。基本理念「人権の尊重」「社会参加の促進」「自立に向けた支援」
		○：立川市「多文化共生推進プラン」

		○：文部科学省が「不就学外国人児童生徒支援」事業開始
		○：文部科学省が『外国人児童生徒のための就学ガイドブック』
		○：テンプル大学ジャパン文部科学省から「外国大学日本校」の指定を取得、「留学」の在留資格申請が可能となる
		◎：しんじゅく多文化防災訓練を実施（大久保小学校）
		◎：日本・EU 市民交流年記念事業開催。日本人初の伯爵婦人となったクーデンホーフ・光子展開催（新宿駅西口広場）
		◎：NPO 法人「みんなのおうち」によるスキーツアーの実施
2006	平成 18 年	□：世界の推計人口が 65 億人を超える
		◎：新宿区ネットワーク連絡会発足〔1 月〕
		○：「永住許可に関するガイドライン」
		○：国際救援センターを閉所
		□：総務省「多文化共生の推進に関する研究会報告書」。国として、多文化共生の指針を示したことで、以後各自治体が多文化共生推進に関する指針を次々に発表する契機となった
		○：「出入国管理及び難民認定法第 7 条第 1 項第 2 号の基準を定める省令の一部を改正する省令について（法務省令第 29 号）」。在留資格「医療」および「留学」の上陸許可基準の改正。看護師業務の期間上限が 7 年に伸長など
		○：「出入国管理及び難民認定法第 7 条第 1 項第 2 号の規定に基づき同法別表第 2 の項に掲げる地位を定める件の一部を改正する件」施行。中国残留邦人及び親族を除く日系人及びその家族が「定住者」の在留資格を取得する要件「素行が善良であること」を追加
		●：難民事業本部（RHQ）支援センターを開設
		□：入管法改正（法律第 43 号）
		○：外国人テロリスト等を退去強制事由に追加（6 月施行）、慈悲出国許可時の送還先選択（11 月施行）など
		○：内閣府経済財政諮問会議、「グローバル戦略」として「外国人人材の受入れ拡大と在留管理の強化」項目など
		○：「出入国管理及び難民認定法第 7 条第 1 項第 2 号の基準を定める省令の一部を改正する省令」の施行（在留資格「興行」に係る件）
		○：副大臣会議、「外国人労働者問題に関するプロジェクトチーム」による「外国人労働者の受入れを巡る考え方のとりまとめについて」。研修・技能実習制度を見直し存続させ、「単純労働者」の受け入れは引き続き認めない方針を示す〔6 月〕
		○：「外国人集住都市会議東京 2006」を開催、「よっかいち宣言」（基礎教育年齢を超過した子どもに対する具体的な施策として夜間中学拡充を国と県に求める）
		○：外国人研修生問題ネットワーク『外国人研修生時給 300 円の労

		働者』（明石書店）を出版
		○：移住連ネット『多国籍住民との共生にむけて――NGOからの政策提言』（現代人文社）を出版
		○：APSF、在留特別許可を求める非正規滞在家族連絡会（略称「在特家族会」）設立
		○：在特家族会、東京入管デモ
		◎：女性の家HELP『希望の光をいつもかかげて――女性の家HELP20年』を出版
		○：愛知県が多文化共生推進室設置
		○：静岡県が多文化共生スタッフ設置
		○：足立区が多文化共生社会推進計画策定
		○：磐田市が多文化交流センター開設
		○：日本語教育学会テーマ領域別研究会「多文化共生社会における日本語教育研究会」発足
		○：文化庁委嘱事業地域日本語ボランティア研修開始
		○：文部科学省「帰国・外国人児童生徒教育支援体制モデル」事業。各地域にセンター校を設定。母語のわかる指導協力者やコーディネーターを配置。日本語指導教室を設置した。地域内の各学校に巡回指導を行い、日本語指導、適応指導の充実を図る
		○：文科省初中局長、都道府県教委、知事等に「外国人児童生徒教育の充実」通知
		○：広島市「多文化共生まちづくり推進指針」策定
		○：美濃加茂市、多文化共生係設置
		○：内閣府経済財政諮問会議「骨太の方針2006」。生活者としての外国人総合対策策定等、多文化共生社会構築を進める
		○：「在留特別許可を求める非正規滞在家族連絡会（在特家族会）」が東京入管デモ〔9月〕。東京入国管理局へのデモンストレーションと、同局内に居る収容者激励のために行った
		○：法務省「今後の外国人の受入れに関するプロジェクトチーム」最終報告書「今後の外国人の受入れに関する基本的な考え方」として日本語能力重視の受け入れを提案
		◎：大久保・百人町地域の建築物安全安心合同パトロール実施。
		○：「在留特別許可に係るガイドライン」の公表
		○：外国人労働者問題関係省庁連絡会議が「『生活者としての外国人』に関する総合的対応策」を発表
2007	平成19年	◎：新宿区基本構想答申
		◎：新宿区都市マスタープラン答申
		◎：新宿区多文化共生実態調査の実施
		○：観光立国推進基本法を施行。観光立国推進基本計画では2010年までに訪日外国人旅行者数1,000万人を目指す
		○：出入国管理政策懇談会に在留管理専門部会設置。日本に滞在す

		る外国人に対する新しい情報管理システムを模索
		○：総務省「多文化共生の推進に関する研究会報告書」発行、外国人住民に対する行政サービスなどを含め、多文化共生推進に向けた具体的取組についての提言
		○：日本経団連「外国人材受入問題に関する第二次提言」。高度人材と将来的に不足が予想される技能者等を具体的に示す
		○：厚生労働省と経済産業省から異なる研修・技能実習制度に関する見直し案〔5月〕。研修制度の改廃や適正化についての提案
		○：犯罪対策閣僚会議「外国人の在留管理に関するワーキングチームの検討結果について」
		○：デンマーク政府との口上書の交換に基づくワーキング・ホリデー制度の実施
		□：第2回の朝鮮半島南北首脳会談
		□：「日・タイ経済連携協定」の発効
		○：外国人の入国審査時における個人識別情報（指紋）の採取を開始。在日コリアンが各種闘争の中で指紋押捺を拒否し、2000年4月に外国人登録法に基づく指紋制度が全廃された歴史を否定するものとして、施行当日、法務省前でデモ
		○：「研修生及び技能実習生の入国・在留管理に関する指針（平成19年改訂）」不正行為に該当する行為の明確化がされた〔12月〕。 「ブラジル友の会」がNPO法人認証〔6月〕
		○：岐阜県美濃加茂市「外国人集住都市会議みのかも2007」開催
		○：愛知県「多文化共生の県づくりに向けて」
		○：岐阜県「多文化共生推進基本方針」
		○：富山県「多文化共生推進プラン」
		○：山梨県「多文化共生推進指針」
		○：宮城県が多文化共生社会の形成の推進に関する条例
		○：「アジア人材資金構想」（経産省による4年間の期限付きプロジェクト）を発表。文部科学省と経済産業省が連携し、日本企業のアジアでの事業展開を人材面で支援するため、アジアからの留学生の専門教育から就職までを一体的に支援する構想
		○：文部科学省、「帰国・外国人児童生徒受入促進」事業開始（母語のわかる指導協力者の配置、域内の小中学校に対する巡回指導、バイリンガル相談員の活用による就学啓発活動）
		○：文部科学省、「外国人児童生徒教育推進検討会」、文化庁、「文化審議会国語分科会日本語教育小委員会」を設置
2008	平成20年	■：北京オリンピック〔8月〕
		■：初の白人以外のアメリカ大統領としてバラク・オバマ氏が当選
		□：法務省・総務省「適法な在留外国人の台帳制度についての基本構想」を発表し外国籍住民の在留情報の把握の検討〔3月〕

		□：法務省、「技術」及び「人文知識・国際業務」の明確化 □：法務省、在留資格の変更、在留期間の更新許可のガイドライン ○：第5次出入国管理政策懇談会報告書「新たな在留管理制度に関する提言」。自治体の外国人登録と入管情報の二重管理を一元化 □：参議院「少子高齢化・共生社会に関する調査報告」「外国人との共生に向けての政策」 □：「日・インドネシア経済連携協定」の発効〔7月〕。インドネシアから約200名の看護師・介護福祉士候補生が来日 ○：外国人集住都市会議、外国人住民に対する雇用対策と生活支援対策についての緊急要望を厚生労働省などに行う ○：福田首相が施政方針演説で2020年まで留学生30万人の受け入れ発表。 ○：日本語教育学会「外国人に対する実践的な日本語教育の研究開発（「生活者としての外国人」に対する日本語教育事業）報告書」（平成19年度文化庁委嘱事業） ○：文部科学省「『留学生30万人計画』の骨子」発表〔5月〕 ○：インディア・インターナショナルスクール・イン・ジャパン横浜校開校 ○：「外国人集中都市会議・東京2008」。外国人の子どもの教育についての国・県への提言の中で、義務教育年齢を超過したこどもの施策について、夜間中学校の拡充などを提言 ○：経団連「人口減少に対応した経済社会のあり方」を発表。「日本型移民政策」の検討を提言
2009	平成21年	○：法務省出入国管理政策懇談会「留学生及び就学生の受入れに関する提言」。審査期間の短縮や卒業後の就職支援の必要性を指摘 ○：内閣府、定住外国人施策推進室を設置。日系ブラジル人などの雇用や子ども教育を支援 ◎：新宿区、外国にルーツを持つ子どもの学習支援の開始〔4月〕 ◎：新宿ネットワーク連絡会『新宿生活スタートブック』発行 ◎：新宿区地域文化部文化観光国際課『SHINJUKU CITY GUIDE MAP』（4か国語）を発行 ◎：韓人会が「新宿韓人発展委員会」を設立〔4月〕 ○：EPAに基づきフィリピンの看護師、介護福祉士候補者の第1回生が訪日 □：法務省「大学等を卒業した留学生が行う就職活動の取扱いについて」。最長1年まで、就職活動のための日本滞在が可能に ○：台湾とのワーキングホリデー制度の開始 ○：法務省「在留特別許可に係るガイドライン」の見直し〔7月〕 ○：入管法改正法案が成立。在留資格の整備（「技能実習」の新設と留学と就学の一本化）や「在留カード」の導入が盛り込まれ

		る。特別永住者は新しい在留管理制度の対象とならず、携帯義務のない証明書を交付
		○：文部科学省「定住外国人の子どもの教育に関する政策懇談会」設置
2010	平成 22 年	◎：ギリシャ・レフカダ町が自治体合併によりレフカダ市となる
		◎：新宿区「外国人への情報提供ガイドライン」策定〔3 月〕
		◎：新宿区生涯学習財団と新宿文化・国際交流財団の統廃合により新宿未来創造財団設置〔4 月〕
		○：香港とのワーキング・ホリデー制度の開始
		○：法務省「第 4 次出入国管理基本計画」策定。第 5 次出入国管理政策懇談会「今後の出入国管理の在り方」を受け、ポイント制導入検討
		●：出入国管理及び難民認定法施行規則の一部を改正する省令。難民申請者に対する仮滞在許可の滞在期間上限を 3 ～ 6 か月に延長
		○：入管法改正に伴い、「留学」と「就学」の在留資格を「留学」に統一。研修生の資格での生産活動従事が禁止される〔7 月〕
		●◎：第三国定住制度の始動。タイ国内の難民キャンプからカレン族 3 家族が来日し、新宿区が受け入れに協力
		○：日系定住外国人施策推進会議が「日系定住外国人施策に関する基本方針」を策定。日系定住外国人を「日本社会の一員」に位置づける〔8 月〕
		○：高校無償化法案の可決と朝鮮学校への適用をめぐる動きが活発化。拉致を行った北朝鮮との関係が深いことを理由に朝鮮高等学校生を対象とする無償化は先送り。教育を受ける権利に基づく観点や、外交上の配慮により対象を判断すべきではないとの見解が法案審議の段階で明らかであり、反対意見も出た
		□：外国人集住都市会議が東京で開催され、「おおた宣言」採択。厚生労働省など関係省庁の副大臣が初めて参加する
2011	平成 23 年	◎：JR 新大久保駅の事故から 10 年、李秀賢さんを偲ぶ会が千代田区の主婦会館プラザエフで行われる
		★：元新宿区役所職員で「戸籍」の差別性を訴えた佐藤文明氏が逝去
		●◎：JAR「難民受け入れと第三国定住」というシンポジウムを早稲田大学で開催。200 名を超える来場者
		◎：外務省主催、第 2 回「外国人の受入れと社会統合のための国際ワークショップ」。共催：上智大学、新宿区、国際移住機関（IOM）
		◎：「外国にルーツを持つ子どもの実態調査の実施」
		◎：しんじゅく多文化共生フェスタの開催〔9 月〕
		○：日系定住外国人施策推進会議が「日系定住外国人施策に関する

		行動計画」を策定 □：3 月 11 日、東日本大震災 ◎：新宿区自治基本条例が制定される ○：「外国人住民基本法の制定の要望書」衆参両院から提出〔4 月〕 ●◎：高田馬場にビルマ難民が集合。がれき撤去等震災支援 ◎：非営利団体「しんじゅくアートプロジェクト」設立 ◎：水かけ祭り、ビルマ民主化フォーラム（日比谷公園） ○：NPO 法人無国籍ネットワーク設立（代表：陳天璽、横浜） ●◎：第三国定住難民、第 2 陣の受け入れ地域説明会（戸塚地区）
2012	平成 24 年	○：外国人問題に取り組む日韓欧 9 都市の首長が参加する「多文化共生都市国際シンポジウム」を開催〔1 月〕 ◎：新宿区自治基本条例が施行された〔4 月〕 ◎：NPO 法人「アジア友好の家」代表を偲ぶ会 ○：ベトナムとの経済連携協定による看護士・介護士の受け入れが 2014 年から始まることが決定 ○：内閣官房内に「外国人との共生社会実現検討会議」が発足 ○：「外国人高度人材ポイント制」導入〔5 月〕 ○：「外国人登録法」から「住民基本台帳」へ〔7 月〕 ◎：新宿区多文化共生連絡会を発足 ◎：NGO「共住懇」初代会長を偲ぶ会 ◎：「新宿区自治基本条例ハンドブック」発行 ◎：『新宿生活スタートブック（改訂版）』発行 ◎：新宿区多文化共生推進課を設置。「多文化共生まちづくり会議」発足（区長の諮問機関）。第 1 回委員会開催〔9 月〕 ◎：区の協働事業による「しんじゅくアートプロジェクト」設立 ◎：新宿区「外国にルーツをもつ子どもの実態調査報告書」 ◎：新宿区「外国人の方に関する登録制度」パンフレット配布 ●：難民の日　ビルマ民主化同盟（中野サンプラザ） ○：入管法改正に伴い、外国人登録制度が廃止され、新たな在留管理制度に移行。正規滞在外国人「在留カード」を発行。特別永住者には「特別永住者証明書」が交付される〔7 月 9 日〕 ■：中国との間で尖閣諸島の領土問題が過熱する ◎：第 2 回「新宿区多文化共生まちづくり会議」開催 ◎：NPO 法人「ネパール教育支援センター」設立〔12 月〕
		※ 2013 年以降は新宿区関連のみを記載。
2013	平成 25 年	◎：新宿区留学生サポートセミナーの開始〔10 月〕 「外国にルーツを持つ子どものサポート」フォーラムの開催〔3 月〕 新宿中学校に日本語学級を設置〔4 月〕 公開セミナー「多様性を活かしたまちづくり・ひとづくり」

		の開催〔7 月〕 □：2020 年に東京オリンピックの開催が決定〔9 月〕 ○：「国家戦略特別区域法」（通称：国家戦略特区）が成立〔12 月〕
2014	平成 26 年	○：入管法改正により「高度専門職」が新設される〔6 月〕 ◎：「新宿区多文化共生まちづくり会議」答申〔8 月〕 新宿区多文化共生まちづくり会議「災害時における外国人支援の仕組みづくり」「外国にルーツを持つ子どもの教育環境の向上」の答申〔8 月〕
2015	平成 27 年	○：「高度専門職」が施行される〔4 月〕 ◎：「新宿区多文化防災ネットワーク」検討会〔4 月〕 多文化防災フェスタの開始〔2 月〕 新宿区多文化共生実態調査の実施 ◎：「新大久保映画祭」開催〔8 月〕

〈年表の参考文献〉

明石純一（2010）『入国管理政策――「1990 年体制」の成立と展開』ナカニシヤ出版
川村千鶴子（1998）『多民族共生の街・新宿の底力』明石書店
川村千鶴子編（2009）『「移民国家日本」と多文化共生――多文化都市・新宿の深層』明石書店
川村千鶴子（2008）「多文化共生政策の課題と構想――その社会的位相と多文化共生基本法の制定」『環境創造』第 9 号、環境創造学会
女性の家 HELP（編）（2006）『希望の光をいつもかかげて』日本キリスト教婦人矯風会
在日韓人歴史資料館（編）（2008）『写真で見る在日コリアンの 100 年――在日韓人歴史資料館図録』明石書店
新宿区地域女性史編纂委員会（編）（1997）『新宿女たちの十字路』ドメス出版
新宿区（2008）『新宿時物語――新宿区 60 年史』新宿区
佐藤嘉尚編、新宿区立新宿歴史博物館（2006）『新宿の一世紀アーカイブス』生活情報センター
全国夜間中学校研究会人権救済申立専門委員会編（2008）『全国への公立夜間中学校開設を目指した人権救済申立の記録』全国夜間中学校研究会
芳賀善次郎（1973）『新宿の散歩道――その歴史を訪ねて』三交社
藤巻秀樹（2012）『「移民列島」ニッポン――多文化共生社会に生きる』藤原書店
松本典久（編）（2009）『JR 山手線の謎』実業之日本社
民団新宿支部（2009）『民団新宿 60 年の歩み』在日本大韓民国民団新宿支部
山脇啓造（1994）『近代日本と外国人労働者――1890 年代後半と 1920 年代前半における中国人・朝鮮人労働者問題』明石書店
渡戸一郎（2007）「都市と多言語・多文化社会」『多言語・多文化社会論』東京外国語大学
法務省法務局『国際人流』1980 年～ 2012 年を参照

せ

そ

た

索　引

川村　千鶴子（かわむら　ちずこ）
大東文化大学環境創造学部教授、博士（学術）Ph.D.（総合研究大学院大学）
慶應義塾大学商学部卒業、多文化教育研究所所長、大東文化大学環境創造学部准教授を経て現職（2013～15年、同学部長）。日本島嶼学会理事、日本オーラル・ヒストリー学会理事、移民政策学会理事などを歴任。
専門は、人の移動の人類学、多文化社会論、移民政策
主な著書に、『多民族共生の街・新宿の底力』（編著、明石書店、1998年）、『創造する対話力――多文化共生社会の航海術』（税務経理協会、2001年）、『異文化間介護と多文化共生――誰が介護を担うのか』（編著、明石書店、2007年）、『「移民国家日本」と多文化共生論』（編著、明石書店、2008年）、『移民政策へのアプローチ――ライフサイクルと多文化共生』（編著、明石書店、2009年）、『移動する人々と日本社会』（編著、ナカニシヤ出版、2013年）、『多文化社会の教育課題――学びの多様性と学習権の保障』（編著、明石書店、2014年）ほか多数。

多文化都市・新宿の創造
――ライフサイクルと生の保障

2015年11月30日　初版第1刷発行

著　者――――川村千鶴子
発行者――――坂上　弘
発行所――――慶應義塾大学出版会株式会社
〒108-8346 東京都港区三田2-19-30
TEL〔編集部〕03-3451-0931
〔営業部〕03-3451-3584〈ご注文〉
〔　〃　〕03-3451-6926
FAX〔営業部〕03-3451-3122
振替　00190-8-155497
http://www.keio-up.co.jp/
装　丁――――後藤トシノブ
印刷・製本――株式会社加藤文明社
カバー印刷――株式会社太平印刷社

Printed in Japan ISBN978-4-7664-2266-5